尋道者

趙紫陽

下

林雪 著

趙紫陽一生都在為國家探索發展的方向。他是一個尋道者。

——題記

自序

這是一部傳記，傳主是前中共中央總書記趙紫陽。

說起趙紫陽，人們馬上會想到「六四」事件。可是趙紫陽的意義遠不止於此。他曾經引領了一個轟轟烈烈的改革時代，如今他在中國政壇上已經被隱蔽三十多年，他的名字已經被人逐漸淡忘，一些年輕人甚至根本就沒有聽說過。這樣的隱蔽不僅掩蓋了中國改革的真相，還造成了中國改革歷史的斷層，以至於一些後來的學者、尤其是國外的學者在研究這段歷史的時候，產生了明顯的誤判。[1]

趙紫陽也是在體制內成長起來的官員，從他十八歲參加革命開始，就處於激烈的戰爭環境。中國革命年代所有的「彎路」他都走過，中國建設年代的錯誤決策他也經歷過，還不止一次犯下過「左」的錯誤。可是與很多人不同的是：趙紫陽是一個「有記性」的人，他總是能從一次次的錯誤中汲取教訓，並且由近及遠地思考。思考得多了，就有思想家的特質。當這種特質和他政治家的身分相結合，社會的變革就開始了，於是在他主持的經濟改革之外，還有

1 如英國學者克里斯・M・布拉莫爾（Chris Bramall）在他的《毛時代經濟再評價——四川：一九三〇～一九八〇》（牛津大學出版社一九九五年版）一書中，就將一九七八年甚至一九八〇年四川發展的成就歸結於毛澤東時代的功勞。可是趙紫陽從一九七七年就開始支持農民中不同程度上的「包產」，並且取得了四川糧食的大豐收。到一九八〇年他離開四川之際，四川農村和城市的全面改革，已經成就斐然，走在全國前列。

了政治體制改革，在與傳統體制的對決高峰，才有了恢弘如史詩般的「六四」。

趙紫陽是體制內的能臣。他既高瞻遠矚又腳踏實地，既雷厲風行又穩紮穩打，既執著剛健又善於變通，既溫和又理性，既勤政又智慧……可是最為重要的，他是一個有「善根」的人。即使是戰爭年代的殘酷，即使是黨內「左」的大環境致使他犯下的那些錯誤，都不能淹沒他身上人性的光輝，這樣的「人性」在一些關鍵時刻，居然能夠讓他屢屢超越「黨性」，扮演起「保護傘」的角色，保護那些追求理想的人們。

可是這樣的情懷，只是趙紫陽「人」字的一筆，支撐它的，還有他自己的思想、人格和尊嚴。長期以來，人們發誓要忠於黨，忠於領袖，隨時隨地準備為此赴湯蹈火，唯獨不能忠於自己。可是面對巨大的代價，趙紫陽最終選擇了忠於自己的底線——反對向人民開槍。他猶如一束光，長久地照亮著一地犬儒的政壇，和政壇下的中國。

百年中國經歷了諸多突變，每個關鍵時刻都有改良者出現，可是最後都被排山倒海的革命所淹沒。血雨腥風的革命吞沒了許多無辜的生命，造成了社會的倒退，也使得中國錯失了許多良機，至今在許多關鍵領域止步不前。

由於趙紫陽在「六四」事件中絕不妥協的姿態，很多人都認為他是一個強勢的民主領袖，可是縱觀他的一生，會發現那只是從革命者轉變為改良者的過程。由於成長的經歷和所處的環境，趙紫陽也曾經用革命的思維執政，好在這樣的思維在「文革」復出後戛然而止，然後向著改良者的角色轉變，以回歸最初的目標：為提升人民的生活而奮鬥。他務實地、細緻地、堅決而不激進地修補著革命思維造成的一個個黑洞（其中包括他自己參與戳成的黑洞），從最基礎的事情做起，在力所能及的範圍內一步步推動社會改良。

哪怕是在下台之後，他在長期的軟禁中為中國日後設計的治國方略，也帶有循序漸進的、避免產生動盪和暴力的改良色彩——揭開這一層，也許會讓人有些失望。可是即便是這樣的改良，既為黨內老人們所不容，也為激進派所不滿，所以他的落幕是歷史所規定的：他只能夠成為中國走向現代化的一級階梯，只不過是一級不可逾越的階梯，後來者如果要繼續前進，必定要踩在他的肩膀之上。

人們對於政治人物的印象，大都會淹沒在豐碑般的事件中，這樣的印象偉岸而冰冷，可望而不可及，還會留下一些疑問。比如在同時代的官員中，趙紫陽顯然是一個異類，他是如何在歷次政治運動的逆淘汰中倖存下來而且步步高升的？讀完此書之後，這樣的疑問或許可以冰釋：原來他是一個有本事沒脾氣、既自律又溫暖的人，這樣的魅力除了自身的修養，很大程度上還來自於他的家庭：比如他在經濟方面的才能顯然是接受了父親的遺傳，而母親的溫潤則使得他不但進退有度，還善於處理方方面面的關係。於是上至毛澤東、鄧小平，下至老百姓，還有他周圍的同事啊、幕僚啊，都很喜歡他，在這樣的氛圍中一路升遷就成了很自然的事情。

可是一旦進入政治鬥爭領域，一旦他堅持自己的原則和底線，這一切非但不能幫助他取勝，反而成了致命弱點，所謂「高尚是高尚者的墓誌銘」，彷彿專為他所言。

趙紫陽用他的一生證明著自己的觀點：他不認為社會的進步是由精英們在頂層「設計」出來的。在漫長的執政過程中，他每當遇到難題，都會走進社會基層去做調查，去看看「生長」出了什麼好辦法，然後再將這些辦法總結完善，試點推廣。無論是廣東「大逃港」時期外貿政策的變革，還是「大饑荒」以後廣東農業政策的突破，到最後他從四川起步，努力推動全中國進入經濟和政治改革的軌道，從商品市場上找出路，都是基於這種調查研究之後的結果。

這一點上他與美國哲學家及歷史學家威爾・杜蘭特[2]的觀點很近似。在研究了整個世界的文明進程之後，杜蘭特認為：**文明的制度不是基於學者和政治家的烏托邦設計，而是在商業傳統、自由市場[3]中積累、演化而來的。他堅決主張：只有在全面開放的商業中，思想才會碰撞出火花。**這不僅僅與崇拜權力的計畫經濟相悖，也與自古中國「重農抑商」的傳統背道而馳，趙紫陽一旦接受了這樣的觀念，也就站到了一個古老帝國浩瀚歷史的對立面，猶如勇者駕一葉小舟對陣排天巨浪，結果可想而知。

魯迅先生很早就感歎：「可惜中國太難改變了。即使搬動一張桌子，改造一個火爐，幾乎也要流血。而且即使有了血，也未必一定能搬動，能改裝。」這樣的環境不僅會讓所有的革命者、甚至會讓所有的改良者也都成為悲劇人物，包括胡耀邦、趙紫陽甚至鄧小平本人。寫完了這部書，讓人覺得即使沒有「六四」這樣的導火索，趙紫陽的改革也未必能夠成功。因為改革剛剛才啟動，而它面對的舊勢力，已經存在很久而且盤根錯節，要想撼動，恐怕還要繼續付出大的代價。

卡爾・桑德堡（Carl August Sandburg）在《林肯傳》裡寫過一句話：「大樹倒下才能丈量準確。」今天來看趙紫陽，深以為是。

林雪

二〇二二年七月寫於涵秋館

2 威爾・杜蘭特（一八八五～一九八一），美國哲學家，普利策獎（一九六八）和自由勳章（一九七七）獲得者。主要著作《哲學的故事》、《世界文明史》等。

3 自由市場即發源於十七世紀和十八世紀的古典自由主義，通常被視為由於工業革命和隨後的資本主義體制而產生的一種意識形態。它最先提出言論自由、信仰自由、思想自由、自我負責，和自由市場等概念，強調對個人經濟、思想、政治、信仰自由的保護。

目錄

目錄

第八部分
全面改革

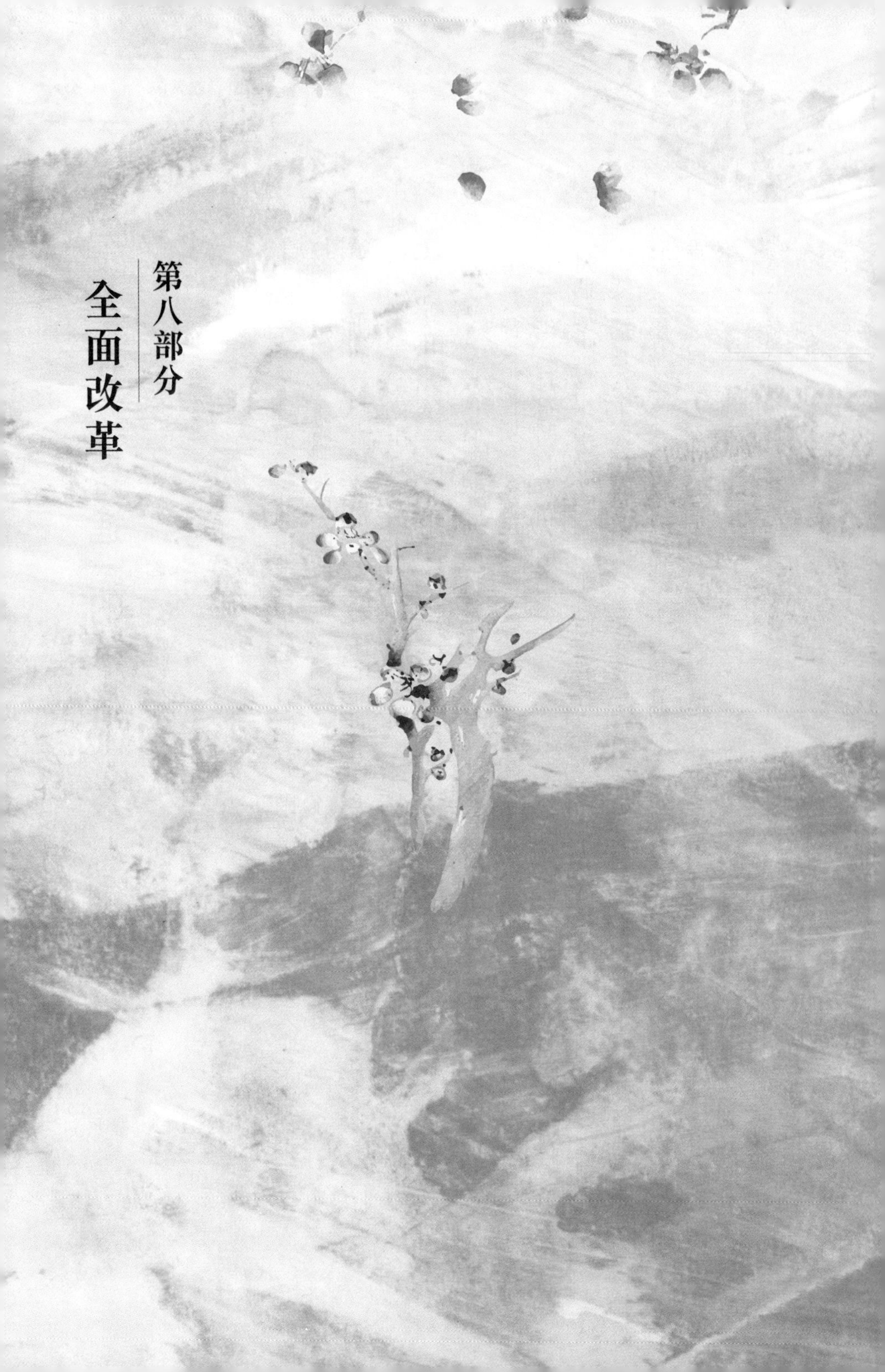

第二十章 在「洋躍進」的號角下

十一屆三中全會前後，四川進行了經濟體制改革階段的試點——擴大企業自主權試點，從此拉開了全國經濟體制改革的序幕。

這次試點的發起人和總指揮，是時任中共四川省委第一書記的趙紫陽，副總指揮是時任中共四川省委書記處主管經濟工作的書記杜星垣，主要助手先後有副省長吳希海、孟東波、省財政局長[4]田紀雲、後任省社科院副院長林淩、省經委副主任李硯田。省經委內設立了體制改革辦公室，負責全省體制改革的日常工作。

隨著經濟恢復性增長，國民熱情高漲，讓一些高層人士以為組織「新躍進」的時機到了。在一九七八年二月召開的五屆全國人大一次會議上，華國鋒提出了《一九七七年編制十年規畫》，這個規畫沿用大躍進的老思路，口氣有點嚇人：到一九八五年，全國鋼產量要達到六千萬噸、糧食達到八千億斤的高指標；要建設一百二十個大型項目，其中包括十大鋼鐵基地、九大有色金屬基地、八大煤炭基地、十大油氣田、三十個大電站、六條鐵路新幹線、五個港口等等等等。與過去不同的是，這一次的高速度計畫，在很大程度上是基於大規模引進的可

4 後來省級局都改為廳，田紀雲為四川省財政廳廳長。

能性，於是對外引資的規模也是節節攀高：從一九七七年秋國家計委提出「八年引進六十五億美元」，到一九七八年初一下子跳到「八年引資一百八十億至二百億美元」，到最後鄧小平頭腦也熱了：怎麼不借八百億？終於拍板「十年內借八百億美元」。美國前國家安全事務助理、美中協會副主席茲比格涅夫・布熱津斯基（Zbigniew Kazimierz Brzeziński）在見過鄧小平之後，對美國總統卡特說：鄧小平很著急。[5]

由於當時的中國閉關自守二十多年之久，手頭儲備的資金和項目嚴重不足，於是國家計委給中央打了個報告，建議「讓幹部出去看看，落實引進規畫」。就這樣，全國掀起了一股出國考察熱潮，尤其是高層密集出訪，其規模超越一九四九年以來任何年度。

在各路考察團中，最核心的是由中央直接派出的國家級政府經濟代表團，主要有四個：以時任上海市委書記林乎加為團長的赴日經濟代表團；以時任中聯部副部長李一氓為團長的赴羅馬尼亞、南斯拉夫代表團；以時任國家計委副主任段雲為團長的港澳經濟貿易代表團；以國務院副總理谷牧為團長的赴西歐五國代表團。其中最重要的一次，又當數西歐五國之行，代表團成員除了分管經濟工作的副總理谷牧外，還有水電部部長錢正英、農業部副部長張根生、廣東省副省長王全國等七、八位部級幹部和二十餘名長期從事經濟工作的中央和地方領導，都是由當時的中共中央主席華國鋒點將。考察團於一九七八年五月二日出發，六月六日回國，行程三十六天，先後訪問了法國、德國、丹麥、瑞士和比利時五國的二十五個城市、八十多家單位。外電評價「谷牧的出訪使中國有了和資本主義國家開展合作的新願望」，因而

5 傅高義《鄧小平時代》。

成為當時最有影響的事件。

谷牧就這次出訪內容向中央做了彙報，最大的感歎是資本主義國家並非腐朽落後，人家有的是錢，僅僅在一次宴會上，在座的一群歐洲人就宣布準備向中國提供二百億美元的貸款——二百億美元哦，不是人民幣！谷牧解釋說歐洲人願意給中國投資，是因為他們的工廠開工不足，因此想把產品和技術賣給中國。谷牧一行還有一點很驚奇：歐洲國家允許地方政府自主管理財政和徵稅，並對當地事務作出決策；而中國的財政過於集中，沒有給黨的地方領導人留出足夠的工作空間……

政治局的大多數成員在聽取了彙報之後大受刺激，葉劍英、聶榮臻、李先念等都表示，是下決心採取措施的時候了。華國鋒還說，日本搞現代化只用了十三年時間，德國、丹麥也是十多年，我們也可以趕上去。鄧小平單獨聽取谷牧的彙報之後，把余秋里、谷牧、康世恩等找去談話，闡述引進國外先進技術和裝備的緊迫性及重要性，要求研究擴大引進規模的方案。他提出，同外國人做生意要搞大一點，搞五百億的規模。膽子大一點，步子大一點。不要老是議論，看準了就幹，明天就開始，搞幾百個項目。鄧力群也曾透露，在真理標準問題大討論的前後，「華國鋒把胡耀邦找去長談了大半夜，講他在經濟建設方面的各種設想。胡耀邦後來跟很多人說，聽華國鋒講這些想法，備受鼓舞啊，心情振奮啊」。

一九七八年七月至九月，國務院召開務虛會，研究加快中國四個現代化建設的速度問題。會議由李先念主持，華國鋒到會講話十三次，鄧小平也到會講話。鄧小平提出要走出去，要引進資金，決定加大對外開放的步伐，鄧小平提出「思想再解放一點，膽子再大一點，方法再多一點，步子再快一點」。此言一出，群情激奮，李先念在做會議總結報告時提出，要組織國民經濟新的「大躍進」，要以比原來設想更快的速度實現四個現代化，要在二十世紀末實現更高程度的現代化，要放手利用國外資金，大量引進國外先進技術設備。八年基本建設投資從原來設想的四千億元增加到五千億元。計畫十年引進八百億美元，最近三、四年先安排三、四百億美元。

毛澤東曾經說，鄧小平「貴在果斷」，卻失之於「下決心太快」，此為一例。

由於膽子大過了頭，導致了之後被詬病的「洋躍進」。早先就對這些數字有不同看法的陳雲和他的愛將姚依林，趁機策動四個年輕人[6]向中央上書，認為「洋躍進」造成的經濟過熱，會使財政赤字無法彌補，根據乘數原理，搞不好會爆發經濟危機，並由此提出了「抑需求、穩物價、捨發展、求安定、緩改革、重調整、大集中、小分散」的二十四字方針。陳雲認為這個二十四字方針「可以作為經濟工作的綱領」。並在一九八〇年十二月召開的中央工作會議上提出，不懂經濟的鄧小平表態「完全同意陳雲的意見」，剛剛進入中央的趙紫陽不便置喙，使得陳雲適時在政治、經濟領域全面擴大了權力，他與李先念力主恢復計畫經濟的企圖也顯露出來。很多省份正在進行的工程被迫下馬，改革進程一度受到大挫。

好在一九七八年還在四川主政的趙紫陽生性務實，面對剛剛有點恢復的農業和落後的工業攤子，他不敢有那麼大的雄心。當然了，官場慣例還是要顧及的，於是中共中央主辦的《紅旗雜誌》一九七八年第一期刊登了趙紫陽題為《奮發努力加快四川建設，為國家為人民多作貢獻》的文章。文章緊跟華國鋒《一九七七年編制十年規畫》，提出了四川一九七八年至一九八

6　四個年輕人即王岐山、朱嘉明、翁永曦、黃江南。

五年的奮鬥目標：

到一九八五年，糧食畝產達到五百公斤，總產量比一九七七年增加五五％。社員平均分配收入比一九七七年增長八十％。工業總產值比一九七七年增長一・八倍。基礎工業方面，建成一個「大慶」，一個「鞍鋼」，四個「開灤」[7]……現在看來，除了最後的基礎工業指標有點「虛」，其他的指標不到一九八五年都已經實現。

但是趙紫陽的近期目標一點都不虛。在此之前的一九七七年十二月五日到十七日，四川省計委已經召開了全省計畫會議，安排一九七八年計畫。會議根據四川農業落後，基礎工業薄弱的實際情況，按照全國計畫會議和省委確定的原則，提出一九七八年四川國民經濟發展的重點，對經濟發展的主要指標作了安排：

農業總產值一一八・三億元。增長十％，

工業總產值二百一十億元，增長二十％。

交通運輸、地方基本建設投資，財政收入等都有較大的增長。

這些內容都在一九七八年全部超額實現，對此有數字可以作證：

按可比價格計算：四川實現社會總產值四二八・九八億元，比上年增長二一・五％；

國民收入二〇五・一三億元，比上年增長二三・四％。

按一九七〇年不變價格計算：

農業總產值達到一二二・三四億元，比上年增長十八・八％。

7《當代四川大事輯要》。

工業總產值完成二三〇・八八億元，增長二二・九%。
基本建設投資總額二八・二一億元，比上年增長四七・四%。
社會商品零售總額一〇七・四一萬元，扣除物價變動因素，比上年增長十二・三%。
財政總收入三七・三一億元，比上年增長五三・五%，財政總支出三五・七二億元，比上年增長四十・二%，收支盤點，有一定結餘，扭轉了連續兩年財政赤字的局面。
……
這些數字表明：包括四川工農業生產和財政總收入在內的幾乎所有指標增長幅度都已經超過了先前的計畫，人民生活也有一定程度的改善，可見趙紫陽還是以他一貫的工作作風：在計畫上留有餘地。這些數字也讓他心裡明白，這種增長仍然是恢復性質的。國民經濟比例失調，農業腿短，輕工業太輕，基建戰線過長，生產、技術、管理水準以及人民生活水準都還低，有待進一步解決。[8]

一九七八年的七月二十五日，正是谷牧的彙報在中央政治局引發躍進熱潮之際，四川省革委批轉省計委〈關於一九七九年國民經濟計畫安排的報告〉。報告回顧兩年多來國民經濟有了很大的恢復和發展，同時又著重指出：全省存在的一些重大比例關係失調的情況還沒有從根本上改變過來，某些方面比例失調情況比全國更為嚴重，主要是農業這個基礎十分薄弱，輕工發展速度太慢，燃料、動力供應緊張，基建規模過大；人民生活欠賬很多。報告認為要突出抓好兩條，就是「一上一下」：基建戰線過長的要堅決下，輕紡工業要堅決上。抓住了這

8《當代四川大事輯要》。

兩條，可能使整個國民經濟變被動為主動。[9]

可見趙紫陽還是冷靜的，這樣的冷靜導致四川在這場歷時七、八個月的「洋躍進」風潮中，沒有像其他的一些省份遭受大的損失。

出訪

這一年趙紫陽依然在忙農業，直到一九七八年八月十六日至九月一日，他隨華國鋒出訪。

在這次出訪之前，鄧小平將他的愛將趙紫陽招至身邊，有過一次談話，其中的內容，大致可以分成以下幾個部分[10]：

農業的路子要寬一些，思想要解放，只是老概念不行，對外國經驗要善學善用，只要所有制不動，怕什麼？我們原來想農業（出路）只是機械化耕種和水利，（現在）要想工業化生產的路子，像種子公司，自己搞複合肥料生產，想一些工業化的辦法搞農業，病蟲害防治等要社會化，用（為農業服務的）企業幫助農業，現在（國外）發展分出了很多這種企業。

要抓住有利時機引進國外技術、設備，很多改革，就從引進的項目開始改。（國家準備引進）八百個億的資金，要搞幾萬個項目，西德可搞四百億，日本二百億，美國一百億，美國的煤炭氣化先進，我們準備給他一個礦井搞。四川要引進天然氣化工的技術，要考慮哪些項

9 《當代四川大事輯要》。

10 趙紫陽回國之後在四川省全體地、縣書記會議上傳達過這次談話的大意。

目投到四川。

企業權力要加大，加大地市和企業的財權。要給企業選人的權力。我國的工資水準很低，技術水準也低，能不能把工廠選人標準提高，工資也提高，這樣整個技術水準也就高了。美國在工廠做工的起碼是三、四級工，用五萬人就可搞一千五百萬噸鋼；我們的鞍鋼生產七百萬噸鋼，卻用了二十萬人……成都的一三二廠[11]要改造。要搞到五分之一的人工資八十元[12]。（如果全國）有二千萬人工資搞到八十元，就可開闢很多新行業，有很多新的服務行業。[13]

……

趙紫陽帶著鄧小平的這些話，走出了國門。

雖然趙紫陽曾經在相對開放的廣東省主政，雖然在定期的彙報中對於香港的情況有所知曉，但是和所有的中國官員一樣，趙紫陽也並不知道這些年世界、尤其是社會主義陣營國家所起的變化。一九五三年史達林去世之後，東歐各國都相繼開始了改革探索，國力和人民生活都起了巨大的變化。匈牙利則平反冤假錯案，取消政治局委員特權、允許農民退出強制參加的合作社、取消農產品義務交售制、著手討論經濟改革等等。就連蘇聯本身，也在公開批判史達林之後啟動了各個領域特別是農業的改革。這些改革到了一九七八年，雖然大多經歷

11 即現在的航空工業集團成都飛機工業公司。

12 上世紀六〇—七〇年代全國工人平均月工資五一．二五元，其中四川機械工人六級工的工資七一．五元，七級工的工資為八十四元。他們幾乎都是在工廠裡做了大半輩子的老工人。

13 范少端〈趙紫陽同志在四川省地、縣委書記會上的報告（一九七八年九月十二日上午）〉。

坎坷，但是也都有成果。這些經驗和教訓對於長期受到蘇聯影響的中國，有著特別的意義。

這次由華國鋒帶隊出訪羅馬尼亞、南斯拉夫和伊朗，被外界認為是「中國從有皇帝以來第一個最高級領導人到歐洲」，跟隨的西方記者就一百多人，也讓趙紫陽受到很多啟發——除了工農業發展的速度和人民生活水準的高度大大出乎意料，還有農業社會化和農工商聯合體，更重要的是看到了「按經濟規律（而不是按行政的辦法）辦事」的好處。[14]

在訪問的三個國家中，南斯拉夫和羅馬尼亞是重點。和中國一樣，他們都是社會主義國家，也在進行擺脫蘇聯模式的體制改革。羅馬尼亞的改革特點，是國有企業改革上所有權和經營權分離，企業要自負盈虧，自己安排生產。這兩個國家的「按勞分配」都體現得很充分：一是實行集體定額工資；二是工人參加利潤分紅；三是搞得好有獎金，四是搞得不好扣工資，可扣到二十%，包括主管部長都要扣。代表團所到之處，看到勞動場面很緊張，紀律很嚴密，工作效率很高，人員很精幹。

而南斯拉夫，則是重點中的重點：他們從上世紀四〇年代，也就是史達林和蘇聯的威望還是高峰時，就認為史達林的道路實際上背叛了社會主義原來的目標。因為建立的「社會主義」應該是給普通勞動人民帶來平等、自由、和能夠創造更多公平的制度，而不是社會主義名義下的官僚獨裁制——因為普通工人農民不能參與對生產資料使用的決策。為了解決這個問題，南斯拉夫在所有國有企業設立了「工人管理委員會」，由工人海選產生。一切重大問題都由這個委員會決定，最重要的是兩件事情，一是要選出管理層，甚至可由企業登報招聘領

14 這個觀念中國的經濟學家孫冶方在「文革」前就提出過，卻被陳伯達批得一塌糊塗。

導而非上級指派。二是要決定工廠的年終盈利部分怎麼使用——這樣企業權力大，工人權力也大。這個模式當時叫做南斯拉夫社會主義道路，也叫做蘇聯社會主義和西方資本主義之外的第三條道路，在全世界有著極其巨大的影響，很多讀博士學位的西方人跑到南斯拉夫去做調研，寫論文。[15]對於已經吃夠了蘇聯模式苦頭的中國，南斯拉夫模式的影響也很大，雖然不能照搬，但是可以學習。

一路上趙紫陽很感慨地對華國鋒說：看來我們要承認差別，不僅全民與集體不同，全民內也應有差別，可以有富的，有差的。現在承認差別是為了將來消滅差別。我們這樣（吃大鍋飯的）搞法，把積極性、創造性都搞光了。

華國鋒沒有反對他的觀點——這次出訪不僅改變了趙紫陽，也改變著華國鋒。

比如引進國外專利、設備、技術和資金問題。原來一說到向外國貸款就說是「影響主權」，趙紫陽說我們這樣大的國家，不跟國際市場聯繫是不行的。我們也貸款與外國，難道是為了影響人家主權？這個理論是矛盾的嘛。華國鋒說看來貸款比分期付款好，完全不涉及主權問題。再比如中國動不動就搞「無償援助」。趙紫陽認為今後除戰爭外，不要再搞無償援助、無息貸款。人家羅馬尼亞比我們有錢，不但不搞援助，而且斤斤計較。越南要它給三%低利貸款，二十年還清，羅馬尼亞說世界上有哪個國家這樣做的？我們去找他問問？趙紫陽還說我們過去搞了笨事，無償援助最多的兩個國家罵我們最凶，這就是民間說的「升米恩，斗米仇」。華國鋒對這個說法很感興趣，說我們一窮二薄，臉不厚，人家講幾句「國際主義」我們就昏了，

15 丁學良《中國發展模式的兩部曲》。

什麼都無償。我們把原子潛艇上的機密都交人家，可是人家給我們的玉米只有種子、不給培育技術。華國鋒還說，現在我們搞現代化，最大的問題是全黨對現代化缺乏知識，應當承認，我們政治局對現代化知識了解得少。過去認為資本家只會吃喝玩樂，實際上他們經營企業有些是很精明的，有的（如克虜伯）還把兒子放到國外工廠艱苦鍛煉或不讓壞兒子接班。南、羅有幾十個公司在國外。可是這些年來我們很閉塞，對國外了解少，世界上進行了一次工業大革命，我們基本不知道。如果外國的東西我們都不用，要回到什麼時代？原來中央說在八年之內要引進國外資金幾十個億，看來至少要五百億至八百億。現在發達國家爭著借錢給我們——並不是他們熱愛我們這個社會主義國家，而是資本主義的資金、技術有危機，無出路，是從戰略上考慮。機不可失，時不再來，要採取靈活的方法，引進國外先進技術、貸款。

……

趙紫陽一路上與華國鋒討論了很多問題，然後問：我們討論的這些問題（工資改革和企業權力等），可不可以搞試點？華國鋒說可以啊，比如說軍工企業搞民用產品，我就給你這個權力！世界二次工業革命，就是運用了軍工技術於民用。五機部的張軫同志就講了：外國沒有專門的軍工企業。

從南斯拉夫訪問回來，在北京開小規模農田基本建設會議的時候，趙紫陽還向華國鋒提出了「實行財政包乾，定支出基數、定收入基數，超出的中央與地方分成」的政策。[16]

16 本章主要參考資料：范少端記錄〈趙紫陽同志在四川省地、縣委書記會上的報告（一九七八年九月十二日上午）〉。

啟動

九月一日，趙紫陽隨訪問團回國；九月十二日，四川省委召開全省地、縣委書記三百餘人會議，趙紫陽在會上傳達了這次出訪的收穫，以及他與華國鋒的一些對話，還特別傳達了出國前鄧小平找他談話作的一些指示。趙紫陽在出訪中關注的所有問題，都與鄧小平的這次談話相關，可見兩個人在大方向的看法上是相通的。比如鄧小平說：「中國人是很聰明、能幹的，就是太閉塞，舊框框太多。要解放思想，圍繞四個現代化解放思想。要大批出國，這個學費一定要出，包括重點的縣委書記都出去開闊眼界，要進行現代化知識的教育……以當時趙紫陽的實力，把這麼多的幹部拉出國去不現實，可是拉到國內相對先進的江蘇上海去走一圈，還是可以的。於是才有了被許家屯稱之為「大魄力」的三百多四川幹部江蘇之行。」

趙紫陽在推動農村改革的同時，已經著手研究和規畫城市企業改革。一九七八年的春天，隨著國家高級領導人頻頻出訪，不斷有各種資訊傳回，趙紫陽指示各級黨委、政府各個部門收集國外資料，到省內企業調查研究。出訪歸來之後，他從初步成功的農村改革出發，再綜合出訪歐洲和國內江蘇等地的經驗，認為中國農村改革的成功之處，在於把農村生產力的發展紮根在農戶（家庭）上，給農民生產經營自主權。現在要解放和發展城市工業生產力，一定要正視「中國社會生產力的根基在企業」這個現實，首先要解放和發展企業的生產力，要給企業以生產經營自主權。在九月下旬省委召開的一些會上，趙紫陽反復強調一個觀點：「為了加速實現四個現代化，需要根據自己的情況，研究外國的管理辦法和管理體制。」

其實在中國還熱衷於搞形形色色「運動」、尤其是大批特批赫魯雪夫修正主義的時候，社會主義陣營的改革就已經開始了，而且首先是從蘇聯開始的，無獨有偶的是，也是從農業起步。赫魯雪夫力圖擺脫史達林的經濟模式，提高農畜產品的收購價格，增加農民收入；撤銷了對於農業生產二百八十項指令性計畫中的絕大部分，讓農莊可以自行安排生產；他減輕最後廢除了農民自留地義務交售制度和農村副業義務交售制度，提高了農民的生產積極性，使得奶牛、羊、豬、家禽和水果數量大大增加，農貿市場日益繁榮，大面積的墾荒運動也使得蘇聯穀物獲得大豐收⋯⋯雖然急於求成產生了諸多失誤，而且由於沒有解決體制問題讓很多成果最後付之東流，但是蘇聯的農業突破了長期停滯不前的狀態，人民生活水準大大改善卻是不爭的事實。更重要的是這樣的改革帶動了整個東歐，各國紛紛探索自己的改革道路。一般說來，經濟決策有三個層次：國家決策、企業決策和家庭決策。被認為改革最成功的匈牙利，是第一層次國家決定，第二、三層非集中化；南斯拉夫則是三個層都非集中化。蘇聯最初實行戰時共產主義時，三個層次都由國家決定，以後前兩個層次由國家決定，第三個層次非集中化——可見多多少少都有些變化。只有中國，一直實行蘇聯的戰時共產主義的作法，一管到底。

趙紫陽努力讓人民富起來，脫離經濟上的依附，自己的事情自己做主，打破第三個層次（即家庭決策）已經初見成效，現在他著手打破第二個層次，讓企業的事情企業自己做主。這個事情因為涉及到體制，要複雜得多。

當時中國的企業只有全民所有制（後來改稱國有制）和集體所有制兩種。國有企業根據企業的大小和重要程度分為兩類：中央企業和地方企業。中央企業由中央政府各行業部門直管，地方企業分別由省、市、縣政府各行業部門直管。在計畫經濟體制下，這些企業的管理被高度集中：工廠建設由國家投資，生產計畫由國家下達，生產資料由國家供應，設備改造維修由國家撥款，勞動力由國家調撥，職工工資由國家確定，產品由國家銷售，價格由國家確定，利潤全部上繳給國家……企業只能按上級主管部門的指令辦事，像「算盤珠」，撥一撥，動一動，根本就談不上積極性，而且全民所有制程度愈高，企業的積極性愈低。

至於集體所有制的企業，本來都是些打不上眼的小產業，政策基本上管不到這塊來。可是不知道從什麼時候開始，「頂層設計」決定集體所有制將來要向全民所有制過渡，漸漸對其管理幾乎和全民所有制企業一樣，被稱為「二全民」。常說不怕窮，就怕管。成都有一個區屬的集體所有制小廠，因為其「小」，原來是國家計畫不管的，廠房、設備、原材料全部由自己找，產品也靠自己推銷，價格自定。結果工廠人人努力，產品有銷路，企業利潤多，職工收入也高，經常當先進，給別人介紹開工廠經驗，在全市乃至全省都很有名氣。可也正是因為名氣大，上級機關重視了，由區屬廠升為市屬廠，不久又升為省屬廠。隨著廠的管理級別的提高，也由國家計畫外轉入國家計畫內，國家計畫管理大大加強。設備、原材料不能說全部保證供給，至少比過去日子好過多了。產品的銷路也比過去有保障了。職工收入也按國家計畫、政策分配和提升，但是與企業經營業績脫鉤、與個人勞動多少和勞動好壞脫鉤。因為不需要再努力就可以吃平安飯了，企業領導和職工都不再努力，廠子就這樣走向了衰落。[17]

趙紫陽本人常常下到企業搞調研，四川著名大企業重慶鋼鐵廠，也遇到過類似的麻煩。

17 袁文平〈趙紫陽與「社會主義市場經濟理論」〉。

當時重鋼和其他許多企業一樣，除受主管部門冶金部管理外，還要受計委、經委、物資、商業、財政、勞動、銀行等部門制約。趙紫陽到重鋼視察，廠長王宇光向他彙報重鋼的困難，說按計畫生產了許多厚鋼板，卻沒有用處，只好用來廠裡鋪路，但是有些地方小廠在生產上卻非常需要薄鋼板，重鋼卻都無法供應，搞得重鋼連職工工資也難以發出，都快「死」了。他向趙紫陽提出，是否可以把計畫外生產的鋼材由公司自行處理，賣給小廠，兩得其利。趙紫陽說你可以試一下嘛。於是王宇光便自行處理了一點鋼材給川北某農機廠，農機廠因此「活」了，很是感激，便從農村弄來五百頭豬，作價賣給重鋼。那時候的豬肉是國家計畫供應的，每人每月只有半斤一斤肉，王宇光把豬肉全分給廠裡職工改善生活，真是皆大歡喜。可是沒想到就此惹下大禍：重鋼因此受到冶金部和中央計委的批評，說他們自行處理國家鋼材是違法的，王宇光拿國家鋼材去換豬肉吃掉了——多大的罪名！王宇光說，最後還是紫陽替他打了圓場，說了好話，並允許他繼續試點。他得了紫陽的口諭，把幾萬噸鋼材賣給南京一個汽車廠，一下子大家都活了。18

遇到問題的不僅僅是一個重鋼，也不僅僅是那個集體小廠，而是所有的大大小小的企業，在「文革」已經結束而經濟必須加快發展的形勢下，這些問題已經成為一隻攔路虎，改革勢在必行。趙紫陽組織了省經委、財政廳等有關實際工作部門和省社科院等理論研究的「秀才」進行深入調研，他和主管工業的省委書記杜星垣親自參加，制定企業擴權試點方案。經過一番調查研究和討論，趙紫陽確定：先從研究擴大企業哪些自主權著手。

18　馬識途〈趙紫陽搞工業改革試點〉。

因為還是計畫經濟時期，完全取消指令性計畫的體制還不可能，大家就議論在「計畫外」做文章。討論決定，企業要按國家的指令，完成下達的計畫任務，而超額部分企業可以自行銷售。但要改革這種體制卻困難重重。有一次，趙紫陽正組織討論擴大企業超額產品銷售權時，一位省物資部門的負責人偷偷到會議室外打電話給北京國家物資總局，說四川要讓企業賣產品了，我們怎麼辦？有人還說，生產資料不是商品，怎麼能買賣呢？趙紫陽說這是試點嘛，不對再改過來，還是決定給企業這個權力。討論最激烈的是利潤分成問題。當時企業承諾，國家下達的利潤指標可以全額上繳國家，但要求超額部分留一部分給企業（後來起名叫超額利潤分成）。討論時一些人認為，企業資產是國家的，產生的利潤應當全部交給國家；一些人認為，企業和職工是利潤的創造者，超額部分應當留給企業。這一條財政部門反對最激烈，但經過反復討論，省財政部門終於認同了，就確定下來，可是又遭到國家財政部堅決反對，以至於一九八〇年在成都召開的全國經濟工作會議上，趙紫陽還和當時的財政部長吳波吵了一架[19]——這當然是後話了。

關於擴大企業自主權的原則，趙紫陽和大家一條一條討論，最後把它歸納成五條：

一是給企業一定的生產權，允許企業在完成國家計畫的基礎上，可以根據市場需要組織生產；

二是給企業一定的產品銷售和生產資料採購權，允許企業在市場上自銷計畫外產品，採購一部分自用的生產資料；

19 林淩〈趙紫陽領導四川改革紀略〉。

三是給企業一定的經濟利益，允許企業在完成國家利潤計畫的基礎上，超額部分實行分成；

四是給企業一定的擴大再生產權，允許企業利用折舊和利潤留成資金進行企業的挖潛、革新、改造；

五是給企業一定的人事權，允許企業自行提拔中層幹部、招收工人，對職工進行獎懲。[20]

這個「五條」啟動了四川的企業改革試點。在整個試點過程中，趙紫陽和省委有關負責幹部和省委的改革班子都親自到企業，研究試點中的問題，他的主張和要求，一般都在省委常委擴大會上進行討論，認識一致後由杜星垣指導貫徹執行。從一九七八年十月到一九八〇年調中央工作為止的這段時間內，趙紫陽逢會必講試點的意義、可能出現的問題以及解決的辦法。他對這次試點定的工作方針，借用鄧小平的兩句話講了兩條：一是「殺出一條血路來」，膽子要大，態度堅決；二是「摸著石頭過河」，工作要細，穩步推進。

擴權試點的三種方式[21]

四川的企業擴權試點，從頭到尾實行了三種辦法，是一個由淺入深、逐步摸索的過程。

第一種辦法是按照一九七九年二月十二日，中共四川省委批轉經委黨組《關於擴大企業

20 林淩〈趙紫陽領導四川改革紀略〉。

21 本節主要參考資料：馮舉、周振華〈四川省五個國營工業企業自負盈虧試點的調查〉，載於《中國社會科學調查報告》，一九八一年第三期。

權力，加快生產建設步伐的試點意見》（簡稱《十四條》）的規定，最初決定選擇重慶鋼鐵公司、成都無縫鋼管廠、寧江機床廠、四川化工廠、新都氮肥廠和南充絲綢廠等六家企業參加。後來由工業擴大到商業，選擇了成都人民商場、重慶百貨公司和重慶飯店三戶商業企業開始擴權試點。試點企業有計畫外生產權，即在全面完成國家計畫的前提下可以按照市場和出口需要組織生產和接受來料加工；有部分產品銷售權，即銷售商業、物資、供銷等部門不收購的產品和試銷新產品；有多提留固定資產折舊權，即由原來的四十％改為六十％，而且企業用更新改造資金等搞新技術、新工藝和新設備而取得的利潤（簡稱「三新」利潤），兩年內留作企業基金；企業有權根據完成各項經濟技術指標的情況，按年工資總額或計畫利潤額提留一定比例的獎金或企業基金（獎勵基金的提取幅度為工資總額的八～十二％，企業基金按計畫利潤計算的三～五％、超計畫利潤的二十～二十五％提取）。《十四條》的核心，是企業在完成國家計畫和各項技術經濟指標的條件下，有權提取一定比例的獎金或企業基金，從而初步地把經濟責任、經濟效果和經濟利益結合起來，把國家、企業和個人三者利益結合起來。從參加的六家企業情況來看，《十四條》開始調動了企業和職工的積極性，很快取得了生產發展、利潤增加、生活改善的良好效果。

第二種辦法是按一九七九年十二月二十二日中共四川省委頒發的《關於進一步抓好地方工業企業擴大自主權試點工作的通知》（簡稱《十二條》）辦理。這個檔是初步總結研究了一九七八年十月開始的寧江機床廠等六家企業進行擴權試點經驗，對擴大企業自主權的具體辦法作了規定，並決定從一九七九年起把擴權試點企業擴大到一百個（以後又陸續增加）。「十二條」的核心，是提留企業基金實行全額利潤分成，把企業基金同企業所實現的利潤總額直接聯繫起來。這樣可以進一步促使企業和職工認真搞好經濟核算，努力降低生產成本，提高產品品質，增產適銷對路的產品。到一九八〇年底，四百一十七個執行《十二條》和《十四條》的企業都見了成效：完成工業總產值比一九七九年增長九．七%，實現利潤增長九．七%。

但是無論是實行《十四條》還是《十二條》，都還不能把企業的權、責、利緊密結合起來，仍然存在著一些矛盾需要解決。例如，按《十四條》規定，提取職工工資總額八～十二%作為獎勵基金，這會促使企業增多人員，加大工資總額，以便多提獎金；按計畫利潤和超計畫利潤提留企業基金，會促使企業同國家討價還價，總想壓低計畫利潤數，以便多提超計畫利潤提成，而且在執行年度計畫時，又往往「適可而止」、「留一手」，以免抬高基數，影響次年的超計畫利潤提成。即使實行「全額利潤分成」，也沒有根本改變國營企業「端鐵飯碗」的情況，發生虧損時仍需國家補貼，在某種程度上仍是國家承擔風險，企業「旱澇保收」，而且企業在人財物、供產銷方面的自主權，相對來說仍然較小，與企業作為相對獨立的商品生產者的地位不相適應。

這些都與趙紫陽看重的南斯拉夫和羅馬尼亞的經驗不相符合。

一九七九年九月，在進行調查研究和草擬《十二條》的過程中，四川省委提出選擇少數國營工業企業進行「在國家計畫指導下，獨立核算，國家徵稅，自負盈虧」的試點，這次選定了川棉一廠、西南電工廠、成都電線廠、重慶印製三廠、重慶鐘錶工業公司等五個企業作為第一批試點單位。這其中有三個是輕工業企業，兩個是重工業企業；有三個是一九七九年擴權的企業，有兩個是沒有經過擴權試點的企業；有技術設備和經營管理都較先進的企業，也有技術設備和經營管理處於中下狀況的企業。總之都具備一定的代表性。

於是就誕生了擴權試點的第三種辦法：以利改稅，獨立核算，自負盈虧。其政策依據是一九八〇年二月八日中共四川省委和省人民政府頒發了《關於在地方工業企業中進行國家徵稅，自負盈虧試點的意見》（即《二十條》）。《二十條》規定，從一九八〇年起，試點企業不再向國家上繳利潤，國家對企業徵收三種稅：一是工商稅，按現行稅法規定計徵；二是固定資產稅，按企業固定資產原值每月徵收二％；三是所得稅，計算辦法原則上按照一九七九年企業實現的利潤，減去固定資產稅，加上職工工資總額（扣除重複因素）、職工福利基金，綜合獎金（稱作調整後的實現利潤），作為計算稅率的分母；然後，就調整後的利潤額，再扣除企業應留的新產品試製費、按規定提留的企業基金、職工工資總額、職工福利基金、綜合獎等五項後，以其餘額作為分子，求出各戶的所得稅率。所得稅的稅率，一定三年不變。如果國家調整工商稅率和增加新的稅種，所得稅率要相應調整。

這種計算辦法，把過去由國家撥款的新產品試製費，同企業實現的利潤直接掛起鉤來，如果實現的利潤多，提取的新產品試製費就多，企業革新技術、改進產品、發展生產的條件就更好。同時，又把工資基金和福利基金、獎勵基金等加上利潤，作為計算稅率的分母，意在控制試點企業實行自負盈虧後的工資，福利、獎勵等項開支，如果這些開支增大，則調整後的利潤額也隨之增大，因而所得稅額也會相應增大。這樣就從根本上改變了國營工業企業「旱澇保收」、「吃大鍋飯」的局面，不但把企業的經濟權力、經濟責任、經濟效果緊密地結合起來，也把國家、企業、職工個人三者的經濟利益緊密地結合起來了。

於是奇跡出現了：一九八〇年，這五戶自負盈虧試點企業工業總產值完成三八八六六萬元，比一九七九年增長四一．二％；實現利潤九〇〇二萬元，比一九七九年增長八一．七％；

上繳利潤（即所得稅加固定資產稅）六五五一萬元，比一九七九年增長四七．六％；「三稅」合計完成一一．九六八萬元，比一九七九年增長四三．一％。

試點企業的職工，把實行「十四條」叫做「小擴權」，把實行「十二條」叫做「中擴權」，把實行「二十條」叫做「大擴權」。他們說：「不擴權是捆手捆腳，想幹點什麼事都幹不成；小擴權和中擴權，幹起來還是不能完全放開手腳；大擴權才能放手放腳，使企業真正地活起來。」

跑步前進的川棉一廠

在所有參加擴權改革試點的企業中，有必要將川棉一廠單列出來，詳細介紹。

川棉一廠全稱四川棉紡織印染一廠，是在一九五八年開始邊設計、邊建設、邊投產的工廠，到八〇年代已經發展成有二十幾家分廠、一萬八千多名工人的大廠，但是廠裡的基本建設一直拖著尾巴：紡、織、印、染之間生產能力很不平衡，設備型號複雜，效率低，噪音大，粉塵重，產品的品質、花色、品種和數量都不能滿足市場需要。工廠最早是蘇聯協助搞的大項目，車間很大，裡面都有衛生間，但是生產區外面沒有廁所。外面來的客人，不可能去車間上廁所，可是要在車間外面建這麼一個廁所，工廠本身沒有錢也沒有權利，要向省財政局打報告等待批准——流傳甚廣的「修廁所打報告」的典型例子就是由此而來。從一九五九年到一九七八年，川棉一廠向國家上繳利潤一一六〇四萬元，相當於這個工廠總投資的兩倍，但每年留給工廠使用的折舊和大修理基金只有一百多萬元，根本無力進行技術改造、改革產品結構、提高產品品質。作為一家紡織部直接管理的大廠，它也有所有國有企業的苦惱：手腳被捆得非常死。原料是計畫調配，產品銷售是計畫調配，生產的二、三十種棉紗每一種產量多少，織成什麼樣的布，印成什麼樣的花色……全部是上級指定；工人的工資、綜合獎金都由國家統一規定；十七級以上的中層幹部，屬於縣團級，由廠黨委提名，省委組織部任命；廠長要上報中央審批，然後由省長任命。

按照一九七八年四川省計委的發展計畫中「積極發展輕工業」和「有重點地解決一些人民生活方面急待解決的問題」等條款，川棉一廠在一九七八年的十月被列入了第一批企業改革試點名單，接下來又在一九七九年底列入了「二十條」試點的名單。趙紫陽帶著省財政局長田紀雲等人去開會，對廠裡的幹部們說：「你們要暢所欲言，你們認為工廠怎麼搞得好就提辦法。」

幹部們說：「綁得太死了，給我們鬆鬆綁吧。」

於是省財政局長田紀雲和廠裡的幹部們一起，擬了幾條改革方案，大致如下：

一、實行黨政分離，改黨委領導下的分工負責為廠長負責制。這一步很關鍵。當時實行的是黨委領導下的廠長分工負責制，大家都負責，實際上大家都不負責。改為廠長負責制之後，確定了廠長是最高行政領導，對企業全面負責。可是這個事情爭論很大：廠長負責制曾經在五十年代由蘇聯引進過，後來說是這脫離黨委的領導，否定了。現在又提出來，大家心裡還是在打鼓：企業核心到底是黨委書記還是廠長？如果成了廠長，黨委的權威豈不是受到了挑戰？這個責任誰敢承擔？事情吵來吵去，大家都看著省委書記趙紫陽。趙紫陽考慮了相當長的時間，最後說：既然要改就改徹底，還是實行廠長負責制。黨委應當為廠長的決策做好工作，保證廠長的指令和決策暢通執行。黨組織是保證廠長的執行，不是黨委決策了讓廠長來執行。

那個時候，這話除了他趙紫陽，沒人敢說。

二、人事權下放。中層以下的幹部任免由本單位廠長提名，黨委通過；廠長任命不再報中央——這個權力也很大，假如幹部任免權不在廠長手裡，他去指揮下面的幹部根本就喊不動，廠長責任制就成了一句空話。

三、改革工資制度，實行計件工資制。過去工廠裡的工人實行八級工資制，級別一旦定下來你幹多幹少都是那點錢，創造的勞動價值與工人自身的獲得不相匹配，年輕人從月工資三十六元的三級工升到四級工都很困難，所以有「三十六元萬歲」之說。當然還有點綜合獎，一個月也就五塊錢，就這五塊錢還分成三塊、五塊、七塊幾個等級，也與產值、利潤不掛鉤，做得好與不好都是這樣。實行計件工資制度就不同了，誰做得多就拿得多，工人的月工資由三、四十塊錢漲到了一百二、三，在全國引起了巨大的轟動——要知道川棉一廠的計件工資改革在全國是第一家，那時劉少奇還沒有平反，他的若干罪名中就包括這個「利潤掛帥」。這對於趙紫陽還是有一定風險的。

這個重點一突破，工人的積極性一下子就起來了：為了贏得時間上廁所都跑步。人們開玩笑說：跑一步就掙一塊錢，跑兩步就掙兩塊錢。要知道當時一個人一個月的所需生活費才八、九塊錢，三、四十塊錢能夠養活一個五口之家，可是一個普通的紡織女工只要肯幹，一月能掙上一百二、三，這是個什麼概念？

四、隨著計件工資的執行，工廠得拿出錢來支付職工應該多得的工資，可是企業的利潤要全部上交給國家，需要用錢要寫報告再批回來才可以。於是廠裡要求利改稅：企業不再上繳所得的利潤，只上繳稅，剩下利潤留給自己支配；與此相應的是：國家收了稅金之後也放手，不再管棉紗調撥、棉布銷售、虧本補貼之類的事情，讓企業自負盈虧。這一條現在很普遍了，可是那個時候偌大的國家就才四川的幾個廠開始試點，要爭取很難很難。

五、川棉一廠是創匯單位，我們要外貿自主權，哪怕少許配額都行。

幹部們擬的這個初稿交到趙紫陽手裡，他說好啊，你們把這些想法整合一下，正式形成方案。

最後的方案還加了一條：川棉一廠是個大型的托拉斯企業，分廠都有二十幾個，需要辦一個廠報——《川棉報》，把改革當中存在的問題及時向各分廠通報，這樣就不需要開那麼多的會，節省時間通報。

趙紫陽拿到這個方案，很快就批了，然後他很認真問：「如果這樣改了，與現在中央的政治路線有了衝突，你們咋個辦？你們怕不怕人家給你們扣帽子，說你們走資本主義道路？」

川棉一廠的幹部實話實說：「紫陽同志，我們企業終歸是執行者，我們知道這些改革會涉及到上面很多部門的利益，特別是將黨委領導下的廠長分工負責制變為廠長負責制，是非常嚴重的事情；萬一改革不成功，我們犯的就是政治路線錯誤。作為具體執行者，我們的確沒有能力來抗衡這些壓力。你既然把這些權力放下來，有了問題你就得給我們承擔。」

紫陽同志說：「既然是我代表省委作的決定，就不會有你們『政治路線』的責任。只要你們不犯組織錯誤，我保證你們沒問題。」

這裡需要說明的是：當時所謂的「政治路線錯誤」，是站在社會主義還是資本主義立場的錯誤，要被「上綱上線、打翻在地、永世不得翻身」的錯誤；而「組織錯誤」則是服從還是不服從組織決定的錯誤，性質完全不一樣。

多少年以後，時任印染分廠廠長的張合縱還在反復念叨，說紫陽這個人，沒架子，有擔當！[22]

一個步履艱難的企業，從此開始跑步前進。

川棉一廠在一九七八年十月納入擴權改革試點「十二條」範圍之後，一九七九年工廠終於能夠利用自有資金二二六萬元，加上紡織工業部的一百五十萬元投資，新建了一條年產一千萬米的確良印染生產線，當年投產收回全部投資，為國家上繳利潤二百三十萬元，企業因此獲得「三新」利潤一百三十七萬元，改造了細紗機一百七十一台。一九八〇年，川棉一廠被列入試行「二十條」擴權改革名單，實行了「以利改稅、獨立核算、自負盈虧」，企業財權進一步擴大，市場意識也進一步增強。一九八〇年初擴權試點準備開始時，工廠計畫全年實現利潤四千萬元，要比一九七九年增長三十%。可是經過上半年的努力，到六月底就實現了二千七百萬元。七月份職工代表大會決定：將全年實現利潤指數提高到五千萬元，並且發動廣大職工人人獻計獻策，訂措施、挖潛力。結果到年底，共實現利潤五九九九·九萬元——超出了原計畫的五十%。

手裡有了錢，職工的福利就好辦了。一九八〇年，川棉一廠的集體福利基金實際支出五七五·七一萬元，占三項基金實際支出的三七·一九%。其中用於修建職工宿舍四〇四·八

22 蔡文彬採訪張合縱〈趙紫陽指導川棉廠改革〉。

萬元，占整個福利基金的七十．三一％；用於其他福利設施如子弟校、托兒所、浴室、養豬場、冰糕房等共六十．九四萬元，占十一．六％；其他用於醫院醫藥醫療器械、食堂設施設備機械等等也是一筆不小的數字。可見其中用於職工宿舍的比例最多，僅一九八〇年就為職工修建宿舍一萬七千平方米，比一九七八年和一九七九年的總和還多一倍。[23]

川棉一廠的廠區外，出現了大片大片的宿舍小樓，清一色的紅磚房。以前廠裡只有一個職工子弟學校，後來陸續建了托兒所、小學、中學，一直到職工大學，女工的孩子從三個月起各種費用就由工廠包了，一直到大學都不用自己掏錢。廠裡還有女工哺乳房，供女工上班期間在此給嬰兒餵奶……

八〇年代的川棉一廠，工人數量已經發展到一萬八千多人，被稱為「紗妹」的年輕姑娘占八十％，成了成都小夥子追求的大目標——廠裡每個週末都要開舞會，包括最吃香的部隊青年軍官和軍工企業的年輕人蜂擁而上，而紗妹們驕傲地提出了自己的口號：「一環路以外的男人都不嫁」。她們驕傲的「本錢」除了年輕漂亮，更主要的經濟條件好。成都同等年齡的工人，工資都只有三、四十元，可是川棉一廠啟用了「計件制」，紗妹們月薪可以達到一百二、三；更重要的是紗妹們有房子——要知道當時的口號是「先生產後生活」，企業職工住房已經是天大的問題。除了房子，紗妹們的福利超過很多廠的女工，娶個川棉一廠的紗妹，就是捧了個金飯碗，不僅社會地位高，掙的錢多，而且還省很多錢，省很多心。

不過川棉一廠的改革依然是初步的。一九八四年三月三日，國務院總理趙紫陽帶領有關

23 李少宇、崔新桓〈川棉一廠實行自負盈虧的調查〉，載於《經濟與管理研究》，一九八一年三期。

部門負責人在重慶調研的時候，強調老廠改革的關鍵是提高技術水準，不能只是擴大規模。他說我在四川時搞的都是擴大生產能力，不是技術改造，包括成都川棉一廠的改革，都是在擴大生產規模。[24]

改革「錢糧衙門」[25]

兵馬未動，糧草先行。如果把企業比作兵馬，那麼主管錢糧的衙門，就是物資系統，這個系統的改革也是四川改革中遇到的一個大難點。時任四川省物資廳副廳長的李煌[26]說，物資改革是紫陽親自抓的，也是我具體落實執行的，這個改革在全國影響很大，可以說是歷史性的突破。

當時的物資改革有三個背景。第一是一九四九年以後國家物資管理體制基本上照搬蘇聯。主管物質系統的國家主席劉少奇，「文革」前在北京八次接見了全國物資局長會議的領導，提出「集中統一」的方針，即集中管理、統一分配。那時候生產資料不是商品是產品，不能進入社會進行交換，都是通過國家按計畫進行分配，如果企業自己做主把生產的產品銷售了，是「違法」的（這樣的大帽子足以讓廠長們心裡發虛），而掌握這個分配權的，就是物資部門。

24 郭延斌〈趙紫陽視察重慶時的談話〉。
25 本章主要參考資料：蔡文彬採訪李煌〈趙紫陽啟動了四川物資流通的改革〉。
26 李煌（一九三二～），曾任四川省物資廳廳長、黨組書記，四川物資集團總公司董事長。時任四川省物資廳副廳長、黨組副書記（分管業務）。

一九七八年中央召開了十一屆三中全會，大會提出整頓、改革和提高等方針，經濟工作方面主要是強調以計畫經濟為主、市場經濟為輔，實行兩個結合。只是怎麼樣才算是「兩個結合」，當時國家物資部門都沒有拿出一個意見來，全國都在觀望等候。可是四川沒有等，趙紫陽領導四川走在了全國的前頭。

第二個背景，是四川搞工業企業的擴權試點遇到的很多問題中，物資供應是個很重要的問題——因為工廠每天都在運行，都在和物資打交道：要生產就要買進原材料，產品出來他要銷售，可是工廠沒權，得由國家和省裡有關部門分配。分配的面多廣呢？大到發電機、起重機，小到刃具、量具、磚頭……企業需要什麼，要層層上報到主管部門，把資料統一起來，向物資部門和計委報告，上面進行平衡以後層層下達計畫，分配給你多少就是多少，想多要沒有，市場也沒有賣的。要突破計畫經濟，這是個嚴重阻礙經濟發展的大問題，如果不解決，四川擴權試點就搞不下去。

第三個背景，是當時國家實行調整的方針，使得企業、包括基建項目發生變化，出現了很多無法調和的矛盾，急劇變化的時局也以各種各樣的形式逼迫物資部門採取措施。

省委組織的那些參與改革的「秀才」們為了解開「生產資料不能成為商品」這個疙瘩，撇開物資部門在溫江專區開了一個機械產品展銷會，出現了許多人都沒有見過的生產資料交易場景：會上展出了各地生產的鑽床、刨床、氧氣瓶等，同時請來買家和生產廠家的領導。展銷會開始後，買家東挑西撿，品頭論腳，討價還價，賣家笑臉相迎、詳細推介、還價讓價、包退保換。當時展會上出現三種氧氣瓶。一種是上海生產的，一種是天津生產的，一種是成都生產的。買家選來選去，最後選了上海生產的產品——它們質高價低，與成都的產品形成明顯的對比。成都廠的領導當機立斷，馬上打電話請工程師來商量對策，決定降價。在這裡「生產資料是不是商品」的問題迎刃而解，理論家們也從這裡獲得實踐出真知的啟發。

一九七九年十月，由四川省物資廳分管業務的副廳長李煌主持，省物資局和基建局聯合召開「一九八〇年基建產品預撥[27]會議」，與會的幾百個企業對於物資安排混亂的問題反應很強烈。有些企業說我的生產計畫變了、項目變了、投資變了，我們按照原計畫供給的有些產品人家不要；可是人家需要的產品上面又沒有安排指標生產，叫我們企業怎麼辦？李煌和項目處處長研究了半天，最後決定有變動的這部分產品可以不要計畫，允許互相調劑——當時他心裡有點害怕，因為說「不要計畫」是要承擔責任的。後來他給主管的副省長徐馳做了彙報，徐馳說：「反正你是預撥訂貨嘛，全年還要算賬，如果給得不妥當、辦得不妥當，全年給的時候再糾正回來就是。」不久在省委的小會議室開會，李煌當著趙紫陽談到這個問題，紫陽書記說了一句話：辦得好。李煌的心一下子就踏實了。這個事情為後來的改革提供了一條實證：不要計畫也行。

這次預撥會一個多月以後，李煌接到省委的電話，讓他去一下，也沒說是去幹什麼。李煌去了以後有人讓他在大會議室等著，一會兒趙紫陽來了，後面是魯大東。李煌以為還有很多人來開會，自己是去得最早的，沒想到紫陽書記對他說：「好，我們談吧。」

李煌一看：好傢夥，兩個書記攻我一個人啊？就說紫陽書記，我可沒準備，你叫我來談什麼？紫陽書記說不要準備，我和大東同志聽聽你有什麼想法，你隨便講。李煌說總要有個

27 預撥就是全年的計畫沒有下來以前預先給企業一點，然後等年度計畫下來以後再全年算賬。

內容嘛。紫陽書記說現在企業要擴權，你打算怎麼辦，就談這個。

李煌想了想，說：「企業要擴權，那麼我就放權吧。」於是三個人就圍繞放權問題聊開了，討論物資部門手裡都有哪些權，該放哪些權給企業，哪些可以不放，時不時還有爭論：因為紫陽書記對一些情況不大清楚。比如大家都認為鋼材緊張，他說你把鋼材放了吧？李煌說鋼材不能放！這是國家統配的物資，這個權力面大了，如果要放要經國務院同意才行。於是紫陽說那就算了吧，咱們就放自己能辦的。

就這樣一直談了兩個小時，

別看只有三個人開會，這卻是對四川乃至全國物資部門很重要的一個會。最後紫陽書記對李煌說：「你講得好。回去再想一想，把我們今天議論的問題給我寫個意見來。」

李煌說好。

李煌知道紫陽書記的工作要求是辦事要快，只要把問題抓住就行了，至於文字馬虎一點不在乎。由於那天他倉促上陣，連筆記本都沒拿，回去以後就找了幾個有關的人，自己憑著記憶把討論的問題說了一遍，大家一起整理了一個意見，經過黨組討論同意後，報給了紫陽、大東、杜星垣和何郝炬四個省委領導——何郝炬是主管物資部門的政府領導，杜星垣當時主管城市改革。兩三天後省委來電話，說是紫陽同志批下來了，你們來拿檔。李煌去拿檔的時候，看見紫陽的批示是：「可以同意，一面先按此實行，一面根據變化隨時總結修正，並告大東、星垣同志。」紫陽書記對李煌說：「你把這個檔發下去。」

可是這份檔是以物資廳黨組的名義寫給省委幾位領導的，而發文應該以政府的名義。李煌找到杜星垣，說這個文件怎麼個發法？杜星垣說：「這樣好不好，改成以四川省革命委員會的名義發文。」於是兩個人趴在會議室的桌子上，杜星垣簡單把抬頭改了一下，然後簽上自己的名字。

此時正是一九七九年十二月。文件的名稱是〈關於把物資搞活的報告?〉。

四川省整個物資工作一直遵照這份文件貫徹了很多年，而且後來由此派生了很多具體的文件，還有一些具體貫徹意見。當時李煌還沒意識到，這個檔實際有六大突破。

第一個突破是把分配的物資管理的範圍縮小。當時物資部門管理的物資分為三種：第一種叫統配，即國家統一分配的物資，這個在中央是國家計委管；第二種叫部管，即中央各部管理的物資，比如機械工業部就管理機械工業部的產品；第三種叫省管，即由地方省裡管，主要是各個廳局在管，比如造紙設備由輕工局管，水電發電機由水電廳管。文件把省管的這個範圍縮小了。當時省物資廳和省計委一共管了七百多種物資，後來縮小了大約一半，把三四百種物資交給企業自己決定生產銷售計畫，計委只留了五十多種。這實際上是要擔很大的風險的：因為全國的物資部門都在觀望，都沒有放手，包括中央都沒有放，有些部門至上而下的機構設置上都還有這個處那個科的，就你四川放手了，而且放手的是關係到企業生存的大權，誰捨得啊。可是就因為四川對於物資分配有了歷史性的突破，才成為全國改革的先鋒。

第二個突破是對還在繼續統管的物資。紫陽書記提出來：鋼材是國家統一管理，這個我們還繼續統一管，可是你能不能也給企業放一點點權？李煌說這個有問題，因為這是國家管不是省裡說了算的。紫陽書記說你能不能想點什麼辦法呢？於是大家就商量，決定在企業增產上做文章：比如國家下達計畫是一百，企業完成了一百一十，超額了的這個「一十」就歸企業自己銷售。雖然是國家統管，但是企業可以處理增產的部分，這也算給了企業一些權力，調動企業積極性吧。

第三個突破是關於有些需要物資量少的部門的計畫。比如文教、衛生、科研等這些非工業部門，他們的物資需用量不大，要定計畫很難，紫陽書記說乾脆就不要計畫，由物資部門承擔。可是李煌說不要計畫那東西從哪兒來啊？紫陽書記說你們負責幫他找嘛！於是這一條也定下來了，每年報計畫他們再不申請了，他需要多少就給他多少。但是這項改革的步子也大，比前面還要徹底：連計畫都不要了，隨時要隨時給，由物資部門承擔責任——如果他需要而你給他解決不了，那該怎麼負責？好在他們需要的數量不大。這也是一個很大的突破。

前面三條主要講國家計畫怎麼安排，給企業放權，生產企業放下去。主要是紫陽等領導提出來的。而後面這三條是李煌提的，領導們採納了。

李煌提出的第一條，是物資部門要大力開拓市場管道。因為計畫少了分配就少了，很多物資要進入市場，物資部門就要開拓各種形式的市場來適應。當時搞的短期規畫，在省地市建立二十來個貿易中心，實際發展的結果是兩年就搞了二十七個，最早建立的是在成都市中心的人民南路口上的物資大廈貿易中心，只不過當時還不叫「中心」，叫做生產資料服務部，組織了大概二百多工廠進場進行交易。這個服務部搞起來大概一個多月之後，一天紫陽書記突然一個人來了，想看看究竟搞得怎麼樣。那天辦公室只有兩三個人，兩把椅子，最大的官兒是個科長，紫陽書記一坐科長沒地方坐了，就站在那兒彙報。紫陽書記聽了彙報，說你們這個事搞得對，站起來就走了。他走以後有人跑去找到李煌，說紫陽書記來了！李煌問他講了什麼？那人說他肯定了這個事，要我們大力發展。

於是全省又掀起了一個發展物資市場的熱潮，每個縣都搞了縣級物資中心。成都市作為省會城市更要加快步伐，在一九八〇年四月搞了規模更大的物資展銷中心。

李煌提出的第二個突破，是物資機構逐步向企業化過渡。當時物資機構政企不分，管理基本上是按行政方式來管理。可是改革後行政的職能沒有了，「過路錢」收不到了，得自己養活自己，總得給條出路。趙紫陽和魯大東讓物資系統自己提個改革方案，最後決定在辦市場這樣企業化的過程中，要提高留存份額。掌管財政大權的田紀雲說：「物資企業留存一半。」可是李煌不同意，說我們物資部門原來就不是企業，壓根就沒有家底，和工廠比起來，我們算是白手起家，這個比例不夠！趙紫陽就對田紀雲說：「你再給寬一點嘛，具體問題你們和星垣同志商量去。」於是三個人就商量，最後杜星垣拍板：「這樣吧，照顧李煌——你的企業拿百分之五十三，老田的財政那頭拿百分之四十七。」杜書記定了，田紀雲同意就此辦理。當然後來各地的物資企業走上了企業化正軌，這個比例也就不存在了。

李煌提出的最後一個突破，是打破行政區劃界限、跨區經營。過去成都的物資只能在成都賣給成都的企業，改革之後可以到縣裡去賣，縣裡的也可以到成都來賣。市場擴大了東西也就多了，大家競爭，比價格，比服務。很快互相設點就達到兩千多個，幾個人也可以設一個點，推銷產品。

四川物資改革就是從趙紫陽親自批示的檔下達開始啟動，比全國領先好幾年。

第二十一章　大環境與小氣候[28]

一九八八年，國家公布《中華人民共和國全民所有制工業企業法》，從法律上確立國企是「自主經營、自負盈虧」的單位。而川棉一廠等企業就此進行的試點，早在十年前就開始進行。它們在改革的進程中單兵突進，肯定會遇到阻力，原因顯然是外部的經濟環境與這樣的改革不相適應，宏觀改革跟不上微觀改革的步伐。當然更主要的原因，是趙紫陽離開四川去了北京，儘管他對繼任者作了諸多叮囑，也得到了承諾，但是官場像他這樣敢作敢當的領導並不多，像他這樣善於處理各種矛盾的領導也不多。木秀於林，風必摧之，左鄰右舍和高層都還沒有完全進入改革的程式，四川的動作太大太打眼，不得不減緩速度。

還是以川棉一廠為例。

一九八〇年十二月二日，趙紫陽離開四川十個月，川棉一廠的改革正是如火如荼，北京《工人日報》突然刊登消息和評論員文章，報導四川第一棉紡織印染廠某些領導人弄虛作假，「逃避所得稅二百四十多萬元」。當日中央人民廣播電台在全國聯播節目中作了廣播，其後《財貿戰線》也登了類似新聞。這條消息驚動朝野，立即引起了各方面的關注，省裡也派出工作

28 本章主要參考資料：李少宇、崔新桓〈川棉一廠實行自負盈虧的調查〉、林淩〈趙紫陽領導四川改革紀略〉。

組前往調查。調查的結果，是廠裡為了保證一年內各個月的利潤能夠均衡增長，制定了一個按月的利潤實現計畫和成本計畫，以防止利潤和獎金大起大落。這樣就造成了計畫中的利潤和企業實際產生的利潤數字有差別，與當時的財務制度不相符合，因而被視為「偷稅漏稅」，工廠也受到相當大的的壓力。當時有關專家就提出，在這個國民經濟管理體制未改革之前，國家和財務部門成了正常的指導和監督之外，應該按照年度與企業結算，只要企業按照規定向國家繳納稅金，就不要過多地去干預企業正常的財務活動，否則就會令企業縮手縮腳，影響他們正常行使自己應有的權利。

川棉一廠是國營大廠，依然要完成國家下達的生產任務。按照一九八一年國家下達的計畫，當年應該生產的棉紗是九萬六千件，棉布是七千六百萬米，印染布一萬四百萬米，售紗二．四萬件。按照這個計畫，企業面臨兩個問題：一是要完成售紗任務就要關閉三百多台織布機；二是胚布不夠，可是自己不能生產，又不能如數調進原材料，這就會影響企業生產能力的發揮。為此專家呼籲：對於這類輕紡企業，國家可否給他們增加一些獲得原材料的管道，比如允許他們直接與原材料的生產廠家簽合同，用議價辦法收購一些原材料生產單位元超計畫部分的產品，或者是與那些原材料生產單位搞聯合經營，吸收他們的一些投資，以便生產更多的輕紡產品，滿足市場需求。

川棉一廠這類紡織廠，五〇年代的設備，生產條件差，勞動強度大，名義上是「輕工」，實際上工作並不輕鬆，而且工資類別特別低，不能體現按勞分配的原則。雖然在「二十條」中有明確的條文規定：「參與『以稅代利、自負盈虧、獨立核算』的企業有權在徵得主管部門的同意以後可以適當的幅度調整工資，對原有工資制度進行必要的改革和補充」，可是企業幾次提出的方案都沒有得到主管部門的回應。專家指出，如果是囿於「左鄰右舍」的工資水準，或者是要考慮貨幣發行與商品可供量的平衡，有關部門可以提出一個工資總額增長的幅度，允許企業在這個幅度內實行崗位元津貼，或者採取其他適合自己情況的工資制度。

四川改革的大幅度進展與大環境束縛之間的矛盾，形成了半公開的博弈，這樣的博弈有些許火藥味，結果是互有勝負，對於四川改革的進程產生了大大小小的影響。在擴大企業自主權的試點中，企業迫切地需要掌握著權力的政府部門予以支持，這個現象引起了趙紫陽的高度重視。比如企業要進行技術改造，但無法從銀行得到貸款，就得找財政。趙紫陽和當時的人民銀行行長李葆華商量，銀行能不能在四川進行設備貸款試點，李葆華很痛快，一說就答應了。這一改革開啟了我國銀行改革的先河，對企業的設備技術提升起了很大作用——重慶針織二廠就在試點中用利潤留成和少量銀行貸款，一下子買了三十五台新型織襪機，生產出了以化纖為原料的各種花色的襪子，既豐富了市場需要，又大幅度增加了企業的利潤，一個小企業的改革成就，轟動了重慶。

但是很多事情地方政府也顯得無能為力。四川社科院一位研究人員，創辦了一家集體性的小銀行，專門為小企業服務，開始很紅火，路透社把它看成是中國改革的一個信號專門作了報導，但不久北京的中國工商銀行總行出面干涉，又告到了省紀委，這位研究人員應該得到的獎勵被取消，這個銀行也不得不停辦。

四川的試點作法很新鮮，新聞媒體傳播得也很快。國內外都有反應，來四川參觀考察的人愈來愈多。掛靠在中國社科院的美國經濟學會來成都開年會，會長是原國家文化部部長錢俊瑞，由林淩陪同見了趙紫陽，談得很投機，最後錢邀請趙紫陽在他們的年會上作報告，趙紫陽就讓林淩去向中國研究美國問題的專家們介紹了四川的改革試點情況，深得他們的贊同。可是也有一些不贊同的。一天中央人民廣播電台播出了香港一位學者的意見，對四川的改革就持懷疑態度。他認為一個國家的改革不能從企業開始，也不能從一個地方開始，必須先由國家制定全面的改革方案，全國自上而下，同時推進，否則就會搞亂大盤，導致失敗。趙紫陽不同意這些看法，他的觀點是：改革的目的是解放和發展生產力，企業是社會生產力的基礎所在，只有從企業改革入手，才能達到這個目的，只有進行企業改革，才能發揮生產力推動上層建築的改革的作用。至於先制定總體改革方案然後再自上而下全面推進改革，在中國是行不通的，必須經過試點，逐步推進，才不會引起大的震動。這就是鄧小平講的「摸著石頭過河」。

總之，中國這麼大個國家，猶如一架超重的馬車，慣性極大，稍有不慎就會車毀人亡，這就是鄧小平和趙紫陽等人慎而又慎的原因。至於改革中遇到的那些磕磕碰碰的矛盾，不能急，逐一解決就是。

三線建設與軍工大轉向

二十世紀五〇～六〇年代，一場由於政策失誤引發的大饑荒席捲中國大地，與此同時，中國面臨的國際局勢也愈發嚴峻：在西北邊境，中蘇兩國關係惡化，長達七千三百公里的邊境線出現了空前的緊張局勢，至一九六九年，中蘇邊境陳兵五十四個師、近百萬人，在中方駐軍的珍寶島還發生了武裝衝突，蘇共中央政治局甚至討論了要用「外科手術式核打擊消滅中國核基地」的計畫，並打算聯合美國進行。而在東南沿海，美國第七艦隊進入台灣海峽之後，與中國周邊國家簽訂條約結成反華聯盟，建立軍事基地，對中國東、南部形成一個半圓形的包圍圈。到一九六四年，得知中國將爆炸第一顆原子彈的情報之後，美國制定了絕密報告〈針對共產黨中國核設施進行直接行動的基礎〉，試圖出動空軍襲擊中國即將進行第一顆原子彈實驗的核基地。一九六四年春夏，越南戰爭全面升級，中蘇美國都介入其中，戰火延燒到包括北部灣和海南島在內的中國南部地區。其他周邊國家如印度、日本、韓國等國，對中國也持敵對態度……

中國高層認為，這一切都表明戰爭很有可能一觸即發。一九六四年四月，中共中央和毛澤東宣布一項重大戰略決策——中國三線工業基地建設計畫。

這是中國經濟史上一次極大規模的工業遷移過程，是逐步改變中國生產力布局的一次由東向西轉移的戰略大調整，建設的重點由工業基礎積澱深厚的東南沿海，轉移到相對落後的西南、西北地方，範圍覆蓋了四川、貴州、雲南、陝西、甘肅、青海、寧夏等七省區的全部或大部分地區，河南、湖北、湖南、山西等四省的西部地區，約計三百一十八萬平方公里，占國土面積的三分之一。其中毛澤東最重視的，是隸屬西南的川、黔、滇三省。從一九六四年至一九八〇年貫穿三個五年計畫的十六年中，國家在屬於時稱「三線地區」的十三個省和自治區的中西部，投入了占同期全國基本建設總投資的四十%多的鉅資；四百萬工人、幹部、知識分子、解放軍官兵和成千萬人次的民工，本著「大分散、小集中」，少數國防尖端項目要「靠山、隱蔽」的建設原則，去到大西南、大西北的深山峽谷大漠荒野，建起了一千一百多個大中型工礦企業、科研單位和大專院校。三線建設並不只是沿海工業內遷，還有大量基礎工業如長慶油田、攀枝花冶金工業、六盤水煤炭工業以及大量配套的鐵路公路水電站等基礎建設項目。[29]

一九六五年二月二十六日，中共中央、國務院作出〈關於西南三線建設體制問題的決定〉，成立西南三線建設委員會。三月，朱德、董必武、聶榮臻、賀龍、柯慶施等幾位政治局委員到成都，由時任西南局兼四川省委第一書記李井泉陪同，在一個展會上看了四川的工業產品。他們對李井泉說：你們四川太落後了。又對同行的上海市委第一書記兼國務院副總理柯慶施說：你們上海工業那麼多，搬一點來幫幫他們嘛。

舊中國西南地區是軍閥連年混戰的地方，沒有什麼工業，雖然抗戰時重慶成了陪都，蔣介石從沿海帶去一點工業，新中國成立後四川也建設了一些項目，但基礎還是很薄弱。何況李井泉在大饑荒四川最困難的時候還往上海運糧支持柯慶施，雖然運糧的船隻到武漢被同樣缺糧的當地「劫持」，但是心意是到了的，所以兩人關係不錯，一旦李井泉要求幫助四川工業發展，柯慶施一口答應，隨即打電話回上海。考慮到支持西南三線涉及整個華東，上海方面決定華東局和上海市聯合起來辦這件事，於是派了華東局經委副主任兼國防工辦副主任錢敏和上海市計經委副主任馬一行一起到四川落實任務。

按照中央的部署，華東地區除上海以外，還從江蘇的無錫、常州、南京，浙江的杭州和山東等地搬遷了一些工廠進入西南地區特別是四川。國家計委、建委，國防工辦、一機部、八機部、鐵道部、冶金部等許多部委，都派出由副部長和司局一級幹部組成的工作組入川，

29 陳東林〈三線建設的重大價值〉，原載《國家人文歷史》，二〇一四第十八期。

組成指揮部，分別或聯合勘探選址，計畫和設計新建項目。三線建設因為「文革」的干擾，停滯了很長時間，直到一九六九年因為中蘇關係極度緊張才得以重新啟動。到一九七二年，四川主要三線建設的第一期工程基本結束。

今天來看，這次產業大轉移的前提顯然是誤判：戰爭並沒有打起來，可是因為「備戰」的動作太大，多年裡所占國民經濟的份額太重，又是匆匆上馬，造成了很多後患。到了趙紫陽在四川開展全面改革之時，很多三線企業成了燙手的山芋。

這其中最主要的原因，還是因為體制問題。三線建設是一種發展封閉的內向型經濟，國家是唯一的投資主體，所有制結構是單一的國有經濟，調節機構是國家計畫和行政命令，動力是單一的精神動員，格局是依靠國內自有資金、自有資源。這麼一大批國有企業只是國家機關（主要是國家各部委）的行政附屬物，在「保密」的前提下關起大門，喪失了人、財、物、產、供、銷的自主權和流動性，既無動力，又無壓力，也沒有活力。結果造成資源配置效率低下，浪費驚人。據有關部門測算，一九六六～一九七二年，其中無效投資達三百多億元，占同期國家用於三線資金的十八％強。

造成一大批優勢企業變成「燙手山芋」，還有更多的歷史因素。由於當時的判斷是戰爭會早打、大打，要搶時間、爭速度，結果一些建設項目未經周密勘探就盲目定點，把一些工廠建在斷裂層、滑坡帶、山洪口或缺水區，遺留了一些無法解決的工程建設問題。為了搶時間，還在建設中採取了即邊勘探、邊設計、邊施工的「三邊」原則，沒有搞好總體設計就全面施工；片面追求速度，忽視施工品質；輔助和配套設施沒有建成就湊合投產等等。在選址問題上，中央確定的「靠山、分散、隱蔽」的建設方針雖然考慮到了一些國防尖端工程的隱蔽性，但是違反經濟規律：深山裡的條件顯然不適合發展現代化程度極高的尖端技術——由於遠離經濟文化中心的城市，布點過於分散，並在相對封閉的狀態下進行開發，這些鑲嵌在西部大山裡現代工業基地不僅很難接受新技術，而且生產的產品對周邊地區的輻射功能也受到限制。直到「文革」之後，四川的一些三線企業都還在山洞裡，不但生產困難，也給這些單位的職工交通、生活帶來極大的不便，甚至運送職工、幹部、科研人員生活必須的糧食、肉、菜等都很困難。

受害最大的是支援三線建設的人員及其家庭，涉及人數約幾千萬。他們都是國家挑出來的「好人好馬」，當年從京滬及省會發達地區來到邊遠地區的三、四級城鎮甚至荒山野嶺，在此一待多年。從個人生活來說，返回大城市的希望渺茫無期，而且因為失去了優質的教育資源，當年喊的口號「獻完青春獻子孫」真的變成了現實。從企業前景看，曾經密佈的戰爭烏雲早已消散：中美兩國早在一九七二年就開始對話，一九七九年正式建立外交關係。一九七八年剛剛出山的鄧小平就去美國和所有的周邊國家訪問，主要的目的就是緩和關係，營造適合自身經濟建設的和平環境。這樣的前提下，生產軍品的任務會愈來愈少，在提倡「自負盈虧」的改革大潮衝擊下，企業的經營會愈來愈困難，工人的工資長期停留「三十六元為核心」的現實，與改革中的川棉一廠一個普通女工的月工資一百多元的落差，對於幹部職工的心理衝擊實在是太大了。

三線企業成了擺在四川省委、省政府面前的大難題。趙紫陽就任四川省委書記之後，多次深入邊遠山區，對這些國防科研企業進行調查，與相關地、市、縣、鄉鎮的領導探討研究，然後作出了一個決策：在四川三線企業比較集中的達縣、廣安、樂山的深山地區成立三個「工農區」。工農區行政歸屬地區管理，按縣級體制配備幹部和機構設置，每個區劃撥幾個直屬鄉鎮，主要任務和職責就是確保國防科研工業的糧食、油、肉、菜等農副產品的生活需要，以緩解企業壓力，改善企業環境和職工生活。從一九七八年四月到一九七九年十月五日，這三個四川獨有的工農區陸續報經國務院批准，效果不錯，得到黨中央、國務院、中央軍委的充分肯定。

但是建立幾個工農區，並不能夠解決三線企業最為核心的問題。

一九七八年七月，兵器工業部在全國兵器工業學大慶會議上提出「軍民結合、平戰結合、以軍為主、以民養軍」的十六字方針，包括三線企業在內的軍工企業波瀾壯闊的改革大潮開始湧動。這些軍工企業大都效率低下，靠著政府財政過日子，卻無法生產能夠與先進的軍事大國抗衡的現代化武器；而且嚴格劃分軍用與民用產品蘇聯模式，已經毫無意義。日本在二戰後就將軍用技術運用於民用船舶製造，不但使得民用造船技術取得巨大突破，而且也能夠為海軍製造軍艦。

四川省委在重慶召開了全省軍民結合會議，明確提出：國防科技工業的領導和全體職工，要由吃「皇糧」轉為「找米下鍋」，選型建線，「內聯外引」，更新換代，拓展市場，充分發揮自身強大的優勢，把國有大中型軍工企業經濟進一步搞活。

趙紫陽對於四川的軍工企業，心裡是有數的：雖然三線建設的初衷是準備打大仗，雖然它給全國特別是四川帶來了大麻煩，但是也帶來了利益。首先，它改變了舊中國留下的沿海和內地極不平衡的經濟布局，對西南各省的工業、科研、教育、能源、動力、交通、通信系統進行了中國歷史上規模最大的、最全面、最深刻的改造。據一九五二年統計，沿海七省三市的工業總產值，約占全國的七三%。重工業中鋼鐵工業八十%以上的生產能力在沿海地區，而資源豐富的西北、西南、中南地區幾乎沒有什麼鋼鐵工業。輕工業中紡織工業八十%的紗錠和九十%的布機分布在沿海，內地廣大產棉區的紡織工業卻很少，其他工業的分布情況也大多如此：到一九六三年，西部七省區工業總產值占全國比例甚至低於一九四九年。三線建設開展之後，首先在西部地區建成了一批重要的鐵路、公路幹線和支線，使三線地區的鐵路占全國的比重，由一九六四年的十九．二%提高到三四．七%，這其中就包括跨越了四川和雲南兩省崇山峻嶺的成昆鐵路。三線建設還在西部地區建成了一大批機械工業、能源工業、原材料工業重點企業和基地：到一九八〇年，三線地區共建成鋼鐵企業九百八十四個，工業總產值比一九六四年增長四．五倍，其中就有著名的攀枝花鋼鐵廠等大企業。隨著大批資金、科技人員和工業設施的投入，鐵路、公路、郵電的開通，礦產資源的開發，科研機構和大專院校的內遷，一批新興工業城市在荒山僻野中拔地而起，幾十個古老的縣鄉城鎮成為現代化工業科技都市和交通樞紐，其中就包括四川的綿陽、德陽、自貢、樂山、瀘州、廣元等。

以四川為例，國家的投資是二百億元，經過幾年建設，鋼鐵、機械、電子、化工、電力、航空、原子能、動力設備等等，可以說什麼工業都有了，四川由此打下了雄厚的工業基礎。尤其是國家在三線建設時期對四川軍工科研企業的大投入，已建成專用設備近十萬套，還有通用金屬切削機床和鍛、鑄、壓設備幾萬台，生產廠房五、六萬平方米。全省已經具備數萬名各類專業工程技術人員，以及高精尖領域的各種技術、先進手段等巨大的生產能力。

現在這些軍工企業要發揮作用，也應該和其他企業一樣進入改革的管道，但他們的管理權按照「條條」直屬中央部委或者是四川省某個部門，與所在地沒有關係——比如大量軍工企業聚集的重慶，就沒有對這些企業的管理權。趙紫陽曾經打算把省屬有關企業的管理權下放給重慶，卻遭到國家和省級各個部門的抵制，可見此舉很困難。

一九八〇年初，趙紫陽去了北京，一九八三年初，重慶市被列為全國第一個計畫單列市，原在重慶的中央和省屬企業陸續下放，管理權的問題終於得以解決。可是當軍工「降落」到眼前，才發現其改革和普通企業一樣，不僅僅是管理權的問題。一九八三年十月二日，重慶市委書記王謙和重慶市委常務副書記廖伯康聯名寫信直呈趙紫陽，陳述了重慶企業的改革困境。

重慶市原市屬工業企業六百餘家，固定資產原值總共才三十一個億冒點頭，而一百三十多家中央和省屬下放企業，其固定資產原值就將近二十六個億，兩者幾乎一半對一半。可是無論原市屬企業還是下放企業，都有個共同特點：設備陳舊、工藝落後、廠房破爛，欠賬太多。在全市輕紡業中舉足輕重的重棉一廠，乍看一千多台織布機、六千四百多紗錠、五千多職工，不可謂不輝煌，但細瞅卻讓人匪夷所思：許多廠房竟還是抗戰時期搭的簡易房，為了工人安全，有的車間專門派人瞭望，發現險情就吹哨子，工人聽到哨音趕快跑。而全國赫赫有名的老企業重慶鋼鐵公司，正在使用的軋鋼機中，竟然還有文物級的張之洞時代產品，放在國外，這些老牙貨早進了博物館。

和當初位於成都的川棉一廠一樣，重慶企業的這些問題也出在體制。從建國到十一屆三中全會前的三十年間，全重慶市輕紡行業共上繳稅利二一·三五億元，而同期得到的投資只有一·三五億元。那時實行收支兩條線，企業一隻手把利潤交走，另一隻手就得伸著要錢，否則就沒錢花。重棉一廠一九八三年計畫利潤近五百萬元，除去上繳，尚餘六十多萬元，這筆錢得支付政策規定的國庫卷、國家能源集資、省統籌建廠集資等等，最後廠裡不但落不下一分錢，反而負債二十一萬元，哪還談得上自我完善。再說企業即使有心背債搞改造，銀行也不會輕易接招，因為那時原市屬國營工業企業貸款欠賬已達二・八個億，按約定當年應還貸一・三個億，而實際還款能力卻不超過〇・六億元。重慶企業，陷入了不能自拔的境地。

面對這樣的困難，重慶市委市政府幾乎無計可施，因為此前他們只得到改革授權試點並無資金支持，況且試點的前提是大體制不動。權衡再三，就有了前述的王謙和廖伯康寫給趙紫陽總理的那封信。他們在信中請求國家給出兩個政策。一是從當年起的三年內，用減稅的辦法，從全市工業企業銷售額中提取一％，專項用於技改。粗算下來，每年約可得四千四百萬元。第二項政策與貸款有關，涉及兩方面：一方面，對市屬輕紡行業在一九八一年特大洪災中所發生的恢復生產性貸款，允許首先用實現利潤還貸，不足部分再申請減免稅金，並給予無息或低息照顧；另一方面，對企業結合危房改造及遷建的技改貸款，允許用改造後增長的利潤、折舊、稅金來還貸，利息從低，並延長還貸期三至五年。初步匡算，這兩項政策可滿足一百二十四項技改項目的資金需求，這些項目每年可增加三十九個億的產能，國家的讓利僅用三年即可全部收回。王、廖在信中用了句老話：「捨得金彈子，打得鳳凰來。」

就在王、廖寫信前後，當年曾經擔任三線建設委員會副主任的錢敏從四機部部長的崗位退下來，擔任全國人大常委會委員、財經委員會委員。此時沿海正在大發展，可是當初轟轟烈烈的三線企業，卻是更加冷清，困難重重。錢敏等人向時任國務院總理的趙紫陽反映這個問題，趙紫陽根據在四川任職期間對於三線情況的了解，提出「把三線建設問題擺到國家的五年計畫中去」的大舉措。接下來國務院成立了「三線建設調整改造規畫辦公室」，另外還成立了「三線建設調整改造規畫領導小組」，主任是當年趙紫陽在四川工作時的搭檔魯大東，副主任是三線建設前期就介入領導的錢敏和原國防工辦副主任鄭漢濤，中央各部委的部長或副部長都是領導小組成員，其中有八個人是搞過三線建設的。30

一九八四年十一月，「三線建設調整改造規畫辦公室」在成都召開會議，搞了一個全面規畫：從一九八四年開始，國家共投資二十億元，對三線企業分三批進行調整改造。確定第一批調整一百二十一個單位，遷並四十八個，全部轉產十五個。首先就是把鑽山太深，生產確實太困難的企業，陸續遷往鄰近中小城市，四川的電子工業基本上搬到離成都十八公里的地方。而技術密集型企業和軍工科技企業則移往成都、重慶、西安、蘭州等大城市。

在這樣的背景下，王、廖的信在國務院受到高度重視。獲信三天後，國務委員張勁夫就接到趙紫陽批示，強調「對重慶應適當予以支持」，並要張勁夫「約經委、財政、體改委一議」，提出解決方案。兩周後，張勁夫請來曾任四川省財政廳長、時任國務院副總理兼國務院祕書長並中央財經領導小組負責人田紀雲，以及相關部門負責同志，就王、廖來信進行專題研究，與會者都表示積極支持重慶的改革試點，還擬定了幾項特殊政策，包括部分貸款適當延長還款時間、適當增加重慶軍工企業的自籌基建指標等等。其中關鍵的有兩條：一是允許重慶企業當年提高固定資產折舊率〇．五%，一九八四年再提高一%，增提部分，全部留給重慶用於設備更新和技術改造——算下來從一九八四年起，重慶每年將增加不少於五千萬元的技改專項資金。再一項政策是上交的折舊提留全部返還——原來規定企業折舊三十%上交中央財政集中使用，現在是重慶該交的照交，但由國家經委按項目帶帽下達（針對性下達），全部返

30　錢敏〈西南三線建設回憶〉。

還給重慶。

重慶搞活企業的舉措，在國務院總理趙紫陽的直接關照下一炮打響。這一輪改革側重於產品結構和生產組織形式調整，說到底，就是讓供、需接上茬口，特別是要讓軍工企業閒置的產能充分調動起來，生產民用產品。

經過醞釀磨合，重慶的好項目漸漸成熟：摩托車、汽車、彩電、冰箱、空調、洗衣機等等，它們絕大多數都是「軍轉民品」，幾乎涵蓋當時國內最前衛、市場潛力最大的民用家電和機電產品，甚至還有多見於國外少見於國內的家庭用品：原本生產高射炮的望江機器廠，打算上的那種在家裡就可以洗澡的熱水器，當時普通老百姓不但沒見過，想也沒想過。

各家企業積極性高漲，面對市場躍躍欲試，但是真落腳到實際幹也不容易，嘉陵摩托就是一例。趙紫陽在四川的時候，曾經把嘉陵廠生產的摩托車定為省委親自抓的重點，還指派由主管工業的省委書記杜星垣親自負責。一九七八年的七月，省委根據省國防工辦的建議，把嘉陵廠摩托車的生產項目列為訪問南斯拉夫的首要合作內容，之後省國防工辦和嘉陵廠的領導一起在北京和南斯拉夫之間幾來幾往。最後這個項目終於和日本五十鈴合作，生產出了五十鈴摩托，很快風靡全國，一度占據全國市場八十%份額，甚至遠銷到東南亞。

在嘉陵摩托艱難創業期間，「軍轉民」的其他項目也在國家支持下相繼立項並批量生產，上市後也很搶手：五洲阿里斯頓牌電冰箱、將軍牌冰箱、金雀牌電視機、紅岩牌電視機，以及峽江牌洗衣機和峽江牌熱水器等，甚至需憑票供應而且一票難求，一度拿著市長的批條買「五洲阿里斯頓」冰箱，也不能立刻提貨，要先交錢開好票，然後回家等賣方的提貨通知。此次重慶的產品結構調整走在了全國前頭：彩電比綿陽的「長虹」早，洗衣機比合肥的「榮事達」

早，冰箱比青島的「海爾」早……重慶的「將軍牌」電冰箱還是全國首批從國外引進的同類產品。[31]

以重慶為代表，四川軍工企業的「軍轉民」事業終於一步步走出了低谷，全國亦然。這對於無論曾經是當過四川省委書記的趙紫陽，還是時任國務院總理的趙紫陽，都是一種欣慰。到一九九〇年，據有關部門不完全統計，四川國防科技工業民品產值占總產值比重由一九七九年的四·八%，上升至一九九〇年的七十%，達到了趙紫陽當初對於四川軍工企業的基本要求。

一九八七年十一月五日，身為中共中央總書記的趙紫陽接見了曾任《紐約時報》副總編、全美作家協會主席的索爾茲伯里（Harrison Evans Salisbury），談話中也涉及到了當初毛澤東發起的這場浩浩蕩蕩的「三線建設」。趙紫陽認為：這是用戰爭時期的辦法搞建設。毛澤東過去指揮戰爭，主要運用了運動戰的戰術，部隊經常大轉移。毛澤東戰後搞建設，也搞過幾次大轉移。開始建設內地，不建設沿海地區，而中國那時候是沿海地區發達；一九五七年以後又要搞沿海建設，把內地的經濟向沿海轉移；一九六四年又要備戰，又把經濟由沿海向內地轉移，就這麼來回掉屁股，調了幾次，損失非常大。[32]

趙紫陽為了給「三線建設」擦屁股，花費了很大的精力。此事他有發言權。

31《廖伯康回憶文集——關於重慶經濟體制綜合改革試點的回憶》。
32〈趙紫陽同志會見索爾茲伯裡的談話記錄〉，時間一九八七年十一月五日，地點中南海二〇二貴賓室。

知青就業和發展城鎮集體經濟

趙紫陽在忙於農村和城市改革的同時，還得解決知青問題。

一九七九年九月十四日，中共四川省委發出了一個名為〈關於發展城鎮集體所有制經濟若干政策問題的規定〉。這個檔是趙紫陽在經過調查研究的基礎上，要求省委辦公廳副祕書長白美清草擬的。檔的主要內容是兩個方面：第一是強調了集體所有制的所有權和自主權，不許套用國營企業的管理方法，不許任意改變它們的性質。第二是在經濟方面放寬政策加以扶持，提高了企業利潤留成比例，稅收規定從一九八〇年起的三年內，以一九七九年為基數，企業收入每年增長的部分，所得稅減半計徵。

這個政策又走在了全國的前面。而迫使趙紫陽儘快出手扶持集體企業最主要的原因，就是知青問題。

一九五六年十月二十五日，中共中央政治局關於〈一九五六年到一九六七年全國農業發展綱要〉的文件中，第一次提出「知識青年上山下鄉」這個政策。這項工作在很長的時間內由劉少奇負責，到後來鄧小平、譚震林、周恩來都有介入，而國家最高領導人毛澤東本人態度一直都很積極。從此「知識青年」成為專用名詞，「上山下鄉」運動也一發而不可收拾，而且在「文革」中的一九六八年發展到極致：所有在讀的初中三個年級和高中三個年級的學生，全部上山下鄉，成了「知青」。到「文革」結束之時，官方公布的全中國知識青年數字已經高達一千七百萬人，[33]

33 一九七八年國務院副總理陳永貴在全國知青工作會議上的報告。

而民間數字至少二千萬人，知青的家長涉及各個領域，就連一些高級幹部的子女也未能倖免。對於這場大規模的運動，一名已經返城的北京知青在一九七八年十一月寫了一張題為〈迎接祖國美好的春天〉的大字報，就「文革」以來有關上山下鄉運動的問題發表了自己的看法，直中要害：

……這個上山下鄉運動，說近了，是國家經濟衰退，不得已安排勞動力的權宜之計；說遠了，是對歷史進程，對經濟規律的一種倒行逆施。

這場逆歷史潮流的「運動」，致使整整一代年輕人受到摧殘。一九七七年十二月二十一日，全國知青辦在一份對全國知青狀況調查報告中透露：十三個省市自治區下鄉知青生活不能自給的比例超過五十％，而在雲南、貴州、四川、福建及甘肅等地則高達七十—八十％。這意味著不要說醫療和學習了，就連穿衣吃飯這樣的基本需求都得不到保障。知青辦還承認，到一九七六年底，大約一百萬知青還沒有像樣的住房，黑龍江的一個知青農場預計，如果那裡的知青全部結婚的話，需要二十八年才能夠解決他們的住房問題。當然了，困擾這些年輕人的不僅僅是基本生活條件和住房。他們從天不怕地不怕的「紅衛兵」突然變成了「接受貧下中農再教育」的知青，從相對文明富裕的城市下到貧窮愚昧而且極不受歡迎他們的農村，不但要受窮受苦，還要受一些基層幹部的欺壓甚至酷刑。根據全國知青辦官方統計，僅一九七六年就揭發出一萬件迫害知青的案件，其中強姦女知青占大多數，以至於女知青的安全成了高層頭疼的大問題。可是更加嚴重的，是因為各種原因造成的知青「非正常死亡」數字。同年知青辦記錄在案的知青「非正常死亡」案件達四千九百七十件，占知青總死亡數字的七三．五％。[34]殘酷的現實，

34 潘鳴嘯《失落的一代》，第九四頁。

在那些曾經把上山下鄉看得很浪漫的年輕人心理上落下了巨大的陰影，影響了很多人的一生。

到「文革」結束之時，知青問題已經成為中國「五大難題」（知青、勞動、工資、物資、物價）中的頭號大難題，連直接分管知青工作的國務院副總理陳永貴都說：「知青工作很複雜，我們幾個副總理一提起這件事就感到頭疼。」副總理紀登奎也說：「知青工作搞得好，是培養一支生力軍，搞不好是不安定因素。」

當時知青問題之所以「複雜」，首先是因為毛澤東餘威尚存，所以「大方向」不容否定。毛澤東一直都是知青運動的推進者，尤其是在一九六八年底開始的大規模下鄉高潮中，毛澤東是直接的發起人和最高決策者，他對這項工作做過多次重要指示，並產生過巨大的影響。好在鄧小平出山，就是打破了毛澤東權威，而在接下來發起的全國「真理標準」大討論中，「兩個凡是」也被打破，毛澤東終於走下了神壇，知青政策也在各種各樣的場合，受到大張旗鼓的抨擊。幾乎所有的領導人，都公認這場延續了十多年的「運動」最終換來的是「國家花七十億，換來四個不滿意：知青不滿意，家長不滿意，農民不滿意，政府不滿意」。

可是此時要解決知青問題，依然非常難，因為當初要啟動知青運動的經濟原因，說到底就是無法解決就業問題，現在十多年過去了，這個問題依然無法解決：到一九七八年底，除了從一九七二年開始陸續調往城市、推薦上大學和參軍的，還有八百萬知青要求回到城市[35]。如果讓他們一下子全部回城，剛剛開始復甦的城鎮經濟會不堪重負，多餘的勞動力會達到二千萬。由此產生的其他費用先不說，按照當時的國務院副總理李先念的說法，光供他們吃飯

35 潘鳴嘯《失落的一代》。

的商品糧，每年要給城市多供應一百億斤。另外一個副總理紀登奎補充說：這個估計是按照中國科技發展的水準計算的，若按照發達國家的標準計算，可能要多出一倍。

這的確是個天大的難題。

在現存的文件中發現，「文革」後第一個與鄧小平談論知青問題的，就是趙紫陽。一九七七年的八月鄧小平再次出山，一九七八年二月一日他去尼泊爾出訪路過成都，與趙紫陽有過一次談話。這次談話中趙紫陽彙報的內容不見記錄，但是鄧小平的意見是傳達下來了的。根據傳達的內容，鄧小平聽了趙紫陽的彙報後說：真正解決下鄉知識青年問題，歸根到底是城市工業發展。重工業發展以後，是不是開闢一些就業門路比如輕工業、服務行業，都可以用一些人。資本主義國家服務行業可以用很多人，我們用的人很少。又比如發展旅遊事業，可以用很多人。對多餘人員的出路要多想些辦法，只能靠自己多開闢門路。全國都要研究有什麼門路容納這些勞動力的問題。[36]

一個多月之後的三月二十八日，鄧小平在同國務院政治研究室負責人胡喬木[37]、鄧力群[38]談話時，又談到知青問題，而且提到四川。他說，現在搞上山下鄉，這不是長期的辦法。四

36《四川大事記》。

37 胡喬木（一九一二～一九九二），一九三二年加入中國共產黨，一九七七年後任中國社會科學院院長、毛澤東著作編委會辦公室主任，國務院學位委員會主任委員，《中國大百科全書》總編輯委員會主任等職務。曾主持起草〈關於建國以來黨的若干歷史問題的決議〉，號稱黨內「筆桿子」。

38 鄧力群（一九一五～二〇一五），一九三六年加入中國共產黨，一九七五年後擔任國務院政策研究室負責人，國務院財貿小組副組長、中國社會科學院副院長、黨組副書記，中共中央辦公廳副主任，中央書記處研究室主任，中央宣傳部部長等職務。在意識形態上主張堅持馬列主義，是「左派」的領軍人物。

川平均一個人不到一畝地，城市人下去以後，實際上形成同農民搶飯吃。我們第一步應做到城市青年不下鄉，然後再解決從農村吸收人的問題。歸結起來，就是要開闢新的工業領域，做到能容納更多的勞動力，其他領域也要這樣做。

這些數字顯然是趙紫陽提供的。

一九七八年至一九七九年，是知青返城鬧得轟轟烈烈的一年。北京、天津、上海、南京、南昌、合肥等城市，雲南、廣西、黑龍江、湖南、浙江等省——全國二十九省中有二十一個發生了知青鬧事事件，就連四川東部的重慶也有遊行的知青圍攻主管人事調動的勞動局幹部。可是四川省委所在的成都，一直都比較平靜。

其中的原因，一是成都平原比較富裕，二是著手解決知青問題比較早。

早在一九七三年，知青問題的嚴重性已經暴露出來，福建有一個叫李慶霖[39]的知青家長直接上書向毛澤東訴苦，居然得到毛的親筆回復：「寄上三百元，聊補無米之炊。全國此類事甚多，容當統籌解決。」當然了，這個事件引起周恩來以及上上下下的重視還有一個原因：林彪事件之後，許多領導幹部陸續被「解放」，可是他們的子女依然是「知青」，和李慶霖的孩子一樣，也在農村吃苦。就在毛澤東的回信之後，來自不同機構的七十名幹部分成十三個調查組，去到全國十二個省對知青的真實現狀進行調查，六月二十二日到八月七日，全國知識青年上山下鄉工作會議在華國鋒的主持下足足開了四十七天。這個自一九六六年以來第一次召開的

39 李慶霖，福建莆田人，一九七二年冒險寫信向毛澤東「告御狀」，反映當知青的兒子「口糧不夠吃，日常生活需用的購物看病沒錢支付」等問題，受到毛澤東重視並親筆回復。

關於知青的會議成了知青運動的轉捩點，除了增加知青的安置經費，槍斃了兩個以極其惡劣的手段強姦多名女知青的幹部，處罰多名威脅知青（特別是女知青安全）的幹部之外，會議最重要的成果就是決定在全國推廣湖南「株洲模式」。

這個模式的主要內容，是不能再把知青直接置之於廣大農村和那些基層幹部的手下，而是將遣送和安置他們的責任轉移到家長所在的單位，再由單位設法集體安置於「知青農場」和集體居住的「知青點」，單位指派「帶隊幹部」和知青一起生活，每一、兩年輪換一次。[40]

由於涉及到方方面面的利益，這個模式其實沒有能夠在全國普遍推開——從一九七四年到一九七八年，全國各地的知青農場和知青點只接納了應該照此安置的知青總數的二十％多一點。可是這項政策在四川卻推行得不錯。就在這次會議開過之後，四川省電力局、省計委、建委、勞動局、機關事務管理局等單位聯合起來，利用省水利局原來在灌縣（現都江堰市）岷江邊的一個蓄木場[41]，組辦成了「四川省洛家河壩知青農場」，鼎盛時期容納了這幾個單位近七百名幹部職工的子女。這些單位都神通廣大，既不缺物資也不缺錢，他們的子女在帶隊幹部的帶領下，集體勞動，集體學習，生活不成問題，體育娛樂活動都搞得很好。農場有一個水準不錯的知青宣傳隊，多次在省級機關事務管理局屬下的成都紅照壁政協大禮堂組織演出，演員的夜宵還有糯米枸杞粥喝，這樣精緻的食物，當時可謂奢華。

趙紫陽入川之後一直都在推進這樣的政策，到一九七七年十二月底，全省集體安置知青

40 潘鳴嘯《失落的一代》，第九二頁。
41 岷江上游從森林中砍伐的木材通常放進岷江漂流，到此被打撈到岸邊的蓄木場放置，等待用車運往各地。

人數達到二十一．五六萬人，占應集體安置人數的四十八．六五％，全省有六十二個縣實現了知青安置集體化，先後有二．三五萬名帶隊幹部，在知青的教育、管理、保護以及解決他們的實際問題等方面發揮了作用。與此同時，四川也加緊知青問題的調查研究，形成〈關於我省知識青年上山下鄉運動情況的調查報告〉報送國務院知青辦公室，為一九七七年和一九七八年召開的兩次全國知青工作會議的召開及其政策制定，提供了重要參考和決策建議。一九七七年鄧小平出山之後，決定恢復已經中斷了十年的高考，省委立即要求各有關部門採取措施，鼓勵符合條件的知青報考大專院校，並統籌安排他們的生產和學習。一九七七年、一九七八年兩年間，全省通過招生調離農村的知青就有四．六五萬人，占同期全省大中專招生錄取人數的三十五．四％。從此，高考成為很多知青改變命運的一條涌道。

四川的知青下鄉是從一九六三年開始的，到一九八〇年十二月十日四川省人民政府宣布這項運動結束為止，全省知青人數共一五一．四七萬。到一九七八年二月趙紫陽和鄧小平討論知青問題的時候，尚有六十多萬依然留在農村。[42]一九七八年十二月十六日，四川省委召開知青工作會議，傳達貫徹剛剛結束的全國第二次知青工作會議精神，並決定縮小上山下鄉範圍，對知青留城政策、下鄉範圍作出重大調整：從一九七九年起，比較邊遠的渡口市，阿壩、涼山、甘孜自治州，一般縣城和小場鎮的非農業戶口的中學畢業生等，不再列入上山下鄉範圍。地區轄市原則上要繼續組織上山下鄉，但有條件能自行安排的，報經批准，可以不動員上山下鄉。成都、重慶、自貢和需要繼續動員上山下鄉的地轄市，對中學畢業生的安排，實

42 一九七八年二月十六日《新華社》文章〈四川省六十多萬知青活躍在農村〉。

行進學校、上山下鄉、支持邊疆、城市安排「四個面向」的原則。

其中上山下鄉的知青，主要安置在本市郊縣工礦企業、機關等單位自辦農場及條件比較好的知青場隊，興辦集體所有制的城市造林隊，不下戶口。與此同時廣開就業門路，統籌安排在鄉和留城知青，主要通過發展商業、工業、交通等集體企事業，組織參加城市和廠礦企事業單位的基本建設等管道，對安置知青的集體所有制企業，制定扶持政策。調整的措施還包括擴大大中專院校招生和參軍規模，做好在職職工退休、退職的子女頂替，適當放寬下鄉知青的招工年齡和擴大招收女知青的比例，以及對知青經費清理、已婚知青安排、知青子女戶口辦理、病殘知青問題、平反冤假錯案、知青工齡計算、扶持集體經濟發展等問題進行統籌安排等等。

這裡要說明的是，當時在安置返城知青的問題上，一些城市迫於城市人口的壓力，是設置了障礙的。比如杭州，就不給進入農場的知青安排工作；上海則突然停辦十二萬名「頂替」父母工作回城知青的手續，對於已經結婚的外地配偶不予接受，不給「病退」和「困退」回來的知青安排工作等等。這些消極的措施引發了上海民眾憤怒，導致了一九七八年十二月十日的全市大遊行。當日集聚在上海數以萬計的知青及其家長還有大批同情知青遭遇的市民，喊著「要戶口！要工作！回上海！」「還我孩子！」的口號，占據了外灘、人民廣場、徐家匯、錦江飯店等十一個主城區地段，人們包圍政府機關，設置路障，堵塞交通，一連鬧了三天，驚動了方方面面，最後以政府方面做出讓步方得平息。[43]

其實當時四川的就業壓力也非常大，搞得趙紫陽很頭疼：幹部超編，職工多，城市還有

43 小史〈我親歷的上海知青造反——紀念一九七八年十二月十日〉。

四十萬待業人口，加上幾十萬農村的知青，包袱重得很[44]。可是四川省委在一九七八年十二月的這次會議上，就兩年內優先解決一九七二年底前插隊知青的問題，提出了相當寬鬆的政策。省委強調，在安排上要從實際出發，因人、因地、因事制宜，在一、兩年內逐人落實；要下達專項指標，不受年齡、性別、婚否、文化程度的限制。這個決議下達之後，全省在一九七九年前十一個月統籌安排了知青回城十六萬餘人。

這裡特別要提到的，就是一九七八年底前後在雲南西雙版納墾區發生的支邊知青「請願」風波。這場風波中各地下放到雲南西雙版納的五萬名知青集體簽名給鄧小平寫信，要求回城，為此舉行了無限期大罷工以及絕食、臥軌，甚至到北京組織遊行、在中南海門前靜坐示威等激烈行動，其中就有四川的成都和重慶兩個大城市在一九七一年前去「支邊」的知青。事件從一九七七年的十月延續到第二年的一月，作為動員組織知青到雲南支邊的重要省份，四川省政府在有北京、上海政府代表參加的昆明會議上，不顧當時中央的否定態度，率先同意全國知青辦提出的全面解決支邊知青回川的六條辦法，並將它變成了現實。到一九七九年十二月底，四川赴滇支邊知青中已回成都、重慶的有二．七萬餘人，占一九七八年底在滇支邊知青人數的九七%。[45]

四川沒有爆發大規模知青鬧事還有一個原因，就是從一九七七年就開始的經濟改革，加快了城鄉經濟復甦的腳步，就業機會和個人收入都大大增加。趙紫陽在很多場合都強調要發

44 〈趙紫陽一九七九年二月二十八日至三十日在簡陽的談話記錄〉載於《趙紫陽在四川（一九七五～一九八〇）》，香港新世紀出版社二〇一一年版。

45 孫成民《四川知青上山下鄉始末（下篇）》。

揮農村知識青年在科學種田中的作用，要培養「土專家」[46]，所以四川在這方面也比較重視。一九七八年二月十六日，《新華社》在〈四川省六十多萬知青活躍在農村〉一文中，報導了四川知青為建設新農村發揮作用的情況。其中開江縣全縣一百三十六個大隊辦起農科隊，集中安置一千七百多名知青，僅一九七七年就搞了一百一十個科研項目，成功六十五項。重慶市北碚區組織動員單位幫助一百四十七個知青場隊辦起小工業五十二個，僅一年時間，這些小工業的純收入即達四十六萬多元，相當於場隊農業收入的十倍。

大批知青返城需要就業，可是當時國營企事業單位職工增加一個人也要經過國家計委批准。這樣就只有一條路：發展集體所有制經濟。所以趙紫陽特別重視扶持當時困難重重的集體企業，讓它們既在經濟改革中發揮作用，也在解決知青就業方面扛大旗，可以一箭雙雕。

一九七八年底，四川全省城鎮集體企業職工共一百五十七萬多人，占城鎮人口的十九．八%。其中工業方面的集體企業、商業方面的合作商店和交通運輸方面的運輸搬運合作社是主要部分。為了安排職工家屬和知青就業，國營工廠、企業、機關單位紛紛辦起了「五七」工廠和「大集體」企業，其設備、廠房和開辦費，大多由國營工廠、企業提供。群眾稱這部分集體企業是「全民的廟子，集體的菩薩」，實際上是國營企業養起來的附屬工廠，很多都是知青回城高潮時為了解決他們的就業問題興辦的，與之前的集體企業資產構成很不相同。

那些父母有國營單位作靠山的知青可以在「大集體」就業，可是父母沒有靠山的知青們，就只有去社會地位低下的集體企業。於是那些沒人「養」但是也要安排知青就業的老集體企

46 趙紫陽一九七九年十一月二日下午，在內江小組會議上的插話。

業，在城鎮的經濟發展中扮演了很重要的角色，可是它們面臨許多困難。許多集體工業企業，由於國家和主管部門一方面把企業的八五%以上的利潤拿走，一方面又不給企業投資和其他方式的財力支持，造成企業窮困不堪，負債累累，廠房不能改造，設備不能更新，資金不能得到補充，生產很難維持。成都市東城區二十四個服裝廠有二十一個負債，西城區的十二個服裝廠全部負債，於是就有幹部職工就給四川省委第一書記趙紫陽寫信，反映他們的困難和問題。趙紫陽見信後要省委副祕書長白美清組織省社科院和大學的學者下去調查，其中就有省社科院經濟研究所副所長鄭青[47]和四川師範大學的王世雄。他們深入到二輕系統的集體企業調查研究，又到省商業系統的合作商店、飲食服務行業召開職工座談會，還到交通系統去了解水陸運輸集體企業的情況。調查結束後，由省委副祕書長白美清召開彙報會，趙紫陽到會聽取彙報。在這個彙報會上，所有調查的結果基本上相同。趙紫陽最後說：城鎮集體經濟應該是社會主義現代化建設中一支重要力量。它不僅在發展工農業生產，促進城鄉物資交流，活躍城鄉經濟，方便群眾生活方面發揮著積極作用，而且在安置城鎮待業人員方面更起到了重要的作用。應該切實按照《憲法》規定，保障城鎮集體經濟的所有權和自主權，並且大力鼓勵、扶持、保護城鎮集體經濟的發展，加強政策指導。

這次座談會之後，趙紫陽要求白美清根據大家彙報的情況和提出的議題，搞個檔，以中共四川省委名義發出。這個檔即是本章開頭提到的於一九七九年九月十四日發出的〈關於發展城鎮集體所有制經濟若干政策問題的規定〉。這個文件下發，極大地調動了城鎮集體企業的

47 鄭青，原四川省社科院副院長、四川省社會科學界聯合會副主席。時任四川省社科院經濟研究所副所長。

積極性。在一九八〇年一月在瀋陽市召開的全國城鎮集體所有制經濟理論討論會上，來自全國各地的與會者公認中共四川省委的這一舉動，又走在了全國前面。

一九八〇年二月，四川省人民政府依據省委這一檔精神，又專門頒發了〈關於集體商業若干政策問題的暫行規定〉，明確了集體商業在國民經濟中的地位和作用，提出了積極扶持和發展集體商業的若干具體方針、政策。其中一條是：從一九八〇年起三年內，老企業所得稅減半計徵。還提出一九七八年以來新辦企業三年內免徵所得稅，一年內免徵工商稅等。注意：這裡的「新辦企業」幾乎專指為解決知青就業由企業包辦的「大集體」等企業。在趙紫陽的重視下，四川省委對於集體企業的扶持是見了成效的：一九七九年四川全省實現社會總產值五〇二・五一億元，國民收入二四五・〇四億元，按可比價格計算，分別比上年增長十・九%和十一・五%。一九八〇年在上年基礎上又分別增長了五・九%和七・五%。這其中就包括著城鎮集體經濟所作的貢獻。[48]

一九八二年的秋天，已經成為中國人民共和國國務院總理的趙紫陽，與來自四川的老部下蔡文彬在談到經濟發展速度的問題時，又談到了知青就業問題。趙紫陽說：十年文化大革命把很多東西掩蓋起來了，如城市大批知識青年上山下鄉，城市就業的壓力減少了，可是也把（失業）問題掩蓋下來了。粉碎「四人幫」後矛盾暴露：這些人都要回來安排工作，職工一下子增加那麼多，企業開支增大，利潤相對減少，把前幾年工廠增加的收入都給抵進去了，反映在財政上增加的收入就不多了。（國家）用於過去還賬方面的資金有一千億元。現在就業

48 鄭青〈紫陽同志對城鎮集體經濟權益的保護〉。

問題解決了，其他問題也基本上解決了，這一關基本上算是過去了。今後逐步就好了。[49]

其時的趙紫陽，正在忙於全國諸多事務，特別是剛剛開始的沿海特區的改革開放。知青就業問題的解決，讓他大舒了一口氣。當然了，這場逆人類進步潮流而行的荒唐運動，所造成的後果遠遠不是一千個億的資金就能夠解決的，對於國民經濟的拖累也不僅僅是五年的經濟速度放緩。而這一點，趙紫陽和很多人，包括知青這個群體本身，當時都未必感悟到。

改革向理論深處延伸

現在一說起一九七八年，人們就很自然與十一屆三中全會聯繫在一起。其實這個會議開在一九七八年的年尾，之前的中國已經沸騰了。正如鄧小平所說：「粉碎『四人幫』以後三年的前兩年，做了很多工作，沒有那兩年的準備，三中全會明確地確立我們黨的思想路線、政治路線，是不可能的。所以，前兩年是為三中全會做了準備。」[50]胡耀邦也把三中全會前的兩年稱為「扭轉乾坤的兩年」。近年業界認為，這些「準備」包括從四川、安徽開始的農村改革，從四川開始的企業改革，從廣州開始的商業改革等等。其實還有一樣被忽略了：也是從四川開始的在理論方面的突破。

「文革」結束之後的兩年，社會上有「經濟繁榮，哲學貧困」之說。一九七八年春夏的那場

49 蔡文彬〈趙紫陽叫我搞改革〉。
50《鄧小平文選》，第二卷第二四二頁，人民出版社一九九三年版。

從《光明日報》一篇文章引發的關於「真理標準」的大討論，有人說討論的不是理論，而是政治。還有七~八月召開的國務院務虛會，本質上是討論因為包括谷牧等人在內的大批高級領導人出訪引起的焦慮，要求經濟大躍進的問題。這些都是因為突破了之前「不准談」的禁忌，大家終於能夠暢所欲言，痛痛快快把所有的問題都擺出來了，但是所有的問題都沒有深入，沒有談透。

可是四川在這個期間有兩場先驅性的討論，一場是關於價格，一場是關於商品經濟。

最先開始的是價格問題的討論。

由於物價方面的管制違背了價值規律，置許多企業於死地的事例，時在四川財經學院經濟系任教的袁文平早有調查。四川三台縣原名潼川府，出產一種豆豉名叫「潼川豆豉」，特點是口感好、乾香、顆顆完整成形，在川北、四川甚至西南地區都很有名。五〇年代初，黃豆八分錢一市斤的時候，豆豉二角一市斤。後來，黃豆已經二角錢一市斤的時候，按照國家計畫的要求，物價部門還是不准豆豉提價，只能賣二角錢一市斤。到一九七九年，黃豆價格已經大漲，可是物價管理名單上的潼川豆豉價格還是二角錢一市斤，不過「有價無貨」：廠家賠不起，只好不幹了。還有很多地方名優土特商品也遭遇了「潼川豆豉」的命運：物價管住了，商品消失了。違背價值規律，還導致以物易物、物物交換盛行，腐敗叢生。

七〇年代，成都有個廠生產農村用小型柴油發電機，為抽水機提供動力。四川多處屬丘陵地區，經常乾旱，需要抽水保苗，很需要抽水機和柴油發電機，政府部門為保護農民利益，把柴油機的價格定得比較低。這下問題來了：價格低，廠家不願多生產，農民想買買不到，就找政府。政府就用計畫管理辦法，分配購貨指標，一方面限制農民購買，一方面向工廠施壓，強迫生產。這樣一來，很多農村生產隊買不到柴油機，即使是拿到指標買到了，可是因為是強制企業生產的，生產工人也不高興，產品品質問題多，零部件壞得快。工廠賣整機，國家規定了價格；賣零部件，國家也規定了價格，定得也很低。生產隊的柴油機零部件壞了，找工廠按國家訂價買，工廠不敢說不賣，只推沒有貨。農民說好話、訴苦、告急都沒用，只好在廠內找熟人，走後門，送緊缺的豬油、花生之類的東西，才能夠把所需要的零部件換到手，乾旱來臨有機具可用。

這裡，農民送的東西的價值，遠遠超過國家規定零部件的價格，農民並未因國家把柴油發電機及其零部件的價格定得低而受益，而是帶來一系列的麻煩。工廠得實惠，分配又不均衡，造成貪污腐敗猖獗，工人生產積極性大受挫折。零配件生產少了，工廠就更願和農民搞物物交換，以緊缺農產品來換工廠零部件。國家定的那套低價護農政策，形同虛設，價值規律仍然以扭曲的形式發揮著自己的作用。[51]

一九七八年，國家為了充實市場，調動農民的積極性，調高了一些多年不動的農副產品收購價。比如三月八日，生豬的收購價每百市斤（總肉）就由原來的六十三元提高為七十九．五元。農產品收購價提高，但是城鎮居民的收入沒有提高，所以銷售價不能相應提高，出現的「價格倒掛」只能由財政給予補貼，給國家造成巨大壓力。同時造成壓力的因素還多：農民被允許出售自己剩餘的農副產品，很快就突破了設在城市邊緣「農貿市場」，把新鮮的菜肉擺上了大都市街頭巷尾，對品質和價格都沒有競爭力的國營菜場造成威脅；工廠被允許「超額部分」的產品自己處理，就得在生產資料市場上以雙方商定的價格調劑餘缺；大量的個體戶

51 袁文平〈趙紫陽與「社會主義市場經濟理論」〉。

專業戶出現，都得到市場上去找出路；還有很多長年來被違背經濟規律的價格因素所造成短缺的人民生活必需品（比如前面提到的潼川豆豉）需要提高價格來啟動……當國家小心翼翼地在流通領域中逐步引入市場因素的時候，卻萬萬沒有想到這個被禁錮已久的市場卻以摧枯拉朽的陣勢，迅速衝垮了堤壩，致使主管物價的部門在這樣的陣勢面前顯得手忙腳亂。

一九七八年一月二十一日，國務院在下發的〈國務院關於當前市場物價問題的通知〉中指出：個別地區不適當地提高某些商品價格，或改頭換面漲了價，「必須堅決糾正」；並明確規定：「一切生產經營單位，除了國家規定授權者外，一律不許自行定價」。[52] 同年七月二十日，國家物價總局〈關於加強物價管理的若干問題（徵求意見稿）〉規定：農產品的收購、調撥和銷售，必須嚴格執行國家規定的等級規格和價格，不准提級提價、壓級壓價或變相提價、變相降價。「任何部門、任何地方，未經國務院批准，不得對任何農產品搞議價收購和銷售」。[53]

青山遮不住，畢竟東流去。改革中的很多問題——如社會主義生產目的問題，生產資料是不是商品問題，價值規律問題等，已經引起了上上下下的關注，一場大討論勢在必行。

在這場討論中，四川又走在了前面。

改革的實踐需要理論的支持，同時它又推動了理論的探索和創新。很多人都認為，趙紫陽只是一個實踐型的領導，不太重視理論問題。其實不然：起碼是在複雜的企業改革中不是。還在全面改革的準備階段，趙紫陽就很重視理論問題的研究，讓四川省社科院副院長林淩組

52〈國務院關於當前市場物價問題的通知〉，一九七八年一月二十一日。

53 國家物價總局：《請對〈關於加強物價管理的若干問題〉（草案）提出修改意見》，一九七八年七月二十日。

織了理論班子，鼓勵實際工作者和理論工作者積極進行理論的探索和創新。

一九七八年四月，著名經濟學家孫治方來川講學。當時中國社會科學院剛剛成立，院長是胡喬木，經濟研究所的所長就是孫治方。孫治方不僅在經濟理論上造詣深，而且有膽識、有創見。建國以後，許多經濟學家曾認為在社會主義社會，價值規律將隨著資本主義商品經濟的消滅而失去作用，而孫治方卻認為，價值規律不但在社會主義時期仍然發生作用，就是到了共產主義，只要存在社會化大生產，只要生產還按生產資料和消費資料兩個部類進行，商品流通就會發生，價值規律就仍要起作用。

孫治方在我國經濟管理體制的改革方面，也提出過不少獨到的見解。他在二十世紀的五〇年代末和六〇年代初的一些文章、報告裡說過：研究經濟管理體制，不能總是強調中央與地方的關係，那是屬於國家政體的問題，從經濟學角度看，所謂管理體制，首先是作為國民經濟細胞的企業的管理體制，其核心是企業的權力和責任問題。他主張：為了調動企業的生產積極性，必須擴大企業的許可權，把固定資產折舊和設備更新的權責，交給基層企業。同時把產品在原來協作關係、供銷關係範圍以內的供產平衡工作，下放給企業自行處理。而且堅持「利潤是考核企業經營好壞的綜合指標」。

這些後來被事實證明是正確的思想，在二十世紀五〇年代末卻成了孫治方「修正主義」的罪狀，他本人也因為堅持自己的學術觀點，從二十世紀六〇年代初期就受到迫害，「文革」中又被帶上鐐銬關進監獄達七年之久。

這次孫治方到四川、雲南講學和考察，一路的講演中所闡述的社會主義商品經濟和價值規律理論，企業獨立核算和講求利潤的理論，對企業「複製古董」式的折舊制度的批判，以及對史達林一些理論觀點的質疑，給人振聾發聵之感。之後的九月趙紫陽在隨華國鋒出訪四國時，多次談到孫治方關於「擴大企業許可權」的觀點；在企業改革開展之後，用利潤指標來考核企業的作法，也有孫治方理論的「影子」。孫治方離開四川之後不久，四川在全國最早開了價值規律討論會，顯然也是受了孫治方關於「價值規律」觀點的影響。

趙紫陽和孫治方的緣分不僅在四川。一九八二年他擔任國務院總理，在五屆人大五次會上作關於第六個五年計畫的報告時，特別稱讚了孫治方給《人民日報》寫的那篇文章〈二十年翻兩番不僅有政治保證而且有技術經濟保證〉，然後到醫院看望重病中的孫治方。趙紫陽提起四年前在四川與孫治方的會面，還說：你在研究工作上是很有成績的，中央是充分肯定的。我到北京工作以後，雖然沒有見到你，可你的觀點我一直很注意很重視。前幾天你在報上發表的文章，我看過了。你對翻兩番的意見是很好的，對「基數大，速度低」的觀點的批判是很有力的。中央開會討論五年計畫時，陳雲同志特別提到你的觀點，耀邦同志也很重視你的文章。你為黨做了許多工作。[54]

一九七八年，中國發生了很多事情，局勢可以說是瞬間萬變。儘管七月國家物價總局還在發文「任何部門、任何地方，未經國務院批准，不得對任何農產品搞議價收購和銷售」，可是在七—八月許多人陸續參加並且提出了許多問題的國務院務虛會上，主管經濟的李先念和姚依林都談到了物價問題，談到了農產品提價問題的迫切性。到了九月，四川省革委計委就召開全省物價工作會議，貫徹國務院「一九七八」一四〇號檔和全國物價會議精神，著重解決

54 柏生〈惦念——訪孫治方同志〉一九八二年十二月六日《人民日報》。

「文化大革命」以來凍結物價造成的價格扭曲問題，要求尊重價值規律，首先提高農副土特產品價格，並為調整不合理工農產品比價做準備。為了解決長期以來計畫物價部門的幹部思想僵化的問題，會議商定在一九七九年春舉行全省「正確認識和運用價值規律」的學習討論會，十月，省革委計委下發川革計（七八）一〇六八號檔，要求各地、市、州計委和省級有關單位，為召開這個學習討論會抓緊準備。

關於價值規律的大討論已經勢不可擋地展開。十月二十五日，國家物價總局在〈物價簡報〉第二十期通報了四川準備召開價值規律討論會的消息以及檔內容。十一月二十九日，四川省計委〈物價工作簡報〉通報了各地準備全省價值規律討論會情況，並以〈物價簡報〉形式選印了各地送來的一批運用價值規律的文章，還選薦了一批送《光明日報》理論部，不久《光明日報》就從中選了幾篇發表在該報〈經濟學〉版上。與此同時，中央人民廣播電台理論部通過中共四川省委宣傳部，組織編寫「按客觀經濟規律辦事」的專題廣播講座，省計委派了物價處的黃長鞏，會同省委黨校教授游聯璞合作分擔了〈價值規律〉一章的編寫任務。一九七九年一月六日，中共十一屆三中全會剛結束，《光明日報》的〈經濟學〉版就發表了黃長鞏寫的一篇短文〈學會按價值規律辦事〉。五天前的一九七九年一月一日，「文革」中被撤銷的四川省物價委員會恢復並且正式對外辦公。

四川省物價委恢復後抓的第一件工作，就是一月上旬分別在萬縣和綿陽召開各地、市、州計（物價）委負責人碰頭會，回顧去年九月全省物價會議以來的工作，著重研究了全省價值規律討論會的準備工作。大家認為，物價部門一些幹部對形勢的發展思想準備不足，至今不敢接觸價值規律這個「禁區」，不按客觀經濟規律而憑長官意志辦事；一些規定調價文件就是簡單的文牘公式：根據某某領導的指示，某種商品價格由多少錢調為多少錢，從何時起執行……根本不講理由。物價管得過多過死，連公雞三把毛[55]、破銅爛鐵等廢品價格都管起來了，而且往往是一價定終生。這些問題不改革，顯然不能適應現代化發展需要。

一九七九年二月十五日，由四川省計委、省物價委和省社科院聯合召開的價值規律討論會在成都召開。參加會議的有全省計畫、物價部門的實際工作者和社科研究單位、高等院校的經濟理論工作者一百三十多人。國家物價總局、中國社科院工業經濟研究所、北京大學、《光明日報》社、中央人民廣播電台、吉林和雲南省物價委應邀派代表參加。省委書記杜星垣，省革委副主任何郝炬代表省委、省革委到會看望了大家。

也是這一天，北京召開的那個著名的理論務虛會議第一階段結束。在近八十天的會議進程中，這個「第一階段」是非常重要的。由於胡耀邦（當然也是鄧小平）的鼓勵，與會者暢所欲言，敞開心扉，討論涉及了建國後的許多理論「禁區」：例如「文革」的定性問題；經濟領域內否定市場作用、否定價值規律、否定按勞分配，稱生產目的是為計畫而不是為滿足人民的需求等問題；對毛澤東的個人迷信問題；領袖與人民的關係問題，以及關於「領導職務終身制」與「接班人」、領袖和黨的關係等等。甚至有人提出了「中國發展多種模式」論，建議用國際比較的方法對世界各國的體制模式的理論與實踐開展研究，以便借鑑和擇優，尋求適合中國情況的發展模式和道路：這顯然是對中國之前模仿蘇聯道路提出的反思。

會議第一階段的氣氛很活躍，做到了暢所欲言，可是會議討論在各方面的突破引發了社

55 即用於做雞毛撣子的公雞的頸毛、背部尖毛尾毛。

會上長期積累起來的大量矛盾，使地方黨政領導如坐針氈，而且中央高層內部對務虛會也有不同的聲音。此時鄧小平面對的局面也比較嚴峻：一些軍隊幹部質疑鄧小平攻打越南的決策是否明智；那些仍然崇拜毛澤東的保守派，認為鄧小平是中國的赫魯雪夫；更有人擔心他可能大膽地推動對外開放政策，是對黨的背叛，把國家帶往資本主義道路……總之在中國政壇上立足未穩的鄧小平，需要儘量減少來自對立面的阻力，也需要向他們表白：自己是堅定的共產主義者，不會背叛毛澤東親自制定的規則。

眼看要影響到政局穩定的理論務虛會，在二月十五日宣布理論務虛會暫時休會。待到三月下旬復會之後，會議的主調已經變成了鄧小平宣布的〈堅持四項基本原則〉，這個重要的〈原則〉，使得意識形態領域的氣氛由此從活躍轉為沉寂。[56]當然了，這「四項基本原則」也不完全是為了應付對立面，也是鄧小平為自己立下的規則。它讓鄧小平從此在一個自相矛盾的怪圈中轉來轉去，最終將他開創的改革大業毀於一旦。

這是後話。

可是四川的會議沒有受到務虛會後階段的消極影響。會議進行到第四天，即一九七九年二月十八日，四川省委宣傳部長沈一之到會，傳達了他在北京參加的中央務虛會議第一階段的情況，特別提到與會者也深入反思了建國以來的歷次政治運動和指導經濟工作的某些「左」的理論。這些來自高層的資訊激發了大家的積極性。會議領導小組趁此提出了四個討論題目：

（1）社會主義條件下價值規律作用問題；

56 江春澤〈親歷一九七九年的理論務虛會〉。

（2）對毛澤東提出的「計畫第一，價值第二」的理解問題；

（3）穩定物價方針問題；

（4）價格形成基礎問題。

若干年後，官方出版的《當代四川大事記》這樣評價這次會議成果：這是四川省第一次關於價值規律的討論會，比無錫的全國會議早兩個月。會議提出要高度重視價值規律的作用，把計畫經濟同市場經濟結合起來；會議突破了生產資料不是商品、社會主義經濟中不存在競爭等傳統觀念，提出了計畫調節與市場調節相結合等新觀點，對於解放思想、促進改革起了積極作用，促進了計畫經濟向市場經濟轉換，有利於經濟建設迅速發展。

會議經過十天的討論，突破了許多傳統的理論觀點，其中最重要的是提出了「社會主義市場經濟」的概念和「計畫經濟與市場經濟相結合」的論斷。三月十三日《四川日報》發表了周振華起草、林淩修改的討論會「紀要」和袁文平、田善耕、王成民、周振華等學者的文章，提到趙紫陽在聽取會議領導小組關於討論情況的彙報時給予了肯定；三月十七日，《光明日報》就此作了題為〈計畫經濟與市場經濟能不能結合〉的長篇報導，也特別提到「這次討論會得到中共四川省委領導的重視，會議期間省委領導聽取了彙報，鼓勵會議大膽討論」。

趙紫陽沒有參加這次會議，這年一開始，他就非常忙：

一月一日，《人民日報》在當天和以後的報導中連續介紹了四川、雲南和廣東的部分社隊實行生產責任制的情況。報導稱，四川省廣漢縣委決定從當年開始，全縣農業普遍推廣金魚公社「以產定工、超產獎勵」的辦法。四月，中共中央轉發〈關於農村工作問題座談會紀要〉，肯定了四川廣漢金魚公社這一改革。金魚公社的改革成為四川農村改革的發端、全國農村改革的先導。

一月六—十九日，省委召開常委擴大會議，傳達學習剛剛結束的十一屆三中全會和中央工作會議的一系列文件。會議聯繫四川實際，強調解放思想，認真進行國民經濟的調整，在調整中儘快把農業搞上去。

一月七日，《四川日報》報導，經國務院批准，國家教育部同意四川省增設和恢復普通高等院校十二所。

一月十五日，位於樂山市的國家重點工程——西南地區最大的龔嘴水電站正式交付使用。電站擁有中國自產的七台大型水輪發電機組，總容量相當於解放前全省裝機總容量的十五倍。

一月二十至二十三日，省第三次黨代表大會在成都召開。大會選舉產生中共四川省第三屆委員會。趙紫陽當選為第一書記。大會宣布給李井泉、廖志高、黃新廷、郭林祥等被錯誤地定為「走資本主義道路的當權派」的同志平反。接下來又發出了好幾個平反文件。

二月十二日，省委在總結寧江機床廠、重慶鋼鐵公司等六家企業擴大企業自主權試點經驗的基礎上，制定〈關於擴大企業自主權，加快生產建設步伐的試點意見〉（簡稱《十四條》）。決定將擴權試點範圍由上年底六個擴大到一百個工業企業。

……

直到三月九日，趙紫陽才得空與成都地區部分經濟理論工作者座談，討論計畫經濟和市場經濟能不能結合以及怎樣結合等一系列的問題。座談會認為，計畫經濟和市場經濟這兩個概念不是絕對對立的，是可以結合的。在計畫經濟指導下，有一定範圍的市場經濟作為補充，很有必要。會議提出，要使企業生產隨著市場的變化而變化，企業之間要搞點「競爭」。實現現代化必須走專業化、區域化和農工商一條龍的道路；要用經濟辦法管理經濟，充分發揮銀行作用，通過銀行貸款來體現國家經濟政策。

四川的討論會在全國引起了巨大的反響，其中重要的原因是因為它首先提出了一個新的提法：社會主義市場經濟。

當時爭論雙方的焦點，都在一個「姓社姓資」的問題上——如果實行計畫經濟，就是社會主義；如果實行市場經濟，就是資本主義。即使是改革派一方，也不敢說自己要走資本主義道路，所以在這個問題上十分糾結。於是在四川的這次會議上，有學者將兩者結合起來，形成了「社會主義市場經濟」的說法。儘管現在看來這只是囿於當時的環境，不得不採取的一個折衷提法（理論上未必就說得過去），可是因為兼顧了兩方面的觀點，尤其是契合了改革派的下懷，很快流傳開來。到這一年的十一月二十六日，鄧小平在會見美國不列顛百科全書出版公司編委會副主席吉布尼、加拿大麥吉爾大學東亞研究所主任林達光時，就十分鮮明地提出了「社會主義也可以搞市場經濟」，不知道和四川的這次會議有沒有關係。

「社會主義市場經濟」的概念，直到一九九四年才在中國共產黨第十四屆三中全會上站住腳跟，與四川首次提出的時間，相隔了十六年之久。為此四川的理論人很是自豪。

一般認為，在中央理論務虛會的第一階段之後，全國理論領域已經「收縮」。可是就在這一年的十月五日至十一日，根據四川省委安排，四川省哲學學會和四川省社會科學研究院，又召開全省第二次關於「真理標準」問題的討論會。與會代表就堅持「實踐是檢驗真理的唯一標準」還是堅持語錄標準、權力標準；是堅持完整準確地掌握毛澤東思想的科學體系還是玩弄隻言片語；是堅持毛澤東思想是發展的科學還是堅持「頂峰論」；是堅持科學的態度對待領袖人物還是把領袖人物神化；是堅持中共十一屆三中全會精神，還是搞「兩個凡是」等問題，進行了研討。

思想解放和經濟體制改革的序幕一旦開啟，就浩浩蕩蕩，成為不可阻擋的歷史潮流。

趙紫陽在四川的全面改革試點效果顯著。據一百戶工業企業試點中的八十四戶統計數字，其總產值、實現利潤、上繳利潤增長幅度分別高於全省平均增長幅度三・〇一%、六・八九%、四・八一%。商業系統試點企業商品銷售額、利潤總額、上繳利潤分別高於全省平均增長幅度六・三九%、六・六九%、四・七一%。做到了國家多得、企業多留，國家所得大於企業所留。

一九七九年七月，國務院副總理康世恩在成都主持召開了帶現場會議性質的全國工業工作會議，推廣四川省企業擴權的經驗。康世恩在會上指出：擴大企業自主權，這是一個大政策，勢在必行。這樣做，解決了目前許多企業中存在的幹多幹少一個樣，幹好幹壞一個樣，盈利虧損一個樣的問題。

和農業改革一樣，四川的城市企業改革也成了全國的典範，此時趙紫陽主持四川工作，還沒有滿四年，從農業開始到工業和商業的改革，才進行了不到兩年。面對一片讚揚之聲，四川人很驕傲，非常驕傲！可是趙紫陽的頭腦很清醒，他在四川省委擴大會議上總結國企改革試點經驗時說：

四川在經濟體制改革上，不論是工業、農業還是商業，經過一年多的摸索，已經邁出了比較大的一步，當然還是初步的。經濟開始搞活了，可以看出一些明顯的效果，情況是好的。但在企業擴大自主權、實行市場調節以後，也出現了一些新情況，新問題。

他指出：

這些問題大體上有兩個方面：一是已經進行的初步改革，同尚未改革的整個經濟體制、現行規章制度的矛盾，也就是通過改革解放出來的生產力，同現在的生產關係中某些方面的矛盾，同上層建築中某些環節的矛盾。二是企業擴大自主權、經濟搞活以後，也會出現一些不正當的作法，搞歪門邪道。比如投機倒把、牟取暴利、損公肥私、損人利己、弄虛作假，挖國家牆腳、以鄰為壑等等。他強調，要使改革健康發展，必須加強調查研究和具體指導，解決新的矛盾和問題。[57]

第一個問題前面已經說過了，即大環境與小氣候之間的矛盾，這個矛盾只能夠通過繼續深化改革才能夠解決。至於第二個問題，則是應該高度警惕：改革中的趙紫陽雖然堅定地站在企業這一邊，卻並不對企業一味縱容。正如當初這位二十八歲的地委書記清醒地看到了農民的局限性一樣，現在他又清醒地看到了企業的局限。人性趨利，剛剛從貧困中走出來的中國人對於金錢和利益充滿了饑餓感和短視，如果引導得好，這是推動改革的一股力量，如果用得不好，則會對改革和社會產生巨大的破壞。作為執政者，他不可不防。

一九八〇年三月三十一日晚上，趙紫陽自己掏腰包花了一百塊錢，在日常辦公的成都金牛賓館請十幾個警衛戰士吃飯。他說這麼多年辛苦大家了，讓大家操心了，我明天就要去北京工作，請大家吃頓飯，也算是告別。

已經當選為中央政治局常委趙紫陽，告別了與他朝夕相處了四年多的警衛戰士們，去了

57 田紀雲〈我所了解的趙紫陽〉。

北京。四月十六日，五屆全國人大常委會決定任命他為國務院副總理；九月十日，五屆全國人大三次會議決定他為國務院總理。趙紫陽成為繼周恩來、華國鋒之後的第三任中華人民共和國總理。

據在趙紫陽屬下工作了十四年的田紀雲說，起初鄧小平讓趙紫陽當總理，趙並不情願。因為他知道在一個十多億人口的國家當總理真可謂難矣。特別是在那時的中國，一個經濟落後、文化素質又不高的國家，一個缺乏民主和法制的國家，要當好總理則更為不易。一九八○年初，當中央決定調他到北京工作時，他曾到鄧小平門上再三陳詞，請求不要讓他來北京，理由是他長期在地方工作，沒有在中央工作的經驗。鄧小平勉勵他說：「在位謀行，擔子壓上了，在實踐中鍛煉，會把工作搞好的。」鄧小平又說他自己做大官（指中央祕書長）的時候才二十多歲，知識也不多，不也幹得挺好嘛，關鍵在善於學習。趙紫陽再不好推辭了，只好走馬上任。這一段話是在一九八三年六月田紀雲被任命為副總理以後向趙紫陽請教時，趙告訴他的。[58]

「要吃米，找萬里；要吃糧，找紫陽」，早些時候鄧小平已經把萬里調到身邊擔任國務院副總理，為什麼一定要強趙紫陽之難？按照後來趙紫陽的大祕書鮑彤的說法：鄧小平心裡早就明白，社會主義計畫經濟那一套也許無法挽救「文革」後經濟的崩潰，也許必須轉而向市場經濟求救，但他自己不能冒「搞亂經濟」的風險，更不能冒「反社會主義」的風險：畢竟經濟不是他的所長。後來的歷史證明，改革就是改掉毛澤東的體制，不改革就只能在毛的體制裡

58 田紀雲〈我所了解的趙紫陽〉。

翻跟斗，是死路一條。但當時的黨國領導人，從華國鋒、汪東興到陳雲、鄧小平，在他們當時開出來的藥方裡，不是調整就是整頓，都沒有改革。

可是四川省委第一書記趙紫陽，穩穩當當開始了城鄉經濟體制改革試點。同中共中央組織部長胡耀邦大刀闊斧平反冤假錯案，成為當時街談巷議中的兩個亮點。趙紫陽的農村經濟體制改革，是擴大農民自主權；城市經濟體制改革的內容，是擴大企業自主權，把「農民」和「企業」（而不再是「黨」和「國家」）定位為城鄉經濟的主體，正是市場經濟的前提。這些都讓鄧小平看到了改革的希望。

鄧小平在一九七八年就想讓趙紫陽去中央工作的打算，終於實現了，而趙紫陽不願意去高層的初衷，在史無前例的改革大業面前，最終只得放棄。高者危也，步步薄冰，處處深淵，有人兩次聽趙紫陽說過「我不入地獄誰入地獄」[59]！看來對於改革者的最終下場，他是心知肚明的，只是開弓沒有回頭箭，抽身已經不可能。

好多年過去了，回過頭去，人們更加覺得四川對於趙紫陽甚至整個中國的改革確實很重要。四川是「文革」中被打倒的趙紫陽復出後首次獨立擔綱之地，也是中國的改革大業真正發祥之地。鄧小平雖然提出要建立「具有中國特色的社會主義」目標，要在工業、農業、科技和國防等方面實現現代化，但是並沒有具體的方案，只能讓趙紫陽去「摸著石頭過河」，處理經濟改革過程中冒出來的一系列複雜的難題。所以有人提出：中國經濟改革領頭人的桂冠，其實應該屬於趙紫陽。

59 陳一諮《陳一諮回憶錄》。

當年的趙紫陽從四川起步，開啟了一個時代。儘管在他之上有高瞻遠矚的鄧小平，可是如果沒有趙紫陽的開始和繼續，鄧的改革到底能夠走到哪一步，恐怕還很難說。鄧小平對這一點看得很清楚，這也是他一定要趙紫陽去北京的原因。

第九部分

鄧胡趙時代

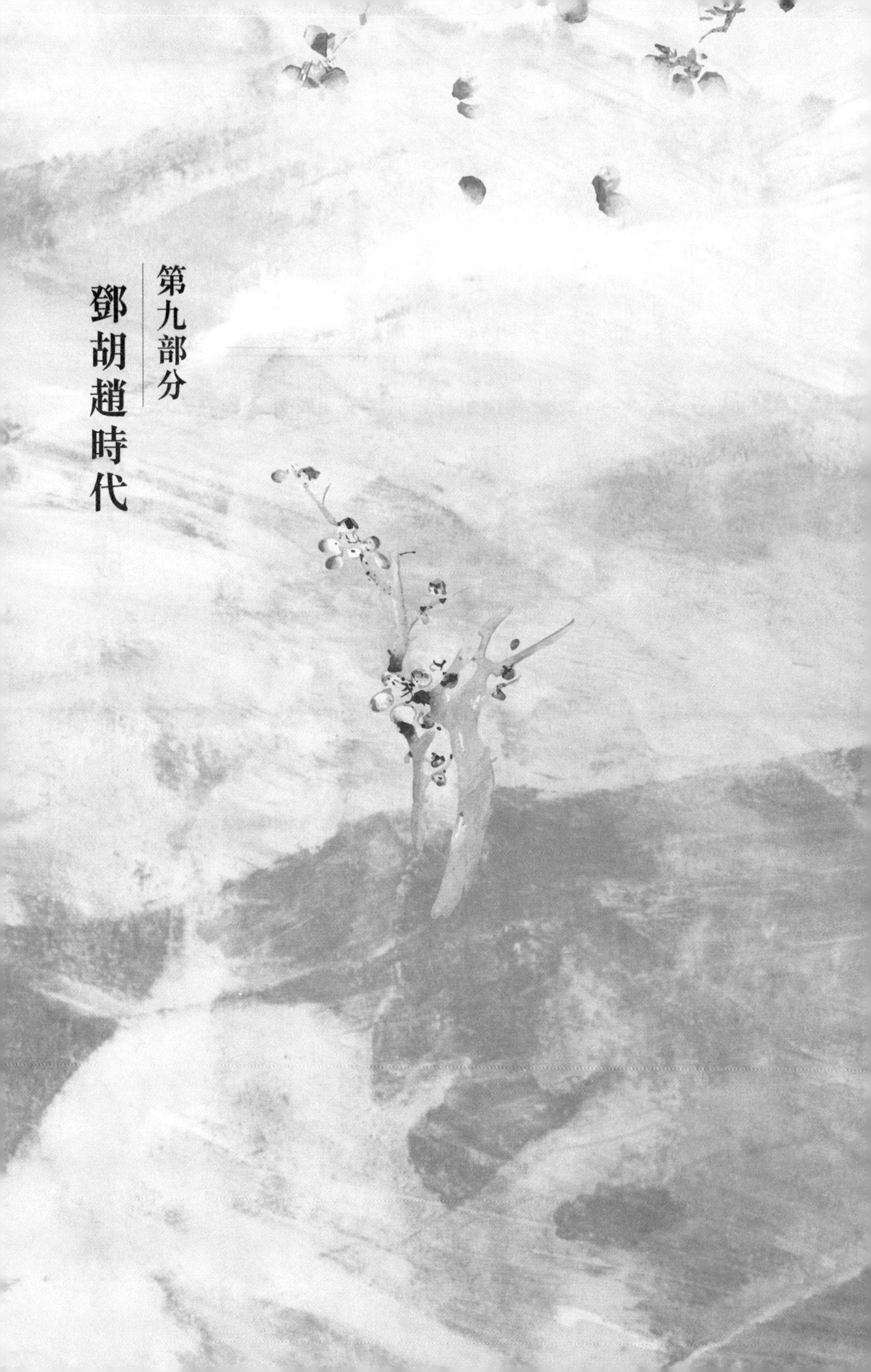

第二十二章　水到渠方成[60]

趙紫陽走進中南海，標誌著鄧小平完成了他的實際權力配置：左邊陣營：總書記胡耀邦，因為平反冤假錯案和解脫地富分子及其子女的賤民身分，已經是名聲大振；副總理萬里因為在安徽大張旗鼓推廣「包產到戶」在民間呼聲很高；總理趙紫陽是鄧小平的老部下，以實幹而著名，在四川改革中政聲顯赫。右邊陣營，是以往主管經濟的老手陳雲和李先念：這兩個人是鄧小平無法撇開的。陳雲無論在資歷和權威上都勝過鄧小平一籌，在經濟方面更是行家裡手；李先念在一九六二年至一九七八年陳雲長時間受到冷落之時，一直都在周恩來手下負責經濟工作。

鄧小平明白實現四個現代化的過程十分複雜，而他自己不是經濟事務上的高手，缺乏研究細節的耐心。他需要有人充當自己手下的執行總裁——核查細節，確定問題，提出和評估不同的選擇，設計可能的行動路線……在這樣的事情上，他準備依靠穩妥謹慎的陳雲，再加上個能幹的趙紫陽。

鄧小平自己高高端坐在馭手的位置上，控制全域。此前中國的改革都是序幕，現在正劇才隆重上演。

60 盧躍剛《趙紫陽傳．一個失敗改革家的一生》、陳一諮《陳一諮回憶錄》。

周恩來曾經說，在中央工作，就是要處理好人與人之間的關係，現在趙紫陽也面臨著如何處好左右兩邊及鄧小平之間的關係。

與鄧小平、陳雲相比，趙紫陽與胡耀邦和萬里一樣，只能夠算第二代。他擔任了共和國第三任總理，又正年富力強，政聲顯赫，難免有人把他與這個那個相比，此為官場之大忌，也與趙紫陽謙和的性格相悖。從內心深處，他特別尊敬鄧，因為從他十八歲參加革命開始，就聽一二九師政委鄧小平的報告，後來又受到鄧小平的推薦和重用，鄧小平一直是他的偶像和恩師。至於陳雲，雖然以後給改革派製造了很多麻煩，最後咬牙切齒把他整下台，並對於改革派下了狠手，以至於很多人說起陳雲和他支持的鄧力群、李鵬之流，禁不住含血噴天。

可是在趙紫陽上位前後的這一段時間裡，兩個人並沒有什麼大的矛盾。陳雲支持趙紫陽在四川率先進行的讓企業自負盈虧的改革，也贊成中央在原材料採購和產品銷售方面給予企業更大的自由；他並不反對在農村實行包產到戶，也支持在工商業領域放鬆管制、讓下級幹部有更多的自由進行探索。他還同意在價格上有一定的靈活性，使得當時仍然由計畫管理的一些小商品進入市場交易。趙紫陽剛到北京的時候，陳雲敲打他「要學會說北京話」，意思是要站在全國的角度而不能像以往那樣僅僅站在地方大員的角度，這個方面陳雲也一度對趙紫陽的表現表示滿意……。

總之，陳雲也想讓經濟保持活力，只不過這樣的活力必須在計畫的掌控之中，毛澤東就是因為不按照計畫而是心血來潮拍腦袋行事，才把很多事情搞得一塌糊塗，那個時候陳雲沒有發言權，只好一躲了之。現在他得以黨內經濟權威的身分站出來，充當中國經濟命脈的掌舵人，他要保證中國的經濟沿著自己五〇年代初期創立的計畫經濟體系道路前進。陳雲在延安的時候就有「小史達林」之稱，這個外號表明他一旦行事，是很固執很霸道的，他也因此成為元老派的領袖，其勢力之強盛，令鄧小平在很大程度上都要退讓三分。鄧小平雖然位高權重，也不可能一下子攆走這些老夥計，最多也只能夠成立一個中顧委，讓其中的一百七十二名成員保留全薪、級別和各種待遇，除了有參加政治局會議的特權，不再在黨和政府中擔任正式職務。但是這些「顧問」並沒有完全放棄權力，直到鄧小平於一九九二年完全退休，中顧委才宣布解散。即使如此，鄧小平也面臨著巨大的壓力，以至於一九八二年三月，黨刊《紅旗雜誌》宣佈：由於黨和國家規模太大，讓三十名老同志留在黨和國家的領導崗位上必要的。

趙紫陽後來說，在整個八〇年代，他和胡耀邦雖說是總書記，其實只是大祕書，因為實權一直掌握在鄧小平、陳雲、李先念和六人小組（薄一波、彭真、鄧穎超、宋任窮、楊尚昆和王震）手裡。他們之間充滿了矛盾，胡與趙夾在中間，非常為難。

作為國家總理的趙紫陽，身邊有兩個智囊團。一個是他自己掛帥，以原四川省委主管工業改革的祕書長杜星垣主持的國務院經濟體制改革辦公室，這個辦公室於趙紫陽到任一個多月之後成立，一九八二年改名為「國家經濟體制改革委員會」（體改委），升格為部級單位，規格高於一般部委，是一個超越部門利益，從全域出發設計改革方案的機構。它由趙紫陽直接掛帥擔任主任，副主任薄一波、杜星垣、安志文、周太和、童大林，顧問薛暮橋、馬洪、專職委員廖季立、詹武等，到一九八四年已有大約一百名官員。這個機構是為研究根本性的體制改革而建立的，常常在改革官僚機構方面獻計獻策，以至於一些官僚對於它可能提出的建議很敏感。其擔綱者杜星垣與趙紫陽一起在四川經歷了農村改革和工業改革，少言寡語但性格倔強，且作風深入細緻，是堅定的改革派。而這個機構的實際主持者安志文，被稱為「改革全能型工程師」，後來體改委對商品經濟、收入分配、國企、股份制、證券市場等現代經濟的改革規畫，幾乎都是由他領頭調研和提出方案。安志文還十分重視國外的轉型經驗及經濟理論學派對中國改革的建議，由於體改委是政府機構不方便展開對外活動，因此他向中央建議成立半官方的「中國經濟體制改革研究會」，作為中國政府對外經濟理論交流的平台。

於是趙紫陽在一九八四年十一月，委託青年經濟學家陳一諮[61]領頭成立了中國體制改革研究所和北京青年經濟學會，與相繼成立的中國信託國際問題研究所，之前成立中國社科院農業研究中心農村發展研究所，一起被人們稱之為趙紫陽麾下的「三所一會」，成為他身邊重要的半民間智囊機構。趙紫陽的大祕書鮑彤和這些年輕人意氣相投，另外一個祕書李湘魯本來就是其中的一員。趙紫陽此舉顯然是聽取了安志文的建議，但是很可能還有別的原因。他在與陳一諮談話的時候說：「我也組建了幾個新的部門，可一搞起來就又變得和舊機構差不多了[62]。」不知道他說的「幾個新的部門」是否包括體改委。因為後來的事實證明，那些年輕人的視野，的確更加開闊。」

至今很多人不知道：向來有「救火隊長」之稱的趙紫陽此時面對不是升官的榮耀，而是一個泱泱大國經歷十年浩劫之後，留下的經濟混亂大攤子。拿近三年的數字來看：

一九七九年的赤字一百七十億元。

61 陳一諮（一九四〇～二〇一四）後任中國經濟體制改革研究所所長，中國政治體制改革研究會副會長，並兼任北京大學、中國人民大學等六所著名大學教授。

62 陳一諮《陳一諮回憶錄》。

一九八〇年的赤字可能一百一十億。

一九八一年的赤字看來要在一九八〇年的基礎上突破五十億，可能還是一百七十億。財政出了赤字，銀行就要發鈔票，這三年要增發的票子將達二百億，相當於從一九五一年以來二十九年貨幣發行量的總和。到一九八〇年十月趙紫陽正式接任總理後經濟形勢是：糧食減產四百億斤，煤炭缺口二千萬噸，石油產量下降四百萬噸，全面吃緊。經濟下滑與基建投資關停並轉同時進行：與一九八〇年比較，一九八一年基建投資規模由五百億減為三百億，減少國防開支二十七億，行政管理費五億，中央還要向地方財政借支八十億元過日子，以平衡中央財政。[63]

當然了，改革中出現的問題，還是要在改革中去解決。可是全國的改革形勢，也不容樂觀。儘管四川農村和城市的改革都已經熱火朝天，可是高層這裡卻是乍暖還寒。在中央核心成員中，華國鋒、李先念、王任重對包產到戶一直持反對態度；一九八〇年一月，國家農委召開人民公社經營管理會議，王任重大講集體經濟的優越性，大多數人贊成，在華東各省的小組會上，搞了包產到戶的安徽組被群起而攻之。同時國家農委的機關刊物發表文章，對萬里在安徽農業會議上的講話進行指責。二月，萬里調任主管農業的國務院副總理，但是國家農委除了杜潤生「騎牆」之外，幹部們一致反對包產到戶，農業部副部長李友久到包產之後糧食大豐收的安徽肥西縣調查，得出的結論是「包產到戶不如包產到組，包產到組不如集體生產」。萬里的繼任者張勁夫，一到任就連續在安徽各地開會，大批包產到戶是「經濟主義」、「機

63 盧躍剛《趙紫陽傳・一位失敗改革家的一生（下卷）》。

會主義」、「工團主義」……搞得縣鄉幹部惶恐不安。一九八〇年的四月，也就是萬里離開安徽兩個月之後，張勁夫給中央寫了一封信，信中堅持人民公社的重要性並歷數包產到戶的弊端。

按理說包產到戶受到了胡耀邦的稱讚，受到了鄧小平的表揚，受到了趙紫陽的重視，在安徽以省委名義大力推廣的萬里也調到中央人副總理……在一切唯上的中國，這件事情應該順利推開了。可是阻力還是很大。就在張勁夫此信的前後，趙紫陽要求組織農業部門的幹部和理論工作者，深入到不同類型的地區和社隊，就「包產到戶」問題做一些深入的調查和分析，奇怪的是派出的十個調查組，全部都認為包產到戶是「破壞社會主義」、「發展資本主義」、「走回頭路」、「走獨木橋」……只有中國社科院農業經濟研究所的助理研究員陳一諮在安徽的調查表明，安徽的肥西縣因為一九七八年底推行包產到戶，一九七九年糧食產量是常年收購的十倍以上，預計一九八〇年夏糧產量會與頭年相當。可是廣大農民卻為豐收發愁：糧站因為平價調給國家糧食過多會造成價格倒掛，不願意多收。到後來市場的價格甚至低於國家收購價，大批的糧食還是賣不出去，很挫傷農民的積極性。陳一諮將此事寫成「農民賣糧難的問題亟待解決」一文，快郵寄給北京部門領導，沒想到很快就到了國務院總理趙紫陽手裡。不到十天的功夫，趙紫陽的長篇批示傳到了安徽省委，批示特別指出「絕不能穀賤傷農」。

安徽省委近來因為「包產到戶」到處挨批受氣，接到趙紫陽的批示一片歡騰。之所以結論會有這樣的不同，因為陳一諮的調查對象主要是農民和支持農民的基層幹部，農民要對自己的肚子負責，衡量政策的標準是「看產量」；而十個組調查的主要對象，是縣裡省裡的幹部，他們主要是對上面負責，標準是「看方向」。可見幹群之間的距離有多大。

事實證明，包括張勁夫在內的很多人，後來都成為改革的積極支持者。當時他們只是被那些還沒有走遠的「運動」嚇壞了。實際上，「包產到戶」是農民長期對抗集體化的方式，所以「野火燒不盡，春風吹又生」，可是那些曾經支持農民的幹部從上到下一直都受到嚴厲的懲處，僅僅安徽一省就牽連幾十萬人，能夠升遷上來的，絕大多數都親眼目睹了這場慘烈的黨內鬥爭，從中「吸取了教訓」。這麼多年，他們為了逃避恐懼付出了很多代價，包括不再思考的代價，如果現在轉向，以前那些代價都白費了。再說了，就連國家主席劉少奇都栽到了「包產到戶」問題上，案子還沒有平反，鄧小平也是被打倒很多次，人稱三起三落之人，胡耀邦、趙紫陽、萬里這些人以後會如何，誰知道啊？這些幹部沿著毛主席指引的路走了幾十年，在恐懼的陰影下已經對這條路產生了道格拉斯．諾斯（Douglass Cecil North）[64]所說的「路徑依賴」，無論這條路是好是壞，慣性的力量都會使得他們的道路選擇不斷自我強化，讓人輕易走不出去。這些人很多長期居於高位，即使原來與趙紫陽平級，也大多資歷更老。他們有的苦口婆心來規勸，也有人言辭激烈來抨擊，可是趙紫陽不慍不惱，從不提「左」、「右」，不談理論，或者認真聽，或者只提問題，絕不交鋒，也不忙於統一思想。這恐怕不僅僅因為他的脾氣好，還因為剛剛從地方上來的趙紫陽，自己對於一些問題也沒有想明白，他得按照自己的慣例，到處走一走，聽一聽，看一看。

趙紫陽早在六十年代就開始在廣東搞了具有「包產」元素的聯產責任制，接下來在四川搞包產到組（戶），比萬里還要早，在這個問題上，他與耀邦、萬里在大方向是一致的，但是胡耀邦和萬里在這個問題上衝鋒陷陣，義無反顧，以至於成為眾矢之的，趙紫陽這裡卻是波

64 道格拉斯．諾斯（一九二〇～二〇一五），美國經濟學家、歷史學家，一九九三年諾貝爾經濟學獎獲得者。

瀾不驚，不能不說與他相對謹慎有很大的關係。再說這個政策也確實需要完善。農民對於土地的承包已經牽涉到各個方面，比如在四川已經開展的專業承包，就突破了長期以來的禁區，咋一放開，各種各樣的「承包」一哄而起，難免有些亂。也就是在爭論迭起的六、七月份，這些亂象反映上來，剛剛擔任國務院總理的趙紫陽就此發給全國的一封電報，他肯定了「包產到戶」是一種生產責任制的形式，不同地區不同的責任制形式都是允許的。還說現在先搞生產，等待秋後中央要對這些現象有個說法。

到了九月份，中央果然召開各省、市、區第一書記座談會，專門討論農業生產責任制問題。此時的「包產到戶」已經由貧困地區向中間地區甚至富裕地區擴展，這在很大程度是違背了以此「救貧困之急」一貫想法，上層對此的爭論更趨激烈。首先是國部級的一大批領導人，例如中共中央主席華國鋒、國務院副總理李先念、中央書記處書記胡喬木、中央農委主任的王任重、主政福建的廖志高、主政陝西的馬文瑞、主政河北的金明、李爾重等人，都不贊成包產到戶，其中一些人一直堅持到最後，成為趙紫陽在改革開放過程中的「死對頭」（比如李先念和胡喬木），而最早贊成的只有三個人：遼寧的任仲夷[65]、內蒙古的周惠[66]、貴州的池必卿[67]，

65 任仲夷（一九一四～二〇〇五）：河北威縣人。一九八〇至一九八五年任中共中央委員，繼習仲勳任中共廣東省委第一書記，在任期中領導了全國先行的廣東省的改革開放。

66 周惠（一九一八～二〇〇四）江蘇人。一九三八年入黨，一九五二年任中共湖南省委常委、書記處書記等職務。廬山會議上因支持彭德懷而被批判，「文革」後任交通部副部長、內蒙古自治區黨委書記等職。

67 池必卿（一九一七～二〇〇七）山西人。一九三七年入黨，一九六六年任中共北京市委書記處書記。一九七五年八月任內蒙古自治區委第二書記，一九八〇年任中共貴州省委第一書記。

他們先後與趙紫陽都有些關係。黑龍江省委第一書記楊易辰，和貴州省委第一書記池必卿在會上吵起來了。楊易辰反對包產到戶，說我就是要搞（集體經濟的）陽關大道，不走你這個（包產到戶的）獨木橋。池必卿說我沒有辦法，我貴州只能走這個獨木橋！於是才有了書記處研究室的吳象寫的那篇著名文章〈你走你的陽關道，我走我的獨木橋〉。眼看主持會議的王任重，在會上大講集體經濟的優越性，廣東來的杜瑞芝擔心問紫陽：「你怎麼辦？」趙紫陽說得很輕鬆：「他講他的，我講我的，咱們各講各的。」杜瑞芝知道紫陽的祕書鮑彤給他擬了一個發言稿，主要內容是要走群眾路線，實事求是。可是那篇文章很短，而且有針對性，紫陽你已經是國務院總理了，在這樣的大會上用這麼短的稿子，恐怕「不大光彩」吧？趙紫陽說短就短點吧；至於針對性，問題不大，鮑彤的稿子講調查研究，實事求是，走群眾路線，這有什麼問題？[68]

就是為了這個「實事求是」，也為了印證中央對於「三十%的發達地區進行專業承包，五十%的中間地帶實行聯產到勞，二十%的落後地區實行包產到戶」的三條線到底劃得對不對，一九八一年一月，趙紫陽帶上祕書李魯湘，去了「中間地帶」湖北、河南、山東考察，所到之處，一片喜氣洋洋。農民群眾和基層幹部已開始自發推行更直接的責任制形式——「大包乾」，增產效果非常明顯。趙聽了十分高興，這才決定對中間地帶實行「包產到戶」不設限制，群眾要求這樣的政策再給三年，他當場同意。中間地帶的問題解決了，那麼富裕地帶呢？大約是因為黑龍江省的書記在會議上和貴州書記吵的那一架，趙紫陽去了黑龍江考察，看看像東北

68 蔡文彬採訪杜瑞芝。

平原這樣適合機械化生產的地方，「包產到戶」到底合不合適，事實證明在這裡同樣顯示了強大的適應性和生命力。常言道藥無固方，為什麼「包產到戶」卻在中國廣袤的農村都受歡迎？一般認為農業機械化就是農業現代化的標誌，如果在這樣的地方也推行包產到戶，豈不是讓「現代化」向一家一戶的小農經濟倒退？

這個問題，張勁夫在給中央的那封信中就提到過，還點名對安徽最富裕的宣城縣金寶圩水陽公社搞包產到戶提出了批評。為此陳一諮專門進行了調查，並且將調查結果寫進了報告。早在一九七八年的十月，安徽最富裕的宣城縣宣城縣委就決定搞「包產到組」的試點，可是隨著第二年秋天的大豐收，包產到戶一下子在宣城遍地開花，其中的金寶圩水陽公社，一直是安徽省高產富裕地區，全社有二百三十一個生產隊，人均收入高出全省平均水準九十％，高出全國六一％，基本上不存在溫飽問題。類似富裕地區擁護「包產」問題，陳一諮在河南調查時也遇到過，他將情況綜合起來，專門寫了一篇〈為什麼「富裕」公社也搞了包產到戶〉，他認為，老百姓的要求很簡單，一是有吃有穿，二是自由自在。富裕地區雖然吃不愁，但是在人民公社的制度下，老百姓沒有自由，他們擁護「包產到戶」不僅僅是為了吃穿，更是為了奪回自己的尊嚴。

一九八一年夏天，農委組織了十七個調查組分赴十五個省的包產到戶問題，還撥款八千元給陳一諮，讓他帶領剛剛成立的「中科院中國農村發展問題研究組」（簡稱發展組）二十一個人，到安徽滁縣地區開展全方位的調查研究。七月十五日，陳一諮帶隊到了滁縣，八月底回到北京。十月，滁縣調查報告剛剛印好，還未從正規途徑往上送，陳一諮就給李湘魯送了一份，要讓趙總理「第一時間看到」。趙紫陽看了報告，當天就批示：這個報告把「包產到戶」

以來的情況寫得一清二楚，建議各省委書記、省長認真一閱。在接下來十月二十五日召開的書記處會議上，胡耀邦、趙紫陽、萬里等人先後對於這份調查報告提出表揚。胡耀邦說這是經得起實踐檢驗的東西！萬里說這些年輕人沒有框框，比我們看得深，看得遠，很有頭腦！趙紫陽說他們的分析是從實際中來的，是動態的、發展地看問題，和我們一些人拍腦袋的結論不一樣。[69]

經過一年多的反復調研和討論，問題已經清楚了，時機也就成熟，一切都水到渠成。趙紫陽寫信給中央，建議讓群眾自願選擇，不再區分不同地區不同（責任制）形式，算是給正式承認「包產到戶」最後定了調子。一九八二年，中央發了一號檔，結束了「包產到戶」三年以來（實際上是三十年以來）的爭論，使農業的家庭承包生產責任制，成為一個長期穩定的制度。

一九八一年十一月三十日，趙紫陽在第五屆全國人民代表大會第四次會議上作了題為〈當前的經濟形勢和今後經濟建設的方針〉的政府工作報告，在這個被稱之為「趙紫陽執政綱領」的報告上，他回顧了建國以來經濟建設方面的數字：一九八〇年同已經完成了經濟恢復的一九五二年相比，工業固定資產增長二十六倍，但是！工農業總產值增長八．一倍，國民收入增長四．二倍，而全國人民的平均消費水準，只提高一倍。可見固定資產增了那麼多，可是工農業總產值和國民收入並沒有相應增長，人民消費水準增長就更少了。這說明我國經濟建設的效益很不理想，人民生活的改善與人民付出的勞動不成比例。為此趙紫陽提出：今後的經濟建設要走一條速度比較實在、經濟效益比較好、人民可以得到更多實惠的新路子；還提

69 陳一諮《陳一諮回憶錄》。

出「千方百計地提高生產、建設、流通多個領域的經濟效益是核心問題」。

建國以來，毛澤東在經濟建設上一直強調通過「政治掛帥」去發揮人的作用，其目的是建設出一個「一大二公」的強大國家。可是現在趙紫陽提出了在調動人的積極因素方面，「經濟效益」才是核心問題，並且經濟效益不是產生於政治思想，而是產生於市場經濟；市場經濟能否真正發揮積極作用，關鍵看利益的導向。趙紫陽提倡讓外商賺錢、用「利率」、用承包、用獎金、用價格等等手段，都屬於「利益」的範疇，所有的利益最後的歸向不再是純粹建設一個強大的國家，而是導往另外一個方向——讓人民得到更多實惠。趙紫陽的這個觀點，使得從長期戰爭年代走過來的國人為之一振：人民為國家利益而犧牲、以及在這個口號下發生的種種屈從的時代過去了，國家為人民服務的時代已經到來。

趙紫陽開始注意身邊的年輕人，對很多問題的討論都讓他們參與，在決策方面多次聽取他們的意見。到一九八二年初，包括「發展組」在內的大學生和研究生都面臨畢業分配的問題，趙紫陽在一次書記處的會議上提到「發展組」的調查工作，並提出中央各機關都應該從曾經下鄉又受到高等教育的應屆大學生研究生中抽調一批來做研究調查工作。趙紫陽的提議得到了書記處一致同意，會後趙紫陽講話送到國家計委和國家人事部，給了「發展組」一百人的編制，還解決了文件閱讀和資料報送。三月十一日，中央書記處下發檔，要求各部門大力提拔年輕人。一大批朝氣蓬勃的青年學者開始在中國的政治舞台和經濟舞台上嶄露頭角，他們突破了老人政治沉悶的格局，以新的眼光和視野，為中國的改革大業注入了新的活力。

年輕人中有個何維淩，是鄧小平的兒子鄧樸方在北京大學讀書時上下鋪的老同學，他為了推進改革主張常常去遊說鄧樸方，希望通過他去影響鄧小平從而去影響高層。一次鄧樸方很直白地對何維淩說：「你說的這些都對，我都懂，但是上層是絕對不會接受的。第一個原因是他們聽不懂。按照他們的慣例，凡是他們聽不懂的就意味著是異端，你跟他講這些異端，你就是壞人。第二，即使上面接受了你的想法，也不會用你們來搞改革。因為共產黨從來是論資排輩的。共產黨的高層就那麼幾個人，那個圈子是絕對排外的。如果這個圈子裡有一個人敢於啟用那些圈子之外的人，他們就認為這個人就是拉幫結派，質疑你怎麼會用那些我們根本不認識的人來搞改革呢？你是不是想用他們來代替我們？[70]」

懷著這樣的恐懼，老人們以各種方式向中央告狀，甚至在體改所剛剛成立之時就稱之為「趙紫陽復辟資本主義的黑窩子」。這一切趙紫陽都置之不理，採取各種方式，繼續對優秀的年輕人破格提拔。

農工商聯合體[71]

再是偉大的理論，都不可能一統天下，一言蔽之。比如從縱向看社會發展的階段，有人既不同於馬克思的一元史觀，也不同於羅斯托[72]的經濟成長論，而是根據自然發展的規律，將

70《傳說中的何維淩手稿》。

71 本章主要參考資料：松明〈趙紫陽領導創辦農工商聯合體開啟農業產業化先河〉、紀俊儀〈創辦我國第一家農工商聯合體的點滴回憶〉、黃新鈺〈我親歷兩件大事：撤銷人民公社和發展鄉鎮企業〉。

72 羅斯托是美國經濟史學家、發展經濟學先驅之一，其經濟增長理論大致把一國的發展革新分為六個階段：傳統、準備起飛、起飛、走向成熟、高額大眾消費、追求生活品質階段。

此大致分為三個階段。第一階段是以農業為主要產業、以傳統經濟為主要經濟形式、以人力為主要勞動手段、以君權政治為主要政治形式的農業社會；第二階段是以工業為主要產業、以近代經濟為主要經濟形式、以機電為主要勞動手段、以精英政治為主要政治形式的工業社會，第三種才是知識密集型的資訊社會，離一九八〇年代的中國還很遙遠。啟動了農村改革的「包產到戶」只不過讓走了一大段彎路的中國農村回到了正常的農業社會，這個社會已經很長時間了，它必須要趕上時代的步伐，向著工業化邁進。

所以趙紫陽對於「包產到戶」政策的局限，心中是有數的。他曾經對四川的幹部們說：

包產到戶的意義很大，它是中國農民產品人民公社體制的大膽探索，開了思想解放的先河，是我國體制改革邁出的第一步，意義還可以說出很多。但是發展到一定程度，包產到戶所起的作用就是調動農民的積極性，其發展潛力是有一定限度的。農業的進一步發展要靠農業的專業化，社會化合作，靠農村經濟結構的調整，靠科學技術的推廣，靠政府農業區劃的引導。[73]

一九八二年的一號文件發布之後，國務院總理的趙紫陽在各種會上頻繁談到農業問題。他認爲生產責任制是農村生產關係的一次大調整，現在已經基本完成，但是不能到此為止，而是需要進一步完善和發展：要解決發展商品生產、專業化和社會化問題。他談到當前農村湧現出來的兩種聯合形式：一種是從農民中、從專業戶乃至鄉鎮企業中發展起來的小型聯合體，雖然規模不大，但是脫離了幾千年來農村「自給自足」、「小而全」的小農經濟模式，社會

73 張朝熏〈趙紫陽在四川是怎樣支持農村「大包乾」的〉。

性分工已經明確——比如像成都附近的新都對種子、農藥甚至農村會計等農業必須的服務行業組建公司，統一給農民打農藥、防蟲、提供良種等等，有困難的由政府提供補助。趙紫陽對此的興趣，是認為由於我國人多地少，農業的發展很有可能會像美國那樣以家庭農場為主，因此這樣的模式對於土地包乾之後農村中大量的、分散的農戶和專業戶比較適合。[74]

另外一種就是農工商聯合體。

一九七八年八月十六日至九月一日，趙紫陽隨當時的中共中央主席華國鋒出訪歐洲三國。此行之前，鄧小平召見了趙紫陽，對他談到了很多問題，其中就有農業工業化。趙紫陽在南斯拉夫的首都貝爾格勒參觀了一個知名農工商聯合體——貝科貝公司，果然看到了鄧小平說的農業工業化的現象。這個公司由四部分組成：即農業生產，農產品加工，商業銷售，科學技術。其流程和政策是：農業生產的產品以內部計價，交加工廠做出成品，再以內部價交商業經銷部門，直接進入市場銷售。獲得的利潤按照一定的比例返還給農業擴大再生產，加強農業生產的投入和發展。同時也返還一部分利潤給科技部門，加強科技研究和技術指導，不斷提高農業、工業生產的產量和品質，提高商品在市場上的競爭力。

其實這樣的模式不僅僅是在南斯拉夫，而是在西方的許多國家已經成為大趨勢：一家一戶只有兩個勞動力，即可養二十萬隻雞，為什麼？因為有專業公司提供飼料、雞苗、清除肥料、防疫等。世界上很大部分農活已經分離出來，變為社會性的企業化、專業化、集中化的生產，比如全世界生產配合飼料的工業發展很快，就是這個大趨勢下的產物。華國鋒被這樣

74 趙紫陽同志在山西考察時，關於農業問題的講話，一九八二年六月十九～二十六日。

的大趨勢所鼓舞，說先在新疆、黑龍江、廣東等地把農工聯合搞起來，我們不要怕農民富裕了！可是最後全國第一個大規模試點之地，既沒有落戶新疆，也沒有落戶黑龍江和廣東，而是在趙紫陽的力爭之下，落戶到了他曾經主政的四川，地點選在繁華大都市重慶。

農工商聯合體，顯然比一般的鄉鎮企業更加令人鼓舞，對於趙紫陽的吸引力更大，雖然在他的提倡下，商品經濟已經初露頭角的川西地區已經冒出了大大小小的「農工商聯合體」，但大都是以鄉鎮企業為主的小打小鬧，與趙紫陽心目中的現代化農工企業不是一回事。在趙紫陽的心目中，現代化的農業不僅僅是鄉鎮企業，還有那麼多的國營農場呢？那麼多涉農企業呢？如果都能夠成為體現專業化、集中化的農工商聯合企業，那會是多麼有意義的舉措！但是這是一個沒有接觸過的新鮮事物，得慎重行事。

從國外回來不久，趙紫陽為此召開了四川省委擴大會，重慶市委第一書記丁長河及江北農場、工農人民公社（現石馬河鄉）黨委書記和農業局管理處（即農墾局）的領導參加了會議，在省委聽取貝科貝聯合公司的經驗介紹還看了錄影片。回來重慶市委決定由江北農場和工農人民公社合起來，創辦農工商聯合體進行試點。市委還成立了領導小組，很快行動起來：沿用行政的老辦法，由農場、公社的領導幹部成立農工商聯合體籌備組，進行籌辦工作。可是立即遇到了問題：這兩個單位都是後進單位，沒有經濟實力也沒有加工廠等設施，起步難：粗略估算，解決搞加工設施需用的資金就得二、三百萬。更要命的是這兩個單位一個是全民所有制的國營農場，一個是集體所有制的人民公社，就是因為這個「集體所有制」，國家財政不能投資，銀行也不能貸款，所以錢成了大問題；又按國家政策規定，農產品都由商業部門統購統銷，農民沒有加工權，沒有商品經營權，只有生產商品的責任，不能進入工商領域；

再是成立農工商聯合體觸及很多部門的權力和利益，各方面的阻力很大。市委討論兩次，認為涉及到國家有關重大政策問題，中央和省委不表態，市里難以解決，就把遇到的問題向省委作了彙報，也把試點停了下來。

一九七九年初，省委派人來重慶傳達省委書記趙紫陽的指示：兩種所有制、兩種管理體制找不到聯合的路子，可以先把國營農場聯合起來，成立農工商聯合公司，摸出經驗，再與社、隊聯合，探索出條路子。四月二日，省農業廳副廳長尚化雨來重慶，經過充分醞釀討論之後，宣布重慶市長江農工商聯合公司成立。公司的成員全是國營企業：重慶市郊二十四個農、牧、漁場大小國營農場和市乳品公司聯合組成，實行生產—加工—銷售「一條龍」的經營管理體系。市農墾局的正副局長兼任正副經理，局黨委就是聯合公司黨委，一套人馬兩塊牌子，各個農場都是聯合公司的成員。以後在它之下又衍生出茶葉專業公司，在巴縣成立果品聯合公司，各縣依託農場也都建起農工商聯合公司，後來又成立對外貿易公司，加上乳品公司，共成立十多個公司。

中國第一家農工商聯合體誕生了。

對於農工商聯合體的試點工作，趙紫陽有一個講話。他說：

我們國家執行計畫經濟，農民身上捆著許多繩子，要掙斷幾根不容易，一個一個利益集團比封建還封建，要自下而上沖一下才好辦。建立農工商聯合企業在管理體制上是重大的改革，實行農、工、商、產、供、銷一條龍經營，它牽連到工業、交通、基建、計畫、物資、財政、商業、銀行等部門，尤其是與商業部門的關係問題，在農業內部還有農林之間的關係等等問題。這些關係，有的涉及到某些部門的權力和利益，有的涉及到國家制定的重大政策問題，不是某個省、市和農業部門可以解決的，必須自下而上的沖一沖，才好辦。

基於這個方針，一九七九年九月，四川省委作出的〈關於發展內地畜牧業的決定〉，十一月又發出〈關於進一步落實農村經濟政策，使生產隊逐步富裕起來的意見〉，兩個檔中均指出：農村經濟的發展，要走農、林、牧、副、漁全面發展，農工商綜合經營的道路，要求各地試辦一兩個生產、加工、銷售「一條龍」的農工商綜合經營的聯合企業，以便摸索經驗，在農村加以推廣。十二月五日，省委批復若爾蓋縣委，同意該縣成立以牧為主的牧工商聯合企業。

全省關於農工商聯合體的組建工作剛剛鋪開，趙紫陽卻將調往北京。臨行之前他將四川的工作進行掃尾，於一九八〇年的二月二十七日到重慶聽取試點農工商聯合體的討論。這次討論不僅僅對於四川，還對於中國農業的未來走向，發生了重大的影響。

討論涉及到五個問題。

一、建立農工商聯合體是具有方向性的重大措施，是對國家計畫經濟體制在農村進行改革的突破口。

二、農工商聯合體的道路是農業專業化、社會化、現代化的必然趨勢。也是世界農業發展的大趨勢，要加快進行。

三、農工商聯合體有三種聯合形式，其中第三種即以拳頭產品為龍頭的「一條龍」聯合方式，這是歐洲發達國家的主要形式。重慶在這項改革中跨出了第一步，為農村改革開放開闢了道路，意義深遠，可是由於阻力太大，沒有第三種形式，應該去川西地區看看，交流學習。

四、農工商聯合企業雖然要多種形式，但是最主要的特點只有一個：是獨立經營的企業而不是官商。其外部經營的基礎是商業互利，內部各個環節進行獨立經濟核算，不吃大鍋飯；

形式多樣靈活，規模可大可小；依靠經濟利益吸引農民參加，不用行政命令的辦法。

五、農工商聯合體將所得利潤返還給了農業，有人說是「利潤轉移」，怎麼看待這個問題。

這次會議之後，重慶農工委書記紀俊儀和市委張海亭書記去省裡參加農村工作會議，期間同幾個地區的農工部長專程去川西壩子上的新都、廣漢、溫江縣參觀。看見川西壩子上欣欣向榮的景象，紀俊儀很有感觸啊：創建農工商在重慶邁出了第一步，卻在川西壩子上開了花，同他們相比，重慶實在是滯後太多了。

重慶為什麼滯後？因為幹部中阻力太大。有市一級的老領導在市工業會議上講：「農工商和社隊企業，像野草一樣除不盡，春風吹又生，同國有工廠爭原料，爭市場，挖國有工業牆角」；商業部門攻擊農工商爭商品爭市場擾亂國家市場；建築業的領導開會宣布：一不准農工商聯合體進入建築領域，二不准農民工進城搞建築。有個工業局長向各工廠發出通知，不准退休的技術工人到社隊企業、農工商辦的工廠當技工師傅，否則停發退休金等等。

面對這種狀況，市委決定由農委負責籌備，由市政府召開農村工作會議，分管農業的副市長主持這個會議。會議的中心任務是把市郊農村社隊幹部發動起來，衝破各方面的阻力，打破各種計畫的種種限制，創辦農工商聯合體，發展社隊企業，把農村經濟搞活。但是，會議期間分管工業、建築、計畫工作的三位副市長不請自到，很強勢地提出：農民的任務主要是搞種植業養殖業，搞什麼工業？不准農民進城做臨時工！

三位副市長都是老領導，老領導這麼強硬，會議怎麼開得下去。無奈之下，紀俊儀和主持會議的副市長向市委書記丁長河彙報。丁書記聽了很生氣，立即乘車趕到會場，三位鬧會副市長中的兩位聽說丁書記要到會，馬上離開了。隨後趕到的丁書記對會場上說：會議按原計畫繼續開下去，不能動搖。在接下來的會議中，市委書記丁長河在會上指出：重慶同成都比較已經落後了，必須下決心改變這種狀況。

重慶社隊企業和農工商聯合體的發展阻力如此之大，主要是由於各部門的領導在計畫經濟時期形成了根深蒂固的觀念，認為農民只能為城市服務，提供基礎原料，不能辦加工業，不能進入流通領域，不能進城做臨時工。衝破這種觀念的辦法只有一條：把權力下放給區縣，讓區縣放開手腳發展社隊企業和農工商聯合體，按照紫陽同志的說法「自下而上地沖一沖」，才能抵制來自上面各部門的阻力，把農村經濟搞活，增加農民收入。丁長河書記在會上宣布：農民可以進城，做基建、搬運、保潔等臨時工；工業部門下達的「不准工廠退休工人到社隊企業做技術工」的通知廢除；農工商、社隊企業開辦的商店、食店，甚至旅館，工商部門應當發給執照，開綠燈。他強調這個權利屬於工商局，其他任何部門無權干預。

那位沒離開的副市長在會上表示：贊成丁書記的講話精神並遵照執行。

三位副市長的「鬧會」，激起了市委書記的強硬措施，反而變成好事。可是前面的路還是很長：經過了三年的努力，農工商聯合總公司下屬的飼料公司和茶葉公司才打通管道，爭取到生產、加工、經管權；經過四年的力爭，其屬下的蠶繭生產、加工、繅絲、織綢公司才取得產供銷一條龍的經營權……只有巴縣水果聯合公司，在中央、省、市領導的支持下，當年就取得經管權，發展比較順利，但是向外省調運柑橘需用車皮調度指標由商業部掌握，他們拒絕給指標。於是又經過兩年的艱苦工作，才打通鐵路部門的關係，車皮的事情方才得到解決。

這類事例不勝枚舉。

趙紫陽對此深惡痛絕。直到一九八五年，他依然將國有商業稱之為「官僚資本」，他說：

我們的改革是否成功，可以說決定於「官僚資本」是否搗亂，只要把「官僚資本」管住，我們的改革就會順利進行，否則就會失敗——因為在我們國家，社會主義的全民所有制及其有直接聯繫的集體所有制占了絕對優勢，掌握了國家的經濟命脈。[75]

「官僚資本」的搗亂一直都在延續，與之所作的鬥爭也一直在繼續。上世紀九〇年代，儘管趙紫陽已經下台，可是四川繼續他關於農工商聯合體的的思路，生豬養殖業有了很大的發展，不僅「川豬全國跑」，四川的豬肉也是全國第一家出口到檢疫非常嚴格的歐盟產品。因為觸動了商業方面的利益，有人通過《新華社》寫信到當時的國務院總理朱鎔基那裡告狀，說四川出口了不健康的豬肉，而且在稅收上也有問題。於是四川省畜牧食品局局長張新琴接到通知，讓她準備彙報，也不說是向誰彙報，結果才是朱鎔基派來的副總理溫家寶。張新琴從基層獸醫站為豬注射疫苗的數量說起，說到商業環節豬肉上繳的營業稅。溫家寶一聽這兩個資料，就說你不用彙報了，你已經把問題說清楚了。然後張新琴話鋒一轉，說溫總理，我們農民很苦的，餓著肚子在保北京，賺不到錢，我們需要投入。溫家寶問張新琴需要什麼投入。張新琴提了兩條：第一，玉米太貴，農民的成本很高，能不能搞點平價玉米，財政給點補貼。最後溫家寶給了五千萬元；第二，獸醫上沒有錢，能不能給點投入。後來中央投入了六千多萬，已經超過了張新琴原來的想法。現在四川的獸醫站都裝備起來了，還花了三千多萬搞了一個檢疫中心，所以後來禽流感大流行的時候，四川沒有受到影響。

也就趙紫陽到重慶開座談會的同時，四川省政府農業辦公室經營管理處又掛出了一塊牌

75〈趙紫陽在全國省長會議上的插話摘要〉，一九八五年二月十一日～十四日。

子：四川省農工商試點工作領導小組，工作的主要內容是掌握全省三十多個試點單位的運作情況。農辦的領導對專門從廣漢調來的黃新鈺[76]談話的時候強調：這是省委第一書記紫陽同志提倡的，他親自在抓，而且抓得很緊。你們要把這項工作認真抓好，農辦要向省委交賬。

兩個多月之內，辦公室的三個人先後赴重慶長江農工商、南充果工商、達縣茶工商、石柱藥（黃連）工商、洪雅林工商、若爾蓋牧工商等試點單位做調研。從前後調查研究的結果看，這些試點單位規模從小到大，形式愈搞愈多，成果愈來愈好。例如重慶市長江農工商聯合公司的二十幾家國營農場，從一九六六年至一九七七年的十一年間虧損金額達二四六〇萬元，實行農工商綜合經營的四年中，工農業總產值達到五八九九萬元，比一九七八年增長二・一四倍，實現利潤二三五二萬元，交納稅金一一六四萬元，兩者相加，為歷年虧損總和的一・五倍。還有洪雅縣林區的張村鄉，過去是一個有名的窮地方，一九七八年全鄉人均年收入僅有六十餘元，口糧僅三百市斤。興辦林工商後，一九八三年人均純收入便達到三百七十五元，並且造林一萬二千畝，占應造林面積六十％以上，新種黃連八百四十四畝，迅速增加了集體和林區群眾的收入。

其中突出的例子，是地處偏僻的阿壩藏族羌族自治區若爾蓋縣。早在一九七八年的八月中旬，趙紫陽到阿壩視察，就到了若爾蓋，在這裡看到了非常好的草場，甚至比內蒙古的草場好得多。他興奮地對隨行的人說：「內蒙古的草場很大，但是它是乾草場，完全比不上阿壩

76 黃新鈺，原四川省鄉鎮企業局副局長，中共四川省委農工委副主任，省歐亞經貿總公司總經理、董事長、黨組書記。高級經濟師。時任中共廣漢縣委農村工作部副部長。

的草場。全國最好的草場在四川，在阿壩，在這裡。」[77]在內蒙就熟悉了畜牧業和草原的趙紫陽，一直都沒有忘記若爾蓋這片貧困的土地，更不會忘記這片「全國最好的草場」，現在有了機會，就在這裡搞起了第一個牧工商聯合企業，探索草原畜牧業現代化建設的新路子。和剛剛開始就因為所有制不同而受挫的重慶不同，若爾蓋牧工商聯合企業是一個以國營、集體、個人多種經濟成分並存、而且跨行業、跨單位的經濟聯合體。它以畜產食品為主體，將供銷、外貿、醫藥等機構並為一體，實行牧、工、商一體化，實行生產、加工、銷售一條龍，通過組織畜產品加工和銷售，做到以工促牧，以工增殖，以商促牧，直接為牧場和牧民提供生產、生活服務。在若爾蓋牧工商聯合企業建立最初的七年中，實現經營利稅一八一二萬元，其中上繳國家利稅七〇六萬元。皮毛肉奶的商品率增長五一%，牲畜出欄率增長二十%，五年實現利潤一四四〇萬元，交納稅金四四九萬元，給生產者返還利潤三九一萬元，人均二一〇元。趙紫陽親自促成建立的若爾蓋牧工商聯合企業的實踐和效益，加快了縣級經濟體制改革的步伐，既增加了縣級財政的實力，更提高了牧民的收入。

四川的農工商聯合體熱潮不僅僅推動了這個新生事物本身，也推動了其相關改革向前邁進。當初張新琴在新津縣調查的時候，發現一個叫陳育新的個體戶在養鵪鶉。張新琴告訴他這個東西不賺錢的，紫陽書記都說了，要向國外學習，搞飼料工業，加上當時新津縣的領導鐘光林也是受了趙紫陽的影響，對於私有經濟很扶持。在他們的支持下，陳育新研製出了飼料的核心技術，成了四川個體戶最早搞飼料企業的人。如今陳育新和他創辦的「華西希望集

77 吳啟權〈紫陽高照阿壩州〉。

團」，已經擁有了全資、控股、參股企業一百多家，員工總數超過一萬二千名，銷售收入突破百億大關，領域涉及現代農業、動物藥業、能源、化工、鹽業、教育、旅遊、地產等等。但是這裡依然堅持「一業（農牧業）為主，多業並舉」的方針，飼料工業依然是他們的主導產業。

當年張新琴在洪雅縣的陽坪鄉看到一個荒廢的種子場長滿了草，說這樣太可惜了，不如搞一個種牛場。於是這裡成了四川省第一個養牛種牛場，從德國引進了趙紫陽推薦的奶肉皆優的紅花牛大耳牛，學名叫西門達爾牛。陽坪的奶業很快發展起來，陽坪奶粉成了市場暢銷的緊俏貨。後來這個奶場被陳育新的弟弟劉永好創辦的「新希望集團」納入麾下，集團旗下的乳業公司就此起家。至二〇一七年，新希望乳業公司的年銷售收入已經達四十四億，成為集團的支柱產業。而新希望集團，也成了一個集多種經營為一體、產供銷一條龍的大公司。

趙紫陽在四川播下的種子，一直都在生根發芽。如果沒有他的新思路，也就沒有陳育新兄弟創辦的農工商企業，也沒有他們大發展的今天。

趙紫陽擔任國務院總理之後，將四川省試點經驗推向全國，各地掀起了興辦農工商聯合體和社隊企業的熱潮，不僅農村社隊，而且在農墾、供銷等系統，都興辦了大批農工商聯合企業，與正在興起的鄉鎮企業互相推動。一九八三年天津市靜海縣大邱莊建立了農工商聯合公司之後，將之前的鄉鎮企業建立分廠的權利下放，此後以冷紮帶鋼鐵廠、高頻制管廠、印刷廠、電器廠為中心，每個工廠都以滾雪球的方式建立起若干個分廠。一九八七年，大邱莊將四個總廠改為四大公司；一九九二年，又將四個工業公司改為四大集團公司。一九九二年，大邱莊投資十億元建立百億元工業區，每年生產能力達到一百億元。是年底，大邱莊共有工業企業兩千餘家，從業人員一萬二千三百四十二人，固定資產總值一五〇一三七萬元，利潤四七三四四萬元，比一九八一年增長三百倍，工業總產值四〇二七六一萬元，比一九八一年增長八百三十五倍。正是農工商聯合企業，將大邱莊這個遠近聞名的窮村變成了全國的「首富村」。後來這個村莊的黨支部書記禹作敏之所以敢於抵抗公安幹警執行公務[78]，也和他所擁有的巨大財力有關係。

新疆生產建設兵團在原來軍墾農場的基礎上，進行農工商綜合改組聯合，在亙古荒原上建成了被譽為「戈壁明珠」的石河子、奎邨、五家渠等現代化新城和三十八個小城鎮。他們大力應用科技成果興辦節水農業，農業機械化程度達九十％。國家在此實行計畫單列之後，這裡已發展成為集農工商、林果、外貿、旅遊為一體的全國最大的農工商聯合體，不僅實現了糧食自給有餘，其棉花產銷量居全國第一，啤酒花產量占全國七十％以上，擁有十三家上市公司。一直堅持走農工商發展之路的黑龍江農墾系統北大荒集團，所得利潤大量投資科技，僅農用飛機就有三十多架，實行飛機播種、施肥、殺蟲、除草等作業，各類農業機械成龍配套，農業綜合機械化程度高達九二％以上，成為我國現代農業的一個樣板。

據有關部門不完全統計，到一九八五年底，當時全國除西藏以外，在農村各類專業戶、家庭農場和種殖場等基礎上發展起來的各類農工商經濟聯合體已達四八．四七萬個，從業人員四二〇萬人，已成為發展農業產業化經營和帶領農民致富奔小康的重要力量。當然了，倉

78 一九八五年冬天，大邱莊發生非法拘禁並打死人事件，一九九三年二月，天津市人民檢察院認為對於犯罪嫌疑人應該依法逮捕，天津市公安局依此發出通緝令，並派出四百名幹警執行通緝任務。禹作敏在拒絕幹警執行公務的的同時，還組織大批村民聚集汽油，發放鐵棍，堵塞道路，準備抵抗。禹作敏後因「窩藏罪」、「妨礙公務罪」、「行賄罪」、「非法拘禁罪」、「非法管制罪」被判處有期徒刑二十年，一九九九年十月三日去世。

促中發展起來的事物難免會出現一些局限：很多農工商聯合體實際上是帶有濃厚的行政色彩的鬆散聯合體，缺乏足夠的凝聚力和向心力；有的甚至與鄉政府一個班子兩塊牌子，嚴重的政企不分，與舊體制以政代企沒有什麼區別；這些企業成立時農產品短缺不缺銷路，根本就沒有考慮市場啊、品牌啊、價格競爭等常識問題，導致以後不能適應市場變化去調整產業結構……當然最主要的是他們打破了原有的市場格局，遭到了「條條塊塊」或明或暗的抵制和阻撓。這些外部和內部的原因，都導致了一部分農工商聯合體的解體或者轉產。

儘管至今「官僚資本」依然以強大的優勢對於民營企業圍追堵截，可是趙紫陽的思路仍然在中國大地上延續，並且在更加廣袤的領域開花結果。當趙紫陽著手城市改革之時，他提倡破除行業「條塊」之間的封鎖，打破「大而全」、「小而全」，以經濟發展為中心開展聯合；當趙紫陽入主國務院之後，提倡各地因地制宜，揚長避短，利用市場調節，互通有無。今天的一些大企業，已經將財務甚至人事等部門的業務社會化，承包給了專業公司打理，以減輕了自身的負擔，集中精力做好主業。這樣的作法切合了當前的國際潮流，也更加說明趙紫陽當初的思路有遠見之明。

可惜的是，在趙紫陽之後，他的這個思路沒有繼續。國家以「維穩」為第一要務，將工作重點放在城市，從而放棄了農業。農村由此走向凋敝，農民背井離鄉妻離子散，去做工業的打工仔，廣袤的農村貧困依舊。那些大張旗鼓花樣翻新的「扶貧」，全是拿國家的巨資堆出來的花架子——據官方公布的數字：從二〇一二年到二〇二〇年，各級財政專項扶貧資金累計投入一．六萬億元，扶貧小額貸款七千一百多億元，金融精準扶貧貸款發放九．二萬億元，從中央到地方層層機構單位對口、軍隊及民營企業等各種形式的扶貧支出還沒有計算在內[79]。這些管道混亂的巨額資金，造成了巨額的貪腐機會，各地主管扶貧的官員被抓已經不是新聞：僅四川北部的一個貧困縣，縣委班子集體貪腐二百個億，全體進了監獄。由於支付的金額過於龐大，特別是那些被樹爲扶貧標杆的地方對於扶貧金額嚴格保密，洩露者予以黨紀處分，應付記者則指派宣傳部專人接待。

而在趙紫陽時代，農民滿懷激情創造了大量財富，不但自己富起來，還為國家經濟作出了重大貢獻。

撤社復鄉——農村體制改革[80]

一九七九年三月十五日，《人民日報》頭版，刊出兩篇文章。一篇是甘肅省一個叫張浩的讀者信，認為「包產到組」是倒退，是錯誤的；另一篇正面報導吉林省懷德縣某公社黨委幫助生產隊「糾正作業組為核算單位的錯誤作法」。並且加了「編者按」，指出「包產到組」、「分田到組」的錯誤作法要堅決糾正。與此同時在北京召開的召開的「全國農村工作座談會」上，主調也是否定「包產到戶」，李先念就在會上強調：「包產到戶不宜提倡」。

正把「包產」搞得紅紅火火的廣漢縣委書記常光南，有些犯怵了。此時省委書記趙紫陽的

79〈彪炳史冊的人間奇跡：脫貧攻堅戰取得全面勝利〉，二〇二一年二月二十五日，《新華社》報導。

80 本章主要參考資料：黃新鈺〈我親歷兩件大事：撤銷人民公社和發展鄉鎮企業〉、常光南〈金魚公社聯產承包責任制始末〉、唐金龍、王攀、董興生〈困境逼出來的中國農村改革第一鄉〉。

祕書來電話說：「鄧小平副總理決定，由趙書記帶領農業考察團出訪歐洲，考察學習現代農業的管理經驗。趙書記的意見，要帶你出去開開眼界。」常光南一聽喜出望外，直奔省委，闖進了紫陽書記的辦公室。

趙紫陽正在批閱文件，見常光南就問：「你知道小平同志為什麼要我們出國嗎？」

常光南回答說我咋能知道呢？

紫陽書記說：「小平同志讓我們出去考察農業，就是要我們打開眼界，解放思想。就是要打破條條框框，一切從實際出發。比如說農村的生產責任制，我們搞包產到組，安徽有的地方包產到戶，責任制可以多種多樣，不能搞一刀切。只要生產資料集體所有制沒有改變，按勞分配的原則不變，一切符合農村實際、順應群眾呼聲的辦法都可以試試。報紙上說這說那，理論探討嘛，不必大驚小怪。我們的農村，不會倒退到資本主義的。」

常光南的心總算踏實了。後來才知道，那封《人民日報》刊登讀者張浩的來信，背後是中央主管農業的王任重的意見。

趙紫陽和他率領的四川農業考察團在西歐活動了二十多天，先後造訪了英國、瑞士、法國等國。常光南在英國倫敦郊外的一個莊園參觀的時候發現，幾座山丘的向陽面全種的一米左右高的葡萄，山坡的背陰面卻是茂盛的牧草。莊園主解釋說：向陽的山坡日照充足，結出的葡萄含糖量高，產量也高，賣的價錢就好些；山陰那面種葡萄就不行，所以種耐陰的牧草，割來餵奶牛。

紫陽書記對常光南說：「這就叫因地制宜。人家這麼善於因地制宜，我們為什麼就不懂得呢？」

常光南隨口說我們也懂得因地制宜，只是不敢去做。

為什麼？

因為每年的種植計畫都是有指標的，比如小春種多少小麥、多少油菜，省上把計畫分到地區，行署再劃分到縣，層層下達到公社、生產隊。誰敢違背生產計畫，就要挨批評的！

如果按因地制宜的要求，你們廣漢該怎麼調整種植計畫？

對此常光南一點沒有思想準備，驟然間想到明年的小春計畫，油菜指標全縣只有八萬畝。他摳了摳腦門說：「如果讓我們多種油菜，經濟效益肯定會好得多。」接著他列數種油菜的好處：如果按照常規畝產三百斤菜籽，產生的油枯用去肥田，就等於增產了五百斤穀子，還改良了土壤；一百斤菜籽最高可以榨四十五斤菜油，最低也是三十五斤左右，一斤菜油可換十斤玉米籽，至少換八斤，再用這些玉米去養豬，再用豬肉去賣錢……這樣算來就不僅僅是一畝油菜的產出效益相當於一畝半的小麥，而且用工用肥比種小麥要省的問題了，其中的「油水」大著呢。

最後常光南試探地問：「來年能不能讓我們少種五萬畝小麥，多種五萬畝油菜？」

紫陽書記想了想，對隨行的楊汝岱說：「我看可以嘛，汝岱同志你的意見呢？」

仁壽縣委書記楊汝岱，年初晉升為省革委副主任，分管全省的農業工作。他基本同意常光南的分析，又見省委書記都表了態，便順水推舟說：「趙書記都發了話，我能有啥意見？」

廣漢油菜的面積就這樣落實了。從一九七九年起，縣委大力推行擴大油菜籽種植面積的措施，短短幾年間全縣油菜面積由九萬畝擴大到二十四萬畝，油菜產量由一二九〇萬公斤增長到三〇三五萬公斤。同時縣委又向省委爭取到了國家徵購對廣漢允許交油不交籽的優惠政策。各鄉都辦起了榨油廠，擴大了社隊企業的陣地；榨出的油除了完成國家徵購任務外，大量運往東北換回玉米，供給各鄉興辦的酒廠釀酒。油廠的油枯和酒廠的酒糟用於養豬，又促進了養豬業的大發展，使全縣每年出欄肥豬由二十多萬頭增加到四十多萬頭。肥豬大量上市又帶動了食品加工業的發展。八十年代初期，廣漢的醃臘製品特別是香腸，走俏成都、京滬、廣東等地。趙紫陽向全省農村大力推薦多種油菜的好處，到一九八〇年，四川油菜的栽種面積從四九六萬畝增至七二四萬畝，總產從三二・一萬噸增至六四・七萬噸，增長一〇〇・二％。

再回頭來說趙紫陽帶領的歐洲考察團。

考察團到了一家德國機械製造廠。這個廠與四川的東方電機廠、第二重型機器廠和東方鍋爐廠先後有過合作，而且非常成功。可是這個年產值上億馬克的工廠，廠房並不大，車間裡幹活的工人也不多，沒有一個「脫產」的管理人員，與常光南管理的國營企業完全不同。

紫陽書記把大家叫攏來，問：「我們參觀了不少工廠，既有合夥的，也有單幹的。大家發現他們的共同特點是什麼嗎？」在場的團員們各抒己見，有的說先進的經營理念，有的說高超的生產技術，有的說先進的管理辦法。常光南思忖一下說：「我看吶，工廠不養閒人才是訣竅。」

紫陽書記說有道理。人家好些小型工廠，只有一個廠長，生產主任是他、銷售經理是他、技術總監是他，現金出納還是他。一個人身兼數職，不就幹了好幾個人的活嗎？哪像我們嘍！點點大一個廠，廠長、副廠長、書記、工會、婦聯、這個科、那個處，養了多少光拿錢、不做工的閒人。

紫陽書記又對常光南說：「他山之石，可以攻玉。農村體制改革你們廣漢走在前頭了。工業管理體制的改革，你們也可以動動腦筋嘛。學學這些現代資本家的長處，試點、總結，總會找出一些行之有效的辦法吧。」

常光南當著紫陽和大傢夥拍了胸脯：「好！我回去就搞。」

從西歐歸來，廣漢縣委書記常光南在常委會上彙報了這次走出國門的所見所聞，並且提到一九七九年春紫陽書記到廣漢縣作調研時講的話：「我們現在這個機關、我們這個機構，鑽到牛角裡面了，回頭都不好回。今後要改變這些行政單位，讓行政單位都成為乾巴巴的，把企業權力擴大，要改革，中國才有希望。」就著這個思路，縣委一班人大膽進行了改革管理體制的試點。最後確定分工負責：縣委副書記兼縣革委副主任葉文志負責工商企業的改革，率先在向陽公社成立了管理種子、防治病蟲害和技術指導在內的農業公司；以供銷社為基礎聯合其他商業企業的商業公司；管理公社企業的工業公司。在三個公司的基礎上組成了農工商聯合總公司。總公司由選舉產生的董事會管理，最大的股東任董事長。

九月，經過工作組和公社黨委主要領導研究討論，試點工作組組長黃新玨執筆寫出了〈關於農村管理體制進行改革的請示〉，把公社十六名幹部劃為三個班子，其中六名幹部作為行政班子抓行政工作；六名幹部和四名專管員（水利、蠶桑、植樹、畜牧）抓農業和多種經營；四名幹部抓鄉鎮企業和大隊企業的管理。這個改變實際已經打破了「人民公社」政社合一的體制，公社基本上成了紫陽說的「乾巴巴」的空架子。常光南將這一改革向紫陽書記作了彙報，紫陽書記很高興地說：「可以，你們就這樣搞下去。」然後批示了一份簡報，批示是用鉛筆寫的，黃新玨記得最清楚的一句話是：既然是試點，就要允許突破，不突破就不可能前進。接下來省委又派出農業調查組，寫出〈四川省廣漢縣向陽公社政社分工的試點調查〉，在當年十二月二十三日中央農村工作會上作為〈全國農村人民公社經營管理會議材料〉印發。

就這樣，趙紫陽在突破了包產責任制的改革之後，又在廣漢開始探索人民公社管理體制改革的試點。同時在廣漢進行的，還有縣級綜合改革試點——即以縣為單位，與包產責任制和改革人民公社管理體制相結合的配套改革。趙紫陽鍾愛廣漢，多次到這個縣考察調研，省裡涉及到農村改革的重要會議和活動，他都點名通知廣漢縣委的領導列席並彙報改革的情況。廣漢縣的農村綜合改革以強大的動力，推動全縣經濟迅速發展：一九八〇年與一九七八年相比，糧食在前兩年大幅增長的情況下又增長五％，油菜籽增長五六％，鄉鎮企業利潤增長三十％。農民人均純收入和口糧等相應大幅度增長，分別達到了一百九十四元和六百三十斤。廣漢縣成了四川各縣經濟發展的排頭兵，也成為全國學習的一個榜樣，來考察學習的絡繹不絕。廣漢的試點經驗也在省內逐步推開，到八〇年代後期逐步擴大到四十多個縣。這對推動四川縣域經濟的研究和發展，起了關鍵性的作用。

一九八〇年初，四川省委正式確定廣漢為農村體制改革的試點縣，三月三十日，省委領導召見廣漢縣委的主要領導，到金牛壩招待所彙報改革情況，即將去中央和國務院工作的趙紫陽也到會聽取了最後的彙報。廣漢的書記常光南彙報到向陽公社改革的試點情況時，著重彙報了眼下遇到的問題：向陽公社將工業、農業、商業等三個公司合併組成「農工商聯合總公司」，統攬了全公社的經濟工作，行政方面的工作則由革委會的行政組負責。經過「真理標準」的討論，幹部群眾對帶有「文革」色彩的「革委會行政組」的稱謂有些反感，想取消革委會的名稱，以「鄉公所」的名義來統管全公社的行政事務。

趙紫陽當即表態：「我看可以嘛。啟龍同志，搞個試點嘛，就一個鄉公所，問題不大呀。

你們可不可以在一個公社搞一個鄉、搞幾個人搞個鄉政府，有什麼打官司告狀，計畫生育等等，這幾個人來管這些事。我看將來趨勢是政府和公社要分開。可以搞個政社分開的試驗。」

新接任的譚啟龍書記同意了，認為可以由此探索一下基層政權的建設路子。

趙紫陽到北京之後，他的老同事張根生從廣東調到吉林當省長，張根生問國務院總理趙紫陽怎麼開展工作，趙紫陽說你可以先到四川去看一下，特別要到廣漢縣去看看。於是吉林省長張根生就帶著他的四十多個廳級幹部，到廣漢住了一個星期，走的時候又從廣漢帶了兩個人，去向吉林「傳經送寶」，還滿口答應賣給廣漢三千萬斤玉米。八月，常光南去吉林簽訂菜油換玉米的合同，正逢國務院總理的趙紫陽在吉林視察工作，提出要見這位老部下。黃昏時分，常光南被接到迎賓館，在後院見到已經是總理的紫陽同志正在散步。兩個人聊了一些廣漢改革的情況，趙紫陽突然停下踱步，問道：「你們向陽公社的改革呢？」

常光南順著話題說：「向陽公社搞了個鄉公所，群眾說它不像一級政權。而公社的牌子也掛在那裡，總有些不倫不類的。」

「你的意見？」

「我的意見——」常光南敞口而出：「最好將人民公社改成鄉人民政府。」

紫陽沉吟一會兒，才說：勢在必行吶！

常光南回到住處，揣摩紫陽說的「勢在必行」。人民公社改成鄉人民政府，這麼大的事情，紫陽他就說了這四個字？他這到底是什麼意思？是同意呢還是不同意呢還是緩一緩再說呢……常光南回到廣漢，在縣委常委會上傳達和紫陽的談話，特別將「勢在必行」提出來，請大家一起分析一下。

鄭學成畢竟是「老文祕」。他找來詞典，翻出「勢在必行」的詞條，注釋為：根據形勢推測，必然會那樣發展。

副書記夏更坤說：「領導說勢在必行，就是說可以那樣搞，而且要你快點搞！」縣委常委兼任向陽公社黨委第一書記的葉文志則說：「勢在必行的意思，就是說公社牌子可以摘了，換成鄉人民政府就行了。」

說來也巧，恰逢地委書記王德功來廣漢檢查工作。他聽完彙報，當即回答說：「領導同意你們換牌子，你們就換唄！」

就這樣，廣漢縣委正式同意把「廣漢縣向陽公社管理委員會」的管理體制恢復為鄉黨委和鄉政府。常光南來到向陽公社，把葉文志，還有公社管委會主任鐘太銀叫到一個僻靜的小旅館二樓開了個房間，通知了這件事情，而且定下了原則：什麼時候換牌由你們自己決定，不登報，不宣傳，不廣播。

換牌的具體事宜，由鐘太銀去辦。鐘太銀回到辦公室，整整兩個月沒有回家。九月的一天，召開鄉人民代表大會，鄉黨委基本上是公社黨委一套人馬，鄉政府則通過鄉人民代表大會的法定程式，選出鄉長和副鄉長。會議形成了統一意見：向陽公社改為向陽鄉人民政府，宣布正式撤社複鄉。會後鄉黨委副書記李萬貴在公社大門口摘下了「廣漢縣向陽人民公社」的牌子，鄉長鐘太銀掛上了「廣漢縣向陽鄉人民政府」的牌子。早上去上班還是公社，下午出來就是鄉了。

改革開放已成大氣候，反對包產到戶的雜音已經消失。尤其是廣大農村幹部和農民群眾，對於人民公社的種種弊端、尤其是當年造成大饑荒的惡政深惡痛絕，拋之棄之已經是水到渠成的事情——要知道人民公社一成立，富饒的廣漢縣就大量餓死人，其數字駭人聽聞。所以人民公社的牌子，摘了也就摘了，大家都沒有在意，可是後來發現突然滿街都是人，連毗鄰區縣青白江和新都的人都過來了，就是來看那塊「向陽鄉人民政府」的牌子。

《新華社》一個記者在成都聽說此事，立即趕到廣漢照了張照片發回北京，消息馬上就傳到了上層。牌子換了第三天，北京全國人大法制委一位姓李的打來一個電話，那口氣很嚴厲：「你們廣漢是不是有個向陽？是不是把公社牌子換成鄉政府了？誰叫你們搞的？」常光南一聽覺得壞了，哪裡敢提趙紫陽，只是小心翼翼地說：「是我們自己搞的，搞個試驗，不行就把它換回來。」又過了幾天，國家民政部也派了兩個人來調查這件事情。再後來，日本《讀賣新聞》來了六個人，開著一輛越野車，說是要採訪把公社牌子換成鄉政府牌子的事。《讀賣新聞》啊，日本發行量最大的報紙，來了六個人！常光南再也不敢出面，讓縣委副書記帶他們在周圍的幾個公社轉來轉去，就是不到向陽。日本的記者，什麼世面沒有見過，其中一位用中國話問：「是你們的國務院副總理萬里叫我們來的，說四川廣漢有一個公社牌子換成了鄉政府牌子。可是我們轉了這麼半天，怎麼沒有看到你們換的牌子？」結果當然是紙包不住火，人家《讀賣新聞》還是把向陽公社換牌子的公布出來了，其中有兩句話給常光南的印象最深，一句是「毛澤東的體制已經改變」；一句是「震撼了世界」。

常光南被這兩句話嚇壞了：天啊，我怎麼脫得了手！不光是常光南了，他手下的那些幹部也都嚇壞了。葉文志知道事情鬧大了，已經做了最壞的打算：大不了回去當農民嘛，我本來就是幹力氣活出身的，推車子挑擔子都沒有問題。而鐘太銀則回去和老婆鬧離婚，還說娃娃他一個都不要，全部斷給老婆——也不說是什麼原因。鐘太銀的二女兒鐘敏當時才十歲，好端端的看到爸爸心事重重地回來要和媽媽離婚，頓時覺得天都要塌了：爸爸對我們一直都很好，怎麼突然就不要我們了？

直到鐘太銀退休之後，才把當年的工作筆記拿給鐘敏，向她說明了當時的處境：人民公社的牌子究竟換不換得，誰也說不清楚，此事一旦「錯」了，後果不堪設想。自己老婆孩子一大堆，不能連累她們，早點了斷關係為好。

誰知道才半個月，全國人大常委會又打來電話：中央領導同意你們搞試點！

大家這才鬆了一口氣：這個中央領導，十有八九就是國務院總理趙紫陽嘛。

摘人民公社牌子這件事情，基層幹部們早就在議論。之前新都的縣委書記黃義元也有這樣的想法，還向紫陽書記彙報過。當時農村改革的阻力還很大，紫陽書記說你可以先把鄉人民政府的牌子掛上，人民公社的牌子也不摘，印章也不要毀它。可是黃義元心裡對於這個「人民公社」實在是很厭煩，作報告的時候就大放厥詞：「都說共產主義是天堂，人民公社是橋樑。那麼請問大家，人民公社這道橋到底有多長？我們現在是走在橋頭，中間還是快走到頭了？我們已經走了二十多年了，這個橋我們還要走多久？」常光南從北京討得紫陽同志的話回來以後，摘牌已經「勢在必行」，地委開大會的時候，常、黃兩個人在下面開小會，討論怎麼摘，誰先摘。黃義元說你先摘我後摘，或者我先摘你後摘，都沒關係。開完會回去就幹。可是黃義元還是落在了常光南後面，不過總算是第二名——一九八〇年十二月十五日。黃義元搞這種大事情的時候，通常都不開常委會討論。比如批准私人買汽車、搞會計專業公司、貿易貨棧等等，都搞起來後才把常委會拉到現場開會，一是因為在現場可以看到實際的效果，大家就不會反對；二來木已成舟，反對也沒用。這次摘牌的事情也是——人民公社是毛澤東的「三面紅旗」之一，還寫進了《憲法》，雖然民間早已經不當回事情，而且廣漢已經摘了，可是在堂堂的新都縣委常委會上，誰敢討論摘人民公社的牌子啊！

就在新都摘牌的同時，邛崍的縣委書記李克恥和副書記蔡文彬也聽到風聲，連忙跑到廣漢找到常光南，問他紫陽同志到底是怎麼說的，然後回去也摘了。

三年以後的一九八三年十月十二日，中共中央、國務院發出〈關於實行政社分開，建立鄉政府的通知〉。此後，建立鄉政府的工作在全國陸續展開，全國五萬六千多個人民公社，變成了九萬二千多個鄉（包括民族自治鄉）、鎮人民政府，同時建立村民委員會八萬二千多個。一九八五年六月四日，《新華社》報導：全國農村人民公社政社分開，建立鄉政府的工作已經全部結束。第一個掙脫束縛的四川省廣漢縣向陽公社轉變成為向陽鄉，成了「中國第一鄉」。人民公社制度在中國農村的統治終於結束了，變成了一件歷史文物。

從一九五八年八月河南成立第一個人民公社開始，到一九八三年中央明令取消，人民公社在中國農村存在了二十六年。關於它的未來毛澤東曾經這樣設計：「我們的方向應該逐步地、有次序地把工（工業）、農（農業）、商（商業）、學（文化教育）、兵（民兵，即全民武裝）組成一個大公社，從而構成我國社會的基層單位。」[81]。為了達到這個目的，人民公社的特點被定為：一大（規模愈大愈好）、二公（公有化程度愈高愈好）、三純（社會主義的經濟成分愈純愈好）」、一平（在公社範圍內把貧富拉平，搞平均分配）、二調（對生產資料、勞動力、產品及一切財產無償調撥）。它使得一個擁有幾萬到十幾萬人口的地區，權力過分集中在公社層

81 陳伯達〈在毛澤東同志的旗幟下〉一九五八年第四期《紅旗雜誌》。

面，基層生產單位沒有自主權，生產中沒有責任制，分配上實行平均主義。它以「軍事管理」的方式把農民嚴格地束縛在土地上，農民趕場、走親戚、帶孩子去看病……都要向生產隊長請假，甚至外出討飯逃荒都要公社一級出具「證明」，極大地挫傷了農民的生產積極性，給中國農業發展帶來非常消極的後果。

趙紫陽在下台之後對於人民公社也有深度的思考。他說：

無論是在蘇聯採取強迫實行的農業集體化，或者是在中國用權威實行的一大二公的人民公社制度，其對生產力的破壞都是巨大的，死人也是極多的！造成中央嚴重的後果，也不能簡單地認為是無產階級專政理論的過錯，也不能簡單地歸咎於封建帝王思想的遺毒，而實際是硬要推行「烏托邦」式的社會主義理想所致。[82]

人民公社雖然被毛澤東定位三面紅旗之一，但是對它的議論已經很久了。一九七九年，李湘魯還不是趙紫陽的祕書，而是陳一諮的擁躉，他和好朋友鄧英淘[83]共同構思一篇對人民公社制度反思的文章時得出結論：「黨的農村政策應該回到合作化前。」大家一聽都笑了：這樣的結論近似反動，誰還敢寫成文章啊？也是在一九七九年，當黃義元、常光南、周裕德、游科亨他們在努力掙脫人民公社制度束縛的同時，一名美國經濟學家來訪中國「一代經濟學大師」董輔礽先生。二人談及人民公社的時候，董先生直接告訴對方，人民公社其實就是農奴制。擔任翻譯

82 宗鳳鳴《趙紫陽軟禁中的談話》。

83 鄧英淘（一九五二～二〇一二）一九八二年畢業於北京大學經濟系，後到中國社會科學院農村發展所、國務院農研中心等地委工作，曾任中國社會科學院農村發展研究所副所長，中國農村金融研究會理事。一九九二年被評為國家級有突出貢獻的中青年專家，一九九七年任中國社會科學院經濟文化研究中心主任。

的文貫中先生有些遲疑，但是董先生卻說：「你就直接翻譯告訴他，人民公社就是農奴制。」[84]

通向共產主義的金橋，居然成了農奴制，真是應了那句話：通向天堂的路是用地獄的磚頭鋪成的。

人民公社！這個在中國大地上執行了二十六年的制度，從一開始就站在農民的對立面，製造了駭人聽聞的大饑荒，餓死了幾千萬人，還打擊了幾十萬敢於為農民仗義執言的幹部。可是取消它，卻既沒有搞運動，也沒有死人，而是水到渠成。當然了，人民公社在漫長的二十六年裡，也造就了一大批在殘酷的絞殺中升遷的獲利者，佈滿了每一級政權，使得即使後來有了高層的支持，改變的過程也非常艱難。幾十年以後，黃義元這些基層幹部回憶整個過程的時候，感慨地說：老百姓支持，國家也支持，就是「中間」插著抵門槓，平添了多少阻力。好在紫陽同志深入基層，了解情況，心中有底氣，遇事當場就能拍板，否則我們這些縣委書記和公社書記，有多大能量去革除多年積存的社會弊端！

可是與後來的經濟改革相比，農村改革還是算順利的。因為它畢竟沒有涉及到高層的政治利益，就解決了廣大農民的生存問題，讓大家都長舒了一口氣。

人們一直沒有注意到一個重要的細節：對於撤銷人民公社這件大事情，鄧小平一直都沒有表態。這顯然是因為事情直接涉及到毛澤東本人，他不願意像反對派預言的那樣，成為毛澤東身後反攻倒算的「赫魯雪夫」。

84 文貫中〈紀念董輔礽先生〉。

第二十三章　地方分權大舉措[85]

趙紫陽擔任總理期間，完成了三件大事：包產到戶、對外開放和地方財政包乾。其中地方財政包乾一項（包括了城市綜合改革），是由趙紫陽自上而下推動的改革，其意義不可小覷。

趙紫陽提倡的地方財政包乾制，與之前實行的中央集權計畫分級制的區別，有著很多複雜繁瑣的專業化細節，不過最為簡單的理解，就是吃大鍋飯和分灶吃飯的區別。之前的計畫分級有著諸多分支，總的說來就是大鍋飯，財權上移，有利於上級政府宏觀調控，但地方積極性不高。地方財政包乾即分灶吃飯，各有留成，中央調控能力削弱，但地方積極性高，組收能力強。追根溯源，與地方財政包乾相關的「地方自治」之說，自晚清才由西方傳入，在戊戌變法之中得以初步實踐，至民國時期，以孫中山的「均權主義」為指導在全國推動的地方自治，成為影響中國前途與命運的重大政治與法律活動之一。但中國的帝王情節始終無法突破

85 本章主要參考資料：趙紫陽《趙紫陽文件一～四卷》；盧耀剛《趙紫陽傳》；羅小朋〈黨天下的總理難題——給二〇一二和中共十八大〉；湯豔文、林尚立〈地方政府：改革與轉型的行動者——一九七八～一九八八年中國財政包乾制的政治學研究〉；宗文〈一九八八年改進財政包乾體制的點滴回顧〉；王昭〈民國時期地方自治運動述評〉；王曙光〈革開放初期財政分級包乾制改革的利弊〉；《第一財經日報》專訪國家稅務總局原副局長許善達〈財稅改革三十年：從財政包乾到分稅制〉；林雪採訪杜旭東〈關於地方財政「作假」的諸多內幕〉。

政治大一統、大集權的桎梏，找不到在國家統一的前提下啟動地方自治、和平競爭的門徑，以至於集權與分權兩種模式往往互相交替，在「分久必合、合久必分」的迴圈中亂象叢生，幾無建樹，最後導致政權分崩離析。

一九四九年之後，中國財政管理體制逐步形成的在中央集權下的計畫管理體制，雖然保證了中央的利益和權威，卻緊緊束縛了地方政府的手腳和積極性，導致「小河無水大河乾」，以至於每逢中央財政困難，分權作為調動地方政府積極性的重要措施，都會被提起。比如文革中的一九七一年，中央就推出了地方財政包乾政策，但是因為權利體系受到中央的牢固控制，權利的界定規則完全由中央政府制定，連陳雲也認為這種財政分權具實是假的。加上「文化大革命」搞得經濟很不穩定，這個辦法執行了兩年就執行不下去了，只好停止。

文革結束以後，中國的經濟到了崩潰的邊緣，還要讓農民休養生息，又得改善都市人的生活，國家財力面臨嚴峻挑戰，財政體制的變革不得不進行了。從一九七六年開始，中央試行「定收定支，收支掛鉤，總額分成，一年一定」（亦稱「收支掛鉤，總額分成」）的財政體制：按照各地財政支出總額對收入總額的比例，作為中央和地方、地方各級之間收入留交比例；超收時按總額分成比例分成，短收時按總額分成比例分擔。這個小打小鬧的辦法只實行了一年，中央就決定要進一步：一九七七年對江蘇省試行「固定比例包乾」（收支掛鉤，總額分成，比例包乾，幾年不變）的財政政策，即依據江蘇省歷史上地方財政支出占收入的比例，確定一個收入留交比例，一定四年不變。隨後中央又對廣東、福建兩省實行了更為優惠的特殊政策。這種「讓一部分地區先富起來」的特殊政策啟動了這些地區的地方政府參與改革的熱情，也激起了其他地方政府的不安與攀比，地方自主意識在各地漸漸增強。從一九七八年二月起，中央在陝西、浙江、湖南、北京等地，試行「增收分成，收支掛鉤」的政策：不論是否超收、短收，只要實際收入比上年有增長，增長部分按收支掛鉤辦法求出既定分配比例。地方計畫許可權的擴大意味著中央計畫許可權的收縮，這個辦法被稱之為中國財政體制改革的真正開始。

一九七七年十二月十日，鄧小平在北京的家中與趙紫陽有過一次深入的談話。這次談話的內容，趙紫陽在其主政的四川有過詳細的傳達。鄧趙兩個人談到農村政策的調整，也談到工業企業的權力要加大，地方財政的權利要擴大，以及中央要向地方主管部門和企業分權問題；還提出分權改革最核心的部分是地方財政擴大試點，四川發展的重點是劃分收支，分級包乾，以財政體制改革調動各級地方政府的積極性。在不久以後的一九七八年一月底和七月，鄧小平又兩次見趙紫陽，都或多或少談到這個問題，最核心的議題是地方財政包乾擴大試點，以調動各級地方政府的積極性；最重要的內容是授權行改革試驗之前，允許四川進行擴大自主權的實驗，要求四川企業改革做出樣版來。

此時的趙紫陽，在四川農村的改革已經初見成果，正在全省進行擴大企業自主權的試點，由此拉開了全國經濟體制改革的序幕。現在看來，趙紫陽的改革，很大程度上就是一個「放」字，從某個角度上說，農村也好，工業企業也好，都是「地方」的微縮版，「上面」向企業放權的最終走向，便是國家向地方政府放權，而其中的核心問題就是財政權。趙紫陽在四川的城鄉全面改革由此成功，也是他走向中南海的重要階梯。

一般認為，「財政包乾制」是十一屆三中全會之後中國經濟改革的突破口，這個制度在趙紫陽跨入中南海之後即以國務院文件的形式表現出來，便是一九八〇年二月一日發出的〈國務院關於實行「劃分收支、分級包乾」財政管理體制的通知〉。這個通知實際上是趙紫陽已經實驗成功的「四川體制」的全國版，它決定在參照江蘇省「固定比例包乾」作法的基礎上，在全國大多數地區實行「分灶吃飯」的財政體制；在廣東、福建兩省實行「劃分收支，定額上繳（或補助），五年不變」的大包乾財政體制；在民族自治地區仍實行自治地方的財政體制（但中央對其補助數由一年一定改為一定五年不變）。八〇年代中國改革的大舉措「財政包乾」就此拉開序幕。實踐證明，這次財政體制改革較好調動了各級政府當家理財、增收節支的積極性。對爭取財政狀況的逐步好轉，起到了十分重要的作用。

五年很快過去了，一九八五年三月二十一日，國務院發佈〈關於實行「劃分稅種，核定收支，分級包乾」財政管理體制的規定（經濟）〉。規定指出，從一九八〇年以來，國家對各省、自治區實行了「劃分收支，分級包乾」的財政管理體制，（目前）在國有企業實行利改稅第二步改革後，情況發生很大變化，原體制中的若干規定需要作相應改進，為此制定本規定：從一九八五年起，對各省、自治區、直轄市實行「劃分稅種、核定收支、分級包乾」的新的財政管理體制。這個規定的要點有：基本上按照利改稅第二步改革後的稅種設置，劃分各級財政收入；各級財政支出仍按隸屬關係劃分；按照本規定劃分財政收支範圍，多收多支，少收少支，收支掛鉤，自求收支平衡，一定五年不變，並對地方財政收支的核算方法和部分地區的財政體制等問題作了規定。

國務院此文一出，各地方政府立即轉發並發布了執行細則，陝西省人民政府批轉省財政廳有關文件時特別強調這次改革的宗旨：為了調動地市增收的積極性，從一九八五年起，上解[86]地市較上年增收部分，適當提高地市的留成比例。

這個文件發布之後，趙紫陽又開始考慮下一步行動，他在一九八五年的九月十三日給主管中央財政的田紀雲寫了一封短信：

紀雲同志：

稅制問題，可否從明年起開始實行（或部分省試行）中央、地方劃分稅種的新體制，為此，相聯系的稅制方面是否還需要作一些必要的調整、改善？之所以說明年起，就是從「七五」計畫開始，不知準備工作是否跟得上去？

致禮

請酌！

趙紫陽

九月十三日

可見在趙紫陽的計畫中，七五計畫的重要舉措，還是關係到中央與地方新的財稅改革。一九八七年，剛剛進行了兩年的財政包乾制度，產生了一些不容忽視的問題。比較突出的是，有收入上解任務的地區，特別是上解比例較大的地區，在總額分成的體制下，地方收入留成的比例較小，多收了不能多得，少收了中央財政負擔「大頭」，加上一些其他客觀原因，

86 上解是指按體制由國庫在本級預算收入中直線畫解給上級財政的款項，以及按體制結算補解給上級財政款項和各種專項上解款項，一般也可理解為「上交」。

地方缺乏組織收入的積極性，出現財政收入增長緩慢甚至「滑坡」的現象。為了解決這個問題，國務院突破了原文件「五年不變」的說法，又於一九八八年七月二十八日下達了〈國務院關於地方實行財政包乾辦法的決定〉。這個決定對十幾個上解比例較大的地區財政包乾辦法進行了改進，並且在文件中特別指出：為了穩定中央與地方的財政關係，進一步調動地方的積極性，根據國務院第十二次常務會議決定，從一九八八年到一九九〇年期間，在原定財政體制的基礎上對包乾辦法作出改進。

這是一九八八年的七月。胡耀邦已經因為備反自由化不力而下台，身為總書記的趙紫陽既要面對虎視眈眈的元老派的攻擊，又要考慮在十三大報告中如何推動改革（特別是政治改革）的方針，更為重要的是還得應對鄧小平急於實施的「物價闖關」，已經夠忙夠亂的了，可是他依然沉住氣，有條不紊地推進他的財政改革。一年以後，有學者對於此文件的效果進行了調研，認為實行這個辦法以後局面有了很大的改觀。當財政收入的增減與本級政府的財政支出的相關係數加大，領導們肯定會對領地的錢財得失更為關心。他們親自坐陣，疏通各方面的關係，抓好本地區的財政收入。有的省召開財政業務工作會議時，不少縣長「不請自到」，要求參加會議。各級財政、稅務部門組織收入的積極性更高了。不少地區都改變了過去的預算管理辦法，有的地區還重新確定了年初的預算收入整個計畫，千方百計地疏解財政困難。到了一九八八年年度財政決算之時，結果顯示地方財政收入的確比上年有了較大幅度的增長。

其中實行「收入遞增包乾」等辦法的十幾個上解地區的財政收入，不僅沒有像上年那樣「滑坡」，而且增長幅度基本達到了整個地方財政收入的平均增長幅度，改變了近年來上解地區財政收入增長幅度大大低於地方財政收入平均增長幅度的現象。調研還表明，有了錢的地方政府還通過財政補貼的形式，控制物價上漲，這對緩和當時急劇增長的價格矛盾，抑制通貨膨脹發揮了積極的作用。調研結果明確認為：一九八八年國家決算結果圓滿完成了全國人民代表大會批准的國家預算任務，實行了改進財政包乾體制是重要原因之一。[87]

要知道從一九八八年的七月發布文件到年底結算，只有不超過七個月的時間。

趙紫陽的財政改革，一九七八年從四川開始，延續到了下台後的一九九三年。這個改革在十五年的時間裡，使得地方政府對於改革的態度由被動變為主動，由消極變為積極，功莫大焉。一些發達地區的政府起初反對農村包產到戶，但後來發現包產到戶能夠把農村勞動力資源解放出來，投入鄉鎮工業，從而提高地方的財政收入，很快轉憂為喜。還有的地方幹部開始反對向企業放權，也不願意放棄國有商業去培育自由市場，可是後來發現企業的經濟效益一旦提高，商品市場一旦繁榮，地方的財政收入也相應提高，禁不住大喜過望。

再比如，起初地方政府在城市興辦集體企業，是為了完成上級的行政性就業指令，用於解決知青失業問題，後來發現集體企業的發展不僅僅能夠解決就業問題，也可以擴大地方財政收入，馬上積極支持。趙紫陽的歷史性貢獻就在於，他把地方提高效率獲得的經濟剩餘，主要留給了地方，從此把中國地方政府的利益與經濟市場化的改革方向緊密地結合在一起。這樣的改革在政治上賦予地方界定產權很大空間，而地方財政包乾則為此提供了強有力的激勵。如此一來，地方財政分權就把市場力量變為推動地方政府之間的相互競爭、變革產權的巨大動力。

87　宗文〈一九八八年改進財政包乾體制的點滴回顧〉。

中外歷史表明：同一文明內部地域共同體之間的制度競爭，是推動該文明進步最強大的動力。中國文明最輝煌的思想、文化和制度進步，發生在群雄爭霸的春秋戰國時代絕非偶然。西方文明能在近代以來勝過中國文明，最根本的原因就在於其內部長期保留了地域治理競爭的活力。所以說，趙紫陽在鄧小平的支持下，通過財政分權而促成了中國地方之間的制度變革競爭，是一個劃時代的演變，實現了中國文明的歷史性突破。

還應該看到，地方政府推動經濟發展，在很大程度上是通過擴大預算外收入發展了非國有經濟，推動了非國有經濟的成長，其成就是可以通過數據來證實的。在改革開放之初的一九八〇年，全社會固定資產投資中，國有經濟在建設項目總投資的比重高達九五．五％，非國有經濟僅占四．五％；可是到九〇年代初，非國有經濟的投資額已占全社會固定資產投資額的三分之一左右。這些數字都證實了地方財政分權是對計畫經濟的釜底抽薪之舉。

要指出的是：快速發展的非國有經濟不僅僅是地方收入的搖錢樹，對於國家財政的貢獻也是巨大的。一九八六年至一九九〇年的「七五計畫」期間，非國有經濟占大頭的地方預算外收入大幅度增長，到一九九〇年預算外收入達到二七〇八．六四億元，相當於當年預算內收入的八六％。與此同時，國家財政整體實力也在壯大：財政收入總額達一三五一七．六億元，年均增長達九．六％，也展現出可喜的局面。因為有錢了，國家對於各項社會必須開支也寬裕了。一九九〇年，國家財政累計支出一三九七八．二七億元，其中用於基本建設的資金投入三二八四．六七億元，占同期財政總支出的二三．五％；農業支出一一六七．七七億元，占同期財政總支出的九．〇八％；教育投入一九六九．三七億元，占同期財政支出的九．九七％，年均增長十四％。

意欲取之，必先予之。這些數字表明，地方財政分權不僅增加了地方收入，也增加了國家財政的收入，對於發展各項社會事業都起到了積極的作用，與此同時也將中央的一些財政壓力分攤給地方承擔。趙紫陽向地方下放的權力，終於得到了回報——到八〇年代後期，中國終於告別了「短缺經濟」。

當然了，這樣的結果不僅僅歸功於經濟改革，地方政府在逐漸獲得更多的經濟自主權的同時，政治體制改革的展開也為其提供了支撐。一九八二年通過的新《憲法》，規定了中央和地方國家機構職權劃分的總原則，擴大了地方政府的職權。一九八六年修改的《地方組織法》，又將地方立法權擴大到省會市和經國務院批准的較大市的人大及其常委會。在幹部人事方面，中央下放和擴大了地方的幹部管理權限，中央政府在地方政府人事上的許可權，也隨著地方人民代表大會的健全而相對縮小，差額選舉限制了中央政府對地方政府人事任免權的干擾程度——而在此之前，地方政府的領導人均由中央政府統一任命，只對中央負責。

隨著民主政治的推進，地方政府領導人逐漸轉變為對地方人民代表大會負責，從而使得地方人大作用進一步強化。一九八八年一月十五日到二月六日，中國有二十個省、市、自治區的人大、政府、政協、高級法院、人民檢察隊伍進行換屆選舉。有資料統計，在這二十個地方人大會議上代表十人以上聯名推薦上述職位候選人一九〇名，其中五十四名被列入正式候選人，最後有八人當選。這個信號可以看作是中央對地方政權新的調控機制，這個新的機制反過來，也會對傳統中央與地方關係形成衝擊。

政治體制改革與經濟體制改革的相互作用，促進了中國社會面貌與國力的突飛猛進，這樣的進步引起了國際社會的極大關注。有人將中國的經濟改革與俄羅斯的經濟改革予以比較，提煉出「維護市場的財政聯邦主義」概念。研究者認為，俄羅斯由於過分強調了企業私有化與市場自由化，地方政府並沒有獲得足夠的推動地方經濟發展的動力，而中央政府又對地方政府喪失了基本的控制力，進而導致了地方政府對於私人企業的經濟掠奪行為，阻礙了地方經濟的發展。相反，中國的財政包乾制是中國經濟持續增長的推動力量。換言之，如果說俄羅斯實行的是一種阻礙市場體制形成的財政分權體制，中國的財政改革則是以培育市場體制為導向的，中國的財政分權體制為中國的改革、為中國計畫體制向市場體制的轉變提供了強大的保護。

這一解釋認為，並不是所有的分權都可以推動市場轉型，改進政府結構的。中國的分權之所以能夠發揮作用，在於財政分權後的幾個要素。第一、地方政府擁有管制經濟的權力，可以限制中央政府對地方經濟的過度干預，而中央與地方政府之間水平與垂直的互動，又可以對地方政府的行為起到制約作用；第二、收支掛鉤使地方政府為了經濟繁榮而對自身利益進行調整；第三、政府間的財政轉移支付受限，硬化了對地方預算約束。

當然了，分級包乾實際上就是財政體制的承包制，正如硬幣會有兩面一樣，這個制度也會有副作用。一九八八年，分級包乾涵蓋的地區達到了三十七個省、直轄市、自治區和計畫單列城市。這對鼓勵地方的積極性有很大幫助，但弊端是容易引發地方預算外資金的大擴張，成為一個龐大的地方收入來源，中央財政則眼睜睜看著這些巨額資金流入地方的口袋，從中得不到任何好處。預算外收入說白了，就是地方計入「多勞多得」的那部分。為了自身利益，地方政府會有很多辦法來製造這樣的預算外資金增長。好在趙紫陽久在基層奔走，對其中的很多手段都瞭若指掌，豐富的閱歷賦予他很強的溝通能力，也賦予他洞察弊端的「火眼金睛」，地方官員的求實創新很容易得到趙的支持，但是他們這些「貓膩」也很難瞞過趙的「法眼」。他在國務院發布的很多文件中都給地方打招呼，指出這些手段的危害，制定了嚴厲的預防和懲罰措施。這也是趙紫陽為什麼能夠比其他人更徹底地貫徹地方財政分權的重要原因，也是趙紫陽能夠借地方競爭之力，推動經濟改革的重要原因。如果上天假以時日，相信他會結合極力推進的政治體制改革，在鼓勵地方政府培育區域市場的同時，將抑制這些舉弊端的方法納入法治軌道。

可是六四事件，導致他突然下台，結果是中央與地方溝通和協調能力大大降低，政策的極度不穩定和對於前景的悲觀迷茫，加速了地方政府的自保行動。到一九九一年底，四大銀行的壞帳已經累計到四千三百多億人民幣，嚴重的資不抵債到了只要發生擠兌就隨時可以破產的境地。儘管一九九二年鄧小平發動了「南巡」，企圖鼓動經濟重振的信心，是年底全國預算外資金的規模依然飆升至三八五五億元，占當年預算內財政收入的九七．七％。這是個極其驚人的數字。這樣的數字導致了中央權威下降，竟然出現了當時的國務院總理向某省借十億款項的怪事。

鄧小平「南巡」以後，終於掌握國務院實權的副總理朱鎔基，面對的最為棘手難題就是提升中央財政比重。這個問題必須解決，但如何解決，對未來中國經濟和體制的演變關係重大。他最終與趙紫陽地方財政分權的指向分道揚鑣，選擇了重新集權的分稅制。這個選擇雖然贏得了海內外一批迷信政治大一統的中國知識人支持，卻很自然地遭到地方大員抵抗。由於朱鎔基缺乏與地方大員打交道的經驗，再如上他當時政治資本還不足，在稅改的第一回合做出了不應該的妥協：按常理，一九九四年的稅改應以一九九二年的實績為基數，而朱鎔基在壓力下竟然在一九九三年末過，就同意以當年實績為基數。

於是以廣東為首，地方政府掀起了一個虛增財稅收入的熱潮，意圖是把盡可能多的未來要與中央分享的收入，提前轉化為一九九三年無須與中央分享的收入。這樣一來，中央財政未來的收入增長就沒有了保障。根據一位當事人的披露，一九九四年初，朱鎔基終於認識到了自己失誤的嚴重後果，於是以強制性手段，迫使地方與中央達成了一個祕密協議。根據這一協議，一些財稅收入大省在一九九四年以後，對中央的上繳收入必須確保以超過十八％的年率增長。這意味著中央財稅收入大致四年可翻一番——這是一個匪夷所思的增長速度。

由於沒有趙紫陽那樣與地方進行理性博弈的能力，朱鎔基只能對地方實施政治高壓，這個霸王合同導致一系列重大後果。首先，它向地方各級政府傳遞了一個災難性的信息：中央只管要錢，而不管地方能否履行正當的公共支出責任，也不管他們以什麼樣的方式搞到錢。既然中央可以對各省耍橫，各省也可以對下面耍橫。於是接下來混亂發生了：在中央政府的財庫不斷充盈的同時，全國有超過一半以上的縣，不能發足公職人員的薪水，更談不上確保教育、衛生等公共支出了。為了保障向中央財政的上交數字，同時也為了保證自身的運作資金，地方只得不斷向銀行舉債，或者向社會發放債券。這些債務隨著官員們的升遷調動，上演著「擊鼓傳花」的遊戲，不斷地遺留給下一屆繼任者，繼任者會再向銀行舉債，再將債務留給下下一屆，如此滾動積累起一個逐漸龐大的數字。

到朱鎔基結束自己的任期之後，這個燙手的山芋落到了繼任者溫家寶的頭上。在二〇一〇年三月五日全國政協會議的小組討論會上，吉林省政協主席王國發指出：地方政府的負債問題應引起高度重視，因為據他看過的資料，全國地方債務的總額已經很高了，有的說是六萬億，有的說是四萬億。接下來全國政協副主席、原國家審計署審計長李金華在發言中，也很擔憂中國地方政府的負債問題。李金華一九八五年進入國家審計署任副審計長，一九九八年任審計長，二〇〇八年卸任。

經歷了從趙紫陽到朱鎔基再到溫家寶主政時期，他在朱鎔基任職期間就曾經調查過：「許多省、市、縣級政府都在借錢，通過所謂融資平台向銀行借錢，據我了解，有些市縣的負債額已經超過當地財政收入的幾倍，數額是很大的。」這位曾掀起多輪「審計風暴」的審計署原最高長官建議，由財政部、審計署等有關部門對地方政府的債務情況進行調查。李金華還擔心由此會引發金融風險問題：「地方政府借的錢究竟哪裡去了？我建議對銀行的這部分貸款也進行調查，很多貸款是以政府的名義借的，將來到底要怎麼樣？不能把我們這代的問題留給子孫後代去。」李金華還對當天上午國務院總理溫家寶在作二〇一〇年〈政府工作報告〉時提出的「要切實加強政府性債務管理，增強內外部約束力，有效防範和化解潛在財政風險。」的說法發表了看法，認為「這句話很重，應專門組織研究」[88]。

可是地方政府應付中央的「加強管理」辦法多多，最為普遍的就是做假帳。李金華在卸任之前接受記者採訪時說：「上世紀九〇年代中期，我們還把『打假帳』作為工作重點。當時我們審計的一千兩百多家企業，六成企業的帳目不真實，所以朱鎔基同志後來提出『不作假帳』」。做假帳的問題不僅讓朱鎔基、溫家寶甚至李克強頭疼，也讓全世界與中國打交道的國家頭疼。因為西方基本不存在這個問題，「做假帳」在某種意義上就成為中國的「標識」。這

88　中國新聞網，朱穩坦〈原審計長李金華談地方政府債務稱存在嚴重風險〉。

樣的標識與其他端不上台面的手段混雜一體，令中國在國際貿易和金融往來中愈來愈狼狽，更讓中國經濟在掩耳盜鈴的自我欺騙中陷入了不可自拔的泥潭。

除了地方債務，朱鎔基的財務制度還帶來諸多重大弊端，比如農村政策。六四之後的中共領導核心中無一人有農村工作經驗，再加上農村政策研究室因支持趙紫陽而被解體，決策層代表農民聲音的力量遭到全面壓制。地方政府在高額的上交指數壓榨下被逼良為娼，啟動了對農民的橫徵暴斂，三農問題尖銳化就是在這個大背景下發生的。一九九八年四月，朱鎔基以計畫經濟的思維慣性開啟了糧食流通體制改革，先後頒布了〈國務院關於進一步深化糧食流通體制改革的決定〉、〈糧食收購條例〉等六個配套文件。因為率先包產到戶而得益的安徽省，以及其他產糧農業大省，在朱鎔基稅改後成了三農問題的重災區。他為了擴大政府庫存，打擊私人販運，反而推高了糧食市場價格，惡化了通脹。他改變了趙紫陽「因地制宜」的農業方針，迫使糧食輸入省分提高自給，強迫發達地區農民種糧，導致了產糧大省農民賣糧難的荒唐局面。朱鎔基災難性的農業和農村政策，遭到學者和地方官員公開批評，對此他惱羞成怒，親自組織人對批評者施壓，至今對批評他的〈中國農民調查〉一書，耿耿於懷。

朱鎔基擅長中央集權，使用行政手段調控經濟，這使得他無法解決中國經濟的兩大難題，一是為農村勞動力創造就業，二是提升國企效率，其中農村勞動力就業問題最為人所詬病。由於趙紫陽的沿海開放大戰略得以在他下台之後繼續進行，引進的外資和持續發展的私企解決了大部就業問題，朱鎔基可以把國有資本集中在壟斷行業，讓「公企」與「私企」形成相互補充。與此同時，農民工極低的「身分工資」，以及政府無需對他們承擔任何社會支出義務，也使得私人資本和國有資本可以共同分享廉價農民工血汗創造的巨額財富，形成「雙贏」局面。正因如此，朱鎔基沒有任何動力來推動農民移民進城的任何改革，從而促成了一種畸形的經濟發展和城市化模式。

這種畸形模式的一個重要機理，就是全面的累退稅率——愈是經濟增長快的地區，實際稅率愈低。這種實際的累退稅，對內地發展極為不利，因為內地很難在招商引資方面與沿海競爭，從而無法為農民創造就近就業機會，迫使大量農民離鄉背井去打工。另一方面，國家政策則不允許這些打工的農民轉化為市民和當地正式居民，迫使他們用極低的工資來補償農業收入之不足。這實際上是創造了一種高度剝奪性的國家奴工制，表面上農民可以自由流動就業，但無論他們走到哪裡，都無法改變奴工身分，都要向國家交很重的勞動稅。但對於朱鎔基及六四之後的當權精英而言，億萬農民顛沛流離不是一個問題，只要他們能夠為國家創造愈來愈多的財富。

江澤民和朱鎔基這一代技術官僚，沒有經歷過農民「用小車推出了三大戰役勝利」的場面，不存在對農民的感激或歉疚之情，自此已經完全背棄了底層大眾的尊嚴和利益，這是他們與趙紫陽、胡耀邦，甚至鄧小平那一代領導人，最大的不同之處。

朱鎔基的稅改還完成了另外一個歷史性的重大轉折，就是實現了中央官僚集團與地方官僚集團的利益整合。地方官僚集團發現，只要他們願意和中央官僚集團分享利益和財富，中央官僚集團並不在意他們如何盤剝本地和外地民眾。正是在稅改之後，權貴資本主義的發展獲得了空前有利的政治環境。這樣的環境有利於江朱時代全面轉向權貴資本主義，形成了權貴利益與廣大民眾利益、尤其是與農民利益日益對立之勢。

據國家財政部公布的數字，二〇二二年上半年，地方三十一個省市自治區全部財政赤字，無一盈餘。其中財政最好的上海赤字十八億元，第二名天津四一一億元，排名最後的四川三六九四億元。三十一個省市自治區總財政赤字五五一七五億元。重要的是中央財政也在欠帳，財政赤字達五．〇五萬億元。如何解決當前的財政難題，高人們開出了很多處方，比如調整高層設計、地方債務重組、探索政府財政破產制度；再比如重啟房地產市場和土地財政、開源節流和轉移支付、對有錢人和普通民眾施以名目繁多的罰款，甚至減少養老金和醫保的支出……其結果都必然讓普通人付出巨大的代價，從而激化已經很尖銳的社會矛盾。比如近期網上流傳社科院發布的〈中國養老金精算報告二〇一九至二〇五〇〉圖表，預測到二〇三五年中國的養老金將耗盡累計結餘，八〇後人群將無養老金可領。這個信息就在民眾中引起恐慌。

山窮水盡之時，有人又想起了趙紫陽和他的地方財政分權思路。

應該承認，趙紫陽的財政改革正如硬幣的兩面，的確是有弊病的，也應該承認，靠趙紫陽個人魅力與睿智來解決這些弊病的方式，也是「人治」思維，是導致這場改革「人亡政息」的主要原因，顯然也是不可取的。所以說，朱鎔基要改變它有一定道理。可是「退而治之」的改變方式既然已經失敗，那麼就只能在前進中去解決。

有學者提出，解決的方向可以參考聯邦制國家的中央集權與地方自治的模式。必須指出的是，單一制國家是地方自治的最基本前提，中央和地方存在緊密的聯繫、成為實際而非名義的統一體，是地方分權具有實際意義的基礎，中央的合理集權是地方自治得以實現的先決條件。現在中國應當並且能夠做到的就是：在根本法的層面上，確立中央和地方關係的新模式和新制度，清晰、合理、細緻地劃分中央與地方的事權與財權，建立兼顧各方利益的調整機制，真正發揮中央和地方的兩個積極性，以突破「治亂相替」的惡性循環。在這個方面，中國的經濟學者們已經有了很深刻的研究。

這些研究表明：如果措施得當，危機這枚硬幣的另一面，正是推動中央與地方關係法治化的最好契機，不僅可以理順國內各個利益層面的關係，還可以在培養國家認同和確保國家統一的同時，實現中央集權下的地方民主自治。

當然了，實現如此複雜的社會變革，一方面需要執政者莫大的政治勇氣，以擺脫既有的路徑依賴，革除既得利益集團的消極影響；另一方面在具體操作上必須具有法律精神，在嚴謹規畫之下漸進推行，盡可能將變革成本降至最低。敢於大刀闊斧般破舊，唯有如履薄冰般立新，方能在構建一個權力範圍有限而富有權威的中央政府的同時，實現中國基層治理模式由「統治」向「自治」再至「善治」的偉大變革。

相信這樣的結果，正是當年為之付出巨大努力的趙紫陽所期望的。

第二十四章 城市改革的破冰之地——重慶[89]

一般人至今認為農村改革的最大成就是解放了農民，發揮了農民的生產積極性。其實隨著人民公社的瓦解，計畫體制的基礎也開始瓦解——這個基礎就是低價收購農產品，然後用轉移價值進行高積累去發展重工業。如果低價收購農產品的格局不再存在，整個計畫體制的基礎也就面臨困局，城市的改革計畫體制就有了前題。可是城市的改革比農村困難得多。如果說農村以人民公社為代表的計畫體制還只是遍佈大地的鬚根，那麼由這些鬚根養育起來的城市計畫經濟已經枝繁葉茂，盤根錯節，體系龐大而且嚴密，下面滲透到了社會生活每一個細節，上面涉及到高層很多人世代的利益，牽一髮而動全身。

就全國而言，一九七九年至一九八三年，改革的重點在農村，同時在部分國有企業進行放權讓利、各種形式的承包責任制，以及「利改稅」的試點，以調動企業增產增收的積極性。到了一九八四年，在農村家庭聯產承包責任制已全面推開，農業生產連年五穀豐登，人民衣食溫飽已基本解決，企業擴權試點也取得了可喜成績，全面進行以城市為重點的整個經濟體制改革的條件基本成熟。國務院總理趙紫陽現在要擴展他在四川全面改革的成果，將重點移向城市了。

89 本章主要參考資料：廖伯康《廖伯康回憶文集》，中共重慶市委黨史研究室編。

人們思考的過程，就是資料積累的過程。為了積累足夠的資料，趙紫陽多方面調動人馬，開始了大範圍大規模的調查研究。

一九八四年三月，一九八四年三月初，國務院總理趙紫陽為了完成十二屆三中全會工作報告的準備工作，率祕書鮑彤及中央和國家機關有關經濟體制改革的主要負責人芮杏文、安志文、朱鎔基、遲海濱和四川省省長楊析綜等人，對四川、重慶、貴州、湖南進行了歷時十五天的考察調研，史稱川渝黔湘大調研，其中對於四川情況的調研，是在重慶潘家坪招待所聽取四川省委書記楊汝岱和省長楊析綜的彙報，隨後楊析綜隨行，參加之後的行動。

這次調研，重慶是重點。

近百年來，重慶的工業化進程始終處於西南地區前列，就是在全國也屈指可數，到建國初，已是全國僅次於上海的工業大城市。到「文革」之前，中央在「大三線」中注入的資金，其中三分之一在四川，而四川的大頭放在重慶。全國八十萬台軍工設備，重慶就占了三十萬台，無論從哪個方面說，重慶都應該是實力很強的工業城市，可是實際情況卻不盡如人意：城市建設破破爛爛，還有四、五百萬平方米是抗戰期間臨時搭建的「抗戰房」，還在用北洋軍閥時期的機器。到一九八〇年代初，在全國十五個重要城市中，重慶固定資產占第五位，工業總產值和職工人數占第七位，勞動生產率卻倒數第一。一九八三年十二月份，重慶工業產值增長率甚至低於全國平均水準，全市財政收入更比上年下降，一年不足十億，除了向省裡交六億，手頭剩下那點錢維持簡單再生產尚且捉襟見肘，哪裡談得上搞技術改造，擴大生產規模。當然，十億元的年財政收入並不真實反映重慶產能，因為還有一批大中型國企的產值未計算進來。這些企業屬於「條條」（中央和省）管理，它們生存於重慶社會，但游離於重慶體制之外。國際上都知道重慶是大工業城市，哪知道在體制內重慶只是四川省的一個地區，本質上與經濟並不發達的萬縣地區甚至涪陵地區沒有區別。

早在十一屆三中全會之後，中國社會科學院財貿所所長劉明夫帶隊到四川調研，從重慶回來之後向四川省委書記趙紫陽彙報調查情況，明確地提出了「城市是經濟發展的中心」的概念。他認為，城市是企業和商貿最集中的地方，也是生產力最集中的地方，一個城市必須是一定區域的經濟中心，應該具備幾個特殊功能，即經濟的集散功能、吸引功能、輻射功能和服務功能，這是經濟發展的客觀規律。他主張對現行城市體制進行改革，讓城市突破行政區劃，統一管理和協調企業，在符合經濟發展規律的機制中運行，充分發揮城市在經濟發展中的獨特作用，並進而帶動區域經濟發展。

這裡要提到一個重要的背景：鄧小平一直高度重視重慶在四川經濟中的地位和作用。早在一九五四年重慶劃歸四川省時，他就特意叮囑四川省最高領導李井泉「必須高度重視重慶」，要李井泉「每年應有三分之一的時間到重慶工作」。一九七八年他視察四川時還指出：重慶的計畫可以單列。這個觀點在趙紫陽對待重慶的態度上，肯定起了作用。現在趙紫陽非常贊同劉明夫觀點，在極力支持劉明夫向中央彙報的同時，打算先在四川按這個思路進行改革。趙紫陽在離開四川之前專門到重慶去了一趟，表態要「把省裡有的經濟權力都給重慶」。但在討論方案時，多數省級部門都不同意，只希望維持現狀——因為當時中央和省裡在重慶的企業一共一百三十七個，它們分別屬於中央二十二個部委和省裡二十四個廳。這些「父母」當然捨不得自己的「孩子」被別人抱走。

可是趙紫陽的態度很堅決：堅持要放。不久他調到國務院任總理，把「城市是經濟發展的中心」這個概念帶到了中央高層。幾年後，「中心城市」出現在國家「六五」計畫中。國務院總理趙紫陽在一九八二年五屆五次人大會議上關於「六五」計畫的報告中指出：要以經濟比較發達的城市為中心，帶動周圍農村，統一組織生產和流通，逐步形成以城市為依託的各種規模和各種類型的經濟區。在次年的六屆人大一次會議的〈政府工作報告〉中，他提出了更明確的要求：以城市為中心，根據經濟發展的內在聯繫組織各種經濟活動。

為了探索城市改革的路子，國家體改委首先選中湖北的沙市和江蘇的常州，準備效仿趙紫陽在四川省推廣的「一百家企業推行擴大自主權」的改革，在這兩個城市進行城市改革綜合試點——即計畫單列。可是最後，學者們還是覺得應該選擇重慶這樣的大城市，並於一九八二年四月十四日形成調研報告。這個報告由趙紫陽在四川時的理論高參、四川省社科院副院長林淩和經濟學家蔣一葦共同起草，強調了選擇重慶的五條理由，其中第五條特別提出了「點」內「試」的原則——即在操作時將「點」封閉起來，在「點」內打破常規，大膽試行一些特殊的體制和政策。在試驗成功之前，其他城市不得仿效。這是一個比較穩鍵的建議。

報告首次使用了「中心城市」這個概念。

調研報告通過特殊管道，在第一時間送達國務院總理趙紫陽和國務委員兼國家體改委常務副主任薄一波手中。四天後，趙紫陽作了批示：「在重慶搞綜合試點，原則同意。請體改委議一下。」再過一周，薄一波也作了批示，表示同意。

當年九月，中共十二大召開，大會公開糾正了「兩個凡是」的錯誤方針，重新確定了實事求是的思想路線。在「解放思想、更新觀念、開創新局面」的熱潮中，重慶根據前述調研報告，制定了一套完整的綜合改革試點方案上報四川省委、省政府並轉報黨中央、國務院。一九八三年二月八日，報告送上去二十來天，中共中央發出了〈中國共產黨中央委員會（一九八三）七號〉檔，標題是「中共中央、國務院批准四川省委、省人民政府〈關於在重慶市進行經濟體制綜合改革試點的意見〉」。這份標明「祕密」級別發至省軍級的檔指出：「在重慶這樣的大城市進行經濟體制綜合改革的試點，是中共中央、國務院對當前我國正在進行的各項改革工作中的一項重要決策。認真搞好這個改革試點，對於進一步搞活和開發我國西南的經濟，探索軍工生產和民用生產相結合的新路子，以及如何組織好以大城市為中心的經濟區，都具有重要意義。」檔明確要求「要充分按照國務院領導的要求，充分發揮重慶的經濟和地理優勢，打破現行的行政區劃，打通重慶對海外的直接經濟聯繫，加強重慶作為長江上游經濟中心的地位和作用。」

此外中央在文件中還給了一些特殊的政策，其中最重要的四條：一、同意重慶在在計畫體制、企業管理體制、流通體制、財政稅收金融體制、勞動工資體制、以及工資獎勵制度上率先進行改革；二、賦予重慶相當於省一級經濟權力，國家對重慶進行計畫單列；三、原則上中央和省在渝企業下放市管；四、擴大重慶面積，永川地區與重慶合併，實行市帶縣體制。

七號文件下達四天後，主管全國體改工作的國務委員、國家體改委副主任薄一波受國務院總理趙紫陽的委託，召集國家計委、國防科工委等二十八個部委的負責人開會，動員部委拿出實際行動支持重慶。十天以後，薄一波住進了重慶潘家坪招待所一號平房，跟隨他一起到達重慶的，有中央各部的部長（主任）或副部長（副主任），加上四川省及重慶市的三級幹部，總共二、三百名官員。三月十二日，薄一波面對所有參加研究實施方案的三方官員，談到全國改革的重要部署：「山西搞煤炭和重工業基地。重慶搞經濟體制綜合改革試點。以上海為中心，搞長江三角洲的經濟區規畫。兩省一市合起來搞改革，既不是以條條為主，也不是以塊塊為主，而是以發展經濟為主。」由此可見，重慶的單列改革試點，是全國大棋盤中一枚重要的棋子。

為了加強幹部力量，薄一波奉命將廖伯康從剛剛任命的成都市委書記任上，直接調到重慶市委任常務副書記，不久接任重慶市委書記。

重慶終於被列為計畫單列城市，在此進行的城市經濟體制綜合改革試點，開啟了大幕。

讓長江百舸爭流

一九八四年三月趙紫陽率部奔赴重慶之時，正是重慶計畫單列改革試點周歲之時。這一年裡趙紫陽一直在牽掛重慶。他說初戰必勝，重慶是第一個改革的城市，第一年搞得怎麼樣？不親眼來看看，我不放心。

三月三日上午，重慶市委常務副書記兼市長廖伯康拿著一大摞資料進了會場，趙紫陽拍拍身邊的位置招呼他過來坐，廖伯康卻半開玩笑地坐到了他的對面，說：對話對話，要對面說話。趙紫陽也笑了，說：你們四川人，會說話呢。

彙報就在這樣輕鬆的氣氛中開始了。廖伯康舉例談了八個關於改革出效益的方面，其中談到有些改革是可以不花成本就能出效益的，比如重慶港。

趙紫陽此行關注的一個重點，就是長江水運。比起世界上很多國家，我國的交通基礎很差，比如印度全國面積只有三百多萬平方公里，可是在英國統治時期就有了六萬公里的鐵路；中國號稱九百六十萬平方公里的土地上，到一九四九年只有二．五萬公里鐵路，其中的一．

八萬公里還集中在東北，一直號稱西南重鎮又是抗戰陪都的重慶，到一九四九年只有兩條礦運鐵路，總長十六．八公里，還是一九三四年由實業家盧作孚在北碚建成的。至於公路特別是貨用公路，因為多丘陵少平原，不但數量少而且品質差，貨物運輸極其困難且運費高昂，貨運量也少。這樣的狀況一九四九年以後也沒有多大的改變，於是江河航運特別是我國最長的內陸河流長江，因為流經四川全境，一直都是川內和出川重要的黃金水道。可是在四川和湖北交界的長江三峽，水流湍急，暗礁密佈，一路驚濤駭浪，自古有「三峽灘如竹節稠，灘灘都是鬼見愁」的民謠；而入川的路更加艱難，直到晚清還靠縴夫拉著木船逆流而上，運費相當於貨物正常價格的一至三倍。

到上世紀七〇年代，儘管有鐵路把四川從北面和南面與其他省份都連接起來，跨省運輸的問題基本上解決，可是四川九十％的貨運依然靠水運，三峽險灘暗礁的問題依然存在，再加上長江沿線大量修建水電站及水利設施，以及地域分割伴隨的體制問題，加重了水運能力的惡化——直到上世紀七〇年代後期，水運能力都只能滿足需要的六十％。在接下來的一九七八年到一九八五年，四川的國民收入增加了九十％，而同期貨運周轉量只增加了五十％，導致交通運輸占國民收入的比重從一九七八年的三．四％減少到一九八五年的二．五％，分別低於一九七八年和一九八五年的全國水準三．九％和三．六％，這其中水運的因素占了很大的比例。[90]

長江不能百舸爭流，對於沿途乃至中國的經濟影響是很大的，比如經濟不發達的貴州產煤，而東部經濟發達的江蘇則每年用煤缺口高達一千萬至二千萬噸，如果貴州要把煤賣給江

90（英）克里斯．M．布拉莫爾《毛時代經濟再評價——四川：一九三〇～一九八〇s》。

蘇，只有走水運才划算，但貴州只有小河船，到長江得換駁，換駁就得有碼頭，可是重慶碼頭不讓貴州靠泊。重慶同樣被體制制約：重慶的船隊不能直航到毗鄰的湖北宜昌——因為宜昌之下是湖北「長航」的地盤。可是守著長江邊上的湖北也缺煤，由於長江航道不暢，只能夠去山西買煤，靠火車運來，不但費錢而且費時費事。一九八三年底，中共中央總書記胡耀邦視察川江和重慶，一路上看見長江中行船寥寥，忍不住問：「滔滔長江，何時能百舸爭流？」

趙紫陽一路上都在提強調長江水道的利用。他說四川工廠很多，但工廠的建設過去一靠城市，二靠資源地，建在長江沿岸不太多。為此他建議長江兩岸宜賓以下包括貴州湖北等地，不靠鐵路的地方先發展民辦公助的小煤窯，然後在長江或者是長江的支流比如貴州的赤水河、湖北的湘、資、沅、醴四條水道外加一個洞庭湖，沿水道修建小公路，搞小碼頭，枯水期壓一壓煤炭產量，五月到八月的豐水期大量往下運。這一塊搞幾百萬噸煤是沒有問題的。

至於如何打破體制的制約，讓長江航道暢通無阻，趙紫陽在重慶聽到了好消息，這個好消息就是廖伯康彙報中提到的港口體制改革。

重慶碼頭源自春秋戰國時期，東來西往的船隻都來靠泊，重慶這才逐漸興盛，有了在長江上游特殊的地位和作用。到了「單列」時，重慶的港口已經很具規模，其中九龍坡作業區不但擁有當時全國內河最大的浮吊，還同鐵路聯了網，這種條件在全國河流碼頭中十分罕見。廖伯康在彙報時說：在研究「單列」試點方案時，重慶向中央要來了港口管理權，但真正行使權力卻不那麼簡單。那時重慶港務局歸屬於交通部直屬的長江航運管理局，而在港口內同時還存在著省管航運公司碼頭和本地航運公司碼頭，以及省和市的碼頭行政管理機構，既有政企不分，也有條塊分割，而且五龍治水，各揣心事，形成割據狀態。「單列」以後，重慶的外部環境改變了，但是重慶港內眾多碼頭劃地為牢，誰家「管轄」的港口都只為自家服務，外來船隻望港興歎，壓港壓船成了港口的頑症。而與此同時，每個碼頭又因為任務不飽和而效益低下，長航重慶港務局年年虧損，動輒就虧幾百萬。

部門所有屏敝了碼頭的社會屬性，這就是致使長江「腸梗阻」的關鍵之所在。為此重慶市體改委專門組織一批行家研究港口問題，最後認定港口管理應當從政，而碼頭作業屬於企業行為，應當推入市場軌道。市委市政府根據這個思路，將所有碼頭統統從原航運公司及相關機構剝離出來，組建具有獨立法人資格的港務公司，直接面對社會和市場，港口管理局則不再參與一切具體經營行為，代表市政府行使行業管理權。舉棋一步，全盤皆活。重慶港乃至川江航運重新洗牌，同眾多航運企業之間形成了新的格局，港口碼頭對所有船舶開放，效率一下就上去了。改革前，重慶港務局已連續虧損十九年，累積虧損額高達四四七〇萬，改革那年，原計畫再虧二八〇萬，結果卻是盈利一〇二萬。

趙紫陽聽後眼睛一亮，以後走到哪裡都在推廣重慶港經驗，只要地方提出要港口，他都點頭。他答應天津市長李瑞環下放天津港，爾後就去了遼寧，遼寧正謀劃開發遼東半島進而建設環渤海經濟圈，那也是個大手筆改革方案。大連市長瞅個機會湊到總理趙紫陽身旁，提出要大連港，趙紫陽總理當場應允，並且讓祕書通知交通部辦理。交通部有關部門還在做天津港的下放方案，部長就接到紫陽祕書的電話，他擱下電話歎口氣：「看來我們步子邁小了啊。」幾天後部長就痛下決心，宣布全國港口按重慶港模式下放地方，實行港航分開，就連當時規模居世界第四位的上海港也不例外。再過幾年，這股颶風相繼登陸公路、民航和鐵路，大小運輸場站紛紛脫離原來所屬的運輸企業，獨立運行。

在重慶彙報會上趙紫陽還提出：導致長江上游運輸能力不如下游、川江以上運力差的主要原因，依然是川江航道六百多公里的水下礁石密佈，水面上險灘眾多，運輸成本高昂。為此他考慮要整修一下長江水道。他說把礁石灘頭炸一下，這作為中央投資。他的這個計畫一直到二〇〇八年三峽水庫正式蓄水之前才最後完成。自古以來被船工們稱之為「鬼門關」的這些險灘礁石被清除之後，川江航道成為可以通過萬噸級輪船的坦途。

西南一片和長江一線

那次胡耀邦到重慶，廖伯康提到了一個觀點：現在國家重點開放東部，是考慮東部處在開放前沿，但國家同時應當考慮到中國的自然資源大部分在西部，西部開發了國家才能均衡發展，所以希望在西南地區先搞個地區合作，自己組織起來求發展。於是就有了後來的「三省四方西南經濟協作會」——即四川、雲南和貴州三個省，再加上已經「計畫單列」的重慶，算作「四方」。後來原本歸屬於華南的廣西要求加入，於是就成了「四省五方」，西南一片聯合起來共同發展。這次趙紫陽在視察中也談到這個協作，說：

耀邦和我都主張計畫外協作的東西可以東西聯合起來搞，國家計畫部門不要干預。耀邦提出西南經濟協作會要堅持平等互利、輪流坐莊的原則，不要搞成封閉經濟。華北在天津開了兩次會，搞了十幾個辦事處，華北是成功的，他們之間展開了相互合作。你們搞個規畫，各方最好能夠派人參加。搞好後責成宋平同志聯絡此事。開第一次會最好能有一些實質性的問題，我們派人參加。

趙紫陽此話不到一個月後，西南經濟協作會第一次會議如期召開，效果非常明顯。會後一年的時間裡，各方就互派考察團（組）九十個（約八百多人次），簽訂各類合同項目一千五百餘個。這個協作打破了長期以來西南地區實際存在的隔離狀態，一些多年想辦卻單獨難辦的事辦成了：比如雲南和四川聯合開發金沙江下游；貴州和廣西合作修盤縣至百色公路；貴州和四川合作修大方至瀘州公路；以及聯合組建西南航空公司等等；而南（寧）昆（明）鐵路項目就是在第二次協作會上形成決議的。在這個過程中，趙紫陽實現了他的承諾：國家計委和經委派人參加會議。他們從全域的高度發現：在全國地區協作的二十二個組織中，西南協作會是搞得最好，履約率最高的。

西南一片的願望實現了，可是重慶的雄心並沒有就此止步。趙紫陽曾經在七號檔中提出「充分發揮重慶的經濟和地理優勢，打破現行的行政區劃，打通重慶對海外的直接經濟聯繫，加強重慶作為長江上游經濟中心的地位和作用」；後來又在重慶提出了「現在國家的重點在搞長江三角洲，你們要協作」的意見，重慶就此提出了「長江一線」的規畫。已任重慶市委書記的廖伯康，於一九八五年與湖北省委書記和江蘇省委書記達成了聯合的共識，然後又一起去了上海。那天上午，正逢上海市委開常委會，由原來的市長汪道涵向新任市長江澤民辦移交。下午江澤民和汪道涵會見了來自重慶的三位客人。廖伯康說我們西南的四省五方已經聯合起來了，現在我們沿江的三個省也達成「長江一線」共同發展的聯合意向，特地來徵求你們上海的意見。江澤民聽了請汪道涵表態，汪道涵說如果是上午開這個會應該是我講，現在我已經辦了移交，無權講話了，應該你講。於是江澤民就說：一切按照你們三家定的意思辦。

「長江一線」的協作就是這麼定下來了。

商品經濟可以提

在重慶進行單列試點改革之前，四川在企業改革上已有了動作，導致了觀念上三個重要轉變：一是承認產品是商品，二是承認商品必須有利潤，三是承認企業是獨立的商品生產者。

廖伯康彙報完工作，對趙紫陽總理說：「我能不能再提一個問題？」

趙紫陽說可以呀。

廖伯康說：「經濟是什麼？無非是生產、消費、分配。既然我們的生產是商品生產，消費也是商品消費，為什麼不叫商品經濟？」——那時中央的統一提法是「有計畫的商品生產」。

趙紫陽一聽：「哎喲，你這個問題敏感得很哦，北京現在都不能提噢。」

廖伯康忙說：「我們這是在重慶提嘛。」

趙紫陽說：「在重慶可以提，但這個不能談。」

廖伯康只好打住話頭。

廖伯康提出的問題之所以敏感，是因為承認了商品經濟，就得進行與之相關的體制改革，事情就鬧大了，所以它成為了一九八三到一九八四年中國對改革方向的大爭論。其實這個問題在幹部和理論界中已經提出來好久了，上個世紀六〇年代起孫治方就在提，為此還坐了牢；薛暮橋也因為明確地提出商品經濟而受到批判，廣東的卓炯六〇年代也在刊物上公開發表過有關商品經濟的文章，在主政廣東的趙紫陽心目中印象深刻。改革開放以來提出這個問題的人就更多，爭論也就愈是激烈。

以陳雲、李先念、姚依林為代表的一批人，認為中國的經濟是計畫經濟，並在政治上占「正統」地位。一些堅持馬列主義的理論家認為，儘管我國還存在商品與商品交換，但是絕不能把我們的經濟說成說商品經濟，否則就會模糊了社會主義和資本主義的本質區別。各種報刊雜誌連篇累牘批判強調市場作用的「錯誤觀點」，認為指令性計畫是社會主義的標誌，姓社姓資的爭論由此展開，在思想界造成極大的混亂。一九八四年起草〈中共中央關於經濟體制改革的決定〉過程中，一開始寫作組堅持「以計畫為主」的提法，胡耀邦對此很不滿，指派了由鄭必堅、龔育之、高尚全、林子力等人組成新的檔起草小組，但是依然面臨高層重重阻力，沒法有理論突破。

在距離十二屆三中全會召開只剩下一個多月的關鍵時刻，體改委的童大林與高尚全以中國經濟體制改革研究會的名義發起了著名的「西苑會議」，召集董輔礽、蔣一葦等二十多名經濟學家為「商品經濟」造勢，並且將會議簡報呈送給中央高層，趙紫陽趁機批示將這些觀點轉發到中央有關領導和部門，此舉對於扭轉「商品經濟」在中央高層被動的局面起了重要作用。接下來趙紫陽讓馬洪搞了一個報告〈關於社會主義有計畫的商品經濟的再思考〉，投石問路地送給一些老同志，沒有人反對；接下來他主持起草了〈中共中央關於經濟體制改革的決定〉，對「有計畫的商品經濟」進行討論。趙紫陽問：理論上有沒有問題？有人說理論上站得住。又問：和憲法有沒有矛盾？又有人說：沒有矛盾。他再問鄧力群：老鄧你怎麼看？鄧力群說我一九七九年就贊成商品經濟。於是趙紫陽給胡耀邦、鄧小平、李先念、陳雲寫信，建議把中國的經濟體制概括為以下四層意思：

一、中國實行計畫經濟，不是市場經濟。

二、通過市場調節的生產和交換，只限於小商品、三類農產品和服務業。

三、指令性計畫和指導性計畫都是計畫經濟的具體形式，今後應逐步縮小指令性計畫，擴大指導性計畫。

四、社會主義經濟是以公有制為基礎的有計畫的商品經濟。

十一日和十二日，鄧小平和陳雲先後表示同意。於是在中共十二屆三中全會通過的決議中，承認「商品經濟不可逾越」，並將「商品經濟」寫入了黨的決議。中國經過了三十五年的曲折教訓，終於承認了商品經濟是一種客觀存在，回歸到人類的基本常識，這是一次重大的理論突破。它既為中國經濟改革的全面推進清除了理論障礙，也為商品經濟在中國理直氣壯地發展奠定了基礎。國內外立刻捕捉到這一動向，評價中國經濟體制改革在理論和實踐上步入了新高地。

對於趙紫陽自己來說，這是一塊里程碑。

這年夏秋之際，廖伯康收到趙紫陽辦公室轉來的一份影本，那是趙紫陽給鄧小平的一個報告，就一頁紙，寥寥幾句話。趙紫陽提出：生產是商品生產，消費是商品消費，能不能提商品經濟？鄧小平在這段話下畫一道紅槓，拉出來，批了兩個字：可以。[91]

北京發來這份影本，沒附任何說明文字，但是很可能發生在趙紫陽寫出那「四條」之前——趙紫陽拿到了鄧小平的態度，才開始了行動。後來馬洪問過趙紫陽：「社會主義商品經濟和社會主義市場經濟有什麼不同？」趙紫陽說：「就實際工作來說，沒有差別。用商品經濟，是為了減少振動，使更多的人容易接受。」[92]

趙紫陽，不愧為共產黨的頭腦。過後他感歎地說：認識這麼一個常識性的問題，經歷了三十五年，國家和人民付出了慘痛的代價！

91 廖伯康《廖伯康回憶文集》。
92 陳一諮《陳一諮回憶錄》。

趙紫陽在重慶的視察完了，要發新聞。他把祕書鮑彤找來，自己口述，鮑彤筆錄，之後讓鮑彤複述一遍，趙紫陽說哪裡要添幾個字，哪裡要改幾個字，完了以《人民日報》本報訊的名義發出了新聞稿。這條新聞加了邊框，發表在一九八四年三月十一日《人民日報》的頭版，全文如下：

趙紫陽稱讚重慶經濟體制改革效益好
希望山城為開發西南經濟作出貢獻

本報訊：最近，國務院總理趙紫陽到重慶視察工作，對重慶一年來在經濟建設和經濟體制綜合改革等方面取得的成就表示滿意。他希望山城人民再接再厲，充分發揮重慶作為經濟中心城市的作用，為開發西南經濟作出應有的貢獻。

重慶市第一建築總公司在利改稅後，公司內部實行了嚴格的承包責任制，效果很好。趙總理肯定了他們的經驗，著重指出，在通過利改稅解決國家和企業關係時，必須在企業內部加強各種形式的承包責任制，落實廠長職權，更好地實行按勞分配，調動廣大職工的積極性，只有這樣，才能充分顯示利改稅的優越性。

趙總理對新成立的重慶工業品貿易中心很感興趣。他說，這是促進商品流通的一種很好的形式。今後隨著消費品供應日益充足，應當有計畫、有步驟地推廣這種形式，逐步取代按照行政區劃分配工業消費品的老辦法。

趙總理興致勃勃地視察了重慶嘉陵機械廠，對該廠組織經濟聯合和專業化協作的經驗給予了很高的評價。他指出，這個經濟聯合的經驗值得全國重視。

趙總理在重慶期間，還視察了重慶長江大橋、嘉陵江架空索道和近幾年來重慶生產的汽車等產品。

對於趙紫陽來說，重慶改革的意義不僅僅是這些。他將四川的全面改革的試點經驗在全國推開的同時，也讓它在重慶得到了進一步深化，使得這個地處西南腹地的內陸城市借著改革的東風打牢自身的基礎，才有了日後的蓬勃發展。[93]

與重慶同時改革的，還有武漢、大連、青島等大城市進行了計畫單列的改革。其中的武漢也值得一提：這是體改委副主任周太和主持的。周太和曾經擔任陳雲的祕書達十四年之久，但是其經濟思想卻主張發揮市場在經濟中的基礎作用。

一九八四年重慶改革的同時，周太和選擇武漢作為城市經濟綜合體制改革的試點，改革的主要內容有：中央和湖北省簡政放權，把在漢企業都交給武漢管理；商品自由流通、自主定價，除了計畫管理的二十四種產品外，全部由市場定價；擴大企業自主權，企業自主經營、自負盈虧，武漢市計委計畫管理門類由一百六十一種減少為五十五種；改革城市財稅體制，實行總額分成，增加地方和企業的留成；實行科研體制改革，擴大高校和科研院所自主權，鼓勵科技成果轉化；打破計畫體制下的城市壁壘，加強城市間的橫向聯繫，建設長江流域經濟帶。

武漢改革創造了諸多全國第一，一躍成為城市改革的排頭兵：第一個菜籃子工程試點、第一個技術市場、第一個兼併市場、第一個聘請外籍人士擔任廠長的工廠，漢正街也被譽為「全國第一商業街」。

93 本章主要參考資料：林雪採訪廖伯康〈趙紫陽關懷重視重慶城市經濟體制改革試點〉、郭延斌〈難忘的川渝黔湘之行——趙紫陽談話整理稿〉、克里斯·M·布拉莫爾（英）《毛時代經濟再評價——四川：一九三〇～一九八〇》。

第二十五章 放江山入襟懷

一九八四年初對於川渝黔湘的調研，為趙紫陽的決策提供了依據。是年九月九日，趙紫陽根據全國調研的結果，致信胡耀邦、鄧小平、李先念、陳雲等人，提出關於經濟體制改革中三個重大問題的意見：

第一、改革計畫體制。

第二、改革價格體制。

第三、要求國家的經濟職能部門能夠適應前面兩項改革，產生相應的變化。近期改革的主要內容應是政企分開，學會運用經濟手段來進行宏觀控制。

九月十日，鄧小平對這一檔批示：我贊成。

九月十三日，陳雲覆信趙紫陽指出：

這三個問題，都是當前我國經濟工作面臨的重要問題，也是對這幾年城市經濟改革經驗的總結，完全同意。關於計畫體制，合乎我國目前的實際情況。關於價格改革，現在確實是有利時機，應當穩步進行。關於政企分開，這樣做很必要。

這裡要提到的是：雖然陳雲強調了「計畫體制合乎我國目前的實際情況」，但是他同意了「改革計畫體制」的提法，至於發現這個「改革」過了頭，那是後來的事情。

一九八四年十月，十二屆三中全會召開，以上內容都寫進了會議通過的〈中共中央關於經濟體制改革的決定〉。在這個〈決定〉精神的指導下，一九八五年以城市體制改革為重點的經濟體制改革在中國全面鋪開，並取得了顯著的成就。

趙紫陽對川渝黔湘四地進行調研前後，大規模的調查研究在全國興起。一九八四年的十一月，趙紫陽約見大病初癒的陳一諮，給了他兩個任務，其中一個就是組建中國經濟體制改革研究所，並給予政策上的扶持。陳一諮不負厚望，他主持的體改所於一九八四年底成立，一九八五年二月至十一月，就組織了四百人的全國大調查。這次調查進行了九個月，目的是理清楚中國改革的現狀問題和前景。改革究竟取得了那些進展？現在面臨著那些問題，解決這些問題有哪些可選擇的對策？

調查的範圍包括二十多個部委、五十四個城市、三十七個縣、一千四百多個企業、二千四百多個居民。調查的主要內容：1.城市經濟改革動態，2.廠長（經理）的主觀意願；3.價格改革的社會心理。4.社會保障制度改革。5.青年生活與擇業傾向；6.企業幹部素質，7.政府職能與機構改革。調查人員共搜救整理了一千四百多萬個資料，形成各類調查報告一百八十五篇一百五十餘萬字。體改所將一篇主報告和十三份分報告編輯之後，出版了《改革：我們面臨的選擇》一書，獲得當年中國最高經濟學獎項：孫治方經濟學獎。

這次系統的調查表明，中國的改革進入了一個新的階段。一方面自一九七九年趙紫陽在四川啟動簡政放權以來，以這個思路為主的城市經濟改革改革，使搞活企業、形成產品市場取得了重大的進展，市場機制開始顯示作用，表現在分配制度改革強化了企業的利潤動機；計畫調撥體制改革使企業有了一定自主權；價格雙軌制對市場形成起了推動作用；經濟運行從「完成計畫」到「滿足市場」轉變；老百姓普遍認為市場活躍了，東西貴點也能買到了，各種副食品豐富了，總的情況是可喜的。另一方面，是經濟過熱使得改革面臨著新的挑戰。當時經濟學界的主流意見將經濟過熱的原因歸咎為投資膨脹，而大調查得出的結論則是：在投資膨脹中非生產性投資膨脹扮演著重要的角色，而且同時存在著消費膨脹，其原因一是因為產品價格放開，而生產要素卻不能流動，勢必造成物價上漲，帶動工資的結構性上揚（即消費基金膨脹），並造成消費需求超前；第二，消費性投資膨脹，源於「廠長不怕破產，工人不怕失業」這就出現了銀行約束軟化的危險，並帶來了單位投資規模小型化和產業結構輕型化。這樣的「雙膨脹」會帶來全面的通貨膨脹，而且給「簡政放權」增設了障礙。那麼是收權回老路還是深化改革，就成為擺在決策者面前的新問題。

主持調查的陳一諮等人提出：在加強對工資總量和信貸總量實行宏觀控制的同時，堅決而審慎地把微觀基礎的改革推向縱深。也就是解決消費膨脹的前提性機制是職工的失業，而解決投資膨脹的前提性機制是企業的破產。這就需要將市場機制引入工資決策，推進金融改革、要素流動和企業破產。報告一出爐，立即引起了熱烈的討論。體改委的一些人同意進一步改革的看法，但對指出的問題表示質疑；而計委的一些人則同意對問題的分析，卻對進一步改革的看法表示質疑。趙紫陽等人聽了彙報，對報告給了高度的評價。在這樣的大前提下，共和國第一家破產企業——瀋陽防爆器材廠出現了，與辭退職工有關的法律也提上了日程。這些舉措在當時的中國，也算得上石破天驚。

這次調查中發現一個急需解決的大問題：這麼大一個國家，這麼多處於大變革中的企業，可是全國既沒有一個能在企業微觀層面上收集可靠的、可量化的、能與國際上同行的會計制度和分析方法接軌的資訊系統，也沒有一個能夠在統計意義上定量收集和分析企業生產、銷售、投資、現金流動諸方面行為和效益的資訊系統，給決策者造成了極大的不便。於是趙紫陽委託鮑彤與財政部、國家科委協商，很快落實了三十萬元啟動資金，由體改所負責設計建立「中國企業觀測系統」。在國家統計局工交司綜合處的配合下，僅僅用了短短數月，這個系統就建立起來，於一九八七年初夏開始運行。

該系統定期收集來自二千家定點企業的定性和定量資料。定性資料來自於每六個月一次向樣本企業的廠長經理們發放的問卷，包括生產能力的利用、產品銷售、原料和存貨、訂單和主要產品的價格諸方面與去年同期的對比，以及對今後三～六個月的預期；問卷同時也調查廠長經理對生產擴張制約因素不同程度的判斷，如市場需求、勞動力、設備、原材料供應、能源供應、電力供應以及流動資金等等。在定量資料方面，該系統從其中八百家企業中收集量度資料共一百餘項指標，涵蓋了企業資產負債、銷售收入、成本以及資金流動方面的活動。此外，該系統還收集年度補充資料。這類資料主要涉及固定資產投資、利潤留成的使用、職工人數的變化、產品種類的增減、產品成本結構的變化，以便於研究企業的投資和創新行為。

定點抽樣的企業分飾在三十九個工業行業和三十個城市，這些城市包括最重要的工業城市（如：京、津、滬）、改革試點城市、沿海開放城市及計畫單列市，同時也盡可能地照顧到城市的地域分布。它的獨特功能在於：保持了資料的一致性，消除了不定期、不定點隨機抽樣調查之間資料的不可比性；它不僅收集定量資料，也採集定性資料。更重要的是，該系統體現了利用現行會計制度和統計制度，又盡可能的運用國際上通行企業分析方法的設計思想，突破了當時統計指標體系僅為計畫經濟服務的局限性。

此事很快引起了英國倫敦經濟學院同行的關注，與體改所開始了合作研究。不久，體改所又與中國社會科學院經濟研究所及世界銀行發起了聯合研究項目。所有這些項目均以該系統為基礎，試圖對企業效率、市場壟斷、投資行為以及宏觀金融政策對於不同類型、不同行業的企業的影響和短期景氣迴圈等方面，從企業微觀層面上進行分析和研究。這個系統每季度還向樣本企業發布分析報告和彙總指標，達到了資訊取之於企業、又服務於企業的目的，以調動樣本企業的積極性。

「六四」後，系統和項目的進展受到很大影響，體改所也遭解散。所幸以此系統為基礎的與世界銀行的合作專項仍得以保留和繼續，後來由國家統計局將該系統延續至今，成為官方發布微觀景氣報告的專門系統。如今，每當《人民日報》上刊登國家統計局發布的微觀企業景氣報告或相關報導時，知情者免不了感歎趙紫陽當年的遠見和決斷。在他主政期間產生的種種進步，已滲透到國人政治經濟生活的方方面面。

打開戶牖，放江山入襟懷。當初趙紫陽聽從安志文的建議建立體改所，主要的方向就是研究國外的轉型經驗及經濟理論學派對中國改革的建議，而陳一諮和他的部下眼光早就投向了國外，現在更是利用開放的機會，做一些有針對性的探討。

儘管現在有人對於喬治．索羅斯[94]的評價是「用畢生力量來打敗中國」，可是起碼在一九八五年的春天，他對中國是真的很好。這個匈牙利人帶著二百六十八美元到了美國之後，經過打拼已經成了富翁，依然時刻關注祖國的變化。他對陳一諮說：我在英國讀書時，相信了

94 喬治．索羅斯，匈牙利人，十七歲移居英國，一九五六年帶著二六八美元到美國闖蕩，成為億萬富翁。

波普「開放社會」的理念。波普是一位著名的物理學家，他認為任何封閉系統都很難得到發展，只有開放的社會才能學到各民族有益的東西，也才能使自己得到發展。同時，在一個開放社會才能做到人人平等，給每個人提供平等的機會，使每個人的才能都得到充分的發揮。我不喜歡資本主義的欺淩弱小，更不喜歡史達林主義的專制。我熱愛我的祖國，我希望社會主義國家能實行開放，使他們在開放社會中享受人類的財富，在平等的機會中施展他們的才能。索羅斯對於中國的改革寄予了很大的希望，他說匈牙利是個小國，又受蘇聯控制，很多想做的事情做起來很困難。可是中國是個大國，農村改革又引起全世界的關注，一個有十一億人口的大國改革成功，將是對人類的重大貢獻。對於中國已經起於青萍之末學潮，索羅斯也是不贊同的，他說我不認為現代社會能靠學生運動實現，因為現代社會是靠程式、制度和規則來建立的。我希望有一批懂得這些程式、制度和規則的人，來建設一個開放的新社會。破壞一個舊的社會很容易，而建設一個新的社會是不容易的。

索羅斯不但願意出資一百萬美元，在中國設立「改革與開放基金會」，還出錢請中國派一個代表團，去匈牙利訪問。

於是陳一諮帶著他的代表團前往匈牙利，同時還訪問了南斯拉夫。

剛剛開放的中國囿於意識形態方面的差異，最先學習的樣板是同為社會主義陣營的東歐國家。這些國家在史達林之後（甚至之前）就相繼開始了改革，其中走在最前面的有趙紫陽出訪過的南斯拉夫，還有被稱為東歐改革最成功的匈牙利。比起中國來，在改革方面他們有很多優勢。首先這些國家進入改革的時間早，雖然是漸進的、斷斷續續的，但是比中國早了二十甚至四十年；在這些年裡，他們在金融改革、住房改革、工資改革、社會改革、文化改革、政治改革方面，都遠遠走在中國前面，而在建立要素市場、健全法制、輿論監督和政治環境寬鬆等方面，中國更是遠遠落在他們後面。就拿國民平均收入來看，從一九五三年至一九八六年，南斯拉夫從人均一百五十美元上升到二千八百美元，將近十九倍；匈牙利則從人均五百美元上升到三千二百元，上升六．四倍。這樣的數字遠超大多數東歐國家，而中國在一九五六年至一九七八年，國民的收入一直停滯不前。在匈牙利和南斯拉夫，城市和鄉村的差別不大，商店裡各種商品琳琅滿目，電影院裡各種題材的影片豐富多彩，到處洋溢著歡樂的氣氛。由於輿論發揮了正常的監督功能，政府和高層腐敗很少。

南京軍區司令員聶鳳智曾經到南斯拉夫總參謀長家裡吃飯，看見堂堂一國的總參謀長居然住著一套三居室的房子，而且親自做飯招待他這樣的貴客，禁不住問：「你就住這樣的房子？」總參謀長說：「是啊，你呢？」聶鳳智沒有回答：「他在南京住著一百多間房子，為他服務的人員就一百多人。」

高收入水準下的改革，和中國這樣低收入水準下的改革，顯然是不一樣的。他們應該容易很多。但是！他們的改革一直都磕磕碰碰，沒有成功。

東歐是這個世界很重要的一個陣營，他們的成敗關係到政治的、經濟的、社會的各個方面，包括世界銀行的投資方向。一九八二年的八月，世界銀行在中國浙江的莫干山召開會議，邀請了東歐和其他國家既有理論眼光又有實踐經驗的專家，探討了社會主義國家體制改革的整體問題，波蘭、匈牙利、捷克、斯洛伐克的著名經濟學家發言。到一九八五年九月，由體改委、社科院和世界銀行在一條名為「巴山輪」的船上開了一個星期的會，再次邀請世行及國內外專家六十餘人，討論宏觀經濟管理問題，匈牙利、南斯拉夫、波蘭的專家，還有諾獎得主、美國的詹姆斯．托賓都發表了意見。在這兩次會議之間，中國還派出了數百的代表團出訪東歐，都想從中學習經驗，汲取教訓。

陳一諮訪問東歐歸來的第二天，就向趙紫陽作了彙報，而後又在中央黨校作了名為「經濟體制改革與政治體制改革」的報告，就東歐改革徘徊不前的關鍵作了含蓄的說明。他按照當時規定的說法，認為社會主義國家經濟體制改革總的目標，是要建立「社會主義的有計畫的商品經濟」，具體是三個方面：第一是自負盈虧的企業，第二是一個完整的市場體系，第三是政府對經濟實行間接管理。但是南斯拉夫和匈牙利先後改革了四十年和二十年，而今依然處於計畫與市場均不能恰當發揮作用的「兩不像」階段。匈牙利「改革之父」涅爾什說：我認為我們經濟改革有兩大問題：一是產權無人負責，二是資金沒有價格，不解決就不會有效率。此話說白了，就是產權問題不能解決，企業沒有主人，也就沒有積極性。說工人階級大公無私，一心一意為革命做貢獻，那是睜著眼睛說瞎話。

東歐改革不成功還有一個重要的原因：他們在經濟改革方面喜歡主張計畫、工資、物價「一攬子」改革，遇到瓶頸的時候都啟動了與之密切相關的政治體制改革，然後遭到保守派的強力反擊，包括後來的項目。

陳一諮回國不久，匈牙利副總理法路維琪來中國回訪了趙紫陽，趙紫陽對他說：「你們的經驗對中國有很大的幫助。匈牙利和南斯拉夫是社會主義國家進行改革的先行者和開拓者。成功經驗是主要的，遇到困難後得到的教訓也是財富。」

趙紫陽的話表明：對於東歐的經驗與教訓，應該分別對待。之前國內一些學者對於改革也有些著急。比如一九八四年就有人批評「行政性放權」，意思是應該儘快把權力全部下放給企業，政府就徹底撒手別管了。趙紫陽聽了笑著說：這是書生之見，一下子把權放給企業行得通嗎？哪個企業能接受？上邊那麼多婆婆，中國的條條塊塊把企業綁得死死的啊，所以，現在搞擴大企業自主權，是削弱條條，搞城市試點是削弱塊塊，條條款款削弱了，企業才能活起來。可是對於經驗就應該學習。匈牙利從改革開始，就建立社會輿論監測系統，根據改革的需要，不斷調查民眾對改革的承受能力，以及不同階層民眾的需求和願望，把為什麼要改革？改革的目標是什麼？改革會遇到哪些困難和風險等等都告訴全體民眾，增加社會對改革的理解和承受能力。陳一諮認為這個方法不錯，建議國內也策劃一個。

這樣的建議趙紫陽都採用了。

經濟體制、特別是農村改革方面取得了重大成就的中國，在一九八五年九月的巴山輪會議之後看清了東歐國家改革的局限。這個收穫標誌著中國結束了對於採用東歐改革模式的探討，轉而以更強的意願接納市場的作用。這其中一個重要的原因，是美國學者、諾獎得主詹姆斯．托賓在發言中說：可以運用宏觀經濟手段、尤其是通過調節需求來控制市場。這使得中國的學者們認為資本主義制度下經濟的大起大落可以避免，對於繼續擴大市場的作用也更加胸有成竹。

中國的學者們的底氣，很大程度上來自一直在為市場經濟奔走吶喊的國務院總理趙紫陽，而鄧小平雖然堅持「四項基本原則」，但是他對私人企業沒有意識形態上的反對意見，他同意競爭是工商業的動力，他也要決心擴大市場。鄧小平後來說戈巴契夫是個傻瓜。在他看來，戈巴契夫從政治體制改革入手，分明是誤入歧途，因為他將失去解決經濟問題的權利，經濟問題解決不了，人民會把他撤職的。只是在經濟體制改革上躊躇滿志的鄧小平，完全沒有料到自己也會在這個問題上翻船。

巴山輪會議期間，中國的通貨膨脹已經嚴重，趙紫陽在看過會議報告後，接受了用宏觀經濟手段調控市場的結論，經鄧小平同意之後開始著手實施。

沿海開放與廣東

從一九八〇年初趙紫陽入主國務院到一九八九年他因為「六．四」事件辭職之前，是中國當代史上號稱的「改革十年」，期間趙紫陽八次回廣東。他的許多治國理念與在廣東的工作經歷有關，而這些理念形成之後，又在廣東付諸實施，於是地處南疆的廣東，有幸成為了改革開放最直接的受益者。

大約是一九八〇年六月，趙紫陽到北京才三個月，他就回過一次廣東，到深圳考察。趙紫陽進京前夕，中央在廣州召開的廣東福建兩省會議上，確定了四個沿海城市（深圳、珠海、汕頭、廈門）為改革開放的試驗田。四個城市中廣東就占了三個，深圳為其中之首。而在趙紫陽的這次考察之前的五月十六日，中共中央和國務院下發的第四十一號文件說：四個特區將實行與其他地方不同的制度和政策，將主要受市場調節。這些特區可以對各種辦事的方式進行靈活的實驗，現代管理制度不但能夠改善中國的企業，而且可以為黨政機關所用。

其實早在一九三〇年，廣東就有了「特區」——當時的南京政府正式宣布，指定廣東省中山縣唐家環開闢為無稅口岸，以六十年為期，定名為中山港。民國第一任總理唐紹儀打算用二十五年的時間將中山港建設成能夠停靠五千至二萬噸巨輪的無稅商港，還準備讓鐵路直通漢口、北平、遼寧，貫通西伯利亞直至歐洲，歐洲的陸上運輸則以唐家環為出海終點。唐紹儀沒有辦成的事情，在鄧小平手裡辦成了，只不過因為時過境遷，地點由唐家環移到了毗鄰香港的寶安縣，也就是一九七九年三月才建立的深圳市。

深圳的幹部班子，都是趙紫陽熟悉的人：省委書記兼深圳市委書記、市長吳南生，原佛山地委副書記張勳甫，原廣州市委第二書記梁湘，原寶安縣委書記方苞。紫陽在深圳賓館與大家見面，說這次主要是問問深圳的現況，聽方苞的彙報。當時兼任深圳市委書記的吳南生除了經濟的事情外，其他的事情都交給副書記方苞管，眼看一個荒涼的小漁村就要成為改革開放的「試驗田」，多少事情要辦啊，方苞忙得一塌糊塗，一般中央領導人來都不陪的，就是見個面，吃頓飯，都記不得給趙紫陽說了些什麼。但是有一點他記得很清楚，就是偷渡。

從趙紫陽到廣東，偷渡就沒有停止過，到一九六二年高峰的時候，身為省委第二書記的趙紫陽不得不和方苞一起去「堵截」。杜瑞芝記得「文革」剛剛結束的一九七七年，鄧小平到深圳，公安部門給他彙報說：「這個偷渡我們公安實在感覺到難辦！」鄧小平講了兩句話：「這是政策問題，不是邊防部隊所能管的。」所以在深圳搞特區，實際上就是在群眾大規模偷渡的背景下提出來的。可是鄧小平這句話說了也就說了，逃港繼續。別看現在深圳一千多萬人口，財政收入幾千個億，可是從一九四九年到一九七九年這三十年，這片地方偷渡走了十幾萬人，剩下三十幾萬人每年每人的收入也就幾十塊錢，大批土地荒蕪。到一九七九年，那些吃夠了「文革」苦頭的人們更是發瘋似得往香港跑，寶安一帶一下子又走掉了五萬多勞動力，簡直是雪上加霜。

一九八〇年的八月二十六日，也就是趙紫陽從深圳返回北京之後不久，全國人大完成特區立法程式，通過了廣東省《特區工作條例》。全國的四個特區中，廣東的深圳成為了「一號特區」。吳南生成為省特區管理委員會主任，同時兼任深圳市委書記、深圳市市長。令所有的人沒有想到的是：延續了三十多年的逃港風潮，就此戛然而止。那些逃到香港發了財的廣東人搖身一變成了「港商」，紛紛前來深圳，要求租地或者是買地建廠。趙紫陽當年許下的「讓香港的人往這邊跑」心願，這個時候才真正實現了。

特別要說明的是：特區的名字後來加了兩個字：經濟特區。這兩個字是陳雲要求加上的，意思是那些特殊政策只能夠限於經濟領域，不能搞政治實驗。陳雲對於選擇特區地點，是非常謹慎的，比如他就不同意選在上海——不僅僅因為那裡是中國的老工業區，是經濟最發達的地區，有個閃失會影響大局；更因為上海有過租界的歷史，人們仰慕於洋人的「買辦風氣」仍然很重，很是讓人不放心。陳雲年輕時就在上海商務印書館當過學徒，還參加過反對帝國主義的五卅運動，痛恨資本家和帝國主義，終身沒有出訪過西方的資本主義國家，也沒有參加過與西方有關的會議，他甚至不接見外賓，除了五〇年代中蘇蜜月期來華支援的蘇聯專家代表團團長阿爾西波夫——他對於社會主義陣營的老大哥蘇聯是很有感情的，而且與阿爾西波夫的私人關係也不錯，以至於發生在八〇年代中期的這次會見，讓鄧小平有些為難：怕他們之間的過於親密，打亂了鄧小平關於中蘇關係的整體戰略。總之，陳雲不能容忍中國走向雖然繁榮但是邪性的資本主義道路。可是鄧小平一打開國門，自己就去了日本甚至美國，以後那些西方資本家一窩蜂湧進中國，這讓他心裡很不是滋味。

鄧小平最後同意了這個改名。但是若干年之後他又說，自己最後悔的，就是當初沒有把上海劃為特區。此話他說了好幾次。

在深圳搞改革開放的特區，最早是主政廣東的習仲勳的計畫，最後決定的是鄧小平，趙紫陽是其中的促進者，催化劑。可是具體怎麼辦，誰的心裡也沒有底。

一九八〇年的深圳，還是一個不到三平方公里的小城鎮，房屋破舊，街道狹窄，僅有一條叫做「豬仔街」和一條叫做「魚仔街」的小街（後來改稱人民路和解放路），被一個十字路口連起來，點燃一支煙從街的這頭開始走，到那頭這煙都燃不完。那時候深圳的工農業總產值，才兩個億，其中一億四是農業產值，工業只有三百多家小廠，產值才六千萬，一九七九年財政收入才一千八百多萬。這裡雖然毗鄰港澳，卻與港澳天壤之別：沒有自己的報紙、廣播和電視，僅有的文化設施是一個書店和一家五十年代蓋的劇院。晚上從飛機上往下看，香港那邊是一片「火海」，而毗鄰的深圳，則是黑燈瞎火一大片。

條件這麼差的特區建設要啟動，開辦資金從哪裡來？一九七九年十二月十二日，國務院在京西賓館召開了關於特區建設的會議，各部委各方面的人都來了，吳南生在會上講了關於特區的整個規畫，在這個奠定特區基礎的第一個檔中，他拍著胸脯給中央打保票，說不要中央的錢，我自己搞一個城市，城市的基礎建設，就由那些來投資的老闆出錢！一開始，香港的老闆過來談的果然很多，其中包括新鴻基這樣的地產大老闆，吳南生想讓他們拿點錢修路，可是人家不肯。後來才有「外面」的朋友告訴他，市政建設應該是由政府拿錢來修，投資者是不會拿錢的：他才明白自己的大話說得早了點。吳南生還是不死心，找到香港南洋銀行的董事長莊世平，莊老給他支招：「你給谷牧說，要求在國家銀行貸款。」吳南生果然從谷牧手裡要到三千萬元貸款，省裡給了五千萬，再東拼西湊一億五千萬，修了一條五米多寬、約十五公里長的馬路，這就是今天深圳的座標——深南大道。

一九八一年的二月，吳南生回到省裡去統管特區的全域，此前曾任廣州市主管工業的副市長、廣東省副省長等職務的梁湘，從繁華廣州調往一片荒蕪的深圳擔任黨委書記：此時他已經六十二歲。梁湘是不願意來深圳的，為此還和習仲勳大吵了一架，最後還是來到了只有一條「深南大道」的深圳。梁湘到深圳不過半年，趙紫陽來了。這是他擔任國家總理之後第一次回廣東，主要是來看深圳特區。之前中央組織了一批人到外國去參觀，深圳派了兩個人參加，回來寫了一個報告給中央，建議按照斯里蘭卡的那個加工區的模式，幾十平方公里（還有人提出的更小一點，幾平方公里），只引進外資，加工區的形式是：外資東西來了，在特區範圍內開工廠生產，工人住在特區外，早上來上班，晚上回家，工人離開特區要檢查，不能帶東西走：怕他們走私，又怕他們享受了特區的待遇。

對此趙紫陽不同意。他說：「搞特區，不是像原先有人設想的那樣只是一個加工區，要搞經濟特區，要搞工業、交通、港口、旅遊、金融五大方面。」

那麼錢呢？錢從何方來？

趙紫陽又說：「計畫經濟發展不起來，最大的原因就是沒有發揮金融的作用——金融只有財政孤立的一家，銀行都是財政部的下屬。現在要搞突破，首先要搞市場的核心力量，就是金融，就是靠銀行。人家法國，就是用發展公司來搞建設，資金來源分三部分：一是政府的低息貸款，二是銀行的低息貸款，三是自籌。深圳投資這麼多，為什麼不可以貸款？[95]」

周鼎[96]是梁湘的副手，黨組書記，主管政府，現在還記得和趙紫陽的談話。周鼎說銀行的

95　一九八一年八月十六日，趙紫陽在聽取深圳市委領導同志彙報時的指示。

96　周鼎（一九三一～）江蘇阜寧人。曾任新華通訊社澳門分社社長。時任中共深圳市委副書記兼副市長。「六四」後被停職審查。

錢是國家的，誰敢動呢？於是趙紫陽講了第二個問題，原話是：市場經濟，投資貸款，有借有還，再借不難。周鼎問那我們是不是把全國的銀行都請來開會啊？趙紫陽說可以啊，你們這個特區有這個能力人家就來，沒有這個能力人家就不會來。周鼎說那行，我們這一動，人家就會向你彙報，那時候你可要點頭啊！

和趙紫陽打過招呼了，梁湘和周鼎就想辦法，開會談特區貸款。他們首先抓住人民銀行，找到兩個副行長，然後把全國各家的銀行行長都請來了，外加上香港銀行，日本銀行，請他們支持特區建設，貸款。行長們說：「這個不行啊，你們貸款搞基礎建設，最少也要七、八年才能還，我們那頭用錢怎麼辦？」周鼎早就摸清底細了：當時是計畫經濟，國家規定「買醬油的錢不能用來買醋」。每個省用於工業改造都有一筆錢，這個錢不是下來就能夠用的，最短要半年才能用；而農業貸款也都在銀行裡面放著，什麼時候用於買農藥，什麼時候用於買化肥，到了季節才拿出來用。周鼎說這些錢你放在銀行裡面也是放著，不如貸給我，半年三個月都行。銀行說那你講講，怎麼會三個月半年就能還錢？你哪裡來的錢？周鼎說：「這好辦啊，例如我首先從上海貸款，到他半年要用錢了，我再到南京去貸款還上海的，到南京要還款了，我再到安徽去貸款來還。你們放心，國家計畫經濟給你們錢搞農業、工業的計畫我都知道，保證不耽誤。」

結果貸款成功。第一批貸款八個億，三個月還一筆，半年再還一筆。到一九八七年周鼎離開深圳，在他和梁湘手裡一共花了八十一個億，開闢出五十七平方公里的特區。而現在的特區面積，已經達到三二七．五平方公里。雖然深圳破了「買醬油的錢不能用來買醋」的規矩，受到了內部的通報批評，可是也推動了金融體制的改革——到一九八五年一月起，全國推行深圳的作法，各地的基建投資由原來的國家撥款改為向建設銀行貸款。

周鼎說：「這都是紫陽的功勞，沒有他，我們連一億八千萬元都沒有，到哪裡去找這八十一個億?!」

有了錢，還要解決一個怎麼花的問題：是按照計畫經濟的老套子去花，還是按照市場經濟的新路子去花。

大約是一九八一年的夏天，梁湘來深圳幾個月以後，深圳的第一座高層建築——二十層高的國際商業大廈即將開工，廣東省建工部門按照以往的「慣例」，把施工任務分配給了省內一家建築公司。但是這家自恃「吃皇糧」的公司連續三次更改要價，並一再拖延開工日期，眼看工地上已經長出了雜草。梁湘發火了，說死了張屠夫，也不吃混毛豬，我們借鑑香港經驗，面向市場公開招投標，讓中外建築商來自由競爭。

在今天，建築工程招投標，已經相當正常，可是在當時計畫經濟為主的大環境下，面向中外建築市場公開招投標，那就是從「國家隊」的嘴裡虎口奪食；尤其是面對港澳公司招投標，那是把咱們社會主義建設的活兒拿給「外國」資本家來做，把社會主義的錢拿給資本家去賺，不僅被認為是涉及「主權問題」，還有人甚至說「姓梁的把國土主權賣給了外國人」。省建委的領導惱了，說你梁湘這樣幹，我這個建委主任還當不當了？我們的建築隊伍怎麼活呀？梁湘說競爭促改革，不管省內還是省外，誰能幹就該誰來幹，什麼叫國家主權，請別拿大帽子嚇人！

趙紫陽在一九八一年八月十五日來到深圳之際，正是這場爭論激烈進行之際，他針對深圳的建設提出的諸多指示中，有一條看起來就是針對這個事件。他說：

以前搞城市建設，都是建委等行政部門設立個指揮部，由國家撥錢來搞；以後要通過開發公司承包的方式，完全用承包的方法，進入市場經濟模式。他還說：承包之後怎麼辦呢？官商要分開，承包商獨立經營，照章納稅，企業內部問題政府不用管。這是特區體制當中一個根本性的問題。在這之前，雖然有企業，但是企業投資做什麼，搞什麼項目，怎麼搞……很多問題都要拿到政府和黨委來討論，企業沒辦法獨立自主，把盈虧都算到政府身上，而政府也是官商不分，往往把企業的錢拿來自己用，這樣弄來弄去，「官」和「商」都沒有活力，市場化就是一句空話。特區之「特」，就是嘗試市場經濟，就要給企業自主權，讓他們自負盈虧，有奔頭有想頭。

梁湘的作法得到了趙紫陽的支持，得以延續下來並由此擴大到全國。最終深圳國際商業大廈的工程造價降低九百四十多萬元，工期由原來的兩年縮短為一年半。由於這個問題提得比較早，深圳的建設少走了很多的彎路，也少花了很多錢。

一九八一年八月十五日趙紫陽來深圳，還說過官商要分家，政府機構就可以大大精簡，很多事情都可以包給企業，規定上繳的利潤和稅收，其他就不要管了；他還提出深圳特區的管理機構可以按照自己的實際來設計，不一定要和上面對口。根據趙紫陽的指示，深圳的行政機構進行了大刀闊斧的改革。時任深圳市委副書記的方苞記得很清楚：深圳剛剛建市的時候，大概有五十多個局，常委十七個。改革後變成二十五個處級單位，機構砍掉一半，市委機關編制變成了一百人，實際上只有八十人，常委只有七個人。機關裡的人少到什麼程度呢？政法線只有五個編制，農口線沒有編制，農業局啊、畜牧局啊統統撤銷，搞畜牧公司，農業公司，全部搞成企業化。方苞他一個人直接管到縣，管到村，那時候工作是很忙，可效率非常高。

趙紫陽在多個場合「力挺」深圳的主管梁湘，希望幹部們團結一致，支持梁湘的工作，因為他知道在「改革開放試驗田」的深圳，梁湘他太難了。正是有了趙紫陽的鼎力支持，頂著那麼多「大帽子」的梁湘，才得以做了很多「破天荒」的事情：對特區人事、工資、制度等體制全面進行了改革。黨政機關和企業分開，深圳出現了幾千個公司，涵蓋了電子、建材、物資、副食、化工等多個行業；人事制度改了，工人實行招聘制，推行勞動合同制，對勞動合同制工人實行社會勞動保險；工資制度改革的跨度更大，取消各種補貼和綜合獎，搞承包工資制，一條線一條線地批工資，調動工人們的積極性。深圳早於全國十年取消了一大堆購物票證和糧票，成立全國第一家外匯調劑中心，實行統一的所得稅稅率……在全國都在為「姓社姓資」吵得一塌糊塗之時，深圳已經開足馬力，駛入了市場經濟的快車道。

特區操盤手

對於深圳特區，趙紫陽還著手解決了幾個大問題。

第一是港商的投資。到一九八一年，國家計委主管經濟特區的谷牧，認為深圳還是小打小鬧，沒有放開手去引進大的投資商，趙紫陽也有這個意思，因此他們對香港著名企業家、香港合和實業有限公司主席胡應湘[97]的投資很重視。胡應湘到北京，原定只由國家計委副主任

97 胡應湘（一九三五～），香港著名企業家，因其對改革開放的大力支持而多次受到中共領導人的接見和稱讚。

谷牧接見，可是屆時國務院主管僑務工作的廖承志和總理趙紫陽都接見了，趙紫陽還對胡應湘說：「你們進來不賺錢，我們就不成功。」這樣高規格地接待港商，顯示了中央政府的誠意。胡應湘投資的深圳到香港邊境上的聯合檢查大樓，就建在當年被「移山填湖」的羅湖山原地，它是我國最早實行聯檢的口岸，現在已經是中國人流量最大的陸路出入境口岸；胡應湘還投資了深圳的基礎設施，比如高速公路和電廠。深圳早期發展的時候電力很緊張，常常是開四（天）停三（天），甚至是開三（天）停四（天），嚴重地影響了工程進度，電廠的問題一解決，對深圳發展起到非常大的作用。

高速路更重要了。那時候從深圳去廣州坐汽車，一、兩百公里的路要走五到七個小時，還要靠擺渡過江，非常不方便。胡應湘先生要投資建高速路，可是廣東省的有關部門堅決反對，說現在的路慢是慢了點，可畢竟有了嘛，咱們珠江三角洲那麼肥沃的田土，拿來修路不划算；加上「上面」也是這個看法，一直都批不下來。胡應湘先生知道他們不了解，就出錢把廣東省、深圳市的有關部門的人員請去西歐，看看高速路到底是怎麼一回事。大家一看，哇！這就是高速路啊，這麼快！人家在精華地段修路，咱們在精華地帶種農田，難怪經濟拉動不起來。要不要修路的問題解決了。

可是讓誰來修路的事情又卡住了：咱們的高速路，能讓外商來修？又通不過。談來談去，眼看北邊大連的高速路都動工了，本來應該全國第一的深圳卻落到了後面。這個時候，趙紫陽出面了。他把交通部長請來開會：第一，這路一定要修；第二，有什麼問題當面說清楚，然後拍板定下來。於是這條高速路很快就修起來了，對經濟拉動可想而知。

趙紫陽還支持了深圳國際機場的規畫，在此之前深圳領導給中央寫過報告，也去北京談過兩次，有關方面都持否定態度，後來趙紫陽說：通道愈暢通對特區經濟企業愈有利，不能採取現在老套的辦法……事情才得到解決。趙紫陽親自召開會議，請外交部、公安部、海關總署等單位參加，協商引進香港電氣化火車問題，對深圳的電信業也很重視，明確說了電信可以引進外資，梁湘還為了這個事情跑了幾年，最後終於得到解決。趙紫陽甚至讓深圳方面迅速拿出報告來，和胡耀邦一起打算引進外資，發行特區貨幣，準備先設辦事處，循序漸進地解決。他甚至還提過在特區建立「特首制」，就像後來的香港一樣，由「特首」直接對中央負責，以避開層層疊疊的阻力。其時海南還沒有建省，南海的石油勘探正在試驗中，趙紫陽準備在深圳開一次會，拿出二百億元的經費在南海油田建設服務基地，在深圳建煉油廠。他還指示深圳要修建的深水碼頭，要由深圳與招商局一起搞，不要交通部插手，有什麼問題儘管請示，都可以解決……當然，最後也不是什麼問題都能夠落實，比如由於各種各樣複雜的原因，南海石油的煉油廠後來沒有到深圳，而是到了東邊惠州的大亞灣。從一九八六年開始，特區貨幣的事情胡耀邦一直都在積極過問，甚至還看過四張還是六張的印板[98]。可是很快就到了一九八七年，他被迫下台，事情沒有能夠解決。

改變深圳的不僅僅是經濟繁榮，還有文化繁榮。趙紫陽當時就說過：特區對國家來說更重要的是搞出一代新人，特別好的效率、特別好的法制，特別好的社會秩序，特別好的政治文明，有了這個，對全國都有重大意義。梁湘在主政深圳的五年裡，拿出了地方財政開支的三分之一，來辦文化、教育、衛生、科學和體育事業。他專門列出計畫，要興建大劇院、博

98 王巍在《胡耀邦（一九一五～一九八九）》讀書會上的發言。

物館、圖書館、科學館、體育中心等「文化八景」；辦起了《深圳特區報》、《深圳青年報》等八家報刊雜誌。「賣褲子也要把深圳大學建起來」——很多人至今記得梁湘的這句話，最後這裡辦起來的，不僅僅是深圳大學，還有教育學院、電視大學、各類中專和一批中小學。

深圳很快就變了，不少當年逃出去的人從港澳回來開店，賣港貨，包括：喇叭褲、蛤蟆鏡、口紅、面霜、小飾品，鄧麗君的歌帶收錄機、電子手錶計算器……一時成為時尚，引得內地多少年輕人追捧。最讓人眼饞的，是深圳還可以看錄影，很多來自港台的錄影帶：武打片，警匪片，喜劇片……對大陸影響最大的要數言情片。不僅是「文革」十年，就是在「文革」之前，出於戰爭時代「氣可鼓不可泄」的要求，大陸的影片對於兒女情長的劇情都是抱著警惕的態度，此時以瓊瑤為代表的港台言情片，觸動了人們內心柔軟的情感需求，在大陸造成了極大的轟動。深圳因為地處前沿，能夠看到的錄影帶比內地豐富得多，當時北京來的，各省來的，包括趙紫陽在內，到了深圳每天晚上都在看錄影：「哇！這麼好的東西，新式武器。」當然了，深圳最吸引人的，還是能掙錢。深圳火了，除了那些懷揣夢想的拓荒者，中央各部委的幹部、還有各省級幹部的子女都來了，都去找常住深圳的省委分管書記吳南生。其中有老朋友的孩子，也有吳南生壓根就不認識的，來了就說：「叔叔，我爸爸讓我來向您問個好。」吳南生心想你爸爸是誰呀？還有的說：「叔叔我要買點東西，沒有港幣，你幫我湊點？」

高幹子弟經商撈錢的苗頭，也是從深圳這樣的地方開始的。

辦特區從一開始，很多人就有看法。雖然廣東省的第一書記習仲勳是特區的積極開創者，可是第二書記楊尚昆，卻有些沉默，加上那時候從廣州到深圳很不容易，路況也很糟糕，他一直沒有到深圳去過。一九八一年，習仲勳離開了廣東，擔任國務院副總理；遼寧的省委書記任仲夷沒有實現在大連開辦特區的計畫，卻因為思想比較開放引起鄧小平和趙紫陽的注意，來到了廣東當書記。楊尚昆也要離開廣東了，去北京當第五屆全國人大常委會副委員長兼祕書長，這個時候他才去了深圳。一回到廣州，尚昆就到吳南生家裡，說南生啊，我以前錯了！如果不辦特區，深圳能有今天嗎？以後楊尚昆回到廣東，還多次去過深圳。深圳有個叫「淅瀝湖」度假村，是個旅遊點，吸引了很多香港人過來遊玩。尚昆說叫「淅瀝湖」不好，就改成了「西麗湖」。

深圳的大發展，讓當時的香港總督麥理浩很感慨。開明的麥理浩總督對增加檢驗設施、儘量簡化手續、把來往香港的口岸打通等問題上，都給予了積極支持。一九八一年十一月三十日，這位總督來到深圳，在蛇口通訊站裡說過一句話：「深圳這樣的發展速度，在資本主義國家做不到。」

深圳特區建設初期，紫陽來了兩次，耀邦來了兩次，小平來了一次。他們都是支持特區建設的擎天大樹。

價格改革是經濟改革中的一大塊，趙紫陽關於價格改革的設想，也是在廣東起步試點。一九八一年八月十五日，趙紫陽到廣東做的一件大事，就是與廣州市郊區菜農舉行了一次座談會，想研究在廣州先行放開蔬菜價格可行性，為在全國放開副食品價格進行試點。廣東氣候溫潤，很利於農作物的生長，可是老百姓吃菜卻很難，長期吃的是「無縫鋼管」（通心菜）和大冬瓜，其他的細菜和品種都很少。省長劉田夫在會上總結菜農們的發言說，廣州郊區菜農種菜之所以不積極，主要是價格問題，既然種菜不賺錢，還不如去搞工副業。趙紫陽聽了回應說：「就是這個問題！」於是會上做出決定，鼓勵近郊菜農以種植細菜為主，也就是高品質、多品種的好菜，價格放開，讓市場調節；在遠郊區，開闢新的種植基地，種植一些像椰菜、大白菜等「大路貨」，兩樣措施並行，以保證品種多類，價格兼顧。這個措施一實施，市場上幾乎什麼菜都有了；菜也漂亮了，菜農把根去掉，洗得乾乾淨淨才擺上攤。菜的價格確實貴了，有些高檔菜甚至貴了二、三倍，菜農當然很高興，市民也還是滿意的，因為畢竟有賣的了，可以隨意挑選了。

讓廣州居民為難的，還有魚。因為靠江靠海，魚米之鄉，老百姓有吃魚的習慣。可是那時候每月每人只有二毛錢的買魚票，一家五口人每月只能買一塊錢魚。那些兼賣魚的小雜貨店，盡賣些小魚、雜魚，雖然都是死的，仍然難買到。要是聽說明早有魚賣，今晚就已經有人用磚頭、小凳排上隊了，天還未亮小店前面已經排成了大隊「人龍」。要是你家大人上班，小孩上學，沒有人去排隊，就是有買魚票也吃不上魚。於是趙紫陽就建議廣州開放魚類價格，以鼓勵農民、漁民積極養魚、捕魚。這樣一來，農民養魚熱情大漲，大量挖塘養魚，沒多久大批活魚上市，而且「開刀」零售，你想買魚的哪個部位都行。但是魚的價格的確漲了許多，那些好品種如鱅、鯇、鯉，最高時達三元多一斤。趙紫陽問老記者余國耀：「菜和魚的價格放開了，你們的生活怎麼過？」余國耀說答：「雖然貴一點，但是吃得到啊。再說以後魚一多，肯定會降價。」果然不出所料，價格放開三個月，鮮活魚價格降到一兩元錢一斤，穩定了下來。

廣州的價格放開，給市場帶來的變化十分巨大。這樣的變化可以從余國耀一九八〇年記錄的一些資料看出來：

塘魚：一九八〇年九十六萬擔，一九八三年增至一一二萬擔；

雞：一九八〇年二百六十萬隻，一九八三年六九七萬隻；

水果：一九七九年一〇九萬擔，一九八三年二一三萬擔。

……

一九八四年十一月二十一日至二十九日，趙紫陽又到廣州、佛山、江門、珠海、深圳以及順德、南海、中山、東莞等地視察。此時第二次莫干山會議——即「全國中青年經濟科學工作者學術討論會」已經於兩個月前召開，到會的一百八十多人就價格改革、企業改革、對外開放、金融改革、股份改革、農村改革、政府職能等問題展開討論並提出報告。中央在農村改革的鼓舞下急於開展城市改革，急需一個可行的價改方案，會上價格改革是熱點也是重點，由於此舉巨大的風險，趙紫陽抱有「我不入地獄誰入地獄」的決心，這個風險就是老百姓對於價改的承受力。在廣東省委常委彙報會上，趙紫陽對廣東農副產品價格放開後引起的巨大變化感到高興，希望廣東繼續為全國的價改提供正、反兩面經驗。他說：「如果在北京，價格一下子提高百分之三十，就會成問題，但廣州沒有出現大問題。」對此趙紫陽感慨地說：「廣東人的承受能力強。」

「廣東人的承受能力強」，對物價放開是一大有利因素。趙紫陽先在廣東搞物價改革試點，出於他對廣東人民的了解和信心。到一九八三年，廣東省成為全國第一個不為多種食品（包括糧食）定價的省份。這在自古「一糧帶百價」的中國，是一件大事情。

第二十六章　寒流前後

緊急通知

深圳特區在中央一大批改革派的支持下，在老領導趙紫陽的幫助下，突飛猛進。可是任何改革都會經歷風雨，特區更不例外。

一九八一年趙紫陽在廣東談到「利益導向」的時候認為：不能像毛澤東那樣單純依靠「提高政治覺悟」來激發人們的積極性，關鍵是要處理好各方面利益的關係，同時還指出「一定要強調監督」。你不給利益沒有積極性，給了利益之後各自容易擴大自己的利益，所以監督一定要跟上，檢查要跟上。

可是人們長期被抑制的欲望突然獲得釋放的機會，如脫韁的野馬令所有的人措手不及：各種惡性刑事犯罪案件迅速增加，甚至有人捲款出逃；很多地方在招商引資的時候對外商索賄。沿海特別是潮汕地區，從香港走私販私猖獗，其中最多的是電子手錶和布料，還有好多生產、生活資料。這個情況也引起了廣東省委的重視。大約是一九七九年至一九八〇年初，省委政法委主任寇慶延去到汕頭沿海，感覺走私分子囂張得不得了：他們手上一把抓了十幾塊錶，見人就強賣。最大的問題是這些走私活動得到了地方政府的支持。寇慶延到潮陽下面幾個鎮子去調查，對汕頭地委書記說：「這不行啊，這樣搞下去要亡黨亡國啊！」地委書記滿不在乎說：「你不要說得那麼嚴重，我們搞得很好，賺了不少錢。總得要『改善』一下嘛。」寇慶延此去，是查了海豐縣委書記王仲的案子，同時查的還有海豐縣副書記葉媽坎。據寇慶延個人的看法，王仲自己並沒有貪污、受賄多少有價值的東西（先後收受、索取六個人的賄賂，計有電視機六台、收錄機兩台、電冰箱一台。最先的一筆是一台十七吋黑白電視機），他是要了很多電子手錶，但都是用來送人做廣告，沒有裝在自己腰包裡。拿現在的法律來看，王仲主要的罪行是瀆職和縱容。而那個葉媽坎就不同了。他是當地人，「文革」中的造反派，在海豐當副書記，後來政策變了，組織上調他到另一個地方工作，他不去，就搞走私，違法亂紀。長期主持政法工作的寇慶延主張槍斃葉媽坎，不主張槍斃王仲，認為他最多判個死緩。後來省委開常委會討論，常委們一致同意判王仲死緩。但討論結果向中紀委彙報後，中紀委要借人頭刹風，堅決要殺。因為那時候全國還沒有一個幹部敢像王仲那樣索賄受賄，他就是腐化程度最嚴重的人。既然中紀委堅持，省委也沒辦法，最後於一九八三年的一月十七日，由汕頭地區中級人民法院依法判處死刑，當天執行。[99]

槍斃王仲和葉媽坎兩個縣級領導幹部，被稱作「中國改革開放反腐第一案」，在此前後廣東還抓了一批人，清理處分了一批人，大規模的走私風潮總算是有了收斂。可是此類案件給特區帶來的負面影響，卻在擴大。令特區幹部最為頭疼的，就是陳雲的態度。由於特區所取得的成績，幾乎所有的高幹都去過特區至少一次，並對特區的成就予以表揚，只有陳雲和李

99 田炳信採訪寇慶延〈歷史是一種反芻動物〉。

先念不去。其實陳雲每年都去南方過冬，比如杭州和上海等地，但是他總是說自己的身體狀況不允許去廣東。一九八一年十二月，陳雲不斷就特區發表講話，比如既要看到特區的成績，也要充分估計到特區帶來的副作用啊；又比如說現在各省都想搞特區，都想開口子，如果那樣，外國資本家和國內投機家紛紛出籠，大搞投機倒把就是了。

陳雲處事堅決，但很少動怒，可是到一九八一年底，他對廣東和福建經濟犯罪的憤怒已經到達頂點。為了平息陳雲對廣東走私和牟取暴利的狀況不滿，鄧小平採取了「守勢」：他在一九八一年十二月給胡耀邦作出書面指示，要派一個小組去廣東查清情況，並對全體黨員進行教育。一九八二年一月五日，陳雲提出了一份嚴厲打擊走私活動的報告，用他領導的中紀委名義下發，作為回應，鄧小平在報告上批了「雷厲風行，抓住不放」八個字。正在浙江調研的趙紫陽，接到了緊急通知。

二月十一日至十三日，福建廣東兩省座談會在北京舉行。會議以中共中央書記處召集，中央書記處成員、國務院負責人、中央軍委和中央紀委負責人、各有關部門負責人及兩省省委常委共六十八人出席了會議，要求廣東省委書記任仲夷和省長劉田夫對未能阻止轄內發生的走私和腐敗現象做出解釋，並且警告他們改進工作。廣東省委書記任仲夷和省長劉田夫帶了十幾個幹部進京，以表明廣東幹部在推動改革，嚴肅對待走私問題上是團結一致的，並按照要求作了檢討。

廣東的幹部們對於這次「兩省會議」一直記憶深刻：一見面就讓趙紫陽批了一通。趙紫陽一開口就說：「你們廣東放羊了嗎？」「你們怎麼搞得放了羊？」那時指的「放羊」，就是亂。總書記胡耀邦和國務院總理趙紫陽兩個人都在會議上講了話，但是他們自己也處於很尷尬的境地。一方面是老人們的壓力，比如陳雲就質問：任仲夷是不是黨員[100]？言外之意是別說是黨的高級幹部了，即使一個普通的黨員，能夠容忍這麼嚴重的犯罪嗎？之前中央準備讓任仲夷當全國人大副委員長，結果也被陳雲把名字勾掉了。陳雲甚至要求將「頭腦靈活」的廣東省委書記任仲夷調離，換上一個很堅定的、一個像「釘子」一樣釘在「原則」上一動也不動的人來接任，後來經過胡耀邦和趙紫陽再三爭取，加上沒有合適的人選，他才放棄了自己的意見。可是會議上的批評上綱上線，不依不饒。有人說，廣東正在出現階級鬥爭，資產階級正在從中漁利；胡喬木甚至說，這種形勢關係到更大的政治和意識形態問題……這些論調讓廣東的官員意識到問題的嚴重性。

主管廣東三個經濟特區的吳南生在會議期間受到很嚴重的衝擊。他實在是火了，找到趙紫陽說：「紫陽同志，我要找你談。」還說你現在也不要緊張，過兩天我死了，就說不成了。那天在趙紫陽的辦公室，吳南生發了一個多鐘頭的牢騷，他愈說愈生氣：……中央發那樣的檔，什麼貪污腐敗，所有的問題都說是資本主義。這些從奴隸社會就有的啊，怎麼會是資本主義呢？文件不通的呀！趙紫陽就一直聽著，一句話都不講。廣東是趙紫陽的根據地，特區是他一手扶持起來的，面對如此巨大的壓力，趙紫陽的心態也很複雜，事後他在回憶錄裡寫到：我和耀邦處在很為難的狀況。當時兩省（廣東、福建）的同志表示顧慮很大，認為這麼一搞，特殊政策、靈活措施就很難搞了。我們兩人一方面向他們做工作，要他們接受中央通知的精神，另方面又要勸說陳雲盡可能保護改革開放，使沿海地區剛剛開始的改革開放大好形

100 楊繼繩《改革開放中的官場百態》。

勢，不要受大的損害。[101]

在這樣的局勢下，不但趙紫陽和胡耀邦顯得很被動，就連一向強硬的鄧小平也沉默。一九八二年特區最困難的時候，鄧小平來到這裡過年，廣東省委書記任仲夷找他彙報情況，鄧小平說：「不聽彙報，就是休息。」但是最後還是聽取了任仲夷一個半小時的彙報。他對任仲夷說，他認為中央在這些地方開放的政策是正確的，「如果你們廣東也認為正確，就把它落實好」。鄧小平到廣東，表明他在那樣的時刻對廣東按捺不住的關心。他不輕易表態，也表現了他面對陳雲陣營強大攻勢的謹慎。

因為任仲夷帶來的大隊人馬，陳雲在會上批評的分寸上不得不有所顧忌，可是他老人家怎麼可能就此甘休。兩省會議以後，陳雲對胡耀邦說，他對廣東的反應很不滿意，於是胡耀邦給任仲夷打電話，說你們沒有過關，還要再回來接受新的一輪批判。任仲夷這次只帶上了省長劉田夫，去參加了中央書記處的辦公會議。這次專門為任仲夷「二進宮」召開的會議，從二月二十三日開到二十五日，任仲夷按照胡耀邦的要求再寫了措辭嚴厲的自我檢討以求「過關」。中央對廣東批評的嚴厲程度，不但給任仲夷，還給一大批在改革開放最前沿最活躍的幹部比如梁廣大、黎子流等人背上了沉重的思想包袱。離京之前，任仲夷私下請教了他的重要支持者胡耀邦，回廣東後怎麼傳達傳達北京的意見，他擔心一旦把「階級鬥爭」的說法傳達下去，有可能窒息廣東的經濟活力。胡耀邦告訴他，傳達什麼不傳達什麼，由你自己決定。回到廣州，任仲夷和雷宇[102]商量在傳達會上怎麼說。雷宇說雖然上下兩頭都很重要，但是如果不

101 趙紫陽《改革歷程》。

102 雷宇是任仲夷從遼寧帶到廣東的幹部，一直從事政策研究工作。後來任海南行政區黨委書記兼主任。

能兼顧的話，最根本得保下頭，如果廣東亂套了，你會兩頭都保不住[103]。於是任仲夷在會上大包大攬，把所有的責任都攬到省委頭上，而省委的責任都在於我任仲夷這個省委書記。在承擔責任的同時，任仲夷強調了兩個堅定不移：即改革開放堅定不移，打擊經濟犯罪堅定不移。

任仲夷的講話讓幹部放下了包袱，心情舒暢地回去工作，經歷了這些風雨，他們感謝省委書記任仲夷為自己撐腰。他們認為在那麼大的壓力下，如果不是任仲夷從容面對，穩住了廣東的局面，始終把握住改革開放的大局，廣東的改革開放很可能會垮掉，中國的改革開放大業會出現什麼樣的挫折，還很難說。

對於廣東與福建的追責還在擴大。兩省座談會紀要以中央的名義發到全國之後，四月份中共中央和國務院又發布了〈關於打擊經濟領域嚴重犯罪活動的決定〉，明確地把打擊經濟犯罪定為中心任務。這個〈決定〉把改革開放後在經濟領域內發生的走私、投機、受賄、盜竊國家財物等現象，提高到「是在新的條件下階級鬥爭的重要表現」，甚至提出「是國內外階級敵人用資本主義的腐朽思想對我們進行破壞、腐蝕的反映」。還說「改革開放以來，資本主義腐朽思想和資產階級生活方式，在國內影響增多，社會生活中的許多領域出現了嚴重的資產階級自由化」。[104]〈決定〉同時指出，今後必須加強反對資產階級思想腐蝕的鬥爭，強調「要在

103 楊繼繩《改革開放中的官場百態》。

104 一九八一年七月，鄧小平提出「思想戰線存在著一種擺脫黨的領導、擺脫社會主義軌道的資產階級自由化思潮，必須堅決加以克服。」一九八三年十月十一日至十二日在中共第十二屆中央委員會第二次全體會議上，鄧小平又提出「精神污染的實質是散佈形形色色的資產階級和其他剝削階級腐朽沒落的思想，散佈對於社會主義、共產主義事業和對於共產黨領導的不信任情緒。」由此在全國思想界掀起了「清污」運動，反對資產階級自由化則是這一運動的主要內容之一。但是由於胡耀邦等人的抵制，這次運動僅二十八天便宣告結束。

改革開放中，保持共產主義的純潔性。」這樣一來，就不僅是打擊經濟犯罪的問題，而是提高到意識形態上反對資產階級腐朽思想的進攻，提高到嚴重階級鬥爭的問題了。

這是一場在經濟領域展開的「反對資產階級自由化」的運動，一直對改革開放、搞活經濟抱有保留和懷疑態度的陳雲、胡喬木等人，對於市場經濟對「公有制」的衝擊氣憤填膺，認為特區政策極其危險。他們重新拿起階級鬥爭的武器，宣布「經濟特區」也必須堅持以計畫經濟為主，市場調節為輔——這個陳雲在五〇年代提出、在八〇年代的依然堅持的觀點，顯然與特區的「以市場經濟為導向」針鋒相對；他們宣布要加強對外經濟活動的統一管理：除國家規定的單位，按國家規定的原則和程式進行以外，嚴禁任何單位和個人進行對外經濟活動——這樣就把在建立特區時已經下放給特區的一些權力取消了。根子上的原因，是因為陳雲對於引進外資還一直停留在列寧的「帝國主義論」，認為列寧總結的帝國主義那幾個特點至今沒有改變，跟他們打交道是占不了便宜的。

「陳雲派」還規定要增加國家對農副產品的統購和派購，減少議價部分的比重——這明顯是對十一屆三中全會以來行之有效的農村政策的否定，提出把要沿海工人的獎金控制在略高於內地的水準——這也違背了多勞多得的原則，對於特區工人的積極性是一個打擊……這樣一來，以「打擊沿海地區的經濟犯罪活動」為名義，使整個改革開放的很多政策被否定了，把已經下放的權力又收了回來。允許廣東、福建搞特殊政策、靈活措施，也就所剩無幾。

而且這樣的風氣很快擴展開來：在農村，發家致富、長途販運受到攻擊；在軍隊，幹部戰士在城市找對象、收藏美術搞攝影作品甚至女朋友的照片，也被說成是「精神污染」；在生活方式上，女性燙髮穿高跟鞋，男女跳集體舞、養花養鳥都受到干涉……這場持續一年多的打擊行動，把特區工作中的一些失誤、缺點作為犯罪處理，還把本來適應改革開放、但是因為政策、立法沒有跟上的一些事，當作投機、貪污處理。例如技術人員利用工餘時間幫助社隊民營企業工作，領取了報酬；或從事第二職業得到了收入；有些單位用自己的留成外匯與別的單位等價交換其他物資或貨幣（因為留成外匯價格高於銀行牌價），以及採購人員和企業人員在貿易洽談中的交際費用等等，都被看作是犯罪行為。

因為中央有通知，各地紀檢部門和組織人事部門的有些人，本來就受傳統觀念影響很深，對改革開放看不慣，這時就紛紛到工廠企業調查來調查去，弄得工廠企業苦不堪言，改革開放的許多事陷於停頓，無罪錯判、輕罪重判的人不少，以後又不得不予以平反，恢復名譽。更嚴重的是，這樣一來，人們對改革開放發生了懷疑，不知道哪些是可以做的，哪些是不可以做的，思想引起了混亂，從事經濟工作的同志顧慮重重，事事觀望，一些採購、推銷人員幾個月不外出活動。

由於特區是在長期閉關自守的格局尚未根本打破的情況下創辦的，許多人對於「引進外資」的理解，很容易聯想到舊中國的「租界」。陳雲陣營裡的大筆桿子鄧力群在「兩省會議」上發言，說是特區有可能變成解放前帝國主義者控制下的租界，於是在國內某家頗有影響的報紙，很快以醒目的標題刊登了〈舊中國租界的由來〉一文。按照文章作者的觀點，租界的設立，完全是帝國主義利用當時封建官僚的愚昧無知、腐朽透頂而使用欺詐的手段逐步形成的。

在文章的最後，作者認為租界的設立，不僅擴大了帝國主義對中國的奴役和剝削，「還培植了中國的買辦階級」。這顯然是對特區的影射，而且有政策依據：早在一九七二年，中國政府就明確表示「中華人民共和國不允許外國人在中國投資，中國也不向外國輸出資本」。一九七四年外貿部的一篇文章也說「社會主義國家根本不會引進外國資本或共同開發本國或其他國家的資源，根本不會同外國搞聯合經營，根本不會低三下四地乞求外國的貸款。」對於特區的質疑不僅僅是高層，一位曾經在深圳等地打過遊擊的老同志站在轟轟烈烈的建設工地淚流滿面，說革命先烈當年流血犧牲換來的土地，就這樣被你們賣光了！

一九八一年夏天，國畫大師劉海粟來到深圳，他對主政深圳的梁湘說：「你梁湘在深圳特區率先推行市場經濟、引進外資，即使搞好了，也會有人說你走的是復辟資本主義道路，假如你把深圳搞糟了，更會有人說你在復辟資本主義！反正一頂大帽子正等著你去戴呢。」梁湘答道：「不入虎穴，焉得虎子，千秋功罪，讓後人評說吧！」果然，一九八一年十一月前後，梁湘到職還不到一年，中紀委就派來了調查組，深圳的「告狀信」也交到了調查組手中。

可是改革派並沒有退縮。

在廣東抵制逆流的同時，由陳雲陣營在思想界發起的聲勢浩大的「清理精神污染」運動，也受到高層改革派領導人的抵制：主管農村工作的副總理萬里表示「農村不搞清污」；主管科技工作的副總理方毅表示「科技戰線不搞清污」；中央書記處書記習仲勳找中宣部副部長賀敬之，說：「你們在文藝界搞了一場小文革！」十一月十四日，中共中央書記處討論了所謂「清除精神污染」問題，胡耀邦、趙紫陽都講了話，對所謂「精神污染」劃出了嚴格的界限，一場為時二十八天的「清污運動」才中途夭折。接下來胡耀邦在十二月十三日接見共青團代表時說：「有人用封建主義的眼光看待現代文明，要把我們的社會拉回到幾千年前去。」一時被傳為佳話。[105]

105 林牧〈習仲勳披露胡耀邦下台前後政治內幕〉。

鄧小平繼續穩住陣腳，等待反擊的時機。北京的兩次會議之後，從四月到九月，谷牧用大部分時間在廣東搞調查，同時中紀委也派出一支人馬，由副書記帶隊在廣東調查了兩個月……一九八一年底，中紀委的調查得出了結論：任仲夷等人確實為解決有關問題作出了巨大的努力。鄧小平看到中紀委的報告之後，立即送交政治局，政治局在十二月三十一日發出的第五十號檔中肯定了廣東打擊經濟犯罪所做的工作，陳雲在文件中給自己下了台階：「特區一定要搞，但也要不斷總結經驗，確保把特區搞好。」

大家都鬆了一口氣：特區這塊試驗田，終於保住了。

改革的腳步繼續前進。一九八二年一開年，趙紫陽同胡耀邦、萬里等主持制定第一個關於農村政策的「中共中央一號檔」頒佈，農村經濟體制改革在全國全面推廣。「兩省會議」一結束，國務院總理趙紫陽就兼任國家經濟體制改革委員會主任，主持中國經濟體制改革工作，還主持了改革開放以來國務院第一次機構改革，並在九月中共十二屆一中全會上，再次當選為政治局常委。

在特區困難的時候，趙紫陽講了四點意見：

一、廣東、福建兩省工作都取得很大成績，對外開放實行的特殊和靈活政策不變，不斷發現新問題、不斷總結。

二、進一步認識走私販私的嚴重性、危害性。

三、對外進口消費品，對內高價收購農副產品，獎金一定控制在一定的水準。

四、基本建設要搞上去，要盡力而行。利用外資可以多一些，改進老企業的可以多一些，議價產品太多，省委要認真研究。

趙紫陽對於反走私、打擊經濟領域犯罪的嚴重性、危害性都說的非常好。但最主要的，是在困難的時候對廣東福建的在改革開放工作都進行了肯定。當然，對於陳雲等人的意見，也在一定程度上予以了顧及。

一九八二年七月五日，趙紫陽召集杜潤生等人，討論農村專業戶問題。他在四川就很重視很支持農村和城鎮的專業戶，現在更強調要重視專業戶的研究，特別是要研究如何做到善於經營，如何發揮像廣東陳志雄[106]這種人的積極性。他提出對這種人，不批評、不戴帽子、不割尾巴，但是鑑於當前的局勢，也不表揚，要趨利避害。這個「重視研究」和「四不」的指示，無疑是給下面鬆了綁。

鄧小平和陳雲的這一仗，雖然沒有公開鬧翻，但是坐實了之前兩人在經濟速度方面衝突的傳聞。在以後的幾年，中國的經濟增長形勢喜人。一九八〇年中國的預算赤字高達財政收入的十一．七%，到一九八二年已經降至二．六%，一九八〇年的外匯儲備僅有四十億美元，到一九八二年已經升至一百四十億美元；一九八二年的糧食產量為三．五四億噸，比上年增長九%，經濟的實際增長率達到七．七%，幾乎是這一預定數字的兩倍。

對於老是拉後腿的陳雲等人，鄧小平已經不耐煩了，在一九八三年六月召開的中央工作

106 陳志雄是廣東農民，因為承包四九七畝魚塘，雇請固定工人五名、臨時工一千個工時，被一位高層領導認為是「離開了社會主義制度，事關農村社會制度的大局」，要求廣東省委書記任仲夷「做出明確規定予以制止和糾正，並在全省通報。」經過調查，廣東省委認為這種承包方法和經營方式就其經濟效益來說，比原來「吃大鍋飯」的集體經營要好，同時強調這是發生在特殊的歷史條件下產生的效益，並將這樣的看法報告國家農委，事件才逐漸平息。

會議上，他高調提出要將投資比例提高到陳雲和國家計委所建議的水準之上。到十二月，他直接針對陳雲陣營發話：如果只講穩定就難以取得進步，沒有一點闖勁，就不可能實現經濟翻兩番。

一九八四年一月，鄧小平到廣東和福建視察，在曾經飽受質疑的深圳特區題詞：「深圳的發展和經驗證明，我們建立經濟特區的政策是正確的。」接下來他宣布要進一步開放天津、上海等十四個沿海港口城市，也就是要新建十四個特區。他似乎沒有聽說過陳雲在一九八一年十二月說的：有四個特區就夠了，不要再搞新的特區了。否則外國資本家和國內投機家通通出籠，大搞投機倒把……

鄧小平使出了他的一貫手段：不爭議，埋頭幹，一定要達到自己的目標：在本世紀末讓中國的國民生產總值翻兩番。這個目標是他請世界銀行的專家核定過的。他要為此奮鬥到底！

沿海開放大戰略

一九八四年，趙紫陽很忙。他的忙碌是因為鄧小平和他自己努力實行的經濟改革成就斐然。這些成就讓中國的老百姓嘗到了甜頭，在這一年的國慶日北京的大學生在慶祝遊行中打出了「小平您好」的大標語，這是中國民間發自內心的祝福。

隨著鄧小平在這一年發起的強大經濟攻勢，趙紫陽的聲望與工作量同比例增長。他出訪美國、加拿大、法國、比利時、歐洲共同體、瑞典、丹麥、挪威和義大利等國；他代表中國政府同英國首相瑪格麗特·柴契爾在北京簽署《中英聯合聲明》，聲明中明確了「聯合王國政府於一九九七年七月一日將香港交還給中華人民共和國」；他在河南視察時主張上馬小浪底工程；他致信胡耀邦、鄧小平、李先念、陳雲等人，針對「計畫經濟」和「市場經濟」的爭論，提出了一個明確支持「市場經濟」，但是對方也能夠接受的觀點，即「社會主義經濟是以公有制為基礎的有計畫的商品經濟」；他同胡耀邦一起主持起草〈中共中央關於經濟體制改革的決定〉，經中共十二屆三中全會通過後主持實施；他主持國務院頒佈〈關於進一步擴大國營工業企業自主權的暫行規定〉……

對於改革開放的大格局來說，趙紫陽所做的最重要的事情，是借著鄧小平一九八四年一月第一次南巡的東風，主持國務院決定進一步開放天津、上海等十四個沿海港口城市的會議，並讓參會幹部到深圳辦了兩期學習班，學習改革開放的經驗。

早年趙紫陽在廣東工作期間就想過，如果允許一個企業，一個地方，他們自己進口原料再加工出口，這不說是一本萬利，至少也是一本幾利。當時國內有些地方之所以不能生產出口產品，常常是因為沒有好的原料，產品出不去或者檔次上不去。如果能進口原料，進口材料，企業機器開動了，產品可以出口，除了可以換回自己所需要的東西，還賺了外匯。早在六十年代，身為廣東第二把手的趙紫陽就給中央寫過報告，提出把外貿搞活，以進養出。經當時的外貿部長葉季壯[107]同意，廣東就試行過一種叫做「周轉外匯」的辦法，具體作法是：實行外貿包乾，即進口多少東西，再出口多少東西，賺來的外匯，地方分成。由於諸多限制，這個政策只是給了地方，沒有給企業。比如給廣州市若干外匯作為周轉，它可以進口原料再

107 葉季壯（一八九三～一九六七）：廣東新興人。一九四九年起長期擔任國家對外貿易部部長。

加工出口，即以進養出。這樣一年可周轉三四次甚至五六次，一美元當五美元來用。六十年代初廣東經濟恢復比較快，除其他原因，這樣的政策也起了很大作用。那時的趙紫陽深深感到，沿海地區在外貿方面有很大潛力，關鍵是我們的體制和政策把它卡死了，很可惜。

改革開放以後，從一九八一年到一九八四年，廣東的東莞、南海和珠江三角洲一帶，逐漸發展起一種叫做「三來一補」的加工方式，即來料加工、來樣加工、來件裝配和補償貿易，產品出口。雖然當時的水準還是比較低級的，但很快就提高了，香港商人逐步就把生產設備轉移到國內，把生產基地轉移到國內，地區經濟也由此起步。由於民間和官方的共同推動，這樣的方法很快就由廣東擴展到福建、山東、浙江、江蘇等沿海地區，深圳特區在一九八〇年就喊出的「四個引進」——即引進國外先進技術、先進管理、先進設備和資金，此刻已經在逐步實現。這樣的局面不但催生了開放天津、上海等十四個沿海港口城市的決定，也推動了趙紫陽後來提出「沿海開放戰略」的想法。這個「戰略」的思路是：從學習「四小龍[108]」的經驗入手，利用國外資源和市場，將沿海的一億到二億人口投入國際市場，即大進大出、兩頭在外，開展國際大循環。這套思路，趙紫陽在廣東工作時就已見雛形，改革開放初期即開始醞釀，又到沿海各省深入調研；加之有四個經濟特區和十四個沿海開放城市的先期試驗，應該是相當成熟了。但是這個思路還是受到陳雲等人的懷疑：因為在一九八四年，特區生產的產品還不能完全出口。為此趙紫陽不得不同意在產品外銷比例逐步提高的同時，將一部分先

108 指亞洲的香港、新加坡、韓國和台灣，它們在二十世紀六〇年代～九〇年代，推行出口導向型戰略，重點發展密集型加工產業，在短時間內實現了經濟騰飛，一躍成為全亞洲發達富裕的地區。

進的、能代替進口的、國內急需的產品內銷到國內市場——實際上這不過是一個過渡。事實證明，這些產品的外銷比例在逐步提高，從開初的二十%～三十%，到一九八五年就達到五十%，一九八六年底就基本上解決了。一九八七年一月特區工作會議上，谷牧宣布說：「特區的產品不存在內銷的問題了。」

一九八四年十一月二十一至二十九日，中共中央政治局常委、國務院總理趙紫陽一行到廣東視察，其中就有陳一諮。他們到了廣東的佛山、江門、珠海、深圳市和順德、南海、新會、中山、東莞等縣，同沿海各市、縣的負責人進行了交談。趙紫陽視察深圳後，時任中共深圳市委書記、市長梁湘向深圳市相關幹部通報了趙紫陽的視察經過和重要講話精神，其中就有他提出的「貿工農」的概念。

這個概念來自於趙紫陽早些時候的一次出訪。一九七八年，還在四川工作的趙紫陽帶了一個代表團去了英國、法國、希臘、瑞士訪問，在法國南部地中海沿岸，看到這裡氣候乾旱，而且夏季不下雨。要按中國的思維方式，首先要改天換地大興水利去種糧食。但是法國人沒有去幹那些吃力不討好的事情，而是因地制宜種葡萄，釀出了享譽世界的法國葡萄酒，這一帶也成為了世界著名的經濟很發達地區，農民相當富裕。又如在英國，他看到東海岸小麥長得很好，而西海岸全是種的草。一問才知道，東海岸日光充足，適合種小麥；而西海岸陰雨綿綿很少見到太陽，種草卻非常好，他們就在這裡發展畜牧業，養牛、搞牛奶加工。回來的路上到了希臘，使館的同志陪同到丘陵地區看了一下，這裡很乾旱，而且夏季沒有雨，但希臘人卻漫山遍野地種起了耐旱的橄欖樹，榨出了高品質的橄欖油，暢銷世界，農民生活水準也很高。他們為什麼能這樣做？因為他們不是封閉的，他們有著開放的心態，包括放開自己的身分：農民不僅僅是農民，還是農產品的加工者，也是參與貿易的商人。他們發揮自己的優勢生產的產品，再加工出來買出去賺錢，然後用錢去買自己需要的東西，事半功倍。無論是最初在四川農村搞的產供銷一條龍，在重慶開始的農工商聯合體，還是此時推廣的貿工農相結合，都是趙紫陽沿著這樣的思路結出的果實。

曾經給予金融大鱷喬治・索羅斯極大啟發的物理學家波普說得好：任何封閉系統都很難得到發展，只有開放的社會才能學到各民族有益的東西，也才能使自己得到發展。當了總理之後的趙紫陽採取了一個策略：農民種什麼不再是根據上面的計畫，而是市場需要什麼就種什麼，土地適於種什麼就種什麼，由他們自己來決定，如果由此引起糧食種植面積減少，可以從國外進口大批糧食予以補充。就這一改，全國的農村起大變化：河南的蘭考縣在沙地上不再種糧食而是改種花生，山東在鹽鹼地種上了棉花，都獲得了好收成。廣東的深圳，就把二十多萬畝原先只種糧食的土地，改為養魚、種菜、種花；廣東的中山縣，八十多萬畝水稻種植面積縮減了二十多萬畝，但是水稻總產量從原先的五億斤提高到八億斤。

眼看著伴隨著日新月異的現代化進程，農業也跨入了現代化的領域，趙紫陽很高興，對中山的書記謝明仁說：「你們能不能發揮中山的優勢，多搞點多種經營，搞農業商品，面向港澳市場，輻射內地？你們和毗鄰的糧產區江西啊湖南呀合作嘛，用錢去向產糧區買糧食，交公糧。[109]」在趙紫陽的這個思想指導下，中山就大面積地改種經濟作物，培育了兩個典型大隊，

109 蔡文彬採訪謝明仁〈趙紫陽「批發」中山「四清」好經驗〉。

一個是六沙大隊，一萬畝耕地一下子改了七千畝養魚，不種水稻了；另外是黃浦公社的橫蕩大隊，一萬畝耕地改了七千畝去種香蕉。一般來說香蕉的畝產都能夠達到四到五千斤，種得好的甚至能達到六千到一萬斤，產量比水稻高出許多倍，而且每斤香蕉一塊多錢啊，比種幾毛錢一斤的水稻划算多了。這兩個地方很快就富裕起來，到一九八四年和一九八五年的年終分配，人均所得一下子上到五千多六千多元。趙紫陽說這話的時候，中山的農村還有三十%的人住草房，不過兩、三年光景，全部都住上了磚瓦房。

因為諸多惠農政策，伴隨著農民生活水準的大大提高，之前設想的「缺糧」現象並沒有出現，反而全國農村的糧食產量也節節上升，其收入以十五%速度增長[110]。到了一九八四年，竟然發生了國家收購的糧食很多都積壓在倉庫裡，農民有糧賣不出去的問題。這個變化連趙紫陽自己都很驚訝：簡直像變魔術似的！

一九八四年的趙紫陽，在廣東全省走了一圈之後回到廣州，在省裡那些老部下面前，講了一段話。他說：

這幾天我還形成了一個概念，就是利用特區和沿海地區把外聯和內聯結合起來，形成一個開放的態勢。將來我們國家的經濟會有幾種不同的形式，一種是特區，一種是開放城市，第三種是沿海地帶，第四種是靠近沿海地帶的內地，形成一個滾動的態勢。[111]

趙紫陽這裡講的「內外結合」，就是對外引進外資，對內的輻射。他做了一個說明：

110 董瑞麒〈大陸農村股份合作企業的發展趨勢〉，載於台灣《中國大陸研究》，三七卷五期（一九九四年）。

111 蔡文彬採訪方苞〈親歷趙紫陽處理「逃港潮」全過程〉。

你們這裡要研究後方工業，要利用後方的基礎，要給他們提供資訊，提供有利條件，利用香港這個橋頭堡，把深圳作為跳板，把基礎開發搞上去，使外來的技術和內地的工業，外來的技術和內地的原料在這裡「結婚」，組織出口。就這樣一條，可把我們現有基礎工業的商品率提高五十%，這是沿海和內地將來勢必有這樣一個客觀的分工。[112]

趙紫陽之所以得出了這麼個「概念」，是因為他看到了深圳特區的現實。剛開始的時候，規定特區只准搞外資，國內企業、深圳企業全都不能介入，完全搞成一個外國的「分地」，結果在實踐中發現好多弊病。一九八〇年，方苞引進一個泰國的飼料加工業，合同規定企業盈利的三十%給中方政府，還可以派兩個工作人員參與其中。於是時任深圳市委副書記的方苞，掛名董事長，挑了一個最好的公社書記，參加了董事會。一年半載後，方苞也想發展畜牧業了，就問那個公社書記；你從那個董事會學到了什麼東西？配方能拿到嗎？公社書記說人家管理那一套都不讓我們知道，飼料業有配方是他的核心機密，怎麼能告訴你呢？方苞說那你在裡面幹什麼？他說就一年參加一次會議，都是討論掙了多少錢，收入支出多少。

方苞一聽：這樣怎麼能夠學到外國的先進管理經驗和模式啊？不行，我們的企業一定要和外資聯合起來搞。我們自己沒有技術力量，我們公社書記水準不高，就找國內那些手裡攥著「金剛鑽」的來做。這個提議在一九八一年梁湘到了深圳之後獲得通過，起了個名字叫做「外引內聯」。潮流是擋不住的，十多個中央的部、委、辦在國務院副總理王震的帶領下，到深圳參與成片開發：蛇口是招商局和交通部，南頭區的四十平方公里是石油部，羅湖這一片是經

112　鄒旭東〈趙紫陽希望深圳為全國改革提供經驗〉。

貿部，南山大道兩旁是電子工業部，筆架山是機械工業部，小梅沙是共青團中央，世界之窗是國務院僑辦……後來發展到各個省市的地方企業都想擠進來，利用深圳這個視窗，將國外的先進技術輻射到自己的企業，再把生產的產品通過深圳打出去，出口賺外匯。深圳自己沒技術沒人才，也需要內地的企業到深圳來辦企業，加快自己的發展。這樣一來，就不僅僅是深圳市政府的幾個人去招商引資了，而是讓深圳的特區變成全國的特區，讓中央企業也來這裡參與「引資」。結果最早和外資合作的，就是電子工業部，深圳劃了七十萬平方米土地給他們，發展得非常快。

和趙紫陽一樣，梁湘對這個問題也是非常重視的，他提出一年辦一百個廠，後來提出辦二百個廠，包括自開工廠、內聯廠、外資廠。這個局面對於深圳的發展繁榮，起了很大的作用。

國家開放的體系，就是一九八四年趙紫陽的廣東之行後形成並且完善的。趙紫陽把他的一個又一個設想在廣東實驗成功之後，大力向全國推廣開來。對此，廣東的人們至今感到很自豪。不但廣東人自豪，一向謹慎的趙紫陽也開始自豪。一九八四年的十一月視察廣東的時候，他帶上了智囊人物陳一諮，把這個青年經濟學家介紹給廣東的舊部們。在回北京的飛機上趙紫陽說：「我們有些老年人舊的東西多，不思進取，喜歡爭論，把他們養起來好了。年輕人框框少，敢說敢幹，要把他們組織起來，在改革開放中發揮作用。」

這些話鄧小平都是只做不說，很多人也是揣著明白裝糊塗，不吱聲，可是趙紫陽卻說出來了。老人們不敢對鄧小平怎麼樣，可是敢對鄧小平的手下不客氣。不知道這樣的事情，是否與他之後的遭遇有關。

潮起潮落

由於鄧小平大力推動和加快市場改革，尤其是十四個沿海城市一開放，各地都紛紛設立開發區，從一九八四年的第四季度起，經濟發展速度又顯示出發熱跡象。年底的資料表明：一九八四年基建投資增加三三％，國民生產總值增長十五％，零售價格指數上漲九％——這是改革以來最高的值，已經引起民眾的憂慮。這一年在全國推行了趙紫陽在四川實行過的「利改稅」，企業的生產效率和積極性都有提高，可是中央的財政收入卻因為一系列配套不到位，在最初的七年裡並沒有增加。

其實只要經濟增長就會有通脹，關鍵是用各種手段比如健全的銀行系統將其控制在適度的範圍，一味穩定物價，只會把經濟穩定在舊的體制內。可是在中國這樣物價和工資都幾十年不變超級穩定的國家，面對九％的數字，不但是老百姓了，就連官員都驚慌失措。加上當時銀行體制尚未進行改革，控制信貸主要依靠行政手段，一下子收縮過猛，多方面反映強烈，對經濟的正常運行帶來很多困難。前幾年剛剛趨向寬鬆的經濟環境，又處於一種緊張的狀態。

陳雲雖然在十二屆三中全會上沒有公開反對胡耀邦和趙紫陽共同起草、並由趙紫陽主持實施的「關於經濟體制改革的決定」，但是他想把只顧大膽往前闖的鄧小平拉回來，於是各省領導人被召集起來，開了一系列的緊急會議，結論是：計畫優先於市場的政策並沒有過時。這些會議決定，大規模削減基建，緊縮銀行信貸，嚴控漲工資和外匯使用。在一九八五年九月十八日為制定七五計畫（一九八六～一九九〇）召開的中共全國代表大會上，陳雲宣布經濟增長目標只能是一九八四年的一半（六～七％），而且應當限制鄉鎮企業奪走國有企業所需要的資源，否則將造成能源的短缺和交通運輸的瓶頸。陳雲再次動用中紀委書記的權威，把那些走私炒匯投機倒把色情犯罪的案例舉出一大堆，然後讓胡喬木去了福建，批評福建居然讓十九世紀不平等條約限制的通商口岸死灰復燃，而姚依林去了深圳，說國家給深圳輸的血太多了，現在是拔掉針頭的時候了……

主管經濟的谷牧宣布：國家只會優先照顧十四個特區中的四個：上海周邊、天津、大連和廣州。

深圳再次被推上了浪尖。

一九八四年的深圳，對於自己的「家底」估計過高，幾乎花光了全部的外匯積蓄，甚至還有超出，一旦上面要壓縮過熱的經濟，事情就大了。深圳一九八四年的基建投資是十六個億，一九八六年想投資二十七個億甚至還多一點，可是現在遇到了壓縮，錢一下子就卡住了。梁湘著急了：深圳這幾年的發展這麼快，一下子緊急剎車，很容易翻車翻船啊。再說我們的基礎設施，一定不能停下來。因為鄧小平肯定了深圳以後，很多外資看到深圳的發展前景，紛紛前來投資項目，如果基建不搞好，內部環境不搞好，外資就不進來。再說這些外資公司有的時候也要向國內銀行貸款，現在銀行緊縮銀根，怎麼辦？

這樣的大壓縮，一九八一年已經發生過一次。那是在十年「文革」之後，由於各方面欠賬太多，加上包括鄧小平在內的高層領導人求富心切，搞了個「洋躍進」，大量購買外國生產線，導致一九七九、一九八〇年財政赤字每年都在一百億元以上[113]，一九八一年仍將有很高的

113　一九七九年國家財政赤字為一七〇·六億元，一九八〇年國家財政赤字為一二七·五億元。

赤字。那次由陳雲和李先念主持的壓縮雖然採用了帶有計畫經濟色彩的辦法，收到了效果，但是因為採取「一刀切」、「剃平頭」的作法，國家花費鉅資引進來的很多電站設備、化肥、石油化工設備，還有寶鋼的煉鐵高爐等成套設備被迫下馬封存，造成了很大的損失，引起了國際社會、尤其是大量投資中國市場的日本方面對中國的負面猜測，以後費了很多周折才得以挽回。

幾年過去了，中國在高速前進時又面臨這樣的情況，擺在趙紫陽面前有兩條路：一是繼續採取一九八一年的老辦法，再來一次緊急剎車，對基建項目大砍大壓。二是採取逐步緩解的「軟著陸」。採用第一種辦法，各方面損失會比一九八一年更大，而且國內國際的整個形勢也不允許。所以趙紫陽決定採取「軟著陸」的方針，不是通過一年，而是通過以後幾年逐步調整過來。趙紫陽決定：今後兩年內實行較緊的信貸和財政政策，基建規模停止在一九八五年的水準上踏步，對具體基建項目根據實際情況按照快慢先後的次序進行些調整。計畫經過大約兩年的時間來緩解。

這樣一來，深圳就有救了。因為在資金問題上，其他計畫經濟的地區搞基建是國家撥款的，貸款是不用還的，而深圳不同。當其他地方花國家一百元的時候，深圳真正需要國家負擔的只需要三元，而且會很快歸還。梁湘上書國務院，希望對於深圳的資金，能夠有所區別地解決。後來趙紫陽指示：外資能夠適當放寬。於是深圳一九八六年的資金沒有如中央當初要求的那樣退到一九八四年的十六個億，還是達到二十一個億。這讓梁湘大大鬆了一口氣。

其實年初鄧小平宣布開放十四個城市之時，一向謹慎的趙紫陽就有點擔心：放那麼多啊？這是因為到一九八四年，當初建立的四個經濟特區只有深圳的發展好一點，其他的基本上沒有什麼長進。好多年以後回頭看去，如果一九八四年鄧小平不那麼急躁，伴隨經濟過熱產生的很多負面情況也許可以避免至少減輕，改革的阻力可能會更少一些，趙紫陽的擔子也會輕一些。就如中國的很多高級幹部一樣，為了維護自己的權威，鄧小平是不喜歡承擔後果的，也不會輕易為下面擔責。例如這次面對陳雲猛烈的攻勢，鄧小平就再次退守，對自己在一九八四年初提出的鼓勵特區政策加以限定。他說如果特區被證明不成功，就當是一次實驗好了。

趙紫陽又給鄧小平擦了一次屁股。由於中國的下屬慣於為領導背鍋，也出於趙紫陽的性格更出於他的智慧，以後這樣的事情還得他來做，而且累死不討好。

國務院總理趙紫陽的各種改革政策都拿到廣東試水，不僅僅惠及特區，而且在廣東全省很快就產生了綜合效益，比如當時赫赫有名的「四小虎」[114]之一的中山縣，特別是中山的鄉鎮企業。

中山縣即後來的中山市，珠三角重要的產糧大縣，也是趙紫陽一直都很看重的地區。早年因為只圍繞著農業大縣做文章，工業基礎很薄弱，全市就四個農機製造修理廠，三個化肥廠，氮肥磷肥鉀肥都有，全都虧本經營。趙紫陽去中央之後，多次到中山搞調查研究，和幹部們談的，都是思考改革開放的路子。中山的書記謝明仁提出，能不能給點政策支持，對咱們中山的老企業進行大規模的改造。紫陽說；中央已經給了廣東的特殊政策——財經包乾，每年的財政

114 廣東「四小虎」指的是一九八〇年代廣東珠三角崛起的四座經濟發展迅猛的中小城市——南海、順德、東莞、中山。當時是廣東改革開放先走一步的象徵。到二〇〇五年「四小虎」已經達到了國際公認的人均GDP五千到九千美元的「發展門檻」。其中在富比士發布的首個〈中國大陸最佳商業城市排行榜〉中，中山位列第十一位。

收入交一定數目給上面，剩餘的可以留下來自己處理。你們就可以利用這個政策，把剩下的錢用來引進技術改造設備啊。於是中山就把這些錢，全部用於引進先進的設備，生產市場最需要的產品，從而帶動了鄉鎮企業和個體私營經濟的發展，經濟實力一下子來了個大飛躍。

中山有幾個產品，早在上世紀八〇年代就覆蓋了全國的市場，比如威力牌洗衣機，一九八六年就已經生產一百四十萬台。當時在上海當書記的朱鎔基[115]來看到了，對中山的書記謝明仁說你厲害啊，我堂堂大上海的洗衣機才七十萬台，你們一個小小的中山市，就一百四十萬台！除了洗衣機這個品牌，中山還有鍍鋅鋼管，滌綸絲，也在國內市場上占領了很大的份額，東莞乃至北京都來這裡要貨；還有個仙子牌襪子，占了全國銷售市場的七十％。

紫陽還說：你們得改制，要調動管理層幹部的積極性，雖然這些管企業的幹部都是從行政單位調去的，但是他們不能受行政級別限制，要和企業的經濟效益適當掛鉤。[116]於是中山按照紫陽同志的意見，保持幹部的行政級別，原來在機關的工資給你保留不動，但是你到企業之後的待遇由企業來定，得按照效益來掛鉤，可高可低。這樣幹部的積極性就起來了。趙紫陽到了中山市小欖鎮的膠粘廠，這個廠的設備都是德國引進來，生產的勇大牌膠粘脂，占領了市場七十％的份額。他問了企業經理的薪酬，很感慨地說你拿得比我多啊！一個小廠的經理掙得錢比國家總理都多，簡直是不可想像的！消息一傳開，引來一大批傑出的人才，中山的鄉鎮企業在體制改革、技術引進和人才引進的共同作用下，生機勃勃。

115 朱鎔基，一九九八年三月至二〇〇三年三月任國務院總理。
116 蔡文彬採訪謝明仁。

可是這些剛剛起步的企業，在生產管理上依然參差不齊。趙紫陽專門在粘膠廠召集一批企業家開了座談會，討論中小企業的發展問題。他以粘膠廠為例，說我們的企業剛剛起步，大中小、高中低的規模都有，但是企業的發展不能停留在過去的小作坊、粗放型的管理方式，必須要有領航的，要逐漸辦一些先進的企業。遵循紫陽同志的話，他視察過的粘膠廠後來引進了德國和日本的六條生產線，在激烈的競爭中依然保持著良好的市場份額。中山的企業發展含有多種經濟成分，不但自主經營，同時引進外資。在最初「價格雙軌制」的情況下，國家按照計畫內價格撥給企業一部分工業產品的原材料，可是這些原材料不夠企業生產，就得在市場上去高價購買，產品出來之後，企業拿出一部分給國家，剩下的部分就投向自由市場，以求得價差的補償。謝明仁向趙紫陽彙報了這個情況，紫陽說這樣做可以。於是這樣的作法逐步擴大，到最後基本上價格已經放開，都從市場上去求生存。

趙紫陽在中山的發展過程中不斷激發新的思路，謀劃更大的變革。當時中山的經濟是「三三制」——出口占三十％多，內銷三十％多，本地銷售占三十％。紫陽說你們僅僅靠「三來一補」很不夠，你們得利用你們當地華僑多的優勢，沿海的優勢，引進外資，引進技術，要賺外國人的錢，才算本事。中山領導班子經過研究，在自己的發展方針裡面加上「以出口為導向」的提法，很快就擴大了「出口」的份額。

中山市和沿海鄉鎮企業的發展，給了趙紫陽很大的啟發，後來在他自己的回憶錄中，多次提到這一塊。他寫道：

鄉鎮企業的興起，工商業個體經營放開，允許私營經濟的發展，以及中外合資企業，外資獨資企業，一開始就是在計畫經濟以外，完全由市場決定的市場經濟部分。這一部分市場經濟從無到有，從小到大，幾年來蓬勃發展。由於他們的機制活力大，增長速度遠遠超過國有經濟和原來的集體經濟。他們既為中國經濟帶來了繁榮，也在中國大上地成長出來一種新的經濟——市場經濟。何況鄉鎮企業還有很多優點，它規模小，是在競爭機制中間生長出來的。它從誕生那一天就在市場裡面，適應這個市場，比較靈活，容易掉頭，容易適應國際市場瞬息萬變的情況。（沿海）那裡的鄉鎮企業勞動力素質也是好的。我在那次調查研究中間了解到，很多外貿企業和外商都很願意和鄉鎮企業打交道，說他們架子小，好伺候，交貨及時，遵守合同。我們的國營企業，特別是大中型國營企業，現在仍然受計畫經濟的束縛，不能一下子完全改變。[117]

在趙紫陽的那份著名的〈沿海經濟發展戰略〉[118]中，他更是把鄉鎮企業作為一面旗幟：在發展外向型經濟時，要充分發揮鄉鎮企業的作用，使之成為生力軍甚至主力軍，走出一條發展外向型經濟的道路。把沿海地區農村大量勞動力，轉入外向型經濟，轉向國際市場。

直到一九八九年一月，趙紫陽的祕書李湘魯從美國留學回來，還可以聽到一些中青年學者對於這個〈戰略〉不同的聲音。經濟學家楊小凱就寫了一封信，請李湘魯轉交紫陽。信的大意是，以中國的人口規模加入國際市場，最終會破壞國際經濟結構的平衡，造成全球資源緊缺，導致國際政治格局的變化等等。李湘魯也覺得有一定道理，就帶著信去見趙紫陽。紫陽正在看文件，聽湘魯簡述了楊小凱和其他學者的意見，盯著他緩緩地說：這些意見我都知道，

117　趙紫陽回憶錄《改革歷程》。
118　即趙紫陽於一九八一年一月寫成的〈沿海地區經濟發展的戰略問題〉。

不聽了。事一定要做。

那份決絕，作為他曾經的祕書李湘魯都很少見到。[119]

這麼多年過去，趙紫陽的〈沿海經濟發展戰略〉讓中國贏得了二十年以上的和平發展機遇，對世界經濟和政治格局產生根本性的影響，是八〇年代最富遠見也是最成功的經濟戰略設計。到二〇一四年底，中國的加工貿易占全部進出口四五%左右，也就是說在四萬億美元進出口當中，有一・八萬億美元是加工貿易形成的產值，而這些產值大都來自於沿海地區的加工業。當人們每每得意於中國坐擁數萬億美金的外匯儲備，躋身世界第二的ＧＤＰ時，就應該想起趙紫陽。

決策南沙

按照慣例，趙紫陽在擔任地方和中央領導職務的同時，也兼任過諸多軍隊職務，比如廣東省軍區第一政委，廣州軍區第三政委，成都軍區第一政委，中央軍委副主席……但是他從不熱心介入軍隊日常事務。一九八八年初，趙紫陽卻一反常態，拍板決定了一項重大的軍事戰略，這就是南沙戰略。

南沙群島位於我國南海南部海域，海域面積約八十二萬平方公里，與越南、菲律賓、馬來西亞、汶萊、印尼等國沿海相接。作為中國最大的熱帶漁場，早在唐代，南海諸島礁就被

119 李湘魯〈追憶一位站在改革前沿的長者〉。

列入了中國版圖，並被曆朝所繼承延續。這裡還是太平洋至印度洋海上交通要衝，為東亞通往南亞、中東、非洲、歐洲必經的國際重要通道，從日漸重要的航運價值來看，近年通過船隻的噸位／年，占世界船舶總噸位的二分之一，是蘇伊士運河交通流量的兩倍，巴拉馬運河交通流量的三倍，世界貿易總額約十五％是通過這條通道實現的。二戰結束之後，根據《開羅宣言》和《波茨坦協議》精神，民國政府派大員從日本侵略者手中接管西沙群島和南沙群島，並在島上立主權碑，設立「南沙群島管理處」，重新命名包括南沙群島在內的南海諸島全部島礁沙灘名稱共一百五十九個，劃歸直屬國民政府行政院的海南特別行政區管理。一九四九年之後，東沙群島區、西沙群島區、中沙群島區，南沙群島區、萬山群島區都歸廣東省管轄，可是由於國內長期內鬥和政治運動，加上此區域遠離大陸，實際上無暇顧及。

在二戰之後的很長一段時間，南沙海域基本平靜。風波起於一九六九年四月，在聯合國勘探亞洲海底礦產資源協調委員會的贊助下發表的〈埃默裡報告〉。這個報告明確提到：包括中國的東海與南海海域，將來也許會成為一個世界規模的產油區，南中國海域作為能源產區的價值，第一次引起國際社會的猜想；隨著勘探數據進一步深入，這裡有了「第二個波斯灣」之稱。中國還在階級鬥爭的旗幟下自相殘殺，別國卻已經聞風而動。從二十世紀七〇年代開始，周邊的越南、菲律賓、馬來西亞等國，相繼出兵侵占了南沙群島部分島礁。一九七三年九月，一直對南海諸島懷有領土野心的越南當局，公開宣布將南沙群島的南威、太平等十多個島嶼劃入其版圖，並且強制侵入西沙的永樂群島海域。一九七四年初，鄧小平在短暫的複出中，和葉劍英聯手策劃了西沙之戰，成功收復被占島嶼中的三個，奪得了西沙群島的實際控制權；但是中國很快又陷入動盪之中，眼睜睜看著諸國對於南海繼續蠶食。到八十年代，這一帶已經佈滿了周邊各國與石油跨國公司的油氣開採井，南沙群島二百多個島礁，八十二萬平方公里，竟然無大陸中國的立錐之地。南海的油氣資源對於中國有著什麼價值？據二〇一二年九月十四日有關部門發布的〈中國南海油氣資源調查報告〉，認為在中國海域總資源中，南海地質資源占五三%，可採資源占六六%，若被他國掠奪，將失去約三分之二的可採油氣資源。有估算我國南海石油儲量，已經被越南、菲律賓等國家搶走了「二十座大慶」。

古希臘海洋學說奠基人狄米斯托克利曾經預言：「誰控制了海洋，誰就控制了一切」，海洋的地位已經今非昔比。古代的海洋只是通舟楫之便，興漁鹽之利，如今已經關係到國家的戰略資源和生存空間；近代國防意識早已經從陸地國防，擴展到海洋國防、宇宙空間國防的三個觀念層面。周邊國家對於海洋的爭奪，已經導致中國一萬八千公里海岸線和三百萬平方公里的海洋國土，一半多存爭議。這樣的狀況不得不讓人感到憂慮。

進入八〇年代，上帝終於給了中國一個機會。

首先是國際形勢朝著有利於中國的方向在變化。越南在東南半島的擴張已經為東盟國家所忌憚，加緊了東盟與中國修好；美國則繼續中越戰爭時的立場，對遏制越南表示默許。在國內，中國已經從長時間的動亂中逐步恢復，政治穩定，經濟發展，尤其是趙紫陽的沿海發展戰略全面鋪開之後，「外向型」成為重要的經濟方針，「三來一補」[120]、「兩頭在外」[121]等政策在這個自古以來重農抑商國度，開啟了「貿易立國」的先河。打開國門走向世界，首先面臨的

120 三來一補指來料加工、來樣加工、來件裝配和補償貿易，是中國大陸在改革開放初期嘗試性地創立的一種企業貿易形式，它最早出現於一九七八年的東莞。是實施沿海地區經濟發展戰略的重要內容之一。

121 「兩頭在外」，是把生產經營過程中的兩頭，即原材料供應和產品銷售放到國際市場上。

是南海通道問題，南沙問題必須得引起國家重視。與此同時，中國的軍事實力、尤其是海軍實力也有了很大的增長，更有了發揮作用的願望。時任海軍司令劉華清，是五〇年代初畢業於前蘇聯伏羅希洛夫海軍學院的老紅軍，海軍有史以來第一個既有資歷、又有科班底氣、還有大格局的將領。他認為從軍事鬥爭的角度來看，我國海軍兵力在數量和品質上都有較大的優勢，不利條件是我們遠離大陸基地，防空補給和守護島礁都不容易，不過這些問題是完全能克服的。他認為為了維護國家海洋權益，無論從當前還是從長遠形勢來看，都需要快速發展海軍和空軍裝備，並且希望在南沙問題上能夠有所作為。[122]

更為重要的是：十三大以後，鄧小平對於軍隊有了新的想法：他力圖打破由楊尚昆兄弟一統軍隊的局面，讓趙紫陽插手其間，而且步子邁得很大。一九八七年十一月十八日，鄧小平在家裡開了一個小型會議，除了已經升為軍委委員並軍委副祕書長的前海軍司令劉華清，還有軍委第一副主席趙紫陽，軍委常務副主席楊尚昆，總後勤部部長洪學智。在這次談話中，鄧特別強調：「軍委的工作，紫陽要多做，多認識點幹部，首先是軍以上的幹部。以後軍委一般的決策，趙、楊兩個人商量，紫陽決定。」[123]十二月三十一日，新軍委班子除了趙紫陽，都去給鄧小平拜年，鄧專門問楊尚昆：「今後軍委由紫陽同志主要負責，告訴大家了沒有？」楊尚昆說：「都說過了。」鄧說：「紫陽同志對軍隊有個了解過程，軍隊他不太熟悉，應該把軍以上幹部都認識認識。」自此開始，一向為了「避嫌」而對軍隊事務不太熱心的趙紫陽，按照鄧

122《劉華清回憶錄》。
123《劉華清回憶錄》。

小平的要求開始了解軍隊，接觸軍隊高級將領。

伴隨天時地利人和，一個讓趙紫陽在軍隊事務上展現才華的機遇來到了。這個機遇就是中國政府應聯合國教科文組織的要求，在南海建立海洋觀測站。

一九八七年三月七日至四月一日，聯合國教科文組織政府兼海洋學委員會第十四次會議在法國首都巴黎召開，其主旨議題是討論通過「全球海平面聯測計畫」。該計畫首次明確了二百個海洋聯合觀測站的站址、編號和主權列屬國，提出了聯網觀測的一系列業務標準、法律規範和權利義務。在會議討論和正式通過「全球海平面聯測計」相關法規檔時，與會沿海國家政府和國際組織代表對列屬中國的五個海洋觀測站（包括標號為七十四站的南沙群島海洋觀測站和七十六站的西沙群島海洋觀測站），均一致贊同。

中國政府以積極的態度接受了這一決定。從一九八七年四月開始，軍地聯合對南沙海域進行全面科考測量，為保證建站工地的安全加強防衛縱深，海軍十多艘艦船參與了緊鑼密鼓的建站施工。到一九八七年下半年，海軍已經在南海地區多編隊巡航，並對當時的無人礁立國碑插國旗，在礁盤上搭起竹棚高腳屋守護；不出所料，越南方面也派人員上礁插旗，緊張的氣氛很快漫延開來。一九八八年一月十四日起，中國南海艦隊先後進駐南沙群島永暑礁、赤瓜礁等多個島礁，部隊奉命派海測船編隊建造沉箱式鋼木結構的第二代高腳屋；越軍見勢加快了步伐，也相應搶占了附近的幾座島礁，其間好幾次為爭奪島礁形成對峙，差點擦槍走火。

前線摩擦不斷升級，局勢日趨緊張，趙紫陽密切關注。此時的海軍司令劉華清，態度是積極堅決的，可是南海海域在行政上歸屬廣東管轄，需要廣州軍區配合。一九八七年十月二十二日，葉劍英去世一周年紀念日，其骨灰安葬儀式在廣州起義烈士陵園隆重舉行，趙紫陽作為黨和國家主要領導人，出席了安葬儀式，同時和廣州軍區商討南海局勢，決定了總的方針：準備打仗。[124]據《趙紫陽日誌．一九八〇～一九八九》記載，一九八八年一月一日、一月二十三日、二月十二日、二月二十六日，趙紫陽在家裡單獨接見已經升職為中央軍委副祕書長的劉華清四次；二月二日接見接替劉華清的海軍司令張連忠，政委李耀文[125]。劉華清在他的回憶錄中重點記錄了二月十二日晚上的談話內容。他說趙紫陽副主席找我談話，用很長時間談了南沙鬥爭問題。我說現在機遇來了，關鍵是拍板和落實。對我的介紹，趙紫陽副主席聽得很認真，並問了很多問題，他的意見很具體也很堅決：要表明南沙的領土主權是我們的，要在南沙加強我們的軍事存在。要加強巡邏，以顯示我們的國威軍威。

作為中共中央總書記和中央軍委第一副主席，趙紫陽的此番話，成為解決南沙問題的最高指示。以後在作戰部隊祕密傳達的「五不一趕」(不主動惹事，不開第一槍、不示弱、不吃虧、不丟面子，把敵人趕下我方要占據的島礁)原則，皆是由此延伸。

這次談話之後，劉華清會同總參謀長遲浩田，總後勤部部長洪學智、副部長張彬，海軍司令員張連忠和政委李耀文等人，根據趙紫陽的指示進行了多次研究，把一切可能發生的困難都作了預想，一切應該採取的措施都進行了周密籌畫，最後形成了一份報告，報中央軍委兩位副主席楊尚昆與趙紫陽。[126]二月二十六日下午，劉華清又去見趙紫陽，將報告內容當面向他做了彙報。趙紫陽原則同意，並囑劉華清將報告呈軍委主席鄧小平。

124 林雪採訪趙五軍。
125 盧耀剛〈一個失敗改革家的一生．趙紫陽傳〉。
126〈一項舉足輕重的南海工程〉。

解決南海問題，高層有著不同的態度。報告到楊尚昆那裡，他沒有批，明面上是「怕這怕那」，心裡可能有其他想法——「六四」之後趙紫陽下台，批判的聲音四起，有人在會上說趙紫陽不熱心軍隊事務，楊尚昆說什麼不熱心？南海的事情就是他決定的。可見楊對於趙紫陽的「喧賓奪主」一直耿耿於懷。此話傳開，趙紫陽身邊的人不樂意了：仗不是都打贏了嗎？怎麼還成了罪過了？[127]不過對於楊尚昆，當時鄧小平有話在先：今後軍委由紫陽同志主要負責。趙楊兩個人商量，紫陽決策。

因為涉及到與多個國家的外交關係，外交部也有顧慮，希望「不要那麼尖銳」。[128]對此趙紫陽一句話：不用管他們，你們辦你們的。[129]

報告送到鄧小平手裡，三天以後鄧閱後批示：同意。[130]

根據軍委領導的意見，劉華清等人又一次研究調整了報告內容。三月十日，趙紫陽主持中共中央政治局常委會議，聽取總參謀長遲浩田關於南沙群島問題的處置意見彙報。常委們同意總參謀部的意見。

前線將士進入緊急狀態，部隊按照多種方案進行了演練。三月十三日，中國海軍五〇二編隊與越南軍艦船在南沙赤瓜礁對峙，十四日淩晨，中方增派兩艘艦艇支援，小分隊趁著低潮上礁，護旗護碑。天剛微亮，越軍人員也摸上來，雙方執旗對峙。當海潮漲到腰部的時候，

127 林雪採訪趙五軍。
128 林雪採訪趙五軍。
129 李樹橋〈趙紫陽南沙決策〉。
130 劉華清《劉華清回憶錄》。

越軍沉不住氣了，上來奪旗，爭奪過程中，越方人員緊張走火，子彈穿過中方副槍炮長楊志亮的手臂，戰鬥就此打響。越方三艘艦船立即開炮火力支援。中方士兵按照預先的演練方案，瞬間沉入水中，三條護衛艦迅速機動開火，高頻電話裡不斷傳來指揮員的命令：「給我打，狠狠地打！」、「打他的增援上礁的小船！」、「壓制敵船的火力！」、「拉開距離，開炮！」、「打得好！沉了！」……四十分鐘左右，戰鬥結束。中方傷一人，三艘艦船完好，艦上水兵都光著膀子，興奮地說「太過癮了，一打一個準，比訓練時還準！」越方斃傷約為三百多人，被俘九人，三艘艦船一沉兩傷。完敗。

這就是著名的一九八八年「三．一四中越赤瓜礁海戰」。從始至終，海軍主要將領都彙聚在作戰指揮室一線指揮。戰場離中方設在海南島的空軍基地一千多公里，而距離越南卻很近，當時越南空軍還擁有比較先進的蘇—22M4攻擊機，對於中方海軍具有一定的威脅。海戰結束後，參戰艦艇很快駛返海南島基地休整，當晚接受中央軍委的通令嘉獎。為防止越軍可能利用空中力量進行報復，海上編隊各艦、尤其是裝備新型防空導彈的五三一號艦加強了防空作戰準備。可是越軍迫於中國海軍的壓倒性優勢，並未有任何反擊措施。自此之後，永暑礁海洋觀測站建站工程再無干擾，於一九八八年八月順利完成。

一九八八年十月，國務院在南京召開沿海戰略研討會，一個名叫孫明遠的參戰軍官帶著論文〈試論現代戰爭沿海地區的後勤保障〉赴會。與會的海陸空三軍校級少壯軍官們，在會上針對現代戰爭作戰樣式的變化進行了探討，不約而同發出了走向深藍、建立大海軍的呼喚。

一九八九年一月六日，趙紫陽在總參主持了中央軍委南沙鬥爭總體方案的討論，審議關於南沙問題的一系列巨大舉措。這些戰略性舉措實現了中國在南沙群島實質性的主權存在，徹底改變了南沙地域政治的態勢，其重大意義直至二十一世紀中國成為世界第二大經濟體以後，才被人們逐漸認識到。

三．一四海戰結束不久，中國七屆人大正式宣布了建立海南省的決定。一九八八年四月二十一日，外交部再一次重申：西沙群島和南沙群島自古以來就是中國領土，歷來在中國廣東省政府的管轄之下。現將這兩個群島劃歸新設立的海南省管轄。

一九八八年三．一四海戰之後，鄧小平早在一九七四年西沙之戰就提出的「在西沙海域建立大型機場」的方案，提上日程。這個方案趙紫陽與劉華清在戰前就認真討論過，戰後由國務院和中央軍委正式決定實施。一九九一年四月，平時可以擔負運輸任務、戰時可以執行戰鬥任務的大型機場在西沙群島永興島建成。機場的位置，北距海南省二百多公里，南距永暑礁八百公里，西距越南四百多公里。它的建成，改變了中國空軍從海南島起飛到南沙海域無法留空作戰的困境，使海空作戰能力向南推進幾百海浬，對防護西沙和支援南沙作戰，無論從政治上、軍事上，還是從經濟上講，都有大陸機場無法比擬的重要意義。

鼓舞人心的三．一四海戰已經過去三十多年，從當年作戰指揮室的高層將領，到基層參戰官兵，軍隊各個階層對這場戰役最高指揮員趙紫陽的果斷決策，依然懷有深深的敬意。這個決策實現了中共建政後第一次對南沙群島的實質性進入，把中國的戰略縱深擴展到了第二島鏈，打通了南海進入印度洋、阿拉伯半島、地中海的貿易和軍事通道，為貿易立國建立了海上通道，徹底改變了中國大陸國家的形象，進而改變了中國地緣政治的格局。

趙紫陽身邊那些參與此事工作的人員，至今想去「那個島」去看一看。作為在趙紫陽身邊遇到的唯一一次軍事決策，而且是意義重大的軍事決策，這件事情給他們都印象太深了。

第二十七章　讓海南趕上台灣

關於海南問題，中央一級關注很久了。

一九八〇年四月，趙紫陽入主國務院任主持工作的副總理，六月三十日至七月十一日，他即以國務院的名義在北京召開了海南島問題座談會，會後，國務院批轉了〈海南島問題座談會紀要〉，提出放寬政策，把經濟搞活的措施。一九八二年十二月，在深圳、珠海、汕頭、廈門四個沿海經濟特區走上正軌，並取得舉世矚目成就之際，中央政治局委員王震受總理趙紫陽的委託，在廣州召開了一個有廣東省有關方面負責人參加的「關於加快海南島開發建設問題座談會」，就海南的開發建設、對外開放提出意見。在這個座談會上，王震傳達了趙紫陽的意見：「我這次來廣州之前，趙總理對我說，要想辦法引進外資、僑資開發海南。」

參加會議的廣東省委書記任仲夷認為，海南應該是不掛特區牌子的特區。海南行政區書記雷宇就海南島的改革開發講了五條意見，並在此基礎上起草了給國務院的「關於加快海南開發建設」的報告。後來在這個報告的基礎上形成了當年的中共中央十一號檔。[131]

王震回到北京後，將「關於加快海南島開發建設問題座談會」紀要報到中共中央和國務

131 雷宇〈改革開放中的官場百態〉，載於楊繼繩《中國當代名人政要訪談述評集》。

院。儘管受到重視，但高層還是非常慎重，責成時任中央書記處書記的谷牧組織有關部門，進一步研究海南島的開放開發問題。一九八三年一月十八日，國務院總理趙紫陽結束非洲十一國訪問後，徑直來到海南島進行調查研究，谷牧也一同隨行。趙紫陽和谷牧專門召開廣東省委和海南區委主要負責人會議，討論研究海南島開發建設的問題。談到如何繼續開發海南，趙紫陽說：

海南島是我國第二大島，資源豐富，但孤懸海外，經濟發展慢，國家要給予支持和幫助，加強基礎設施的建設。港口、交通、能源等問題，要一個一個地解決，集中力量，搞成一件再搞一件，不要把面鋪的太寬，要下功夫抓出成績來。海南島要充分利用海運條件。世界上所有海島國家發展比較快，原因之一就是交通方便。海南島要充分利用四周環海的優勢，把港口交通搞上去，這樣內陸和國外的資源就可以利用。要鼓勵和歡迎僑資和外資到海南島來投資興辦各種企業。

一月二十二日，趙紫陽回京，谷牧留下來繼續考察。三月，谷牧回到北京，就組織國務院有關部門與廣東省、海南島有關人員具體討論，提出以下幾條綜合意見：

一、中央和省委下決心解決海南島領導體制問題，讓它能夠獨立自主地決定全島的工作；今後中央下達計畫直接戴帽給海南島，不受省裡干擾；除了實行以島養島的方針外，中央各部門和省都要下的功夫，從財力、物力上給予支持，認真解決具體困難。

二、海南島不掛特區的牌子，但對外合作可給予較多的自主權，比廣東、福建兩省的政策更寬。全島可以利用外資、僑資投資建設項目，開發資源，區公署擁有外資建設項目和物資進出口、人員出入境的較大的審批許可權；一切外資合作項目，所得稅減免都將得到優惠待遇。

三、除了國家每年增撥煤炭給海南外，煤炭部準備開發（海南）儋縣長坡煤礦，年產褐煤五十萬噸至一百萬噸；還要在坑口建一座五萬千瓦至十萬千瓦的電站，解決枯水期水火電的平衡；擬定將三亞港作為對外開放港口，擴建海口港、文昌清蘭港，儘快解決海口機場、三亞機場同香港通航，把海口、興隆、三亞建成旅遊中心；修建嶺頭至八所五十公里鐵路，把八所港和三亞港連接起來。

四、不僅鼓勵、歡迎外資、僑資到海南島來投資，而且歡迎國內各先進地區、工廠企業來海南島投資，合作經營或獨立經營，共同開發海南島；加強同島內現有國營企業的聯合，充分發揮這些「大財團」的作用，海南將利用自己的放寬政策給予進出口方便。

一九八三年四月一日中共中央、國務院批轉〈關於加快海南島開發建設問題討論紀要〉，即十一號文件。檔確定以對外開放促進島內發展的方針，授予海南行政區在對外經濟活動方面較多的的自主權。

一九八四年二月二十四日，鄧小平視察深圳、珠海等經濟特區後回京，在同中央幾位負責同志談話中，高度評價了經濟特區的成就，並且提到海南的開發問題：「我們還要開發海南島，如果把海南島的經濟迅速發展起來，那就是很大的勝利。」他在全國擴大沿海開放城市的會議上也講到海南島，說如果用二十年的時間把海南的經濟發展到台灣的水準，這就是很大的勝利。

這個設想在很長一段時間，是那一代海南人的目標，但是做起來很艱難：要知道當時台灣的經濟總量，是海南的八十倍。

為貫徹落實鄧小平一九八四年二月二十四日的指示精神，中共中央書記處和國務院在北京召開沿海部分城市座談會。會議討論了進一步搞好對海南島的開發建設的諸多問題。五月四日，中共中央、國務院轉發〈沿海部分城市座談會紀要〉。關於海南的開發，〈紀要〉指出：

……海南行政區要抓緊制訂全島建設規畫和近期內的具體安排，運用中央給的政策和許可權，積極開展對外經濟技術合作。……爭取到一九八五年全島的開發建設取得明顯進展，到一九九零年全島的經濟面貌要有大的改觀。[132]

五月三十一日，第六屆全國人大二次會議審議並通過了國務院關於撤銷廣東省海南行政公署、成立海南行政區人民政府的建議。十月，〈中央擴大海南對外經濟貿易主權八項規定〉出台。根據這個〈規定〉，海南島可以自主進口十七種國家控制的商品，其中主要是汽車；這是其他經濟特區沒有的特權，而且規定海南島組織出口所得的全部外匯得以留用，這也優於其他特區（中央給深圳的政策是：七成留用，三成上繳）。而在「八項規定」中，並沒有海南島進口十七種商品不得轉賣到大陸腹地的規定。在海南與大陸腹地之間沒有海關的情況下，就使海南得以將國家控制的商品進口，被轉賣到大陸腹地。當年，轉賣汽車可以賺取厚利，海南島成為全國炒賣汽車的「天堂」，釀成了舉國震驚的「海南倒賣汽車事件」。

一九八四年十二月，國務院副總理萬里率工作小組，調查汽車事件，並迅速制定緊急措施，包括立即凍結運抵海南的汽車，由中央安排運離，中央按統一牌價（一美元兌二．八元

132《在風浪中前進——中國發展與改革編年紀事》（一九七七～一九八九），第七分冊，一九八四年卷。

人民幣）向海南收購汽車，不許自由買賣；所有與外商簽訂的購買汽車合同，一律暫停執行，外商要求索取賠償的問題，由中央統一處理；已賣出的汽車，要追查外匯來源及稅項……。

緊急措施貫徹後，海南的對外貿易全面停頓，〈中央擴大海南對外經濟貿易主權八項規定〉也基本收回。海南的開發陷入停滯。

海南的發展停滯半年後，一九八五年七月十一日，鄧小平同國務院副總理田紀雲有一次談話，談到四個經濟特區的建設問題時說：「當初試辦經濟特區就有不同意見，但是我們沒有爭論，下決心幹，不幹，就闖不出路來嘛！現在看，這個決心下對了。四個特區辦得好，為今後擴大開放積累了經驗。如果說有不足，是沒有把海南島也列入特區。」

鄧小平對海南的關注，促使趙紫陽將海南的開發再次提上議事日程。

一九八六年二月五日至十四日，即春節前幾天，趙紫陽到四川的西昌觀看發射衛星，然後就飛廣東的汕頭，胡啟立、田紀雲、強曉初[133]等一群部長級幹部則從北京直飛汕頭，然後大隊人馬直奔海南。這次行動主要重新啟動海南的改革，並且考察調研廣東與海南分省的問題。趙紫陽一行深入海南島的兩市八縣，考察了工廠、農場、機場、港口、自然保護區、旅遊設施、少數民族地區，訪問了解放軍駐島部隊，並多次到群眾家中探望，同當地幹部群眾一起商討開發海南的方針政策，就地解決問題。他們認為：實行開放、搞活的方針，使海南具有的獨特優越條件得到充分發揮，從而加快了開發和建設的步伐，現在海南全島的建設事業突飛猛

133 強曉初，陝西人，一九八二年任中紀委書記，一九八七年任中顧委委員。

進，人民的生活也有顯著改善，這就是證明。他們還指出，一九八四年海南島發生了倒賣汽車的事件，使正在順利發展的形勢受到一定的影響，帶來了一些困難。但是只要全島各級領導「吃一塹，長一智」，認真總結經驗，吸取教訓，就能夠化消極因素為積極因素，讓海南的經濟沿著正確的方向健康發展。如果因為出了倒賣汽車事件就懷疑開放、搞活方針的正確性，或者對海南的開發失去信心，都是沒有根據的，錯誤的。海南全區從領導到各級幹部都應當重新振作精神，不但應該堅持開放、搞活、改革，還要百尺竿頭更進一步，為以後更大規模的改革做好準備。

至於這次的主要議題——海南分省問題，海南的幹部誰都不敢主動提出。早在一九五二年夏，僅僅因為出席全國政協會議的海南代表準備提出將海南成立一個省建制的議案，就把主政海南的馮白駒打成了「地方主義」頭子進行批判，搞得他幾十年都翻不了身。文化大革命期間，又因為馮白駒問題的餘波，海南死了很多人[134]。可是現在，身為國家總理的趙紫陽從經濟發展和行政管理的角度出發，卻力主海南與廣東分省，單獨成立。他估計到海南的幹部有顧慮，就讓陳開枝把他的想法透露一點出去。陳開枝給一個叫王嶽峰（候補中央委員）的黎族幹部說：中央有意圖，你們可以提海南分省。王嶽峰說中央有這個意圖我們就敢提，不然我們是不敢提的。

趙紫陽這次的日程從汕頭到三亞再回到廣州，總共二十來天的時間，都排得滿當當的；除了給海南的幹部打氣，還要研究海南分省之後怎麼發展基礎設施，怎麼建機場，怎麼建貫

134 詳見本書第十一章「海南儋縣大屠殺案」有關章節。

穿東西的公路……從初一到初三都在開會，大年初一就在說修建三亞機場的事情。分省的事情基本明確了。這麼多年懸而未決的問題，這麼多年積存在海南人心中的委屈，終於解決了。海南的幹部高興，趙紫陽也高興，隨行的領導們都高興。

此次考察，成為海南升格為省並成為經濟特區的最初動因。

梁湘掛帥[135]

趙紫陽和田紀雲、胡啟立海南之行見諸媒體後，海南的開發引起海內外的關注。這一年，《新華社》香港分社社長許家屯在與李嘉誠的一次單獨約會中談到海南島的建設時，李嘉誠主動提出他有興趣去海南島投資，並承諾「一次可以投資一百億港幣開發海南」。許家屯認為，如果李嘉誠真能到海南島投資，不僅對開發內地有利，而且可以引發香港、海外大資本進入內地投資的新局面，對穩定香港也會有很大影響。為此，從未去過海南的許家屯，乘參加全國人大會議開分組會的間隙，請假去海南考察。考察的結果，許家屯認為海南確是中國南方另一顆明珠，地理、氣候、資源俱佳，唯一不足的是人才，教育水準低；唯一欠缺的是「開發」。回香港後，許家屯立即給鄧小平和黨中央寫信，把他受李嘉誠要去海南投資的啟發，去參觀海南的感覺，以及海南區黨委的意見都反映出來。他建議海南建省，成為大特區，實行貨物、人員、資金進出口自由，成為第二關稅區（深圳要拉鐵絲網，搞「二線」地區，海南無

135 本章主要參考資料：徐慶全〈海南經濟特區建立的高層決策〉。

須，因它是天然海島），貨物進出內地，可做進出口處理。許家屯特別提出：採用香港經驗、資金、人才，把海南建成一個大特區，一個自由港。

鄧小平把信批給趙紫陽，趙紫陽立即批給谷牧，請他具體化。趙批示的大意為：贊成許家屯的意見。海南建省早就有此想法，現在可以考慮設特區，建省。在大特區沒有落實之前，可以把原來給海南島的優惠政策先恢復。136

一九八六年十月，正在廣州小島賓館出席廣東省顧問委員會會議的梁湘接到通知：王震要見他。王震是梁湘的老首長，當年在延安時，梁湘是王震三五九旅的部下。王震給梁湘一個任務：去海南作調研，提出加快開發海南的意見。

此前不久，作為深圳經濟特區的拓荒者的梁湘，雖然成為《半月談》雜誌的封面人物，同時也被認為「走得太快了，走得太遠了，攤子鋪得太大了，太急於求成了……」等等「錯誤」，被免去深圳市委書記兼市長的職務，調任廣東省顧問委員會副主任。從火熱的深圳回到廣州，梁湘已經賦閑好幾個月了，現在老首長王震召見，至少說明中央對自己在深圳的工作還是予以肯定的，於是梁湘欣然受命，前往海南。十一月十五日至二十二日，梁湘在海南考察一周，然後就給王震寫了一份〈加快海南開發建設的幾點建議〉的報告。這份沒有公開地披露過的報告全文五千多字，沒有一句空話，既客觀地分析了問題，又科學地提出了辦法。除了內外行政區劃、擴大自主權的諸多方面之外，有幾個問題提得高瞻遠矚，在今天看來也很有意義：

136 許家屯《許家屯香港回憶錄》。

1.與已確定為自由港的廈門相比，海南更具有實行類似自由港的某些政策的優越條件。它「孤懸海外」，便於執行更加開放的政策；它在地理上靠近東南亞國家和港澳地區，便於發展對外經濟文化活動；它資源豐富，經濟發展潛力很大。海南經濟迅猛騰飛，對於開展兩個大島、兩種社會制度的經濟競賽，促進台灣回歸，實現「一國兩制」的戰略構想，為一九九七年收回香港主權作好準備，都有著深遠的意義。建議國務院允許海南島實行類似自由港的某些政策，如對進口生產用的物質和出口海南生產的產品免徵關稅，資金自由進出，外商來往方便。在步驟上，則可先恢復和落實中共中央「一九八三」十一號檔所給予海南的優惠政策，然後逐步實行上述政策。

2.當前要突出抓好交通能源電信建設，創造一個良好的投資環境。交通方面，成立地方民航公司，大力發展民用航空事業，興建國際機場，把現有五個軍用機場改為軍民兩用；新建擴建深水港口；建成四通八達的公路網路。能源方面，抓緊興建天然氣發電站、火力發電廠和水電站，迅速提高供電能力。電信方面，大幅度地提高電話線路，儘快實現全島各市鎮自動電話，並能對全國各大城市和港澳地區以及一些外國自動撥號，使電訊網路內外溝通。交通、能源、電信建設的項目，海南早已上報，希望國務院有關部門儘快批准，以便及早動工。

3.要充分發揮海南得天獨厚、風景優美等自然優勢，優先發展熱帶經濟作物的種植和加工，海水養殖、捕撈和加工，積極建立橡膠、南藥、咖啡、胡椒、茶葉、腰果、可哥、鳳梨、花卉盆景、早春瓜菜、對蝦、石斑魚等農副產品出口生產體系，走農林牧副漁全面發展的道路。要盯著本地豐富的資源，引進新技術、新工藝、新設備，積極發展冶金、礦業、建材、橡膠製品、食品加工、石油化工等工業。還要把旅遊業作為加快開發建設的一大產業來抓，先在三亞周圍建立起一批具有海南特點的避寒、冬泳、度假、觀光的旅遊勝地。

……

王震看到報告後很讚賞，立即分送鄧小平和趙紫陽閱示，還把梁湘來信的副本轉給中國國際信託投資公司董事長榮毅仁。榮毅仁很快回信：「海南的發展潛力是很大的，要是從體制上將海南升格為省一級建制，實施一些特殊政策，是會有利於加速海南經濟發展速度的。」

至此，海南建省並加快開發呼之欲出。

一九八七年五月二日，離中央正式下文建省還有四個多月，正在新疆考察的梁湘被趙紫陽召到瀋陽談話。趙紫陽問梁湘：「你對開發海南有多大把握？」

梁湘說：「只要國家能給海南以特殊政策和靈活措施，我對加快開發建設海南前景是樂觀的，我滿懷信心！」

趙紫陽又說：「你已名聲在外[137]，是急流勇退，還是去海南工作？」

梁湘答：「我服從組織的分配，聽從黨中央意見，不計較個人得失。」

幾天後，廣州市委書記許士傑得知中央要建立海南省和經濟特區的消息後，主動上書，請求到海南工作。這樣，許士傑和梁湘就成為海南建省籌備組的一二把手。

梁湘在先前的報告中，對海南開發的建議並沒有提出建成類似深圳那樣經濟特區的概念，而是將海南建成自由港。當時一些關注海南開發的投資商也有類似的主張，比如香港的李嘉誠等幾位華商鉅子向谷牧提出：將整個海南島辟為特別行政區，採取自由港的管理辦法，由

137 指在深圳的工作被人批評。

港商負責投資開發。趙紫陽等人在研究了梁湘的報告和李嘉誠等人的建議後認為，這基本上是「一國兩制」下的香港模式，缺乏可行性，於是責成谷牧進一步研究提出新的方案。谷牧專程前往廣東，與有關人士共同商討座談。剛剛上任的許士傑認為，這等於把海南島視同「關外」，就像香港澳門一樣，中央什麼都不管，你的產品進入大陸，只管照章納稅就是。可是海南這麼窮，只怕是一旦和中央斷了聯繫，連幹部的工資都發不出來。後來有人說他短見，如果真的拿到了這個政策，海南早就不是今天的樣子了。138

座談會的結果，很多人和許士傑一樣，也是認為李嘉誠等幾位香港人士所提辦法，一是國內難以接受，二是海南經濟技術底子薄，基礎設施不健全，也不具備辦自由港的條件。谷牧最後提出了〈關於海南島進一步開放的一些初步設想〉報送中央。谷牧在〈設想〉中建議，將原來的海南行政區（包括所轄南海諸島）單獨建省，直轄各市、縣，撤銷海南黎族、苗族自治州，另建一些民族自治縣，同時將海南全省辦成經濟特區，在經濟政策和經濟管理體制上更放開一些。

中共中央、國務院完全同意這個設想。

一九八七年六月十二日上午，鄧小平在會見南斯拉夫共產主義者聯盟中央主席團委員斯特凡・柯洛舍茨時說：我們正在搞一個更大的特區，這就是海南島經濟特區，海南島好好發展起來，是很了不起的。

這是第一次將海南將建經濟特區的消息公諸於世。

138 楊繼繩《中國當代名人政要訪談述評集》。

一九八七年九月二十六日，中共中央、國務院發出〈關於建立海南省及其籌建工作的通知〉。〈通知〉說，考慮到海南發展的重要性和必要性，國務院提議將海南行政區從廣東省劃出，成立海南省。

一九八八年四月十三日，第七屆全國人民代表大會第一次會議通過了國務院提出的關於設立海南省和建立海南經濟特區的議案。四月二十六日，海南省委省政府正式掛牌。

洋浦風波

分省之後，梁湘在海南的第一要務，就是建洋浦開發區。

海南空有那麼大的地盤，由於田土荒蕪，加上地處邊陲，一九五〇年到一九八五年，國家對其投資僅僅四十六億人民幣。分省之初的海南，十種九不收，遍地都是褐色的石頭塊兒，土層薄得只能種番薯，三萬畝耕地，每畝收益只有二十多元錢，工農業總產值也就一、二十個億，財政收入才五個億，每年給幹部發工資都不夠，需要廣東拿錢來補。但是海南的自然條件非常好。它東面靠海西面靠山，地理條件優越，一年四季氣候都很溫潤；它的面積三萬多平方公里，只比台灣小兩萬平方公里；而且和台灣相比，海南的平原多，耕地面積也比台灣多。可是要趕上台灣，光有鄧小平的講話還不行，光有幹部群眾的信心也不行，問題在於應該怎麼規畫，怎麼開發，資金怎麼來？

很多人把眼光投向了洋浦。

洋浦在海南儋縣，七十％是荒蕪的不毛之地，又沒有水，什麼都不能種。但是洋浦具有天然深水港灣，又臨近中東石油運輸的主要海上通道，十分適宜建設發展大型出口工業基地，荒地多且土地貧瘠，即便開發失敗也不會付出重大成本。當時「洋浦自由港」的頂層設計是非常超前的，特點簡單總結概括起來如下：

資金、人員、貨物進出三大自由。

外商全權負責開發，三權分立的行政管理。

境內關外的海關監管、不干涉企業管理的經濟管理、兩級司法獨立系統。

允許外資銀行全面進入，金融業全盤市場化，甚至一度傳出海南要像香港有港幣一樣，海南也可以發行自己的貨幣——瓊幣。139

分省之前，主政海南區黨委的雷宇對這一片規畫，是建立八十個萬噸以上的深水港，其中一個五千噸的、一個三萬噸的碼頭國務院都同意了，可是沒有投資者，沒有資金，只能紙上談兵。或許是因為「自由港」的建議沒有被採納，或者是因為別的什麼原因，先前對開發海南很有興趣的李嘉誠等人沒有來投資。面對窮得要死的海南，梁湘的擔子是太重了。後來他和副省長鄒爾康，找來了一個叫于元平的香港老闆。這人一直想找一塊二十平方公里左右的地方，投資十幾二十個億進行成片開發。結果他的願望在洋浦實現了：這片地將由於元平來負責籌資，成片開發，然後引進項目，他來分成，多少年以後再歸還給海南。于元平進來之後不久，他背後日本的一些大財團比如三菱啊、三井啊，還有日本建築商熊谷組都跟著進來了，這樣他的利潤回收也就有了保障，真是一件大好事。

139《八八版海南自貿港》。

沒有想到平地起波瀾。清華大學副校長、當時任國務院學位委員會委員的張維，去海南進行了考察，回來之後給中央寫了個報告，說洋浦的大批土地租給外國，成了國中之國，是出賣主權。本來這只是學者提出的一種看法，完全是可以討論的，但李先念知道這事的背後是趙紫陽在支持，就抓住不放，說這樣做是喪權辱國，出賣主權，絕不能這樣搞。鄧小平看到當時那麼多人反對，就說此事暫時不要搞了。

這一放，就到了一九八九年春節，總書記趙紫陽回廣東過年，梁湘和鄒爾康在深圳迎賓館找到他，就談洋浦問題。趙紫陽說這個事情現在弄得很複雜，中央有兩派，一派支持一派反對，包括老同志都擔心，洋浦會不會成為新的「租界」。梁湘他們兩個人陪著趙紫陽，從深圳到珠海，一路上都在說洋浦，這個春節都交給洋浦了。趙紫陽同意他們的看法，說回去就做工作。可是回到北京，就是三月，全國人大召開，此事在會議期間引起一場大風波，時任海南省委書記許士傑在會上作了許多解釋，但那些人根本聽不進去，反對的調子非常高，堅決要把這個計畫撤銷，而且要追究海南的責任。

也就是在此前後，陳雲也在一個關於洋浦開發的材料上做了批示並且轉給趙紫陽，要他慎重對待。時任國務院副總理的李鵬趁各方議論紛紛之際，特地給特區辦下文，說沒有國務院的通知，洋浦開發區不能動。由於當時爭論的焦點是主權問題，趙紫陽讓特區辦公室搞了一個詳細材料，說明洋浦開發不涉及主權，還把這些材料轉給了陳雲，同時給他寫了一封信，說這些土地只包給一家是不是好，還可以研究，但這絕不涉及主權問題；然後趙紫陽又去向鄧小平解釋，說這件事實在是一場不了解情況的誤會：洋浦這麼一塊荒地，你如果不包給外商，放在那兒再過十年、二十年，仍然是塊荒地；包給了外商，他來開發，那裡很快就成為繁榮的地方，和港口配起套來，能夠做很多事情。人家拿幾十億港幣來投資都不怕，我們怕什麼？如果說這事是涉及主權，完全是沒有常識。後來梁湘、許士傑直接給鄧小平寫信，詳細彙報洋浦開發的打算。鄧小平看後作了批示轉給趙紫陽，說這是好事，原來我不清楚，說得不對，看來還是應該要搞，積極地搞。

很快洋浦開發的事情就算定下來了，梁湘和鄒爾康等人也都準備好了。可是到四、五月份的時候，突然中央的某個人傳下話來，說還是有主權問題，不能動。一轉眼，就「六四」了，趙紫陽因為不同意向民眾開槍下台。洋浦大開發的事情，就這樣被擱置下來。

今天海南的治省方略，只剩下自貿區啊服務業啊還有花花綠綠的旅遊項目，甚至有人揚言要將之變成中國最大的賭城。什麼二十年趕上台灣啊，什麼八十個萬噸以上的深海港口以及它們向全島的輻射功能啊，還有梁湘在他的報告中提到的那些目光深遠氣勢浩然的規畫，現在的許多人根本就沒有聽說過，全都成了泡影。

趙紫陽在他的回憶錄中還說到一件事，也跟廣東有關係：

美國一家汽車公司想在廣東惠陽地區搞一個年產三十萬輛的汽車廠，條件很好，全部外銷。如果電力有問題，他們自己搞電廠，而且有些零部件可以由中國來生產。這樣可以帶動三、四十家中國工廠來為它服務。這是獨資來搞，也不要我們配套資金。我當時聽了很高興，認為很重要，我曾就這件事給姚依林、李鵬寫了封信，認為這是好事，而且當時許多外商怕中國政策變，不敢繼續來投資，特別是獨資。這件事如辦起來也是開了一個好頭。但姚依林、李鵬對此很消極，他批給機械部，機械部總想自己搞不讓外資進來搞汽車工業。姚依林贊成他們的意見，認為不能搞。李鵬馬上同意他們的意見主張不搞，把報告轉給我，於是一件很好的事就這樣放下來了。

趙紫陽在他的回憶錄中說：現在回想起來，中國實行改革開放，實在不容易。

可是鄧小平對趙紫陽在經濟體制改革中所做的努力，一直是很滿意的。一九八六年鄧小平在接見南斯拉夫客人時指出：

中國的經濟發展我是管全域，趙紫陽同志是抓具體落實，全域設計的好，要是抓具體的配合不好，那麼也是事倍功半，趙紫陽同志是一個成熟的經濟實幹家。[140]

140 鄧小平一九八六年六月十二日講話。

第十部分

會當淩雲頂

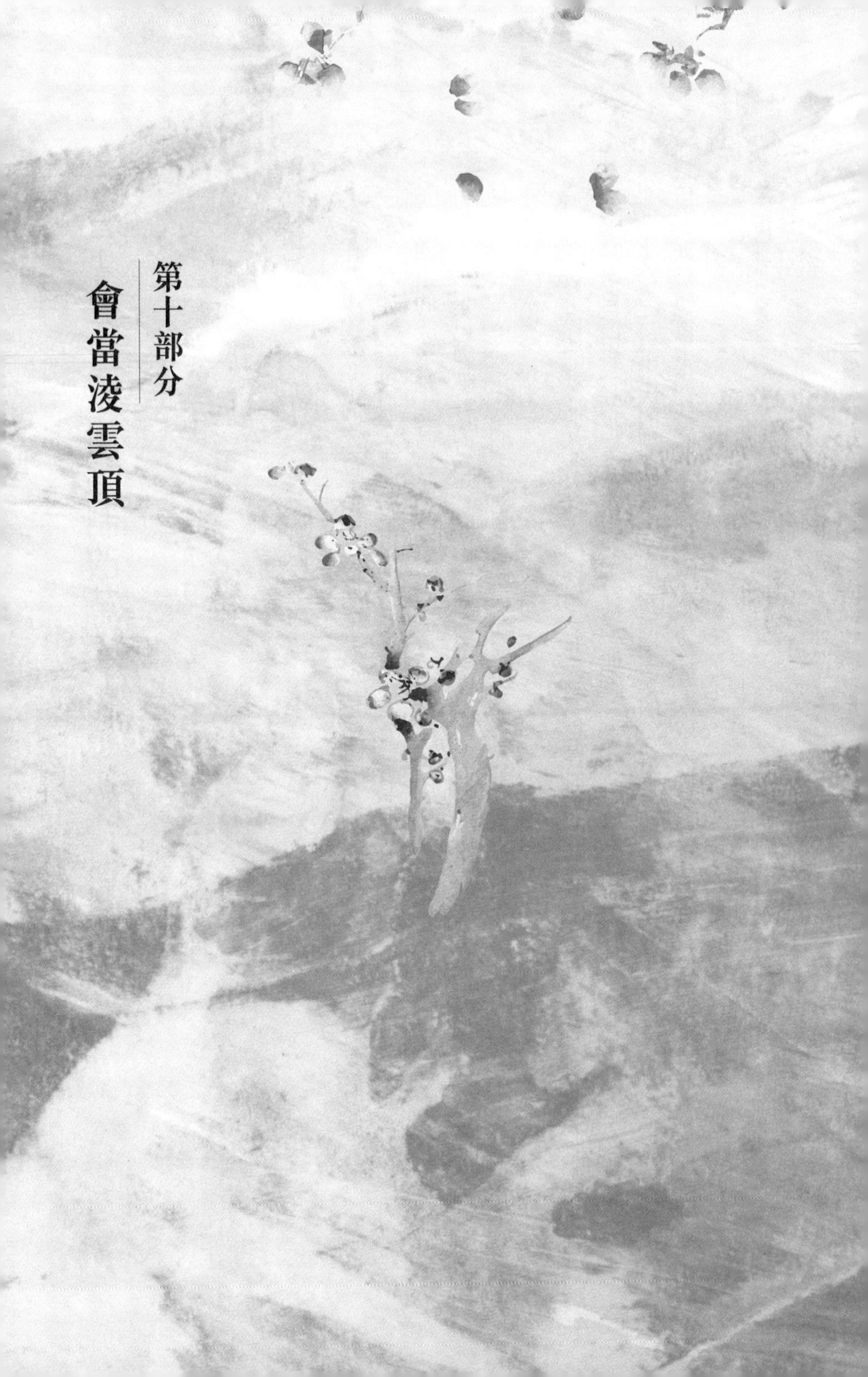

第二十八章　政治體制改革

較量

作為中國改革的先行者和直接探索者，趙紫陽最能夠體會到政治體制滯後對於經濟體制改革的羈絆，所以他在離開四川之前的省委擴大會議上說：

四川的改革雖然已經成為全國的樣板，但是還存在著很多問題，這些問題大體上有兩個方面：一是已經進行的初步改革，同尚未改革的整個經濟體制、現行規章制度的矛盾，也就是通過改革解放出來的生產力，同現在的生產關係中某些方面的矛盾，同上層建築中某些環節的矛盾。[141]

以後這樣的話他又多次說過。到一九八六年春節去廣東解決海南分省問題時，他曾經給大家講過自己對「文化大革命」的看法。他說：

「文革」對中國的破壞很大，使整個國家的經濟走向崩潰的邊緣。但是它有個重要的反作用，就是使得中國共產黨人和中國人民終於大徹大悟，感到過去的那一套不行，一定要摒棄

141 田紀雲〈我所了解的趙紫陽〉。

過去那一套作法，找一個新的出路——這就是付出了那麼大的代價得來的教訓。正是因為這樣的教訓，所以在耀邦提出的關於「真理標準」的大討論中，才有了激烈的爭吵：三中全會開了五十三天的工作會議，全是圍繞著這個命題在爭論，爭論得很激烈，最後才統一認識：黨和國家的基本路線，必須由「階級鬥爭為綱」轉為「以經濟建設為中心」。如果沒有之前十年的沉痛代價使得我們大徹大悟，關於真理標準的討論，和三中全會之前中央工作會的思想，就很難統一起來。[142]

不僅僅是趙紫陽，這個問題鄧小平也早就強烈地感覺到了。早在一九八〇年八月十八日，鄧小平在政治局擴大會議上作了〈黨和國家領導制度的改革〉的講話，在這個被稱之為「政治體制改革指導性」的講話中，鄧小平說出了那段著名的話：

我們過去發生的各種錯誤，固然與某些領導人的思想作風有關，但是組織制度、工作制度方面的問題更重要。這些方面的制度好可以使壞人無法任意橫行，制度不好可以使好人無法充分做好事，甚至走向反面。

他尖銳的抨擊了權力過分集中的弊端，指出：

權力過分集中的現象，就是在加強黨的一元化領導的口號下，不適當地、不加分析地把一切權力集中於黨委，黨委的權力又往往集中於幾個書記，特別是集中於第一書記，什麼事都要第一書記掛帥、拍板。[143]

142 安志文、劉鴻志同志〈關於和台灣經濟學家座談的報告〉。
143《鄧小平文選》，第二卷第三二九頁。

儘管有證據表明，當時鄧小平的這些話主要是想把毛澤東指定的接班人華國鋒攆下台，但是以後類似的話鄧小平也說過多次。不過他很清楚地知道與經濟體制改革相比，政治體制改革的危險係數更大：因為舊體制基礎雄厚。在黨內高層，大多數幹部認為社會主義制度是好的，只是被「四人幫」破壞了，他們的口號是「回到十七年」；而在中層的幹部和知識分子中間，也認為社會主義是好的，但是有缺陷需要克服；只有一些在國門打開之後見多識廣的並且敢於思考的青年知識分子，將思路往體制深處延伸，甚至提出了「多條道路」的看法。相比之下，前兩種占據大多數。加上鄧小平本人對於舊體制的改革恪守著「四項基本原則」的底線，因此一直都在猶豫。還有一個原因，是至今很多人沒有想到的，那就是七〇年代末失敗的伊朗國王巴列維白色革命的失敗。

一九六二年，伊朗國王穆罕默德・禮薩・巴列維發起「白色革命」，他企圖打破舊有傳統，實現國家現代化的改革，其政策包括：重新分配土地（土改）；所有政府經營的工業企業出售給合作社和個人（私有化）；準備實行普選，婦女擁有選舉權（民主選舉）；建立一支知識分子大軍（依靠知識分子而不是元老派）；改組所有政府機關，行政權力下放到地方（放權）；全面改進國民教育等等。

「白色革命」使伊朗經濟飛速發展，一九六八至一九七八平均年增長速度為十六～十七％，按人口平均的國民產值從一九六〇～一九六一年度的一百六十美元躍增為一九七七～一九七八年度的二千二百五十美元。特別是一九七三年伊朗剛剛從西方石油財團手中收回主權，恰逢國際石油價格暴漲，國家每年的石油收入從四十億美元猛增至二百多億美元，從債務國突變為債權國。貧窮的伊朗突躍為世界第二大石油輸出國而幾乎成為財富的代名詞，僅一九七四年就給國外貸款上百億美元，並在兩年內購置了價值六十億美元的軍事裝備，人民的總體生活水準也有了明顯的提高，國力迅速增強……[144]。

可是經濟的發展明顯與社會發展脫節，導致貧富差距迅速增大，貪污腐敗盛行，整個社會道德的頹敗，涉及到政府最高層及王室成員，民眾逐漸對巴列維政權產生離心力。人們認為，只有民主和法制才能有效反貪倡廉。但巴列維國王只想要現代經濟制度，卻不想要現代政治制度。他長期堅持所謂「帝國民主」，只是成立了「皇家調查委員會」來監督貪官汙吏，最後導致社會矛盾總爆發而錯失「逐步」改革的機會。

一九七九年一月，堅持改革十五年之久的巴列維國王被宗教領袖霍梅尼及其跟隨的民眾推翻，最後客死異國，伊朗的改革功敗垂成，隨後落入了貧困國家行列。

據此，鄧小平的大公子鄧樸方曾經對好友何維淩說過：「如果我們今天在中國大力推動改革，會有三個擔憂。」

第一擔心改革如果推動得過快，老百姓的承受力有限，負面情緒增加，中國會成為第二個伊朗。比如我們給老百姓更多的民主自由，老百姓很可能在這樣的負面情緒中反過來把我們推翻，甚至可能把江青那些人重新迎接回來，對我們搞清算。第二，我們如果改革太快，會不會重蹈宋代王安石改革的覆轍，一些保守勢力、無良文人，反而成了阻擾改革的主力。第三個問題，中國的基層幹部水準非常低，而北京這些人水準比他們高多了。如果把過多的

144 雷頤〈伊朗：再次陷入輪迴？〉。

權力下放給基層，會不會導致到處都是土皇帝、土霸王，這些土皇帝掌了權怎麼辦[145]？鄧樸方對於高層有著非凡的洞見，他的這些今天看來也不是沒有道理的擔心，顯然也是當時比較開明的改革派的擔心，包括鄧小平，甚至有人認為可能包括趙紫陽。

由於鄧小平的猶豫，趙紫陽也不好在這個問題上輕舉妄動。直到一九八六年六月。

一九八〇年的政治體制改革最終沒有能夠鋪開，還有一個重要的原因是鄧小平及其身邊的幹部，擔心中國會發生類似於席捲東歐的群眾示威。而在一九八六年，他們則為亞洲新的一波民主示威浪潮感到緊張。繼年初將菲律賓的馬可仕總統趕下台的「人民力量」運動之後，這股浪潮已驅使台灣的蔣經國在三月宣布要研究政治體制改革。既然躲得過初一躲不過十五，何不先走一步：此時向國內外公眾表明大陸和台灣一樣開放，豈不是明智之舉？

於是，鄧小平很正式地提出了政治體制改革問題。

一九八六年的六月十日，田紀雲陪同趙紫陽向鄧小平彙報經濟情況，鄧小平說：現在看，不搞政治體制改革不能適應形勢。改革，應該包括政治體制的改革，而且應該把它作為改革向前推進的一個標誌。又說：一九八〇年就提出政治體制改革，但沒有具體化，現在應該提到日程上來[146]。此後鄧小平又在多個場合強調政治體制改革的重要性，並要趙紫陽先找一些人進行準備。

趙紫陽這才開始正式行動。一九八六年十月六日，中央書記處召開會議，正式明確由趙

145《傳說中的何維淩手稿》。
146《鄧小平文選》，第三卷。

紫陽牽頭成立政治體制改革研討小組。小組成員為中央書記處常務書記胡啟立、國務院副總理兼祕書長田紀雲、中央顧問委員會常務副主任薄一波、全國人大常委會常務副委員長彭沖等四人。據還在位的胡耀邦說，這個小組成員的名單是在小平同志那裡定的。

趙紫陽多次邀集有關人員，嚴格遵照鄧小平的口徑，研究政改如何起步的問題，並於一九八六年十一月七日召開了第一次政治體制改革研討小組會議，在這次會議上，趙紫陽發表了以下講話：

一、對我國原來的政治體制的利弊要作全面的實事求是的分析，不要簡單化，一概否定。不能說我國的政治制度只適用於戰爭年代，不適用於和平環境，只適用於抓階級鬥爭，不適用於和平建設，因為事實上這種制度在解放後已經運行了三十多年，雖然弊端很多，嚴重影響著社會進步，但它畢竟已存在了幾十年，現在我們搞改革，深感阻力很大，改起來不那麼容易，這也從反面說明現在的制度還是有一定的社會基礎的。

二、對我國現行政治體制進行實事求是的分析，還有一個好處，即存長去短，保留長處，克服短處，名符其實的是社會主義的自我完善。我們原來政治制度的好處，一是人民意志比較統一，宏觀決策快；二是分配比較平均，就業面廣。缺點是黨政不分，權力過分集中，官僚主義嚴重，不利發揚社會主義民主，不利於調動人的積極性，促進生產力的發展。

三、改革的近期目標是黨政分開、政企分開，理順各種社會組織的關係，重點要解決好黨與政府、人大、政協之間的關係，防止權力集中到少數人或一個人手裡。要研究最後達到什麼目標，在我國不可能搞三權鼎立的制度，黨政分開只能通過加強和完善黨的領導去實現。當然，一元化領導不能層層到基層，支部書記也是一元化領導。要研究過渡的辦法，沒有過渡辦法，目標也難達到。

應該說這個方案，儘量顧及到了老中青三方面的意見。特別是「不搞三權分立」是鄧小平反復強調的原則。

此後在趙紫陽的主持下，政治體制研討小組及其辦公室提出了政改的遠期設想和近期目標。近期目標和措施大部分被吸納到趙紫陽在一九八七年召開黨的十三大所作的政治報告中，從而為中國政治體制改革奠定了基調。至於遠期麼，而按照趙紫陽後來的說法，當時對於五十年後國家體制是什麼，八〇年後是什麼，沒想得那麼遠，也很難制訂時間表，改革只能走一步看一步，邊改邊看[147]。

由此看來，趙紫陽關於政改的設想也好，十三大報告也好，都是在鄧小平劃定的框架內非常謹慎的改良主義，沒有半點「反黨反社會主義」的意思。對於中國國情瞭若指掌的趙紫陽，只是企圖小心翼翼地在鐵幕中撕開一條縫隙，讓透進來的幾絲光亮，改變一點現狀而已——他畢竟是體制內成長起來的官員，中國共產黨的總書記。不僅僅是他了，這個小組中的其他人，也都得和他一樣顧及鄧小平和元老們的情緒（比如鄧小平說不能搞三權鼎立），沒有人想去「引進西方那一套」，也沒有人想去搞什麼「多黨制」。比如田紀雲就認為：政治體制改革是一個涉及領域比較廣泛的問題，現在各方面議論很多，當然大部分意見是善意的，但也不排除有人從不同的立場出發，企圖影響我們的改革方向，作為書記處必須冷靜對待，不可操之過急。胡啟立說：政治體制改革的目的是發展生產力，調動企業的積極性，而不是設計一個

147 李欲曉〈叩訪富強胡同六號〉。

什麼模式，美國的、蘇聯的或者其他什麼的。胡耀邦說：我們現在的政治體制既存在高度集中，又存在高度分散。政治體制改革是社會主義制度的自我完善，也就是建設有中國特色的民主政治制度。

…………

可是即使這樣，他們也成為了不可饒恕的眾矢之的。可見這個體制的專橫和殘酷。

一九八七年的一月，認為政改只是「社會主義制度自我完善」的胡耀邦下台了，立即引發軒然大波，可是事情還僅僅是開始。

趙紫陽接手了胡耀邦總書記的職務，也就接收了胡耀邦的兩個主要敵手：胡喬木和鄧力群。在平反冤假錯案方面做出了重大成就的胡耀邦，同時也留下了遺憾：他讓許多老幹部官復原職的同時，實際上也讓「文革」前的舊體制得到了恢復，為包括他自己和趙紫陽在內的改革派，造就了強大的反對陣容。他們看准了大力推行政改的鄧小平，骨子裡和自己一樣是要「捍衛紅色江山永不變色」，這是「老革命」們共同的底線，於是利用這個底線對鄧不斷施加影響。在利用「反自由化」的狂風大浪把想要「自我完善」的胡耀邦推下台之後，這個陣容在加大力度在重要位置上安置自己的人馬，頻頻向改革派發難，出台了很多檔，列出了長長的「開除出黨」的人員名單。他們料定之前對思想理論鬥爭根本不感興趣的趙紫陽上台，將更有利於他們有捍衛自己的思想陣地。

大大出乎他們預料的是：趙紫陽比胡耀邦厲害得多。事後有人評價說：趙紫陽作為中國改革的「功臣」，與他的搭檔胡耀邦相比，性格中正好缺少了一點優柔，而多了一點自負，用一句剛愎自用來形容他，雖然有失武斷，但那卻也恰好是他的魅力所在：當胡耀邦以他的真情打動人們時，趙紫陽正在用他的雷厲風行征服著世界。他識時務而無宿命論，絕不放過機遇卻也能等待機遇；他從骨子裡就不會允許自己像胡耀邦那樣，甘心被敵手拉下馬的。他肯定要在適當的時候有所動作。而時機，也必須是他自己選定，而不能是對手安排的。[148]

這樣的評價肯定會令趙紫陽的舊部和朋友們有些吃驚。因為他們所熟悉的趙紫陽，清澈坦蕩，深邃包容，善於在不同意見之間調和，雖然骨子裡有硬度，總體上是個很溫暖的人。這一點趙紫陽自己也承認。一九八八年四月在接受法國傳媒採訪時，女記者最後一個問題是「您個人性格的最大特點是什麼？」趙紫陽回答說：「我這個人最大的特點，就是溫和。……就是脾氣不大。我查了一下，國內的、國外的報導，什麼強人啦，什麼鐵腕人物啦，這些詞兒，和我趙紫陽都聯繫不上。[149]」

除了溫和，趙紫陽還認為自己「膽小」。但是他說膽小好，膽小的人有底線。[150]

可是也有人（比如他的老祕書蔡肇發和年輕祕書李湘魯）觀察到，趙紫陽到中央之後，強硬的一面在增加，無論以什麼樣的方式，他一定會朝著自己既定的方向走去，不達目的絕不甘休。

在胡耀邦下台之際，趙紫陽知道不可挽回，只有極力保護他少受傷害。在「生活會」前，

148 陳小雅《八九民運史》。
149 吳稼祥《中南海棋局》。
150 林雪採訪趙五軍。

討論了過三次胡耀邦問題，胡啟立不同意開生活會，認為震動太大，應該按照黨內民主生活的程式走，比如讓胡耀邦告病請假，由趙紫陽代理總書記過渡到十三大再處理。但是鄧小平、陳雲、王震都反對。趙紫陽說胡啟立同志的講話是有道理的，居然被陳雲、薄一波、王震呵斥。薄一波說這事定了，不要再討論了，政治局代表中央，然後交中央表決。在一月四日鄧家會議之後，趙紫陽也發表了不贊同採取民主生活會的辦法處理胡耀邦的意見，但是被老人們否決。以後他又親臨耀邦家裡安慰，告知他對第二天的「生活會」要有思想準備。

但是最讓趙紫陽擔心的，是老人們會以「宗派」的名義對於胡耀邦麾下的人馬進行大清洗。他說自己作為代總書記，首要的任務是少傷害一些人，把「運動」控制住，把反自由化調整轉向改革開放。當時老人幫打擊胡耀邦的主要罪狀，是他搞「青紅幫」——「青」就是指胡耀邦長期工作的共青團，即團派。要命的是就連鄧小平也認為胡耀邦在幹部問題上「有圈子」，其中最打眼的就是胡啟立，雖然胡啟立是鄧小平自己喜歡、並且打算將其立為接班人的年輕幹部。趙紫陽知道，如果確定「團派」，就是確定有一個以胡耀邦為首的「反黨集團」，接下來就會按照慣例，進行「組織清洗」，但凡與胡耀邦沾邊的人都會涉及其中蕩然無存。於是他在鄧小平面前說，第一沒有什麼「團派」，青年團就是黨培養幹部的地方；二是耀邦離開，以後需要一個管意識形態的助手，現在是「蜀中無大將廖化作先鋒」，胡啟立是比較合適的人選。於是儘管老人們不同意，但是趙紫陽說服鄧小平點了頭，胡啟立還是進了胡耀邦之後的臨時班子「五人小組」，並且保留了他的常委職務。

保住了胡啟立，再保護溫家寶。從某種角度來說，中辦主任、大內總管溫家寶的位置比胡啟力還重要，書記處的核心機密和身家性命都在中辦主任手裡，新任總書記上任，往往要先換中辦主任。胡耀邦下臺以後的一九八七年三月二日，鄧小平專門與趙紫陽談人事問題，提出要拿掉溫家寶。趙紫陽不同意，說為什麼不改一改總書記下去後非要換中辦主任的規矩？於是溫家寶留任。這樣一來，否定了「團派」和搞幹部圈子的問題，保住了胡啟立《人民日報》總編錢理仁等一批胡的幹部，讓胡耀邦手下的人馬逃過了「組織清洗」。

接過中辦之後，趙紫陽特地囑咐鮑彤，要多用胡耀邦的人。比如中辦的鄭必堅是胡耀邦手下的主要筆桿子，帶領著一群人擔負著起草十三大報告的重任。胡耀邦一倒，他自料在劫難逃，忙不迭地開會統一思想，做檢查，準備解散班子……趙紫陽找他談話的時候，他說我都要關門啦！趙紫陽說關了再打開就是嘛！鄭必堅大喜過望，帶領原班人馬，繼續進行十三大報告的起草工作。[151]

可是陳雲派系不甘甘休，矛頭很快轉向了趙紫陽。人民大學副校長宋濤在校務會議上指名道姓攻擊陳一諮主持的體改所，是趙紫陽復辟資本主義的黑窩子。與此同時，中宣部理論局局長盧之超負責的「反自由化小組」，駐進了中辦招待所二樓，尋章摘句地收集幹部「自由化言論」。他到處作報告，說：「現在政治上的自由化是經濟上的自由化引起的，經濟上的自由化為政治上的自由化提供了土壤。批政治上的自由化，不批經濟上的自由化，就解決不了產生自由化的跟源。」他甚至說：「現在是批了說自由化的人，沒有批幹自由化的人。胡趙體制，胡趙體制，批胡必批趙，不批趙也就批不了胡。」徑直把矛頭指向了趙紫陽。盧之超還在軍事科學院做報告說，現在政治上的自由化是因為經濟上的自由化，經濟上的自由化是因為

151 林雪採訪趙五軍。

農村人民公社解體。宋時輪[152]問農村人民公社是怎麼解體的，盧之超竟然回答說，農村人民公社之所以解體，是陳一諮一夥人鼓吹包產到戶引起的。當時宋時輪拍著桌子說：那就把陳一諮那夥人幹掉！還有人告狀說，赴美國的福特基金會支持中國留美經濟學會，與陳一諮的體改所和北京青年經濟學會密切聯繫，這是受美國中央情報局操縱的。此事通過公安部三番五次追究，儘管陳一諮等人澄清了事實，後來還是演變為「趙紫陽勾結國外勢力」。因為《人民文學》總編輯劉心武對鄧力群派系在文藝思想界的倒行逆施極為反感，在不少會議上表示了自己對「清除精神污染」擴大化的不滿，鄧力群便借一篇描寫西藏民情的小說，責令劉心武停職檢查，同時暗指總是在保護文藝界的趙紫陽：攻擊他把反自由化限制在政治思想領域。與此同時，薄一波就幹部問題在天津講了一番話，說要老中青三結合。全國紛紛詢問中央，幹部政策是否有變。於是趙紫陽在書記處會上說，老同志要照顧，但幹部四化政策不能變，要保持政策的連續性。在政治改革研討小組彙報會上，鮑彤大談幹部選舉的重要性，說比幹部回避制度更根本、更重要，遭到薄一波駁斥。第二天，紫陽講話，把鮑彤的觀點重述一遍，薄一波才不再吭聲。

元老派的終極目標絕不止於胡耀邦後面的趙紫陽，包括萬里、習仲勳等人，也都不同程度受到波及。陳雲甚至加緊了向鄧小平的進攻。他要求發表自己在一九八三年政治局擴大會議上的講話，那個講話批評胡耀邦，表揚鄧力群，以表明在這個問題上他是早有預見，犯錯誤的是鄧小平。與陳雲經濟思想一致的李先念，向來不輕易在重大問題上表態，這次因為在

152 宋時輪（一九〇七～一九九一），湖南醴陵人。中共建國上將，時任軍事科學院院長。

十三大他要全退，權力受到了真正的威脅，也開始態度鮮明地加入了攻擊鄧小平的行列。他在會見美國國務卿舒爾茨時說，西方希望我們完全放棄計畫經濟搞全盤西化的希望，要落空。還說中國是集體領導，不是一個人領導……這些話都是針對小平的，因為鄧小平前不久剛講過：計畫和市場都不是社會制度，而是工具，誰用就為誰服務；說計畫經濟為主，市場調節為輔是錯誤的。鄧小平後面這句話顯然是批評陳雲。

……

鄧小平是何等人物，哪可能視而不見。他頻繁接見外賓，借機就國內問題發表談話。他對舒爾茨說：「雷根總統最近遇到一點小麻煩，我們不也遇到一點小麻煩嗎？搞政治哪能不遇到一點麻煩？有人說我激進，有人說我保守，其實，我是實事求是。他還對坦尚尼亞總統姆內尼說：我們要四個堅定不移，其中一個就是改革開放和現代化建設……」這些都明顯是間接地回擊。

面對來勢洶洶的攻勢，趙紫陽泰山崩於前而色不變，繼續往前走，對於「自由派」傾向於「寬容處理」。一九八七年一月二十八日，剛剛上台沒幾天，趙紫陽簽發〈中共中央關於當前反資產階級自由化若幹問題的通知〉（又稱四號檔），把「反自由化」限制在了黨內與政治領域內，避免了其波及經濟改革、農村政策、科學研究、文藝風格和人民日常生活。一月二十九日，趙紫陽利用春節團拜時，以歸納「十一屆三中全會以來鄧小平的社會主義觀點」為題，將限制「反自由化」的範圍再說明一遍：

一條是堅持四項基本原則，一條是堅持改革、開放、搞活的方針。……有人擔心，反對自由化會不會又是一次政治運動？我代表中共中央負責地向大家說明：我們不搞政治運動。我們深知，搞運動無助於解決資產階級自由化的問題；靠一次或幾次運動也根本不可能消除資產階級自由化思潮的影響……這項工作，嚴格限於中國共產黨內，而且主要在政治思想領域中進行，農村不搞。企業和機關是進行正面教育。即使在政治思想領域內，實質上也是進行政治方向和政治原則的教育。

胡耀邦下台之後，朱厚澤也立刻下台，趙紫陽提出李瑞環任中宣部長，被陳雲否定，結果換了鄧力群和胡喬木的寵臣《紅旗雜誌》的副總編輯王忍之。趁著胡耀邦的下台，陳雲派系不僅掌控著經濟領導部門，還由宋平取代尉建行當了中組部長，王忍之取代朱厚澤當了中宣部長，王芳取代阮崇武當了公安部長。從中央到地方，一批又一批在各領域有改革開放思想的代表人物，或被組織批判，或被開除黨籍，大有「黑雲壓城」之勢。鄧力群屬下的盧志超等人與陳雲主持的中紀委聯合在一起，積極收集材料，把誰在什麼時候講的什麼話都摘錄出來，作為錯誤言論，並據此開出名單，報中紀委提出處理意見上報書記處，再提交政治局討論處理。他們準備這樣一批批搞下去，一層一層搞下去，最終在全國對改革派大換血，以牢牢鞏固他們的陣地。

除了鄧小平定下來要開除黨籍的王若望、方勵之等人之外，鄧力群和胡喬木交給政治局討論的第一批「處理名單」中，還有于光遠。趙紫陽對鄧小平提出：按照四號檔精神，建議對於于光遠採取開生活會批評的方式解決，不作組織處理。一九八七年三月二日，鄧小平問趙紫陽對張光年[153]怎麼處理，趙紫陽說張光年也按照于光遠的方式解決為好。在三月十日的政治局常委會議上，鄧力群向鄧小平彙報反自由化鬥爭情況，說現在七十%以上的人對反自由化

153 著名戲劇家，文學家，中國作家協會副主席兼黨組書記。

是抵制的，要經過三、四年的艱苦鬥爭才能進入正軌，還要點名批評思想界十二個人，特地提到正在趙紫陽的政改班子裡工作的嚴家其，說他搞資產階級自由化。趙紫陽當即說：嚴家其沒有問題，他反自由化很積極。

在一九八六年十二月三十日的高峰時段，鄧小平曾說：「對於那些明顯反對社會主義、反對共產黨的，這次就要處理。可能會引起波浪，那也不可怕。對方勵之、劉賓雁、王若望[154]處理要堅決，他們狂妄到極點，想改變共產黨，他們有什麼資格當共產黨員？」[155]據此各地紀律檢查委員會於一九八七年一月相繼開除了中國作家協會理事、上海作協理事王若望、方勵之、劉賓雁等人的黨籍，並免去也主張「寬鬆輿論」的中央宣傳部部長朱厚澤的職務。這一年的七月，鄧力群等人在中央書記處會議上又拿出一份「搞自由化分子」的名單，包括趙紫陽的祕書鮑彤共十三人[156]，送到總書記趙紫陽手中。因為此名單的確定是以鄧小平前期的強硬講話為基礎，趙紫陽不得不在上午的會議中主持通過了對王若水、吳祖光、張顯揚等人「勸其退黨」的決議，然後宣布吃午飯，下午，他主持會議轉向其他議題，名單中的其他人得以「逃過一劫」。[157]

四月中旬，陳一諮陪同匈牙利訪華團到了上海，聽說剛傳達了新任中宣部長王忍之在全

154 方勵之為中國科技大學副校長；劉賓雁為《人民日報》記者；王若望為中國作家協會理事、上海作協理事。他們都被列為「持不同政見者」。

155 鄧小平〈旗幟鮮明地反對資產階級自由化〉，《鄧小平文選》，第三卷第一二三頁。

156 名單中有鮑彤、于光遠、王若水、蘇紹智、吳祖光、張顯揚、孫長江、李洪林、于浩成、吳明瑜、嚴家其張賢亮、管惟炎共十三人。參見高皋《後文革史》，下冊，第二三〇～二三一頁。

157 黃中立〈後文革時期趙紫陽之研究〉。

國宣傳部長會議上的講話，王忍之在講話中說反自由化是「第二次撥亂反正」，在幹部中間引起了議論。大家說，否定文革是撥亂反正，如果說反自由化是第二次撥亂反正，豈不是要否定改革開放？豈不是要否定三中全會的路線？甚至有人說，這不是要否定小平同志嗎？

陳一諮敏銳感覺這是個大問題，就請上海市委宣傳部思想研究室整理了一份上海理論界對王忍之講話的反應，登在他們辦的《思想研究內參》上。這份材料反映，復旦大學經濟系蔣學模等上海著名學者都認為：「三中全會以後的主流是鄧小平領導的改革開放，有自由化也是支流。提出『第二次撥亂反正』就是要否定改革開放和鄧小平，這個提法引起了很大的思想混亂。」

四月二十六日上午，陳一諮在北京收到這份材料，立即給鮑彤一份請他轉給趙紫陽，同時給了鄧樸方一份請他送給他父親。四月二十八日上午，鄧小平就召見了趙紫陽，說反自由化不應該影響改革開放，還讓趙紫陽講一講這個問題，二人對形勢取得了一致的認識。中午，鮑彤召集政改辦會議，說要為紫陽準備一個講話，「五一」後要開宣傳、輿論、黨校的會議，會上要講兩條：一是關於反自由化，二是要宣傳改革。這個講話稿就是趙紫陽著名的「五．一三講話」。

遵照鄧小平的指示，趙紫陽找到王忍之，問他「第二次撥亂反正」的說法是什麼意思？你要撥誰的亂？反誰的正？你這種說法不是把矛頭對準了小平同志嗎？

王忍之急忙說：「是我偶爾失言……」

趙紫陽又問他：「為什麼聽到小平同志說『主要是反左』你們中宣部就如喪考妣？你對三中全會的路線是個甚麼態度？」問得王忍之汗流浹背。

趙紫陽當然知道，王忍之敢於這樣說，背後有一股強大的力量。自四號文件將反自由化「嚴格限於黨內」之後，反自由化的力量一直要打破這個限制。最典型的是所謂「涿州會議」[158]，一批大左派在會上大肆攻擊改革開放，賀敬之[159]、熊複[160]、劉白羽[161]等人說：三中全會以來的「八年是噩夢一場，馬克思主義者一直受壓。這次一定要把反自由化進行到底。」、「要堅決反對『和平演變』！」胡喬木也說：「最近幾年，我們黨的領導權已經不在馬克思主義者的手裡了」……會議還準備批判一百多個人。

鄧小平那邊也惱了。鄧樸方告訴陳一諮：「老爺子看了上海的材料很不高興，覺得提『第二次撥亂反正』是沖著他來的。」陳一諮說：「這個說法是鄧力群提出的。胡喬木還說，『近幾年黨的領導權已不在馬克思主義者手裡了』。」樸方說：「鄧力群也太不像話了，總想把我們黨往左拉。只有他們幾個人是馬克思主義者?!讓他們搞誰也沒飯吃。」

趙紫陽正在努力爭取鄧小平的支持，王忍之講話給了一個極好的機遇，而鄧小平眼看「反自由化」在元老們的煽風點火之下愈燃愈旺，已經干擾到正在進行的改革開放大業，也同意緩和腳步。一九八七年五月八日，鄧小平在《人民日報》明確指出：我們既有「左」的干擾，也有「右」的干擾，但最大的危險還是「左」。在鄧小平的支持下，趙紫陽進一步加強了控制

158 一九八七年四月六日至十二日。在中宣部的直接支援下，《紅旗雜誌》文藝部、《光明日報》文藝部、《文藝理論與評判》等三家單位在河北涿州召開了一個「組稿會」，《紅旗雜誌》總編輯熊複，副中宣部副部長賀敬之，文化部副部長劉白羽等左派人物到會講話，並成立了一系列的「大批判組」，要掀起反白由化運動的高潮。

159 賀敬之（一九二四～），山東棗莊人。曾任中共中央宣傳部副部長。

160 熊複（一九一五～一九九五）四川人，時任《人民日報》總編輯。

161 劉白羽（一九一六～二〇〇五），北京通州人。曾任文化部副部長。

局面的力度。五月十三日，趙紫陽在〈宣傳、理論、新聞、黨校幹部會議上的講話〉中強調：批自由化不能突破四號檔，只有改革才有出路。他說：

> 大家知道，一九五八年開始的三年「左」傾冒進，導致了比例的失調，爆發了危機，不得不進行大調整（即調整經濟政策），費了五年的時間，那時把困難渡過去了，但是「左」的指導思想並沒有得到清理，經濟情況一好轉，老的一套「左」的方針政策又繼續貫徹執行起來……這個歷史經驗告訴我們，最重要的是把經濟工作的指導思想端正過來，並且堅持下去。

趙紫陽毫不客氣地說：「直到最近也還有別的人說，要反對政治上的自由化，就必須反經濟上的自由化，現在只反說自由化了的，不反幹自由化的，資產階級自由化最深刻的來源來自經濟領域。」有的人提出要打破四號檔的框框，把反對資產階級自由化鬥爭擴大到經濟領域。趙紫陽問：「如果把現行政策說成是自由化，人心惶惶，生產不搞了，生意不做了，砍樹的砍樹，殺豬的殺豬，誰負這個責任？」

趙紫陽在講話中宣布：鄧小平同志已同意今年七一重新發表他在一九八〇年八月十八日關於黨和國家領導制度改革的講話，這個講話是經過中央政治局討論過的，是我國政治體制改革的指導文件，一定要組織好宣傳學習，把全黨的認識統一到這個講話和小平同志的改革思想上來。發表鄧小平同志講話時，《人民日報》、《紅旗雜誌》等報刊同時要發表社論，基調是回到四號文件上來。

這次打擊「反自由化」聲浪的講話，史稱「五・一三講話」。[162]

162《十二大以來重大文獻選編》，下冊，一三九七～一四〇九頁。

此後政治風向又偏向改革者這一邊。六月，趙紫陽出訪東歐時透露：十三大的中心議題是改革問題，將繼續深化經濟改革，並將著手進行政治體制改革。[163]隨後鄧小平接見外賓時也說：中國要加快經濟改革的步伐。……政治體制改革將是中共十三大的主要議題之一。……要從十三大開始實行政治體制改革。[164]七月，趙紫陽在《人民日報》發表政治體制改革委員會辦公室提出的〈政治體制改革的總體設想〉，提出執政黨應在法律規定的範圍內活動，避免黨政不分，因此撤銷各機關不擔任行政工作的黨組織；建立文官組織；建立政府與民眾對話協商制度；允許人民選擇行業的自由與流動；制定新聞法。[165]對〈政治體制改革的總體設想〉鄧小平也表示贊同。[166]十月，趙紫陽在十二屆七中全會中提到：黨政分家是政治體制改革的首要關鍵，黨委機關應只負責政治方向、決策等方面的政治領導，對各方協調對行政機構實行監督，不要再包攬政府和企業的事務，要把政府各部的黨組逐步撤銷。[167]

…………

看起來趙紫陽扳回了局面，可是元老派和改革派的較量還在以各種形式進行。

163《人民日報》，一九八七年六月十一日。

164 鄧小平《鄧小平文選》，第三卷。

165 趙紫陽〈沿著有中國特色的社會主義道路前進〉，《人民日報》，一九八七年十月二十五日。

166 高皋《後文革史》，下卷。

167 趙紫陽〈關於黨政分開〉，載於《紅旗》一九八七年十二月期。會中並決定把〈政治體制改革的總體設想〉的主要內容寫入中央委員會十三大的報告。參閱中共中央黨史研究室編《中國共產黨歷史大事記（一九一九．五～一九八七．十二）》，第四二二頁。

趙紫陽後來回憶說：

大約在一九八七年下，葉選寧打電話給我說，王震想找我談一次話，於是我就去了王家。王震勸我說你不要接任總書記，國務院的工作很多，離不開你，書記處的事兒不多，可以讓姚依林去搞就行，談話時葉選寧在場。我當時因為也不想任總書記，所以就請王震去說服鄧小平。後來有人告訴我，王震實際上在積極活動，想要推鄧力群當總書記，所以很多人擔心，要我無論如何不要把位置讓給鄧力群。這就引起了我的警惕。

這個「有人」，就是李銳。趙紫陽去王震家的第二天（一九八七年七月六日）在辦公室會見了李銳，李銳開門見山地說，鄧力群要當總書記了，你知道不知道？趙紫陽想起頭天王震的話，恍然大悟。七月十一日，李銳請他的鄰居鮑彤帶信給紫陽並轉小平同志，信中說：

鄧力群同志擔任領導工作期間有許多言論和行動，於黨於國十分不利，在黨內外幹部群眾中影響極壞，我認為十三大以後應該讓他離開中央領導崗位，我作這樣的建議不僅根據幾年來自己的觀察，而且還根據他在延安整風期間，利用職權奸占審查物件這一惡劣的表現的具體材料……最近聽說還有人在活動他進政治局當總書記，這也就令人擔憂無比寢食不安，我一直認為鄧力群同志是中央改革開放方針的反對派，十三大後絕不能再留在中央領導班子內，這樣可以使黨在前進的道路上除掉一塊絆腳石，一個隱患。

其時趙紫陽與鄧力群的搏鬥正在進行中。之前趙紫陽向鄧小平建議調天津市委書記李瑞環擔任中宣部長，「協助」鄧力群管意識形態，鄧小平同意，但被陳雲否決。接下來趙紫陽正式建議十三大鄧力群可進政治局，給他一個說話發表見解的地方，但不進書記處，不再負責思想戰線方面的工作。這件事情正醞釀的時候，李銳的信來了。趙紫陽把這封信傳給了鄧小平，鄧很快做出三條批示：一、立即撤銷鄧力群的一切職務；二、舊賬不算；三、保留政治局候補委員。

從李銳七月十一日的信到鄧小平七月十四日的批示，搬掉鄧力群這塊大絆腳石實際上只用了三天的時間。鄧小平在除掉改革派的先鋒胡耀邦之後，又除掉了元老派的先鋒鄧力群，他以為這樣就能夠保持雙方的平衡。而陳雲眼睜睜地看著被自己稱之為「黨內知識分子最優秀代表」的鄧力群就這樣被拿掉了，心底對於趙紫陽的仇恨又升了一級。

趙紫陽一不做二不休，撤銷了鄧力群把持的中央書記處政策研究室，以自己的祕書鮑彤和胡耀邦的近臣胡啟立在內的「五人思想意識工作領導小組」代之。鄧力群的研究室對於中央高層決策有著很大的影響——一九八五年總書記胡耀邦甚至都已經下令將它解散了，最後卻不得不因為陳雲的反對被迫收回成命。[168]現在鄧力群失去了這個陣地，也基本上失去了在中央高層的影響力。接下來趙紫陽將鄧力群把持的《紅旗雜誌》改為《求是》，由中共中央機關刊物正部級單位降格為中中央黨校主管的副部級雜誌，並將昔日在胡耀邦麾下的一大批銳意改革的知識分子，安排在屬下的「三所一會」，包括國務院農村經濟發展所、中國經濟體制改革所、社會科學院等，讓他們有了安身之處，很多人在以後的改革中得以發揮作用，助了趙紫陽一臂之力[169]。

在趙紫陽的努力之下，那場氣勢洶洶的「反自由化」運動沒有波及全國，沒有影響經濟改

168 徐慶全〈鄧力群為什麼敢叫板鄧小平〉。
169 陳永發《中國共產革命七十年》修訂版下冊。

革，被整肅的黨內自由派和知識分子也沒有完全失去人身自由：方勵之、劉賓雁等人的自由化言論在國內外得到更廣泛傳播。就如一九七四年他在廣東出台的「政策」緩和了對「李一哲」的大批判一樣，這次趙紫陽對知識分子「寬容處理」的主張，也得到了落實。

這一年的秋天，趙紫陽乘勝追擊，在中共中央十三次代表大會上作了那個著名的報告。這個被鄧小平稱之為「一個字都不改」的報告，其主旨被人總結成「一個名詞，三句話」。「一個名詞」是：社會主義初級階段。「三句話」是：一個中心（以經濟建設為中心），兩個基本點（堅持四項基本原則，堅持改革開放）；國家調節市場，市場引導企業（不再說什麼計畫經濟和商品經濟誰為主誰為輔，就是社會主義市場經濟）；重大情況讓人民知道，重大問題經人民討論（中國式民主）。

對於為什麼要把這個說法作為十三大報告的立足點，鄧小平和趙紫陽都有過解釋。鄧小平說：社會主義初級階段就是的不合格的社會主義。後來趙紫陽在軟禁中對前來看望的姚監復延伸了一下：不合格的社會主義就不是社會主義。接下來又延伸了一句：就是資本主義。趙紫陽的老戰友宗鳳鳴還說：趙紫陽還向我說過，有人說我是走資本主義道路的當權派。這有什麼？這是規律。[170]可見早在十三大報告中寫進此話時，趙紫陽對於中國要走的道路，心裡就非常明白了。但是大面上他卻選擇了社會主義「初級階段」這個迂迴的說法。這個說法的好處，是讓那些社會主義意識形態的擁護者繼續堅持中國最終會走向社會主義的信念；又給予了那些相信市場的人發展生產力所必需的自由空間。

170 美國之音採訪姚監復。

趙紫陽在公開場合說：社會主義現代化的大體實現，至少需要上百年的時間。實際上就是將社會主義「高級階段」無限期的拖延，要讓那些希望經過短期整頓以後黨會再次邁向社會主義高級階段的人，打消這個念頭。三句話的第一句「一個中心（以經濟建設為中心）兩個基本點（堅持四項基本原則，堅持改革開放）」是兩邊特別是鄧小平都認同的，必須放在前面；「國家調節市場，市場引導企業」的提法，反映了市場正在變為更加重要，這與過去宣稱計畫經濟優先的檔相反，表示硬性計畫的作用將持續下降。第三句話「重大情況讓人民知道，重大問題經人民討論」就是趙紫陽說的「中國式民主」。趙紫陽說，長遠目標是建立高度民主，法制完畢，富有效率，充滿活力的社會主義政治體制，為進一步改革提供了方向。

大會還批准了一些程式上的改革。為了能更及時地了解情況，中央委員會全體會議將從一年一次改為一年兩次。政治局會議的重要決定將不再保密，而要在媒體上公布。對工廠、學校、醫院、企業的黨組織進行精簡，使這些單位能夠更加自主地作出有關自身工作的決定。

……

雖然趙紫陽在報告中明確地提出了政治體制的改革內容，就是要把矛頭直指「僵化的體制」和「僵化的思想」，其核心的內容就是反左等等目標，但是十三大報告還是力圖避免保守派和改革派之間的尖銳分歧，希望胡耀邦和鄧力群兩個最具爭議的人被撤職的舉動，會使得中間派更容易齊心協力繼續推動市場改革和溫和的政治體制改革。

人們都被紫陽的報告大大鼓舞，認為改革開放的宏偉事業，會沿著這個報告指明的道路，大踏步地前進。可是由於「僵化」、「左的積習」這些話的指向都很明確，讓那些曾經攻擊胡耀邦的勢力，從此把趙紫陽看成了比胡耀邦更危險的敵人。陳雲在報告起草過程中一直不表態，會議中卻從前排的座位上當場起身退出會場。他看到了自己堅持的「以計畫經濟為主以市場經濟為輔」的主輔論已經被完全拋棄，與趙紫陽的公開決裂就此開始。

在這股以陳雲、李先念、鄧力群等人為代表的勢力看來，長期在中央工作並且在改革初期幫助大批元老獲得「平反」的胡耀邦，畢竟是自己人「犯錯誤」，而且在「犯錯誤」之後還能夠按照黨內的規矩「深刻檢討」，更是可以原諒的「自己人」。所以坊間有胡耀邦下台後還曾經應邀赴「鄧府」切磋牌藝一說。

可是趙紫陽卻不同。以「私」而論，這個一直都在「京官」圈外的人入京之後，居然不把元老們放在眼裡，只是依仗鄧小平的「寵信」肆意妄為。他甚至提出取消七十五歲以下政治局委員的特供，領導幹部子女儘量不入政界；他要求除了審查自己的兒子，也要審查鄧小平兒子主持的康華公司等等，條條都劍指元老們的面門，在他們頭上動粗。以「公」而論，他企圖將元老們拋頭顱灑熱血打下的「紅色江山」改變顏色，引上資本主義道路。如果鄧小平百年之後真的把大位傳給了這個趙紫陽，那情那景真是不堪設想，所以趙紫陽是他們眼中的真正的「敵人」，無論是於公於私，他們都不能容忍。一九八八年，王震李先念等人在珠海有過一個小範圍的聚會，決心在有生之年把趙紫陽「搞下去」[171]。

胡耀邦的政治祕書劉崇文在文章中說：也在一九八八年十一月，「倒胡」的主將鄧力群在長沙要求見胡耀邦，要胡耀邦同他聯手反對趙紫陽，被拒絕。外面謠傳說趙紫陽在胡的下台中起了不好的作用，不少人對趙有意見，因此當胡耀邦的警衛祕書李漢平聽說鄧力群要「倒

171 慎思〈紫陽往事之鄧胡趙關係回顧〉。

趙」，就不假思索脫口而出說：「好呀！咱們也報個仇嘛！」胡耀邦聽後，立即嚴肅地批評李：「我真沒想到，你跟了我這麼多年，思想還這麼狹隘。我們絕不能因為自己受了委屈再去搞個人恩恩怨怨。趙紫陽是全黨通過代表大會選出來的總書記，要維護他、支持他。……我們要維護團結，老這麼折騰，黨和國家沒有希望！」172

鄧力群在前不久導致胡耀邦下台的高層「生活會」上，針對胡耀邦的攻擊發言長達三個半小時，其表演令體制內外人人側目，此時卻在胸懷坦蕩的耀邦面前做出這等事情，真是「為了理想不擇手段」。

反對者在等待時機，這個時機就是很快將會出現的「價格闖關」。

懸崖

趙紫陽承認，在他當總理的時候，他只是一個經濟上是改革派，政治體制改革是胡耀邦他們的事情，雖然也時不時地影響到自己，但是大體上不沾邊。可是胡耀邦被逼下台之後，趙紫陽不得不站到了總書記的位置上——雖然他不止一次地對他的舊部們說過，他只是個幹具體工作的，不太懂黨內鬥爭，也不太適合搞理論，不適合當總書記。如果天遂人願，他很願意繼續當他的總理。

行筆至此，不得不涉及趙紫陽與胡耀邦的關係問題。

172 劉宗文〈耀邦和我談下台前後〉，《炎黃春秋》，二〇一〇年第三期。

儘管趙紫陽和胡耀邦在經濟改革的方式和速度等方面有過爭執，儘管外界對於他們倆的關係眾說紛紜，可是他們倆是一條戰壕裡的戰友，是那種真正的戰友。廣東人都記得，在初辦特區的時候，紫陽、耀邦和萬里還有谷牧都是這裡的常客，沒有他們的鼎力相助，特區不可能走到後來；從一九八二年開始，每一年的關於農村政策的「中共中央一號檔」；一九八四年起草的〈中共中央關於經濟體制改革的決定〉；一九八五年主持制訂〈中共中央關於科學技術體制改革的決定〉、〈中共中央關於教育體制改革的決定〉……都有胡耀邦的參與甚至主持，正是這些步步推進的方案，將改革擴散到社會各個領域。

更為重要的，胡耀邦是十年「文革」的終結者和拯救者，他提出的「撥亂反正」、「平反冤假錯案」，為數千萬人恢復了名譽。他提出的「解放思想」，把幹部和知識分子從一九四九年以後的思想禁錮中第一次解放出來，變成正常人和自由人。由他審定並支持發表的「實踐是檢驗真理的唯一標準」，引發了全國性的大討論，其意義之深遠，如今已有定論。

時任共產黨的總書記、主管政治與理論工作的胡耀邦，對於國務院總理趙紫陽的重大意義，在於他接收了大部分元老派和保守派的攻擊，成為了擋在趙紫陽前面的箭垛，讓趙紫陽能夠在經濟領域這個「後方」大刀闊斧，一路前進。

不過話又說回來，趙紫陽與胡耀邦確實又有很大的不同。

首先，是他們的從政經歷不同，加上各自性格的原因，導致了處理問題的方法也不同。胡耀邦除了很短時間任陝西省委書記，一直都在中央政工和共青團部門工作，他的熱情善於宣傳鼓動群眾，與也是一直搞政工的鄧小平一樣，其實也是不善於操作細節的，特別是經濟工作中的細節，一旦插手經濟，便顯現出自己的短板來。對此，趙紫陽自己在晚年的回憶中有一個說明。大致如下：

……

正是因為我到北京後強調經濟效益，不大贊成過去那種追逐產值速度的作法，所以我和耀邦在經濟問題上的不同意見，在很大方面就出現在這個問題上。這個不同意見在一九八二年就開始，當時耀邦在玉泉山主持起草十二大政治報告，涉及到經濟問題如何寫，起草小組的多數人開始是以我在一九八一年政府報告的基調來寫的，但是耀邦不同意這種寫法，他提出了一個思路和想法，因此政治報告有關經濟這一部分就寫不下去，後來問題反映到鄧小平那裡，鄧就拍板說經濟部分基本上按照（趙紫陽）政府報告的調子來寫，這樣耀邦也勉強接受了，因為我沒參加，工作起草中有哪些不同意見，他們沒有提到常委會或書記會上來討論。從胡耀邦在十二大前後的言論和行動來看，他主要是不同意我重視效益，不強調產值速度的問題，他講經濟問題很少講效益，而十分強調增長產值和速度，常說提前翻番等，當然我提出的六五計畫增長速度，保四爭五是留有餘地的，我也清楚實際執行的結果肯定會超過。當時經濟制度還是舊的，很容易追逐產值，輕效益，我寧願提的低一些，而不願意提高一些，以免刺激下面又犯盲目追求產值的錯誤。

小平同志雖然也非常重視產值指標，十分關心每年增長多少，但他對我提出的想法表示理解，但耀邦卻對我的想法不以為然，所以十二大報告雖然按照鄧的思路，基本上按政府工作報告寫了，但是耀邦的想法沒有變，十二大以後他到外地視察工作更加強調要增加指標，增加速度。幾乎每到一個地方，他都提出提前翻番的要求，哪裡產值定得高，他就表揚哪裡，速度慢了些就連續批評，從來不講經濟效益，也不對快慢的具體情況進行分析，籠統的就是鼓勵快。於是地方上就根據耀邦的指示，向經委國務院要資金上項目，要能源要材料，使得有一個時期各地比速度增長厲害，雖然政府工作報導和十二大是那樣講的，而耀邦到各地的講話指示又是一個調子，當時我感到許多事情不好辦。

一九八三年，我與耀邦在這方面的分歧就更明確了，他一個勁兒的鼓勵加快速度，而且動用群眾運動的辦法來搞經濟建設。他到處宣傳和推廣河北保定地區開展農村人均每年增加收入一百元的活動，說一年一百元，搞多少年就能增加多少。這種搞法我們過去就吃過虧，很容易搞成形式主義。一九八三年一月我訪問非洲期間，耀邦做一個城市改革的報告，主張城市改革全面推廣農村承包的辦法，也就是所謂的包字進城。耀邦講話後，北京就在國營商店搞承包，一開始就出現了亂漲價和賣大號的情況。這樣國營商店一下子賣出那麼多東西，承包任務很快就完成了……

之所以到一九八三年胡耀邦與趙紫陽的分歧加大，主要的原因是一九八二年年底最終決算的資料大大突破了趙紫陽主張的「保四爭五」，而是達到了胡耀邦提出的「保七爭九」——工農業總產值居然增長七．三％，後來又算，甚至達到了八％左右。這個增長速度似乎證明了胡耀邦「保七爭九」的正確以及趙紫陽同意「保四爭五」的保守。這個數字導致了本來就著急的鄧小平不滿，要求國家計委和經委「對這個問題要抓緊調查研究，做出符合實際的分析」，說白了就是「給個說法」。數字也大大地鼓舞了胡耀邦的鬥志——因為他的每年平均增長七．二％，就是按照鄧小平「翻兩番」的大氣魄推算出來的。一九八三年一月，趙紫陽出訪非洲一個月，胡耀邦部分接替了他的工作，於是就有了趙紫陽在回憶中提到的胡耀邦激情澎湃的一系列的活動，包括那個城市改革的報告——胡耀邦在一九八三年一月二十日召開的全總職工思想政治工作會議發表的講話。這個講話號召破除老框框，老套套，老作風，要學習農村「雙包」到戶的經驗，在城市全面推行承包，小企業可以搞，大企業也可以搞，集體所有制可以搞，全民所有制也可以搞，工業可以搞，商業和交通運輸行業也可以搞……這就是趙紫陽在回憶中提到的「包字進城」。

一月二十七日趙紫陽回國，被邀請出席胡耀邦主持的中央書記處經濟形勢討論會，胡耀邦在會上堅信不疑的說，現在改革之風吹下去了，勢不可擋。抓住這個環子，一可以出效益，二可以出速度，三可以出精神文明，四可以出財政，五可以出人才。趙紫陽在發言中向胡耀邦潑了冷水。趙紫陽說：農村改革是從最困難的地方開始，先在一億二千萬人口中試行包乾，當時也沒考慮到全國都搞包乾，經過實踐效果是好的。農村包乾形式根據不同的生產水準，採取的方式也互不一樣。工商業改革必須也要有這個過程，要按照不同企業、不同生產水準採取不同形式，不能採取一種模式，比如首鋼的包乾模式飲食業服務業就不能採用。工商業改革與農業不同，沒有把握不要動手，搞不好會給改革帶來新的問題。穩一些好。

可是趙紫陽的意見沒有讓胡耀邦頭腦冷靜下來。趙紫陽在他的回憶錄中說：

> 一九八三年的春節，我在團拜會上也講了這樣的意思，不能一哄而起，那年耀邦是在海南過春節的，他對海南的幹部說什麼一哄而起，是轟也轟不動。這一段他在各地視察時，對國務院領導經濟工作經常講一些批評或影射的話，這些話經過記錄傳抄擴散，使很多人知道在經濟工作上我同耀邦有不同的聲音。

手下的兩員大將矛盾鬧大了，鄧小平不得不出面調停，趙紫陽在回憶錄中記載了鄧小平的態度：

這個情況很快傳到鄧小平耳朵裡。一九八三年三月十五日，鄧約耀邦和我在家裡談了一次話，我把經濟工作的情況和我的意見講了，耀邦聽了很平靜，有些他表示同意我的看法，有些做了些解釋。這次談話比較好，但小平最後說經濟工作他贊同我，批評耀邦講話太多不夠持重，老喜歡搞些驚人的東西，作為總書記，這是一個很大的缺點；鄧還說搞改革不能搞群眾運動，改革要貫穿整個四化過程，不是幾年可以解決的事情，還說現在形勢很好，要注意頭腦不要發熱。同時在這次講話中還定下了一條：為避免再出現不同的聲音，今後經濟工作主管是國務院中央財經領導小組，重大決策發號施令，肯定哪些對哪些錯，都要經過中央財經小組研究提出，由中央財經小組和國務院作為權威的發言和決策，不要多頭發言，政出多門。當書記是要管經濟的，但主要管大政方針，不要干預具體的經濟工作。小平是因為聽到有不同聲音才找我們談話的，談話中我把我的意見也都講了，他這麼一講也就是基本上投了我的票。

趙紫陽一直在地方主政，搞經濟是他的長項，可是對於剛剛從四川進入北京的趙紫陽，不僅僅是中央高層，甚至在各部委的頭頭那裡，都不大打得上眼，胡耀邦恐怕也在其中。對此趙紫陽在這次談話中特別強調了自己的地位：我現在是做耀邦的助手，將來會做胡啟立的助手。後來胡耀邦找趙紫陽談話，趙紫陽再一次強調了自己「助手」的角色，請胡耀邦放心。

不知道是趙紫陽看出了胡耀邦的心思，還是他想多了，這些話令人聯想到當年周恩來對於毛澤東的表白，心裡很不是滋味。不過趙紫陽還對胡耀邦說過一句話：我們是在同一條船上的，同舟共濟。事後胡啟立對趙紫陽說，耀邦對你說的同舟共濟，很高興。[173]

三月十七日，國家計委、經委完成鄧小平年初交代的作業，就「國民經濟年增長速度計畫低實際高有什麼影響」的問題，向中央政治局常委中央書記處彙報。這個經過趙紫陽審核的彙報認為：計畫低實際高的原因主要是兩條，一條是對已經進入改革軌道的農村這一塊（包括鄉鎮企業）增長潛力估計不足，計畫增長四％，實際上增長了七％左右，值得提出的是：這一塊本來也不是計畫內管的事情，是無法準確估算的。另外一條是重工業計畫增長一％，實際上增長了九．三％，明顯增長過快；而輕工業增長則是按照計畫大幅度下降。這就得出了兩個結論。

第一，基本建設固定資產投資依然存在失控，經濟結構已經出現了嚴重的失調，能源原材料出現了新的緊張趨勢。第二，七．三％的增長速度恰恰是輕工業調整降速的結果，否則經濟比例失調的情況還要嚴重。趙紫陽在彙報會上發言說：現在要考慮一個問題，就是如何保持這樣好的形勢健康發展下去，避免歷史上出現的好景不長的情況。關鍵是三件事，一是重點建設，特別是交通能源建設，二是技術改造，三是體制改革。現在不是全面改革的問題，而是穩紮穩打，繼續進行經濟調整和漸進改革的問題。這些話顯然是有針對性的：要把胡耀邦前一段時間的調子降下來。

也是在這個會上，陳雲突然拿出一個事先準備好的稿子，講了七條還是十條問題，每一條都是責問胡耀邦的，大致內容是胡耀邦那幾年到下面講了很多為實現「保七爭九」鼓勁的話，

173 趙紫陽《改革歷程》。

引起中央一些管財經的部門一肚子氣。對於陳雲這個發言，趙紫陽、胡耀邦、鄧小平都感到意外，胡耀邦當然很被動了，只有一再認錯。當時趙紫陽與胡耀邦在經濟工作中的確有許多不同意見，鬧得有點僵，可是他在這個會上沒有附和陳雲。因為在這之前，鄧小平找兩個人談話的時候還說過一句話：有些不同的意見是難免的，就採取這種少數人交談的方法解決，不要拿到會上去爭論，那樣容易給外界錯覺，認為我們領導上又出了什麼問題。

後來有人說這個會上，趙紫陽也附和陳雲批評胡耀邦，甚至說「陳趙聯合倒胡」，那是沒有根據的。他不會。174

按照趙紫陽的說法，他所進行的一系列的努力是有效果的：

這次（鄧小平）談話以後，耀邦直接干預國務院經濟工作少了，對國務院的批評也少了，但是思想深處並沒有放棄自己的意見，他還是繼續講他的觀點，但有了小平那一番話，我覺得事情好辦了。以後，我的態度是擇其善者而從之。耀邦講的對的，我們就採納他的意見，他講的不合實際的，他可以發表他個人的意見。因為它並不代表集體，我們也不一定完全按照他的辦。耀邦也知道，因為有了小平的話，他講的一些意見我不大同意，即使沒有按他的意見辦，他也算了，無所謂了。國務院經過研究提出的重要經濟工作方案和意見，都交中央常委和書記處討論，有時耀邦即使不贊成好像也不好反對，就會說好吧，那就這樣吧，但事後他對胡啟立講現在也是強迫簽字，國務院是怎麼討論的，我們也不清楚，拿來只好同意簽字。

在六〇年代，毛主席對國家經委的工作不滿意，也曾經說過所謂的傾盆大雨被迫簽字之

174 趙五軍〈趙紫陽談話記錄〉。

類的話，現在耀邦也有這樣的感覺，不能不引起我的注意。為了儘量同耀邦溝通，我曾經建議國務院或財經領導小組開會討論問題的時候，邀請胡啟立、郝建秀等書記處的同志參加，以便隨時向耀邦彙報情況。還建議耀邦派工作人員列席中央財經領導小組和國務院的會，但不知是什麼原因耀邦沒有這樣做，我特別提出一些重大的經濟問題，在正式提交常委和書記處討論之前，可單獨向胡耀邦彙報，以便互相溝通，使他事先有充分的考慮時間，他同意了先向耀邦彙報，再向常委彙報，這樣搞過兩次開始他有興趣，但以後看來他興趣不大，他又不讓再搞了，這個問題也就沒有解決。看來問題根本上是由於我們兩個人在經濟問題的思路，也包括工作作風風格上有些不同，耀邦不好也不能把他的意見強加給國務院和財經領導小組，因為小平已經有了那麼個規定，所以不是採取溝通情況或者讓他在國務院討論，經濟是了解決策的過程就能解決的。儘管有上述這些問題，但總的來講，自從在小平那裡講話以後，我們雙方在方式上都注意了，至少沒有使別人感到在經濟問題上有兩種聲音。[175]

其實很多時候，趙紫陽在力所能及的範圍內，對胡耀邦都是配合的。比如一九八三年底至一九八四年初（也就是鄧小平強調經濟工作要歸攏中央財經小組統一管理之後），胡耀邦視察長江一線，對於貴州豐富的煤炭如何運往缺煤沿海問題、重新組建當年盧作孚的民生航運公司、長江一線和西南一片的地區經濟協作等等都發表了意見，以後多次調撥物資和款項，甚至由書記處直接派出工作小組，為新民生公司協調人員調動。一個多月後趙紫陽率領國務院有關部門負責人到四川、重慶、貴州、湖南三省一市作調查研究，首先是由於大方向一致，

175 趙紫陽《改革歷程》。

也是為了顧全協調關係，但凡胡耀邦答應過的事情，趙紫陽多給予支持。比如胡耀邦提出小煤窯的運輸問題，趙紫陽就出主意利用江河水運；再比如胡耀邦支持的西南三省四方經濟協作的問題，趙紫陽說：我和耀邦都主張計畫外的協作可以聯合起來搞，國家計畫不要干預，你們三省四方先開個會，我們派人參加，搞好以後責成宋平同志負責聯絡……[176]

儘管如此，兩個人的性格和思維方式還是歸不到一起。到一九八四年十月十二屆三中全會，他們之間又起矛盾。胡耀邦依然抓住速度不放，甚至提出要爭取在五年之內讓中國成為農業產品出口的大國。而趙紫陽認為一九八四年是「六五計畫」和「七五計畫」銜接的時候。六五計畫是把以往的收到中央的高積累（三十％到四十％）率下降到二十五％，為地方經濟留出餘地；改革方面則是小改小革。所以從今年算起三年內搞好調整，不能大改，但是體制改革也要有準備，兩三年內要完成對大改革的準備。

一九八四年底，鄧樸方專門找到趙紫陽的祕書李湘魯，說你回去跟紫陽說一下，胡和趙不可分，一定要搞好關係，這顯然是傳達鄧小平的意見。趙紫陽後來說：「在經濟問題上，我在陳雲和胡耀邦之間要兩面應付，陳雲老框框，胡耀邦高速度，其實胡高速度的背後是鄧，鄧更著急。」[177]鄧小平急的，是他那個「翻兩番」的宏偉計畫。大約在一九八三年，鄧小平請世行行長克勞森幫忙估算二〇〇〇年生產總值翻兩番能否實現，回答是無論是重點抓工業生產或者是抓服務業在內的各部門平衡發展，都可以達到目標。鄧小平選擇了抓工業生產。從

176 郭延斌〈難忘川渝黔湘之行〉。
177 趙紫陽《改革歷程》。

此往後，年齡漸長並策劃退休的鄧小平，把「翻兩番」的目標當成了一塊心病，習慣於宣傳鼓勁的胡耀邦也將此為己任，並以此計算出每年遞增七．二％的速度，一直為這個速度披荊斬棘，包括與趙紫陽作鬥爭。

但是，經濟的發展不是根據某人的願望計畫出來的，而是根據實際情況得出來的。所以，儘管心中有宏圖，也有繪製這個宏圖的詳細規畫；儘管他儘量避免意識形態的各種爭論，儘量與所有的人搞好關係，以減少前進道路上的阻力，可是在實際操作中，趙紫陽他是多麼的為難。

可是在重要的問題上，趙紫陽肯定站在胡耀邦一邊。一九八六年八月十六日，胡耀邦的書記處辦公室討論起草的六中全會〈關於精神文明決議〉的稿子，書記處所有的人都基本肯定，就鄧力群提了一個小時的意見，認為這個決定以十二大以來的其他檔之間缺乏連貫性（主要是缺乏二中全會提出的反精神污染的內容），還有反映近幾年的新經驗，新問題（大概是自由化和精神污染之類）不夠等等，胡喬木也托人帶來意見，認為稿子不成熟，應該停止討論。此時趙紫陽發言指出，連續性當然很重要，但是要把說過的話都說一遍也難，還是要有新話。胡耀邦手下的吳稼祥[178]很感慨地說：給予了胡耀邦最大支持的，顯然還是趙紫陽。[179]

這些作法，都體現出趙紫陽的縝密與周全。

趙紫陽的祕書鮑彤說過：鄧小平的思想可以用兩句話概括：一句叫解放思想，一句叫實事求是。耀邦同志較多地體現了第一句話，紫陽同志較多地體現了第二句話。換句話說就是

178 吳稼祥（一九五五～），安徽銅陵人，北京大學經濟系畢業，一九八六年由中宣部調入中央書記處辦公室，後擔任政治組副組長、組長。曾參加鮑彤主持的中共十三大報告起草工作。

179 吳稼祥《中南海日記》。

趙的解放思想，在一九八〇年代並不是以像胡耀邦那樣敢言，而是以徹底的實事求是精神體現的。趙紫陽也曾經對祕書李湘魯說過：對「包產到戶」他與耀邦、萬里同志大方向一致，但作法有所區別。胡、萬對「包產到戶」敏感性強，義無反顧，很有擔當。趙則表態相對謹慎：我主張經濟上開放一點，政治上保守一點，和耀邦同志有些區別，他主張政治上更為開放。[180]經濟上開放，是因為他心中有底，政治上保守，既是囿於鄧小平左右游離的態度，也是因為趙紫陽從基層一路走來，也曾經主張「自下而上沖一沖」，最後知道這塊骨頭不好啃，還是迂迴為好。本來這樣的「區別」也正常，完全可以在大方向統一的前提下，各自在自己的領域按照各自的方針行事。可是矛盾並沒有就此消弭，更麻煩的是還有萬里加入其中。萬里同樣是因為在農村改革中做出了成績被鄧小平提拔上來的，而且進京早於趙紫陽。作為國務院副總理，他本來應該大力配合總理趙紫陽的工作，可能是因為趙與胡的那點「區別」（或者還有別的原因），他卻與胡耀邦走得近一些而與趙紫陽一直不睦，矛盾鬧得眾所周知，只不過趙紫陽都沒有計較。可是到一九八六年的年底，萬里與趙紫陽的衝突達到了高潮，吳稼祥在他寫的日記中記載了這次衝突：

> 最近紫陽和萬里之間的矛盾已愈來愈尖銳，衝突之點是首鋼。萬里趁紫陽出國之機，讓首鋼整了一個材料，攻紫陽，罵國務院，紫陽回來向常委們作了彙報，中央批評了首鋼。這是小顏色，接著就是大顏色：紫陽批示批評首鋼製造了一起冤案，人民日報在頭版作了報導，還加了編者按，接下去，冶金部批評經濟效益差的幾個鋼鐵企業，其中也有首鋼。要鬥，萬

180 李湘魯〈追憶一位站在改革前沿的長者〉。

里當然不是紫陽對手，我擔心萬里背後有耀邦，如果那樣，則有可能把紫陽逼向陳雲、彭真等人那邊去。[181]

吳稼祥的擔憂終於沒有成真。幾天之後的一次會議上，趙紫陽談到當年的財政問題，十五個省市三十三所大專院校鬧事如何對話等等，一個現象引起吳稼祥的注意：萬里與趙紫陽配合得相當好。萬里支持趙紫陽不要壓制學生的看法，也同意趙紫陽關於政治改革是長期任務的觀點。吳稼祥認為萬里素來與紫陽不和，這次改變態度「可能是小平同志做了工作。」[182]後來在評判胡耀邦的生活會上，萬里檢討說「小平同志要我調解耀邦和紫陽之間的矛盾，這個任務我沒有完成好」，或許就是鄧小平那次「做工作」的佐證。這也表明胡趙之間的矛盾，不但為眾人所擔憂，也成了鄧小平的一塊心病。

除了性格與思維方式，胡趙之間還有一點不同，是用人的不同。

按照鄧小平的安排，胡耀邦主管黨務，分工是抓意識形態，可是被鄧力群和喬木這兩個人攪合，權力被大大分解，他也曾經想拿掉鄧力群，結果經過鄧小平的批准的電文已經發到各省，很快陳雲知道了，堅決不同意，第二天被迫收回[183]。胡耀邦管轄的，還有一個中宣部，一九七八年十二月，胡耀邦任政治局委員、中央祕書長、中紀委第三書記並兼任中宣部部長，主管意識形態，那時候中宣部是最受歡迎的部門。後來王任重任中宣部長，就差一些，到鄧

181 吳稼祥《中南海日記》。
182 吳稼祥《中南海日記》。
183 一九八五年九月書記處已決定免去鄧力群書記研究室主任職務，讓王兆國接任，電文已經發到各省，可是因為陳雲堅決不同意，第二天卻緊急收回。

力群擔任此職務，就不用提了。鄧力群因為被知識分子深惡痛絕被免職，好不容易才從貴州省委書記任上調來了政績卓著的朱厚澤接任，這個因為提倡「寬鬆、寬容、寬厚」而被人稱為「三寬部長」，在任期間頭頂著胡喬木和鄧力群兩大「左派」上司，上下內外都得不到支持，處境相當惡劣，可是他還是全力輔佐胡耀邦，為改革開闢了寬鬆的輿論環境，使得那短短的一年半成為三十年來中國思想文化領域少有的「小陽春」，他本人也被認為是任職最短卻最受歡迎的中宣部長。

對於這麼一位難得的助手整個一年半的任期內，胡耀邦只是在他到任之初在去北戴河開會的車上「接見」了他五分鐘，吳稼祥在他的日記中記載了朱厚澤的原話：「說來別人不相信，我當中宣部長一年多，總書記（胡耀邦）只和我單獨會見過五分鐘，說了兩句話。在去北戴河的車上總書記問我怎麼當中宣部長，想清楚了嗎？我說不僅沒有想清楚，從哪兒開始想也不知道！他說那好吧，到北戴河聽幾天會再說吧。會見就這樣結束了。」那時候朱厚澤還沒有到機關報到，就被耀邦直接拉到北戴河參加會議，這個會上將討論胡耀邦為即將在第十二屆六中全會上的檔——〈關於精神文明的決定〉，因為是否加進「共產主義為核心」等文字，還有關於資產階級自由化的問題，雙方爭論非常激烈。可是沒有人跟朱厚澤說明這次會議的背景，開會的時候胡耀邦突然要毫無準備的朱厚澤發言。朱厚澤說了十分鐘，大意是只要社會主義還趕不上資本主義，資產階級自由化這種思潮就會發生，不會因為一兩篇文章就結束，也不會因為一兩篇文章就氾濫——他的調子與所有人都不同，顯然是在無意間被胡耀邦推到台前，充當了衝鋒陷陣的「英雄」。

兩年之後朱厚澤的這次講話還是被人抓住辮子，儘管他隨著胡耀邦的下台已經被貶到國務院農村發展中心當副主任，鄧力群等人還是想把他逐出北京。此時趙紫陽從中辦祕書局局長那裡將朱厚澤當初的講話錄音借去重新聽了，然後親自把任免名單中朱厚澤的名字，從廣東的老搭檔張根生（也是在國務院農村發展中心人副主任）後邊而遷到張根生前邊。後來有人從鄧小平那裡側面打聽，說朱厚澤被貶職的事情很快會解決。結果朱厚澤被安排在全國總工會主持工作，而全總是趙紫陽非常看重的一塊。朱厚澤是胡耀邦的部下，跟趙紫陽沒有什麼直接的關係，可是趙紫陽愛惜這樣的人才，依然將他保護下來。而胡耀邦當初將朱厚澤突然推上前台的時候，卻沒有想到這一點。

要想在胡耀邦身邊做點事情是很困難的。比如書記處辦公室的吳稼祥想為胡耀邦主持的政治體制改革編一套近百萬字的參閱資料，以了解政治體制改革方面理論研究水準和現實進展情況，以及中國改革歷史和國外情況。吳稼祥認為這套近百萬字的資料，是我國現階段政體改革研究水準和現狀的綜合反映，是做進一步研究的基礎，還認為一個缺乏理論興趣和理論修養的領導者，實際上是一隻迷途的頭羊，他會信心十足不可一世的把自己的羊群領向懸崖……如此重要的一項工作，做起來困難重重。同樣是中國，台灣辦了一個大陸研究所，一月出一本中共研究，材料詳實，文章有一定分量，每月還有中共大事記，而堂堂中共中央書記處要編一套參考資料，就連台灣政治體制的一般介紹材料，到統戰部，台灣事務辦公室，安全部等處，都到處找不著。安全部的台灣研究所，連台灣最基本的政治情況材料都沒有。可是更加困難的是：內部除了一位室領導，其他「諸位領導和室內有關同志對此項工作不以為然」。這樣的狀況跟很多人有關係，可是也從一個側面反映了胡耀邦本人的態度。同樣的事情在趙紫陽那裡，一律大開綠燈。陳一諮帶領他的團隊跑遍了世界各國，收集了社會制度相同的東歐各國，以及社會制度不同的西方改革歷史及各種經濟理論，提供給趙紫陽參考，使得趙紫陽在此基礎上大踏步前進，顯示出吳稼祥所渴望的「戰略眼光」。

按照吳稼祥的說法，胡耀邦的對立面鄧力群就有一個「優點」：對於他的手下無論阿貓阿狗都一律封以高官，並且一保到底。所以儘管他名聲不好，但是有人願意為他賣命。而胡耀邦為了「避嫌」不願意為手下說話，是人所周知，朱厚澤只是其中一例。一九八二年，王震被任命為中央黨校校長，大兵管秀才，與胡喬木、鄧力群一起收拾了思想解放運動的健將阮銘、吳江、胡績偉、王若水、李洪林、孫長江等一干人馬，他們都是胡耀邦的得力幹將，在思想理論和新聞戰線立下了汗馬功勞。可是處於權力頂峰的胡耀邦因為「避嫌」沒有伸手救援，眼看著自己的隊伍被打得七零八落。他下台之後，薄一波三次找胡啟力談話，逼他在胡耀邦「生活會」上表態，說不表態就意味著胡耀邦搞的宗派「團派」成立，胡啟立不劃清界，還可能會株連一部分人，中央書記處書記王兆國，也面臨著胡啟力同樣的問題。趙紫陽要把「胡耀邦事變」帶來的人事震盪降到最低程度，胡啟力就去找胡耀邦交換意見，胡耀邦說你怎麼這麼糊塗？要過去這一關，你先保自己，不要管我了，咱們別打成「反黨集團」！[184]

於是書記處幾乎全體倒戈，其中胡耀邦一手扶持起來的王兆國，會前曾經寫了個發言稿，交給胡啟立的一位張姓祕書提意見。據張祕書事後對人說，稿子寫得很平和，還接受老張的意見，去掉了關於萬里的內容[185]。可是到了生活會上，王兆國批判的力度之大，不但令胡耀邦

184 盧耀剛《趙紫陽傳．一位失敗改革家的一生》。
185〈李大同談王兆國〉。

自己很吃驚，就連陳雲都很反感，據說王後來的落魄，就與陳雲建議「此人不宜重用」有關。這很可能是沒有見過「世面」王兆國被元老們洶洶氣勢所震撼，產生了棄主自保的念頭，但也可能與胡耀邦對於手下幹部的「避嫌」態度有關。可是在趙紫陽那邊，他的身邊人和智囊團，大都是些年輕人，比如體改所的成員平均年齡只有二十八歲，趙紫陽下台之後他們受到的打擊非同一般：逃亡、坐牢、撤職、最後解散——可是「反水」者少之又少。趙紫陽的大祕書鮑彤更是顆響噹噹的銅豌豆，百折而不撓。

胡耀邦與趙紫陽對於不同意見的態度也不一樣。

一九八六年底，學生運動已經風起雲湧，自然會影響到高層。十二月八日的書記處會議上就談到全國十五個省市三十三所大專院校鬧事，趙紫陽在會上發表了自己的意見，萬里等人大都附和：

民主是世界性潮流，台灣取消了禁言法，也開放了，菲律賓南朝鮮的民主發展對我們國內也有影響。隨著形勢發展，國家民主勢必擴大，這類事件估計今後還會有，可是又不能禁錮，搞得鴉雀無聲，像東邊鄰居那樣很危險。現在第一不要出大亂子，第二不要希望沒有這些事情，第三要學會社會對話，這就需要我們有應對的本領，比如學生的好意見要採納。可是現在我們缺乏這個本領。建議喬石同志了解一下，看有什麼對付鬧事的辦法。

按照趙紫陽的這個思路，五月上旬他屬下的體改所和政改委組織了北大清華人大的五百多名學生到北京的繁華地段，與過往行人進行改革對話。當場提問的人有二千多人，旁聽的群眾有二萬多人，反應熱烈，各種媒體也紛紛報導。到六月初，以趙紫陽「五・一三」講話為契機，體改所的學者又針對群眾提出的一百多個問題，和幾十名大學生進行了對話，《人民日報》以「首都中青年理論工作者與大學生對話錄」連載，好評從四面八方如潮般湧來。[186]

可是在同一個會議上，胡耀邦只說的幾句話卻是：黨內極少數人胡說八道，煽動青年（指方勵之、溫元凱在科大學生集會上的演講），不要讓他們亂了我們的陣腳。胡耀邦還在其他場合提出：青少年學生是紅旗下長大的，不要看成敵人，不要看成異己力量，但是那幾個黨內的有名人物（指方勵之、溫元凱）發表不負責任的文章講話，屢教不改，不能留在黨內，讓他們到黨外去講。胡啟立增加了一條限制：不要讓他們到校外講，方勵之的問題要與科大黨委談，要發一個通報。一九八六年十一月一日早餐時，胡耀邦的祕書李漢平說，有一本人才雜誌，說他們得到了最優秀的人才劉賓雁的支持。胡耀邦大怒，說有些人專門和我們作對，你批評誰他就說誰好，他算最優秀的人才，我們算什麼？最令人想不到的是一貫主張創作自由的胡耀邦，在暴風雨來臨之時還點了電影《芙蓉鎮》的名，他在十二月下旬的省市書記會議上說《芙蓉鎮》借罵文革來醜化黨，灑向人間都是怨……其結果居然是為他的死對頭鄧力群後來閹割《芙蓉鎮》打了前站。[187]

胡耀邦的這些話，有的可能是真心話——比如對於給他找了大麻煩的方勵之和溫元凱。實話實說，不僅僅是他了，或許所有的領袖人物（包括趙紫陽甚至包括西方的那些國家元首）打心眼裡對於這樣的人都煩，只不過處理的方式不同。胡耀邦這些話，可能是為了應付對方攻擊他對知識分子過於寬容、縱容自由化氾濫等言論，有的則多少表現了面臨危局時的慌不

186 陳一諮《陳一諮回憶錄》。
187 吳稼祥《中南海日記》。

擇言。可是即使在方勵之被開除中共黨籍之後，趙紫陽也在一定的場合肯定其所說的「合肥學生鬧事的原因是中國的選舉制度有問題[188]」。

擔當

一九七八年，全國都還在為那個前後不一的務虛會吵吵鬧鬧的時候，物價問題就已經進入了四川理論工作研討的範圍，並且引起了四川省委書記趙紫陽的高度重視。入主國務院後，趙紫陽對於這個問題有了通盤的考慮。他在一九八二年的十一月五屆人大五次會議上指出：國務院認為，在「六五」計畫的後三年，全面改革價格體系的條件尚未成熟，對少數極不合理的商品價格，可在確保市場物價總水準基本穩定的前提下，進行一些有升有降的調整。他還說：只要價格不改革，什麼價值規律作用，什麼市場調節就都會是空的。所以三年內搞好調整，不能大改，但是體制改革也要有準備，兩、三年內要完成大改革的準備。當然了，與當時也在強烈要求調整的元老派不同。趙紫陽認為：改革和調整應該並行，調整是節流，是怎麼花錢；改革是開源，是怎麼掙錢，所以光調整不改革是沒有意義的。

也就是在趙紫陽入主中南海的一九八〇年，世界銀行將中國納入客戶名單，邀請中方全程參與進行世行貸款調查程式，在第一個調查報告中就提到價格問題。世行認為現在中國的價格既不能反映成本也不能反映供求情況，近年來新進行的改革使這一點更成為問題，因此

188 吳國光〈趙紫陽的風格、關懷與胸襟〉。

無論用什麼辦法進行價格改革都是必須的，因為這對其他改革成敗至關重要。世行報告中關於價格問題的觀點，引起了剛剛上任的趙紫陽的注意。一九八二年四月，在趙紫陽的推動下，世行邀請邀請東歐和其他國家既有理論眼光又有實踐經驗的專家，號稱經濟體制改革考察團，在中國浙江莫干山召開會議，探討了社會主義國家體制改革的整體問題。這次會議的成果是強調東歐模式在中國行不通，中國唯一切實可行的是逐步開放市場和放開價格，然後再進行漸進式改革。這就是史稱一九八二年莫干山會議。會議兩個月之後的九月十六日，國務院批轉國家物價局等部門〈關於逐步放開小商品價格實行市場調節的報告〉，決定對三類工業品中的一百六十種小商品實行市場調節，由企業定價、隨行就市，然後逐步放開……調整還在繼續，價格改革已經堅定而謹慎地推進。

趙紫陽的開源節流政策獲得成功，一九八四年國勢一片大好，國慶遊行中大學生打出了那幅著名的「小平你好」大標語，鄧小平的威望達到最高峰。鄧小平趁熱打鐵，支持趙紫陽加快了價格改革的步伐。五月，趙紫陽主持國務院頒佈〈關於進一步擴大國營工業企業自主權的暫行規定〉，推廣「價格雙軌制」；在物價改革上採取調整和放開相結合的方針，有些物價是政府自上而下進行調整，另一些商品可以放開；同一種商品，計畫內的一部分由政府調價，另一部分也可以放開——總的原則是面向市場，走逐步放開價格由市場決定價格的道路，讓涉及面非常寬廣的價格改革有個穩慎的過渡。九月，一個名為「全國中青年經濟科學工作者學術討論會」的會議又在莫干山召開，史稱「一九八四年莫干山會議」，趙紫陽指派祕書李湘魯參加了這次會議，價改成為這次會議討論的熱點。

青年學者們提出三種意見。第一種意見比較激進，認為價格必須全面放開，不放開價格不能形成市場機制。第二種意見過於穩健，認為當前只能做價格調整，調的比價比較合理以後才能進行價格改革。第三種意見被會議上多數人接受，認為能放開的價格必須放開，以逐步形成市場機制；放不開的價格則進行行政指令性調整，叫做放調結合，以放為主。這種辦法可以逐步擴大市場份額，使指令性計畫的原材料和產品比重逐步縮小，最後達到大部分產品價格由市場決定。問題可能出在有些人會利用兩種差價搞投機，但不可能有完美的方案，只要利大弊小就可以。

其中「價格改革實行調放結合，最終完全放開，由市場供求關係決定」的方案，實質上就是正在實行的價格雙軌制，與趙紫陽的想法一拍即合。他在會議上報的〈價格改革專題研究報告〉作了肯定的批示：

> 價格改革的兩種思路很開腦筋。總題目是如何使放、調結合，靈活運用；因勢利導，既避免了大的震動，又可解決問題。廣東從改物價管理體制入手，江蘇鄉鎮企業走過的路，協作煤價的下浮；以及糧、棉、油大量搞超購價的結果帶來了比例價，都實質上是放、調結合的成功事例。

國慶日過後，趙紫陽在中共十二屆三中全會上宣布了〈關於經濟體制改革的決定〉，這份報告達到了鄧小平的要求的目標：明確解釋為什麼社會主義能夠接納市場經濟。報告宣布了會進一步減少政府定價，進一步發展市場定價的功能，而且決定取消農產品統購統銷。自一九五三年統購統銷制度開始實行，中國農村就開始出現饑荒，幾年後它成為導致駭人聽聞大饑荒的直接原因，而後又在中國農村實行了三十多年，使得農民一直在貧困中掙扎。是一九八五年中央一號檔，讓這個的政策從此壽終正寢，改為合同定購和市場收購的合同內外雙軌制，趙紫陽在四川思考的農民與政府的合同關係終於得到實現。這一招令許多人捏了一把汗——因為不僅僅是改變毛澤東的政策，也是改變陳雲一手制定的政策，居然不經過大的討論就大力推進。幸虧經濟發達的廣東先行一步，一九八四年全省取消統購統銷之後並沒有掀起大的浪濤，趙紫陽這才增加了初戰必勝的底氣。事後他還是心有餘悸地說：此事讓我三天三夜睡不著覺。

一九八四年的趙紫陽，既抱著堅定的信念，又謹慎地行事，對於全面鋪開的價改不敢有半點疏忽。這一年他奔忙於全國各地，四十一天的時間裡先後去了東三省、石家莊、保定、武漢，大連，上海，溫州，山東，河南等省市，半年開三次省長會議。那一年小商品價格完全放開，物價管理許可前完全放開，北京煤氣火柴漲價，全國上下罵聲一片。吳官正時任武漢市市長，率先試行在武漢放開豬肉價格，豬肉立刻漲價，吳官正被罵得有點心慌，每天給趙紫陽電話，趙紫陽親臨武漢督戰，要他沉住氣。果然豬肉價格放出了養豬的生產積極性，很快豬肉就多了，價格也就就下來了。還有就是糧食價格放開。俗話說一糧帶百價，當時市場上還有流動糧票三四百億斤，很多官員都怕發生搶購，北京市長陳希同提出要把這些糧票買回來，趙紫陽沒同意：他希望糧食充足之後糧票會自然消失。十月二十一日，十二屆三中全會結束的第二天，趙紫陽在各省自治區直轄市負責人會議上給官員們打氣：我們必須頂得住，搶購也好，脫銷也好，不要怕。

一九八四年終於有驚無險地過去了，年終總結的時候，趙紫陽鬆了一口氣，說今年的改革無論城鄉都邁出了一大步，情況相當好。一九八五年四月十二日，按照中央的安排，由國家物價局長成致平在中央電視台十九點三十分黃金時間發布關於價格改革長篇電視講話，公布一九八五年的價格改革的基本方針：放調結合，小步前進。即放活價格與調整價格相結合，走小步子，穩步前進。

中國的改革開放已經進行到第七個年頭，遇到的問題也愈來愈多，十二大三中全會「關於經濟體制改革的決定」表明整個經濟的軌道已經轉到市場，但是高層和經濟學家們對於市場經濟的理解和運作卻相知甚少，特別是顧慮市場經濟會不會出現盲目競爭和非指導性增長，也不可避免的想到經濟迅速增長與隨之而來的經濟大蕭條。第二是這些年經濟冷熱病反復發作，一九八四年下半年到一九八五年上半年熱得更加嚴重，銀行信貸失控，投資猛增，消費增長過快，物價上漲幅度達到歷史高峰的十%……趙紫陽堅持認為改革中的問題只有在改革中解決，除了身邊的智囊和陳一諮這樣的年輕人，還要把眼光放開，聽一聽國外專家們的建議。

於是由他直接策劃、由國家體改委出面，主動找到世界銀行合作，巴山輪會議於一九八五年九月召開。這次高規格的會議參會的國內外專家六十餘人，九名外國專家都由世行幫助挑選。其中有美國耶魯大學經濟學教授、一九八一年度諾貝爾經濟學獎獲得者詹姆斯．托賓（James Tobin），有英國劍橋大學教授、格拉斯哥大學名譽校長阿來克．凱思克勞斯（Aleister Crowley）；英國牛津大學安瑟尼學院高級研究員弗拉基米爾．布魯斯（Włodzimierz Brus）；聯邦德國證券抵押銀行理事長奧特瑪．埃明格爾；日本興業銀行董事、調查部部長小林實；匈牙利科學院經濟研究所研究部主任諾什．科爾奈（János Kornai）；南斯拉夫政府經濟改革執行委員會委員亞歷山大．巴伊特（Aleksander Bajt）……這些當時世界一流的經濟學家，在武漢至重慶的一艘名叫巴山輪的船上開了一個星期的會，討論中國的宏觀經濟管理問題。

會上，諾獎獲得者魯姆斯．托賓回答了中國高層的擔心，認為市場經濟並非一定會走迅速增長與隨之而來的經濟大蕭條相迴圈的死路，他闡述了可以通過宏觀控制經濟的手段、尤其是通過調節需求可以達到控制市場的可能性；匈牙利的科爾奈還在發言中專門提到「冷熱病」，他說社會主義國家普遍存在著系統化的強迫化的增長。經濟過熱、增長過高是反復出現的現象，這既有數量擴張，又有投資饑餓：增長愈快，愈想更快，最後事與願違。為此，科爾奈「滿懷敬意」地向中國提出一個警告：過高的增長是有危險的。科爾奈提出的「宏觀控制的市場協調」得到很多人的認同，但是他主張的「所有制宜分步漸進，但是計畫、物價、工資可能一攬子改革更好」的意見被牛津大學的布魯斯反對，認為只能夠循序漸進。南斯拉夫的巴伊特提出：宏觀調節信號的變化，只對進入市場的的企業有靈敏的調節作用，而對沒有進入市場的國營企業往往是失效的。看來如果沒有企業這個微觀基礎改革的配合，宏觀調節的改革可能會不成功。

主張循序漸進的布魯克對中國正在實行的「雙重價格」很感興趣。他說生產資料的雙重價格（即計畫價格與市場價格），是中國的一個發明，是一種橋樑，但有一個重要的條件，即不能存在太久，否則後果會很不利。布魯克這個觀點得到很多專家的回應。十五年以後的一九九八年七月二十日，世界銀行副行長兼首席經濟學家斯蒂格利茨在北大演講中，也高度評價八〇年代中國實行的價格雙軌制。只是當時的世行官員認為「雙軌制」會使得國有企業迅速獲得更多的好處，對於市場是不平等的。可是中國的官員們認為這不是什麼大問題，他們自信有能力控制這樣的現象。

總得說來，巴山輪會議極大地鼓舞了改革派的鬥志，也為中國的高層解答了疑惑。尤其是諾獎獲得者魯姆斯．托賓認為可以通過宏觀控制經濟的手段控制市場的可能性，實際上與一九八四年五月趙紫陽主持的「關於進一步擴大國有企業更多自主權的暫行規定」中提出的「運用包括價格和稅收在內的宏觀調控手段管理經濟活動」的觀點非常接近。這個會議使得中國學者對於走市場化道路更有信心並開始實現之。這一點也標準著中國關於經濟改革的基礎研究已經結束，準備在通往市場的路上大步前進。

一九八四—一九八五年價格戰役的成功極大地激勵了趙紫陽，巴山輪會議也讓他受到鼓舞。他設想一九八六年經過一年的時間稍作休整，在一九八七年到一九八八年再邁進一大步，打響第二場戰役。

多年的經濟改革實踐，讓趙紫陽明白價格改革在經濟槓杆中的重要作用。價格直接影響企業的利潤，價格不改革，企業放活就沒有條件，而搞活企業正是體制改革的出發點和落腳點；價格不改稅收會很複雜，只好用調節稅產品稅；價格不改革財政金融改革也難以進行。所以他認為一九八七年的改革可以價格，稅收，財政應該統一進行，來一個總體戰役，並預期十年左右完成計畫經濟舊體制向市場經濟新體制的過渡。

可是一九八六年三月，價財稅聯動改革整體戰役提前了一年開始了。

促進這場聯動改革的領頭者是國內經濟學家吳敬璉，趙紫陽對他是有印象的。一九八四年七月體改所的副所長王小強隨趙紫陽去安徽，曾說起吳敬璉批評當時有分寸的「行政性放權」，可見他是很激進的。趙紫陽笑笑說：這是書生之見。一步把權放給企業行得通嗎？哪個企業能接受？上邊那麼多婆婆！中國的條條塊塊把企業捆得死死的呵。所以，現在搞擴大企業自主權是削弱條條，搞試點城市是削弱塊塊。條條塊塊削弱了，企業才能活起來。」[189]

現在吳敬璉又提出了大踏步的價財稅聯動改革，顯然是是受了兩個因素的影響。第一是

189 陳一諮《陳一諮回憶錄》。

巴山輪會議上的匈牙利經濟學家科爾奈，他主張的「所有制的改革宜分步漸進，但是計畫、物價、工資可能一攬子改革更好」；第二個則是二戰以後西德經濟的艾哈德計畫理論基礎，是由美國自由主義經濟學家、也是諾獎的獲得者弗里德曼（Milton Friedman）對西德放開價格管制、鼓勵競爭、促使西德戰後經濟復興繁榮的總結，人們簡稱為「管住貨幣，放開價格」。

吳敬璉等人的方案雖然得到趙紫陽的贊同而且也說服了鄧小平，但是引起了廣泛的爭論。持有不同意見者不僅僅是學者和趙紫陽的智囊機構，還有國務院常務副總理和中央書記處。趙紫陽很倚重的安志文[190]稍作分析，即使是生產資料中鋼材這一項調價，就可能引起下游產品輪番漲價，不僅影響市場，還影響企業收入，影響職工工資……最終引發什麼樣的後果，不可估量，所以也是堅決不同意。陳一諮的體改所討論了好幾次，都認為可行性不強。也就是這個時候，陳一諮和副所長王小強隨團出訪歐洲，走之前送了一份報告給趙紫陽和鮑彤，堅決反對價財稅聯動改革，鮑彤約見王小強，聽取反對意見。接下來陳一諮他們在南斯拉夫和匈牙利的訪問中得知，兩國都曾經用過「價稅財聯動」的改革政策，結果是價格不合理要國家補貼，國家為了補貼支出就要增加稅收，稅收多了降低企業活力，最後不得不恢復原樣，如此陷入了經濟「北慕大三角」（即價格、補貼、稅收的惡性循環）。考察期間，他們向國內發了六封緊急電報，第一份電報就根據匈牙利改革失敗的教訓，強調價財稅聯調因為沒有預料到通貨膨脹的後果，是非常危險的，建議不能輕易啟動。六月初，陳一諮一行回國，趙紫陽第

190 安志文（一九一九～）陝西子州人。中共中央顧問委員會委員，國家經濟體制改革委員會副主任（主任由趙紫陽兼任），一九八七～一九九二年任中央財經領導小組成員。趙紫陽改革期間的得力支持者。

二天就聽取了他們的彙報。陳一諮和王小強認為這次彙報以及之後考察團遞上書面的〈匈牙利、南斯拉夫改革考察報告〉，也給熱議中的價財稅聯動改革方案潑了一瓢冷水。[191]

八月下旬，趙紫陽在接見匈牙利部長會議副主席兼國家計畫局局長法盧韋基・拉約什時說了一段頗有感觸的話：

我們非常重視匈牙利改革的經驗，不久前我國體改委的同志到布達佩斯訪問匈牙利的同志做了非常深入的介紹，談到了成就也談到了困難和遇到的問題，你們的經驗對中國有很大的幫助，匈牙利和南斯拉夫是社會主義國家進行改革的先行者和開拓者，他們的成功經驗是主要的，他們遇到困難後得到的教訓也是社會主義國家的共同財富，無論成功還是不成功的經驗，都可以供其他國家借鑑，社會主義國家的改革是一種史無前例的嘗試，不付出一點學費是不可能的。

看來此時趙紫陽對於價財稅聯動改革計畫，已經心中有數。

兩年以後，陳一諮出訪西德，再次向經濟學家基爾什提到中國有人說要實行艾哈德計畫的「收緊銀根，放開價格」（即價財稅聯動改革的基本理論），基爾勝哈哈大笑地說：德國可以這麼做，但是如果你們這麼做就會遇到災難性的後果，無異於自殺。因為你們和我們起碼有四點不一樣。第一你們沒有獨立的企業，第二你們沒有一個市場的環境和機制，第三你們沒有一批能獨立經營的企業家，第四是你們沒有必要的法律。[192]

任何理想要成為現實，都是需要條件的。中國的基礎條件顯然還不具備，這樣的時候進

191 陳一諮《陳一諮回憶錄》。
192 陳一諮《陳一諮回憶錄》。

行價財稅聯動改革，很可能成為一場風險極大而且得不償失的嘗試。

使得趙紫陽最終冷靜下來的，還有一九八六年的政局：黨內保守派開始批自由化，而這個極力想要擺脫計畫經濟束縛的改革方案，顯然是標準的經濟自由化；年底出現的學潮風雲激蕩，還可能進一步惡化；也就是這個時候，鄧小平突然啟動政治體制改革，並且在九月份指定由趙紫陽領銜，總書記胡耀邦受到冷落，黨內人事可能出現變數……

趙紫陽最後在十月份放棄了這場戰役計畫。

接下來的一九八七年，趙紫陽在講話中承認「原來的設想有些理想化」，強調價格改革的方針應該「謹慎從事」、「調放結合，穩步前進」。而一九八八年的方針，是穩定經濟，深化改革。

一九八八年九月十九日，諾獎得主弗里德曼訪華，這位美國經濟學家創建的「管住貨幣、放開價格」理論，正是當年「價財稅聯動改革」的基礎。此時的趙紫陽明確地告訴他，由於長期的價格凍結和經濟發展不平衡，中國人對於通貨膨脹在經濟上和心理上的承受能力都很低，而且也因為中國的金融體制不健全，「管住貨幣」也有困難。這些原因都容易引發社會動盪。所以今後中國改革的主要任務，主要解決以下三個問題：其一是價格改革；其二是治理通貨膨脹；其三是實行企業股份制。

此時鄧小平的「價格闖關」遭受挫折，國內搶購蜂起，趙紫陽正在勸說鄧小平剎車，他對於這個問題已經想得很清楚了。若干年之後回頭再看，如果當年趙紫陽真的看在「諾獎得主」的名頭上，採用了弗里德曼「全面放開」的建議，說不定會提早一步導致葉爾欽在俄羅斯造成的經濟大「休克」，物價大飛漲、貨幣大貶值、財富大縮水、經濟大混亂……那時候的中國真的會吃不了兜著走。

一九八八年鄧小平發起的「價格闖關」，主要是起源於價格雙軌制。其實價格雙軌制是面對中國現實不得已的選擇，它的弊病是顯而易見的。到了一九八八年春天，「價格雙軌制」的負作用更加明顯，一些權貴利用它進行錢權交易的「官倒」現象，引起了社會各界的廣泛不滿，而且經過幾年來在物價方面實行的「調放結合」的方針之後，價格嚴重扭曲的狀況並沒有多少大的改變。一九八八年三月二十五日到四月十三日，七屆全國人大一次會議在北京舉行，代表們對於雙軌製造成的腐敗和經濟秩序混亂議論紛紛。面對這樣的局面，鄧小平認為已經僵化多年的價格雖然不可能一下子放開，但是走市場化是價格改革的必經之路，這一步邁不開會阻擋所有的進程。於是他決定長痛不如短痛，乾脆有計畫地進行一次較大的全面的物價調整，在兩、三年的時間內準備三十％～五十％的物價上漲指數，把各種商品的價格基本理順。一九八八年五月五日到一九八八年八月二十六日，鄧小平九次在對外講話中都談到物價改革，措辭十分堅決，顯然是想讓價格儘快的與市場接軌，以儘快結束這個觸犯了眾怒的雙軌制。鄧小平的強硬態度對於猶豫中的趙紫陽，當然是一種壓力，以至於趙紫陽在會議上說：小平同志再三鼓勵我們，不要怕冒險，給我們撐腰，還講：有那麼嚴重？反正比一九六二年（大饑荒）好吧。[193]

短短幾句話，兩個人的態度盡在其中：顯然是趙紫陽怕冒險，趙紫陽覺得很嚴重，趙紫陽需要鄧小平為自己撐腰……最後鄧小平說服趙紫陽的是一九六二年的大饑荒：大饑荒死了幾千萬人都過來了，改個物價會死幾千萬人嗎？

193 盧躍剛《趙紫陽‧一位失敗改革者的一生》。

當然不可能。

趙紫陽最終同意鄧小平的方案，除了深知價改的重要性，最主要的原因還是對於鄧小平的依賴。北戴河會議期間，國務院負責改革的副總理田紀雲憂心忡忡去找趙紫陽，希望他對物價問題要慎重，因為包括糧食在內的問題都沒有解決，搞不好會引起大的動盪。趙紫陽說：紀雲啊，現在解決物價這個難題比留給後代解決好，現在有老同志壓陣，以後解決比我們難。

總之，「價格闖關」由鄧小平決策，趙紫陽執行，憂心忡忡的趙紫陽甚至考慮了最壞的情況及應對措施。他說必須考慮為改革創造一個穩定的局面，準備「出點事情」。要排除干擾，要搞一個保證改革秩序的緊急治安法，授權國務院，需要時就公布，不需要時就解除。（比如）波蘭公布半年內不許罷工，不許上街（的規定）。（價改涉及到）這麼多矛盾，沒人反對，不可能。[194]

今天看到這些資料，不禁令人啞然失笑：這樣張牙舞爪的「緊急治安法」罩在趙紫陽頭上，分明就是一隻紙老虎。果不其然，等到從北戴河的會議上回到北京，物價指數已經漲到了十六%，趙紫陽在這樣的數字面前立即被打回原形，他首先想到的不是那個「緊急治安法」，而是認為在北戴河通過的價改決議必須重新考慮。他打電話跟姚依林，說價格改革要推遲。姚依林說推遲三個月吧。趙紫陽說既然推遲就推遲一年，姚依林說那更好。兩個人馬上就去找鄧小平，本來鄧小平是想繼續幹下去的，但是他們兩個人執行者都說不幹了，鄧也只好同意了。

這個起於個人意志急於求成（而不是遵循市場規律）的計畫，原本準備在一九八八年第四季度或一九八九年初開始實施。可是它在一九八八年夏天北戴河的政治局擴大會議上剛剛通

194 盧躍剛《趙紫陽．一位失敗改革者的一生》。

過，具體的實施方案尚未制訂出來，何時出台還沒有最後確定，媒體就大肆宣揚起來。八月十八日，《新華社》通稿公布了政治局會議的內容，其中有一句非常重要的話：會議認為價格改革的總方向是少數重要商品和勞動價格由國家管理，絕大多數商品價格放開由市場調節。消息一傳開，「物價漲一半，工資翻一番」的流言在社會上廣為傳播，立即發生了全國性的搶購擠兌風潮：一方面人們的心理預期是今後物價將會大漲特漲，另一方面官方對銀行儲蓄利息又沒有一個說法。自從十一屆三中全會以來收入明顯增加之後，人們節衣縮食在銀行儲蓄了上千億的存款，他們擔心多年苦心積蓄會泡湯，因而紛紛到銀行提取存款，購物保值。有些商店、企業也趁機紛紛漲價，銀行儲蓄比原來預計減少四百億元。銀行為了應付支付困難，不得不大量印鈔票，使得社會貨幣流通量大大增加，最終引起了嚴重的通貨膨脹——物價上漲高達一八·五％。

可見「公開性」也要選擇時機。

為了應對危機，趙紫陽主持的中央財經領導小組，向國務院提出及時果斷地採取提高銀行存款利息，或實行保值儲蓄措施，以減少損失。但時任國務院總理的李鵬[195]和主持經濟工作的姚依林擔心銀行儲蓄利息提高了，銀行給企業貸款的利息也要相應提高，這樣企業就負擔不了，會影響生產，因此沒有立即採納——雖然後來他們也不得不同意實行保值儲蓄，使得銀行儲蓄很快就穩定下來，並且逐步有所回升，但是已經造成了嚴重的後果。

雖然價改計畫及時剎車，但是把柄被抓住了。陳雲召見李鵬，說了一句狠話：價格在你

195 李鵬，在趙紫陽擔任總書記後，於一九八八～一九九八年任國務院總理；在政治和經濟上聽從黨內保守元老；一九八九年「六四」事件期間，力主並促成了武力鎮壓學生。

們有生之年都理不順，財政補貼也取消不了。接下來陳雲又找胡啟立談話，很明白地說你不要與鄧力群作對，他懂馬列！一九八八年十月八日，陳雲單獨找趙紫陽談話，這個談話後來被整理成著名的「陳八條」列入《陳雲傳》，官方認為這是陳雲晚年對經濟工作一次比較全面的總結。陳雲大談他在一九五〇年到一九五二年短短三年的時間裡利用計畫的手段恢復了國民經濟，趕上了蔣介石二十二年（的經濟成果）；認為取消統購統銷政策打破了「農民種地賣給國家天經地義」的規則；強調企業承包的消極面；強調中央應該集中權力（而不是向地方權力下放）；財政平衡應該恢復「一支筆（審批）」；不要財政赤字不要借外債；還說蘇聯能夠與美國抗衡到現在才七十一年……其核心思想就是：現在的改革只不過是對蘇聯計畫經濟體制模式的完善和補充。

陳雲顯然是對趙紫陽這幾年的作為、特別是對他主持通過的十三大的政治、經濟、組織路線氣不打一處來。如果說在十三大趙紫陽剛剛開始作報告他就起身離場還只是無聲的抗議，現在就是大發雷霆了，表面上是對趙紫陽，實際上是做給趙身後的鄧小平看。

為了迅速把局勢穩定下來，趙紫陽不得不宣布物價改革方案停止執行，整個經濟工作由原定的「穩定經濟，深化改革」的方針改為「以治理整頓為中心」。李鵬主持的國務院工作在治理整頓的名義下，把已經下放的權力又收回來，把過去搞活的一些措施、政策又重新搞死。為了制止物價上漲，兌現下一年的物價指數不高於一九八八年的承諾，國務院幾乎全部恢復了用行政控制物價的辦法，並且各級政府層層負責，層層包乾，一切都向著與改革開放相反的方向扭轉，使已經改革了的經濟體制，又大大地倒退了一步，不到一年的功夫就發生了經濟萎縮、市場疲軟等嚴重的情況，直到一九九二年鄧小平南巡講話以後才改變。

趙紫陽自己承擔了這次失誤的責任，同時也在積極尋找解決的辦法。一九八九年的春節，他又去了廣東，當時的形勢已經很不樂觀：「價改」的餘波沒有停息，因為胡耀邦下台引發的學潮卻聲勢漸大，北京鬧得一塌糊塗，上海那邊也鬧得一塌糊塗。趙紫陽一邊在研究用什麼辦法來解決學生的問題，同時也在研究利率問題。他派安志文等人到香港邀請一些經濟學家座談中國的經濟問題，其中包括台灣中華經濟研究院院長蔣碩傑[196]等六位經濟學家，都是台灣中研院院士。尤其是蔣碩傑，他在經濟理論和實踐方面都有較高的成就，在台灣經濟界有較大的影響。

座談中，他們針對一九八八年通貨膨脹問題，談了一些很值得重視的意見。第一，他們認為，大陸十年來經濟改革取得了很大的成績，雖然現在還有些問題，但從經濟角度來說並不嚴重，包括物價指數上漲十八．五％。只要採取適當措施，問題是能夠解決的。第二，對於物價改革問題，他們一致認為，當今無論在什麼樣的社會制度下，經濟發展都必須尊重市場的原則。大陸在前幾年改革中把許多產品的價格放開了，對有些產品實行雙軌價格，使市場功能得到進一步發展，成績是顯著的。由於一九八八年通貨膨脹加劇，聽說現在要放慢價格改革的步伐，並對一些價格實行管制，作為臨時措施是可以理解的，但時間絕不能太長。有人強調價格改革要找時機，實際上不合理的價格不改革，經濟不能連續運轉，是永遠找不到人們想像的時機的。

蔣碩傑說，價格的必經之路，就是由市場決定；政府根本的出路，要解決總供給與總需求的平衡，下決心把貨幣管住。在此前提下，把大多數的價格放開，由市場競爭。少數的像

196 蔣碩傑（一九一八～一九九三）：首位獲諾貝爾經濟學獎提名（一九八二）的華人經濟學家，宣導自由貿易，採取匯率與利率自由化等政策。一九八一年出任「中華經濟研究院」首任院長。

公共事業可以由政府按一定的利潤率進行控制。他們非常明確地提出了這個問題必須市場化——市場決定價格，不然價格不可能合理。

關於對付通漲的對策，台灣的專家們認為，大陸通貨膨脹的原因是財政赤字和金融赤字的問題，主要是金融赤字。解決金融赤字，關鍵是使銀行利率高於物價上漲指數，並且隨著市場資金供求自由升降，以利於增加居民的儲蓄，又抑制貸款的規模。從亞洲四小龍[197]的經驗看，很好運用利率手段，對於抑制通貨膨脹和聚集建設資金的作用是非常明顯的。他們舉例說，台灣五〇年代初通貨膨脹很嚴重，超過了一〇〇％。一九五六年六月，政府大幅度提高利率，有一段時間甚至提高到一二五％，結果貨幣大量回籠，三位數的通貨膨脹很快被抑制住了，到五十年代末下降到十五％以下，一九六一年下降到兩位數以內；而居民儲蓄增長率五十年代幾乎是零，一九七三年上升到三五％。韓國停戰以後曾經長期實行低利率政策，通貨膨脹率很高，經濟也不穩定。一九六五年九月，他們借鑑台灣的經驗，把儲蓄利率提高到三四．五％，明顯高於通貨膨脹率的三十％，使儲蓄增長率從一九六五年的一．九％，迅速上升到一九六六年的七％，一九六九年的十五％，一九七七年的二二％。不僅平息了高通貨膨脹，而且積聚了大量資金，加快了經濟發展。香港和新加坡也都有類似的經驗。[198]

197 四小龍，指的是台灣、南韓、新加坡和香港。這些地區在二十世紀六〇～七〇年代利用西方發達國家向發展中國家轉移勞動密集型產業的機會，吸引外資和技術，利用本地的勞動力優勢，經濟上取得了迅速發展。由於這些地區的「中華文化」背景，這種發展模式比較容易得到中國經濟政策制定者的重視。

198 安志文、劉鴻志同志〈關於和台灣經濟學家座談的報告〉，《國家體改委重要文件彙編》（中），改革出版社一九九九年版。

從香港拿回廣州來的台灣專家座談會紀要，使趙紫陽很受啟發，尤其是其中的「價格必須走市場決定的道路，解決金融赤字必須使銀行儲蓄利率高於通貨膨脹率」這兩條意見。他進一步思考一個問題：雖然我們一九八八年想加快價格改革的想法是必要的、應該的，但是思路不對：因為當時我們的思路不是走放開的方針——逐步地、進一步地放，而是通過國家調整價格的辦法理順價格，這樣價格還是由政府決定而不是市場決定，這樣還是很難解決物價扭曲的問題，而且政府定的價格也很難和市場一致，根本達不到目的。正確的作法是：應該是繼續前進，實行調放結合，以放為主，逐步擴大市場調節的方針。隨著改革的深入，經濟的發展，這個步子要加大。在這個過程中，當然會出現物價上漲，應對的措施就應該是兩條：一是同時對工資進行調整，二是實行儲蓄保值或提高儲蓄利率使人民的儲蓄不會貶值。趙紫陽後來說：我更加看清了一九八八年的物價改革問題究竟出在什麼地方，使我對物價改革增加了信心。只要我們堅持貫徹「軟著陸」方針，把信貸規模、基建規模控制住，同時使銀行利率高於物價上漲指數，實行保值儲蓄政策，就可以把放開物價的步子走得更大一些，更快一些，使大部分商品的價格由政府定價過渡到由市場形成，從根本上解決商品價格的嚴重扭曲，並大大減少價格雙軌制所帶來的消極作用。[199]

趙紫陽豁然開朗，並把這個觀點擴而大之。他對陪同的廣東幹部黃靜說：我們的外匯儲備還差一百多個億，怎麼調控呢？靠行政手段是不行的，得靠利率來調控經濟問題。[200]

199 趙紫陽《改革歷程》。
200 蔡文彬採訪黃靜〈思想最解放的是趙紫陽〉。

今天他的這個看法，已經成為了國家經濟調控的常規手段。

一九八九年三月二十五日，離胡耀邦去世、同時大規模爆發的學潮還有二十天，從廣東回到北京的趙紫陽，將香港座談會的大意告訴了鄧小平，並責成國家體改委組織有關方面對此進行討論，以積極準備重新研究整個經濟工作的方針和物價改革的問題。

但是很快就發生了學潮，這件事就擱下來了。

好多年過去了，中國的價格已經納入市場軌道，價格既反映了成本又反映了供求關係，在很多時候作為重要的宏觀調節手段，調劑著社會生活。與趙紫陽時代相比，人們的生活必需品漲了數倍或者十倍，而工資則漲了幾十倍甚至上百倍，銀行利率就如股票指數隨行就市，今天的人們對於價格的漲落起伏已經雲淡風輕。一些過來人偶爾還會在茶餘飯後提起八〇年代末的大搶購，說說那些聽風就雨搶了滿缸子醋或者堆了半屋子鹽的笑話。在那個談「價」色變的年代，物價是只大老虎，它橫亙在改革的半路上，到處興風作浪，被人拎著尾巴掄圓了膀子漫天揮舞，當成抽向趙紫陽和改革派的鋼鞭武器。趙紫陽當年懷抱「我不入地獄誰入地獄」的決心說過：改革總得過價格這一關，不付出代價是不可能的。假如一次把價格放開，也許會天下大亂，我下台，但三、五年以後市場形成了，人民會紀念我。他真的很天真：「為了人民卻被人民所拋棄」的事情海了去了，全世界從古至今都在發生。三十年過去了，市場已經形成，人民在享受改革紅利的時候，想起他趙紫陽了嗎？紀念他趙紫陽了嗎？一九八四年國民生產總值上升十五％，物價指數上升九％，就開始人心浮動；一九八八年價改還沒有啟動，恐慌情緒就將物價指數推高到前所未有的十八％，大街小巷萬人咒罵。可是到了一九九三年，鄧小平趁著「六四」餘威的重新啟動改革之後，物價指數一度飆升至二一．七%[201]，曾經沸騰的民意為什麼就鴉雀無聲呢？看來物價也可以變成紙老虎，前提是鄧小平這樣鐵腕人物伸出一個手指頭，戳向它的額頭。

當然了，陳雲當初那句氣勢洶洶的「價格在你們有生之年都理不順，財政補貼也取消不了」，已經成了很多人的尷尬，再也沒人提起。

保不住的胡耀邦

最後要說到在那個臭名昭著的「生活會」上，趙紫陽對於胡耀邦的「批評」，有人認為那是對於胡耀邦「致命的一擊」。趙紫陽在自己的回憶錄中說，在那個「生活會」上他沒有去保胡耀邦，是因為胡耀邦已經保不住了。

此話是有根據的。

很多人以為導致胡耀邦下台的原因就是因為他在公開場合贊成鄧小平退休，其實他擔任總書記以來受到的集中攻擊有三次，之前兩次鄧小平都為他打了「掩護」。第一次就是一九八三年，由胡喬木主攻，指責耀邦說話太不謹慎，又重用團派，不像個總書記，陳雲則一邊表揚鄧力群，一邊批評胡耀邦追求高速度（實際上是發現胡耀邦只聽鄧小平的），結果是鄧小平雖然也覺得胡耀邦在經濟問題上有些冒昧，但是對於陳雲等人的攻擊很不以為然，出手把胡

201 盧躍剛《趙紫陽傳．一位失敗改革家的一生》。

耀邦保了下來自此鄧陳兩人的矛盾初露端倪，只不過沒有公開而已。但是鄧小平還是決定對於胡耀邦的「自由化」傾向要敲打一下。一九八四年的六月底到七月之間，短命的「反精神污染」結束之後，鄧小平找胡啟立談話，說今天找你來，主要是談談對胡耀邦的意見。耀邦這個人的問題，不僅是在對郭洛基、胡績偉、王若水等人的看法上，主要是對待四項基本原則、反對資產階級自由化的問題上。作為黨的總書記，這方面的軟弱是根本的弱點。鄧小平要胡啟立把這個話傳給胡耀邦，還說我之所以找你傳話，而不是直接找胡耀邦談，是以免把問題顯得過於嚴重了。這次談話鄧小平雖然把問題提得很嚴重，但還是打招呼的性質。202

第二次是一九八五年全國黨代會，表面上是因為鄧小平提出要反對宣傳資產階級自由化，實質上是因為鄧小平打算解決拖了一段時間的上層交接班問題，讓一批老同志退下來——這次有六十四名擔任中央委員還在候補委員的老同志退休，約占全部委員的五分之一。元老們感到了危機，借著鄧小平對於自由化的批評，一肚子氣沖著胡耀邦來，軍隊、顧委、人大、中紀委的頭頭都來圍攻。比上次糟糕的是鄧小平對之前胡耀邦在香港記者陸鏗的採訪中的應答非常不滿意，並讓喬石轉達了他不快，說胡耀邦是想把自己打扮成一個開明的領導人（這樣會導致對比之下鄧小平顯得不那麼開明）。其實鄧小平最不滿意的，是胡耀邦在對陸鏗談話中透露說小平要全退。陸鏗違反胡耀邦和他的約定，在國外透露了風聲。鄧小平知道胡耀邦我行我素，不能充分考慮全盤計畫的平衡，已經失去陳雲等保守派的支持，可是畢竟還是自己的人，於是又去解了圍，藉自己的生日請大家吃飯，為胡耀邦做了工作。

202 趙五軍〈趙紫陽談話記錄〉。

之後，鄧小平棄胡用趙的意圖愈來愈明顯。這次黨代表會上雖然沒有明確討論接班問題，但在很多與會者看來，如果以後掌舵人是胡耀邦，看來軍方和人大、政協、中顧委、中紀委是恐怕不能接受，而趙紫陽就要好一些：雖然他的思想比胡更西方化，但處事比胡穩重，在城市經濟改革上成績斐然，也不疏遠保守派領導人，具備領導人的氣質。

鄧小平很少公開表揚哪一個幹部，但是他在會議期間接見幾位作家時公開表揚了趙紫陽，還特別提到他擁護四項基本原則。一九八六年五月，鄧小平曾問過鄧力群對胡耀邦和趙紫陽的看法，至少從那時起他就開始考慮替換胡耀邦的問題——當時趙紫陽已被指派全面負責為黨的十三大準備檔，很多人預計他大有機會在十三大之時成為主持日常工作的最高領導人。到一九八六年夏天，鄧小平在北戴河對楊尚昆說過一句話：「這幾年如果說我有什麼大錯誤的話，就是看錯了耀邦這個人。」那個時候他換掉胡耀邦的決心就下了。[203]九月，鄧小平在又讓趙紫陽負責研究政治體制改革——這項工作本來應該由總書記胡耀邦來做。人們估計趙紫陽有可能負責領導未來的政治改革：他和他的智囊團已經研究過各種經濟體制，他在領導研究經濟體制上的經驗，使他很適合思考與經濟變化相配合的政治改革。

這些跡象都表明：此時鄧小平心中的天平，已經傾向於比他年輕十五歲（而胡比鄧年輕十一歲）的趙紫陽。

按照常規，中國政壇的風波兩年一次，可是因為即將在一九八七年召開的十三大，風波提前到了一九八六年：十三大鄧小平退下來，權力怎麼分配，是元老派與改革派勢力的鬥爭

203 趙五軍〈趙紫陽談話記錄〉。

焦點——那邊胡喬木和鄧力群已經不受鄧小平待見，風傳他們倆退下來已定，而且不願意去政協。這邊陳雲、鄧力群等一直對胡耀邦不滿，總想找個機會搞掉他；鄧小平雖然說過天塌下來有胡趙頂著的話，但對胡耀邦不斷提倡自由、民主很不以為然，特別是胡耀邦講了「我贊成小平同志退下來」以後更加不滿。

事情還在複雜化。

陸鏗將鄧小平將在十三大全退的內容披露出去之後，《深圳青年報》聽風是雨，搶先刊登文章，要鄧小平十三大退休，引起他的震怒。鄧小平要在十三大退休，是他自己的主意，也是鄧小平打破黨內終身制的一樁最有意義的創舉。可是他自己退是高姿態，是他的理智所在，而別人要他退則是他的尷尬，是他的內心所不情願。更加麻煩的是，比鄧小平更不情願的老人大有人在。一九八六年十一月十一日，在為籌備一年後的十三大而召開的小型會議上，胡啟立就提到過鄧小平和一大批老幹部將要退休的事。薄一波聽到這話臉都氣紅了，問胡啟立：「你是不是盼著我們都早點死啊？」胡啟立客氣地回答說，他希望他們繼續幹下去。204

一九八六年的十一月，胡耀邦去了上海江蘇視察，一批老人串通一氣，趁機跑到鄧小平面前，說是現在局面還不穩，需要他掌舵，勸說他不要退，還給胡耀邦列舉了三條罪狀：一是重用團派；二是插手外事，邀請日本三千青年訪華（鄧小平對此有意見）；三是反對你小平同志，要你退休。王震在中央黨校發表講話，說：「小平同志是我們的皇上，我們是他的臣下，他退了我們怎麼辦？誰要讓小平退，誰就是文革的三種人，我王震要堅決反對。」他還在黨校大會

204 傅高義《鄧小平時代》。

上說，反對封建主義就是要搞資本主義，今後黨校的人如果參加民主自由的討論就開除……

彭沖在中央政治體制改革研討小組的會議上披露了《深圳青年報》的文章內容，薄一波當時就大為光火，發了一大通措辭嚴厲的批判，見在會的趙紫陽沒有表態，薄一波直接對著他說：建議常委過問一下《深圳青年報》的事情。趙紫陽還是不接這個茬，避開薄一波的話頭說：我還在想昨天的問題……可見趙紫陽在這樣的問題上是何等沉得住氣[205]。可是胡耀邦就不行了。《深圳青年報》是共青團的報紙，觸怒了鄧小平，曾經是團中央書記的胡耀邦覺得很被動，他像薄一波一樣，也要制裁報社的頭頭——他認為只要平平安安拖到十三大，老人們都退下來，中國的事情就好辦一些，可是這份膽子忒大的《深圳青年報》一篇文章，恐怕要節外生枝，鬧出事來。胡耀邦要求十三大報告起草小組要把老同志帶頭退下來的意義講清楚，講充分，要不然別人（特指《深圳青年報》）會造謠。其結果是：深圳青年報的三位負責人被撤職，其中一人自殺，兩位「靈魂人物」因此還被有關部門跟蹤，不得已回到老家東北。此事也在知識分子中間引起了極大的不滿。[206]

亂上添亂的是全國的學生運動風起雲湧：上海剛剛壓下葫蘆，南京杭州甚至北京又多處浮起瓢：合肥科技大學四千學生上街包圍了省、市政府，武漢也有一、兩千人上街遊行，要民主、自由、人權。學生不僅僅喊出「打倒鄧小平」的口號，甚至出現「寧要『四人幫』，不要胡耀邦」的標語，趙紫陽和胡耀邦在千方百計想辦法平復，元老派在歡欣鼓舞大做文章。

205 吳國光《趙紫陽的風格、關懷與胸襟》。
206 吳稼祥《中南海日記》。

鄧小平開始變得詭異，變幻莫測：

十二月十九日，鄧小平在聽取趙紫陽等人彙報時說：要堅持改革開放，證券等經營方式既可以為資本主義所用，也可以為社會主義所用；同時對於一九八六年的形勢也有好評。

十二月二十日，鄧小平撇開胡耀邦和趙紫陽召開全國省市委書記會議，討論十三大人事安排。

十二月二十六日，各大報登載鄧小平率胡耀邦和趙紫陽接見全軍軍以上幹部。也是在這一天，在聽取趙紫陽彙報經濟工作時說：拿出一些錢改善學生伙食，不就是三百萬嗎，花不了幾個錢……

十二月三十日，鄧小平突然在家中會見胡耀邦、趙紫陽、萬里、胡啟立、李鵬、何東昌，嚴厲批評胡耀邦。鄧小平認為全國的亂局都是胡耀邦對於知識分子的縱容造成的，氣不打一處來。聽說元旦那天學生要去天安門遊行，鄧小平說去一千抓一千，去一個抓一個，不要怕我們形象不好。

陳一諮在他的回憶錄中提到，此間趙紫陽給胡耀邦打過一個重要的電話：

在鄧小平談話前，趙紫陽憑他多年的政治經驗，意識到問題的嚴重性，給胡耀邦打電話說：「我勸你馬上找小平同志談一談，向他承認錯誤，檢討一下自己工作中的失誤，爭取主動為好。」胡耀邦說：「我並沒有犯什麼錯誤，你讓我檢討甚麼？我辭職就是了。」趙紫陽很著急地說：「你常說我們黨再也經不起折騰了。再拖就晚了，你儘快向小平同志認個錯吧。」

這個電話很可能是一月五日打的，也在這一天，鄧小平找保守派做工作，想讓胡耀邦「軟著陸」，維持到十三大。可是沒有成功。[207]

第二天（一月六日），胡耀邦求見了鄧小平，要作檢討。鄧小平卻說：「我們之間沒有必要再糾纏了，我打算開一次中央生活會，有甚麼問題擺到桌面上談，溝通一下思想。」

也就是這一天，鄧小平一九八六年十二月三十日的談話成為〈中共中央一九八七年一號檔〉，向全國發出。

緊接著，中央成立了與胡耀邦談話的五人小組，由趙紫陽、楊尚昆、萬里、胡啟立、薄一波組成。一月九日，趙紫陽還見過一次胡耀邦，這次是奉命去通知對於他的處理決定：允許胡耀邦保留政治局常委一職。都到這個時候了，趙紫陽還在勸說胡耀邦：如果再發生學生示威，一定要堅定公開地表明反對立場。還他要對次日召開的批評會作好精神準備。

明知木已成舟，此時的趙紫陽還在極力挽回，他還在勸胡耀邦按照黨內的政治常規辦事：要檢討。按照他後來的說法：當時就這麼個格局，鄧的話不管你怎麼看，還必須辦，辦的過程中你可以靈活嘛[208]。這一招胡耀邦也用過：文革中胡耀邦聽說一位曾經的屬下因為死不承認自己是走資派還沒有「過關」，就著急，說要寫檢討嘛，不檢討怎麼能過關呢？說著竟然拿起紙筆，親自為這位幹部起草了一份檢討。中國的士大夫都知道「君子不立於危牆之下」，中國的老百姓都曉得那河邊的蘆葦：風來了，頭一埋，風過了再抬起來，其實都是一個道理。於是才有了向毛澤東保證「永不翻案」然後一上台就大翻案的鄧小平。當然風骨和清譽也重要，

207 吳稼祥《中南海日記》。
208 趙五軍〈趙紫陽談話記錄〉。

非常重要。於是才有了鄧小平後來拒絕毛澤東要他評價「文革」的要求；也才有了胡耀邦在電話裡對趙紫陽說自己寧願辭職也不檢討的話。

趙紫陽提醒胡耀邦對於第二天的會議要有精神準備，是有道理的。可是胡耀邦的精神準備還是遠遠不夠：因為來勢過於兇猛。

一月十日至十五日，由薄一波出面主持，召開了一個中央生活會。會議一開始，薄一波就要胡耀邦作深刻檢討。胡耀邦也許是為了顧全大局，也許是聽從了趙紫陽的勸說，也許是自己說服了自己，在會上作了檢討。接下來老人們開始一個個對胡耀邦發難。

彭真說：「你同資產階級自由化的代表人物方勵之[209]、劉賓雁、王若望[210]打得火熱。」

楊尚昆說：「如果你想亡黨亡國，就去和資產階級自由化分子結成聯盟吧！」

王震說：「你要是不願意和我們走的話，就不必待在這裡了。」

薄一波說：「你整天到處亂跑，全國兩千多個縣都快跑遍了，這不叫指導工作，而是嘩眾取寵。」

宋任窮[211]說：「我最不能容忍的是你對小平同志的態度。」

209 方勵之（一九三六～），浙江杭州人。中國著名天體物理學家，一九五七年被打成右派，曾任中國科技大學副校長，「六四」後被迫離開中國。

210 王若望（一九一八～二〇〇一），江蘇武進人。中國著名作家，一九五七年被打成右派，「六四」後入獄，被迫離開中國。

211 宋任窮（一九〇九～二〇〇五），湖南瀏陽人。曾任中共中央東北局第一書記、政治局委員、中央顧問委員會副主任。

……

接連幾天，「生活會」繼續批評胡耀邦。特別是鄧力群長達五個小時的系統批判，讓人感到胡耀邦就是資產階級自由化的總後台，大有將其批倒批臭之勢。薄一波、彭真、王震都要求胡耀邦辭職。眾人攻耀邦最激烈的，也是鄧小平最反感的就是他與陸鏗的談話。陸鏗在談話中說到了陳雲與小平的矛盾，說到中央高層的鬥爭，胡耀邦沒有給以批駁……只有習仲勳仗義直言，他說：「天啊！你們這不是重演逼宮嗎？生活會上不能討論黨的總書記的去留問題，這是違背黨的原則的。你們開了這樣的頭，只會給黨和國家埋下禍根！」

習仲勳此言是有根據的。總書記是黨的最高領導人，由黨的全國代表大會選舉產生，也必須經過黨的代表會議或中央全會罷免。可作為中央常委之一的鄧小平卻可以隨意召見總書記，訓斥總書記，進而罷黜總書記，這本身就不正常。更不正常的是參與「生活會」的這些老人，不過是中央顧問委員會的成員，而主持這個生活會的薄一波也不過是中央顧問委員會的副主席，他們卻聚集在一起批判總書記，要求總書記檢討辭職。此舉之前沒有過，之後也不會再有，可謂是空前絕後。

還有一點也很受民眾詬病：所有這些發言給胡耀邦上綱上線的人，都是胡耀邦主持撥亂反正、平反冤假錯案中解放出來的。胡耀邦是他們的恩人。

之前胡耀邦指示胡啟立表態與自己劃清界限以自保，避免被打成「反黨集團」牽連更多的人，可是他沒有想到，「反戈」的力度會如此之大。比如王兆國。王兆國是鄧小平發掘提拔的，被胡耀邦收在自己的麾下，一直作為重點培養，到後來甚至有取代一直跟隨的胡啟立之意。可是王兆國在生活會上卻表現得主動積極，甚至「揭發」了胡耀邦，不但措辭尖銳，還捎帶上了萬里[212]，此人此舉對於胡耀邦的傷害可想而知，也引起了眾人甚至陳雲的反感，據說陳雲後來對於王兆國有批示：此人不可重用。於是之後此君便打入冷宮。當然了，反戈的不僅僅是王兆國。處理胡耀邦的消息坐實過程中，他的書記處辦公室處於慌亂之中，大家都無心做事，忙於收集各種反自由化的材料，與各個「自由化」的人物劃清界限，座談鄧小平批評胡耀邦的講話，並將座談紀要送往代總書記趙紫陽的祕書鮑彤處作為「表態」。吳稼祥在他的日記中說，胡耀邦失敗的主要原因之一是「沒有真正支持他的同僚」，其實豈止是同僚啊。

生活會的最後一天的最後時刻，趙紫陽也作了批判發言。一九九七年夏天，也就是趙紫陽下台八年之後，他對兒子五軍有一個談話，談到這次生活會發言：

> 八七年一月初，鄧在家裡召開常委會議，決定同意耀邦辭職。在這之後，決定由中顧委召開一個生活會議，對耀邦進行批評。這也是黨內一個傳統，一個人一說不行了，就要開會批評。在這個會議上，許多人發言批評耀邦不遵守民主集中制，個人在重大問題上即興表態，不受約束，這種事例講得不少。我在發言中也講了這個問題，其中有這樣意思的活：耀邦有很多優點，對人寬厚、心胸較坦誠，不整人，我甚至說了一下二人可以吵架，不記仇，做工作沒有這方面的顧慮，這是他的優點，合作得還是好的；但是他有一個很大的弱點，就是不受約束，喜歡突出，喜歡標新立異，重大問題喜歡即興表態。我說，這種問題在一定的時候，譬如說現在老人還在，我們威望也還不夠的時候，就沒什麼問題，但是形勢變了，氣候變了，

212 吳家祥《中南海日記》。

自己的威望更高了，權力更大了，這種東西就有可能膨脹起來，發生問題。我說了毛主席過去也很謙虛呀，後來也發生了問題。

坊間廣傳趙紫陽接下來還說了一句話：如果條件有了變化，小平同志和陳雲同志不在了，我是無法繼續與他共事的，那時我就要辭職了……

胡耀邦辦公室的吳稼祥在當時的日記裡寫到過自己的感覺。他說看到會議記錄後鬆了一口氣：就趙紫陽當時的境況，這還算說得策略，有點避重就輕。這樣說有點小罵大幫忙了，沒有上綱上線。[213]

吳稼祥的感覺是有道理的。當時趙紫陽對胡耀邦「批評」的重點，主要集中在工作作風，雖然也說了自由化問題，但是重點是「反自由化不力」而非「搞自由化」。這個說法趙紫陽以後在多個場合都給予強調，以降低評判胡耀邦的調子。強調工作作風問題，目的還在避開胡耀邦的「宗派」問題。「自由化」被鄧小平一直認為是胡耀邦最不可原諒的政治立場問題，「宗派」則會被扣上薄一波說的「反黨集團」帽子，牽扯到一大片人，要被『打翻在地，永世不得翻身」，甚至會出人命的。保護這些人，是趙紫陽心中的重中之重。至於在會上說的那些話，他認為在黨內的批判中，實在算不了什麼。[214]他沒有對胡耀邦落井下石。

趙紫陽經歷了一九四九年之後所有的政治運動，也曾經多次在發言中批判那些在運動中倒楣的人，這些人很多是他的領導、同事和朋友，比如古大存與華國鋒。古大存是廣東老革

213 吳稼祥《中南海日記》。
214 趙五軍〈趙紫陽談話記錄〉。

命，元老級人物，被批判之時破鼓萬人捶，東拉西扯，上綱上線，說他「反對陶鑄同志」、「反對省委的領導」、「和右派分子一個鼻孔出氣」等等。三十九歲的趙紫陽也作了長篇發言，卻專門針對古大存對於土改中亂殺人等亂象的批判。因為這些亂象已經是眾所周知的錯誤行為，聽起來就像是給古大存評功擺好。

還有就是批判華國鋒。當年鄧小平決心要把華國鋒整下台，罪證之一就是華國鋒與「四人幫」手把手、在毛澤東的遺體前照的那張照片。開會的時候，鄧小平說這就是華國鋒與「四人幫」勾結的證據，要把這張照片公布出去。華國鋒有口難辯，說「我跟他們不是一夥的！我那是要穩住他們！」

就在這個時候，趙紫陽發言了。他說：「國峰同志，我記得一九七五年，小平同志重新主持工作的時候，你有一次來廣東，我們談起小平同志。我說小平同志水準很高啊。你說小平同志不僅僅是水準高的問題，而是站得高、看得遠的問題！可是我到北京之後，發現你的態度變了，對小平同志沒有從前那樣尊重了。」

看來鄧小平也喜歡「高帽子」，聽了此話態度就轉變了，開完會就決定：那張照片不發了。

很多人都說，趙紫陽擅長使用一種巧妙的藝術，即語言的藝術。

由於人們對於胡耀邦下台極大的不平，趙紫陽的這個發言使得他的後半生一直受到詬病，不僅僅是胡耀邦本人，就連他的朋友們也覺得趙紫陽是在「落井下石」，特別是趙紫陽在發言中提到他早在一九八四年就給鄧小平寫過一封信，談到要靠制度來「管人」，否則「在一定的氣候下還會重複過去（即重複毛澤東的錯誤）」，被人認為他早在一九八四年就向鄧小平告胡耀邦的狀，是想要「倒胡篡位」的鐵證。這些事情讓胡耀邦的夫人李昭直到最後都耿耿於懷，顯然也對趙紫陽造成了沉重的心理負擔，以至於他被軟禁後都一直在解釋，雖然他和胡耀邦有分歧，但他對胡的批評並不過分，他和胡耀邦對改革有著一致的看法，並曾合作共事。至於那封信，他在信中沒有提到胡耀邦和任何人，也絕對不是針對胡耀邦和任何人。並稱自己保留了信的原件，這個問題是說的清楚的。[215]果然，這封信後來通過傳媒公開之後，譴責的聲音也就消失了。衹是趙紫陽當年提醒的如果不用制度來管人會造成的嚴重後果，終於成為了事實。

趙紫陽一生謹慎，尤其是出言慎之又慎，到了字斟句酌的地步。他當然知道唇亡齒寒的道理。可是對手要把胡耀邦拉下馬已經蓄意很久，現在利用鄧小平作盾牌亂箭齊發，胡耀邦是保不住了。正如吳稼祥所說，「在當時的境況下，趙紫陽不得不說」——全場都在高調批評，你能夠不批評嗎？作為鄧小平欽定的總書記繼任者，你能夠不順從鄧小平的意願嗎？已經犧牲了一員大將，你能夠再去踏雷區嗎？你能夠眼睜睜地看著胡耀邦倒下之後，他的位置由覬覦已久的「左王」鄧力群占據嗎？「批判會上無好人，追悼會上無壞人」，這個道理連農民副總理陳永貴都懂，吳稼祥當然也懂，趙紫陽更懂。更何況此時趙紫陽要著手更加重要的任務：得趕快結束這次「大批判」，盡一切努力降低「胡耀邦事件」的連帶惡果，不要牽連更多的人進去。他也知道鄧小平很看重自己的發言，衹要有機會，他可以在很多問題上做鄧小平的工作，爭取「靈活處理」，獲得轉機。

215 趙五軍〈趙紫陽談話記錄〉。

於是，趙紫陽在「不得不」的境況下「順風倒」了。儘管是不得已而為之，依然成為他一生中的又一次教訓。這次教訓成為趙紫陽的分界線：之前他靜如處子——自己的許可權之外的事情絕不輕易僭越，沒有把握之事絕不輕易觸碰，小心翼翼地維護各方面的關係，不輕易樹敵，不拉幫結派……加上很強的工作能力，在胡耀邦四面楚歌之際，他卻為各方面所接受，水到渠成地登上總書記的大座。可是這次「生活會」之後，趙紫陽卻動如脫兔——他極力做好了鄧小平的工作，毫不動搖地在元老派面前堅守陣地，盡一切努力保護處境危險的改革派人士。他完成了胡耀邦沒有能夠完成的大動作：除掉了「左王」鄧力群，撤銷了左派陣地《紅旗雜誌》編輯部。在短短的四個多月就挽回了危局，從此與元老派撕破了臉，成為又一個比胡耀邦厲害得多的「胡耀邦」。從胡耀邦的結局他已經看到，再深刻的檢討都是沒有用的，對方就是要置改革派於死地。於是在最後的時刻，他不再按照黨內慣例「作檢討」。

趙紫陽翻身上馬。放眼看去，改革已經成為危局，在他的面前，是一片猙獰的懸崖。自己將要單打獨鬥。我不入地獄誰入地獄。

針對胡耀邦的「生活會」十五日宣告結束。在十六日政治局擴大會議上，小平說，會議公報不用討論了，大家舉手通過就是了。

我說我做主，這是多麼愜意的事情。鄧小平真是與自己作對的偉人。

一月十七日晚七時，中央電視台《新聞聯播》播出了震撼性的消息：「中共中央政治局舉行擴大會議，一致同意接受胡耀邦同志辭去黨中央總書記職務的請求。」對於胡耀邦下台的官方解釋，是中共中央一九八七年的三號文件。這個文件向黨內通報了中央政治局十六日擴大會議的內容。在這個會議上，薄一波彙報了「生活會」的情況。

後人對此的評價是：胡耀邦的被迫辭職，是以鄧小平為首的一批黨內元老發動的一次非程式性政變。輝煌一時的「鄧胡趙體系」，自此解體。

胡耀邦雖然在政壇上就此謝幕，但是在黨內的待遇，一直與趙紫陽有區別。對於元老派來說，胡耀邦是京官，是圈內人，加上他生性耿直，參加革命的年代又早，有本錢在圈內橫衝直撞，別人也對他不講什麼「客套」，以至於胡下台之後，鄧小平還會多次邀請他去家裡打麻將——因為鄧小平對於他不過是恨鐵不成鋼。而「倒胡」的主將鄧力群，後來居然會找到在外地療養的胡耀邦，遊說他加入「倒趙聯盟」，一起去打倒趙紫陽。鄧力群對胡耀邦說：你和趙紫陽不同，你是老紅軍。看來鄧力群認為自己一干人與胡耀邦之間不過是「兄弟吵架」，這樣的「吵架」在黨內是家常便飯，戴上在各種各樣的「帽子」也很正常，完了給你平個「反」，大家還是一家子。而趙紫陽則是要「讓紅色江山改變顏色」，是共同的敵人。同樣是敏感人物，在去世之後胡耀邦的境遇也與趙紫陽大相徑庭：他名字很快「脫敏」，變相獲得平反，對於他的懷念文章也可以發表，以他的名義建立的網站《百年耀邦》很紅火，他的墓地也對公眾開放。而趙紫陽一直是圈子之外的地方官，是鄧小平硬插進來的「外人」。

雖然中國很大，人才很多，可是在執政的中共高層，轉來轉去就那麼些人，他們對於圈子之外的人和世界都是很警惕的。這樣的處境使得生性謹慎溫和的趙紫陽在行為處事上更加謹慎，遇到爭論也極力以調和為要，也使得那些「圈內人」表面上對於他顯得客氣一些，但是一旦反目，則毫不手軟，必置之於死地；他下台，高層沒有任何人對他表示（或者是敢於表示）關注，去世已經多年，其名字至今不能「解禁」，每逢紀念日他的墓地變相封閉，平時也裝有威懾悼念者的攝像頭，體制內依然一直將他視為「敵方」。

高貴者的墓誌銘

因為學潮擱置的事情，還有很多很多。

在整個一九八〇年代，直到他離開政治舞台，趙紫陽都在為下一步如何工作而思考，而探索，而調研，而討論，而爭辯，當政治體制改革提上了日程，許多事情尤其迫切。比如：能不能允許獨立辦報？蔣介石時代還有民辦報紙嘛！有些黨和國家所控制的媒體不願發表的東西，總還有別的媒體可以發表，那也好呀。還有：我們執政黨地位不改變，但要改變執政的方式；應該儘量使執政方式現代化一些，賦予它一個現代的、文明的、開明的、開放的色彩和形象，黨和國家的重大活動和決策，應該向社會公開，讓人民知道，讓人民有知情權。

另外：還要開闢各種對話管道，重大問題一定要同社會各個方面，各種力量，各個利益集團協商對話，不是只在共產黨內做出決定，或者只是同各民主黨派的代表人物協商一下。要改變過去那種各種社會團體完全同黨一個聲音，工會、青年、婦女、工商界、青年團、社會各團體，不能是黨的御用工具，它應該能夠代表它所代表的群眾，要發揮各社團的中間組織的作用，黨不要對他們干預太多，要使他們有獨立活動的空間。再一個，就是要改變選舉制度：現在的差額選舉往往只有副職才有，而且中央高層一級就沒有；我們雖然還一下做不到西方的選舉辦法，至少共產黨向人大推薦提名應當多提幾位，包括主要的職務譬如委員長、政府總理，可以多提幾個人，讓大家去選嘛！要充實和改善共產黨領導的多黨合作制的問題，要使民主黨派能真正起到參政黨和共同協商、互相監督的作用。

他還建議像解放初期那樣，把民主黨派中有能力的人提拔到國務院各部門當副部長或部長，這個意見得到了鄧的同意，而且說要抓緊辦。他甚至曾設想過，在政協開會期間，民主黨派可以有自己的黨派活動，可以建立自己的黨組，可是被鄧小平否定了。還有就是要切實保障公民的權利，這非常重要：我們的憲法是一部好的憲法，但在保障公民權利上沒有具體的實體法和程式法，憲法規定的公民權利不能保障實現，落實不了，所以必須要有具體保障其實現的法律，譬如說結社、集會、遊行、請願、罷工都應該有具體的法律。216

……

趙紫陽一九八七年代理和正式擔任黨的總書記以後，接觸政治領域的事情多起來了。這一年五月，趙紫陽給鄧小平寫了一封信，信中說：

> ……大多數國家的國家領導人只有三到五個。美國就是總統、副總統、參議兩院議長和國務卿，英國是女王和首相，參議兩院議長等。到蘇聯用了國家黨和國家領導人的說法，把黨的政治局委員也叫國家領導人，這樣國家領導人就達到了十幾個人。而我們的國家領導人，稱呼變成了一種待遇，當時就有一百一十多人。比如黨的政治局委員，書記處成員以上，人大副委員長以上，政府國務委員以上，政協副主席以上，中央顧問委員會常委以上中央紀律委員會副書記以上，軍隊軍委委員以上……這些人不僅出行可乘專用列車飛機，而且生活、保健、安全……各種特殊待遇，耗費了國家大量財力。因而建議今後設國家領導人，限於總

216 趙紫陽《改革歷程》。

書記，國家主席，人大委員長，國務院總理，政協主席和軍委主席。

趙紫陽的信沒有回音，但是在五月二十九日召開的政治局會議上聽取政改辦彙報〈關於政治體制改革總體設想〉時，鮑彤彙報到這一問題，楊尚昆高興的插話說，好哇，水泊梁山一百單八將嘛。其他人就沒有再說什麼，於是被擱置下來。不過表面上看都沒有當回事，實際上卻在暗地裡變本加厲地繼續發酵。五年以後，中國享受國家領導待遇的人已經達到了二百六十多人，倒是創造了一項世界之最[217]。

在中央統戰部知識分子局工作的陶斯亮（陶鑄的女兒），和知識分子接觸很密切，她給趙紫陽提了個意見：「紫陽叔叔你對知識分子不夠關心，應該向耀邦學習！」[218]這句話他到死都記著。由於擔心節外生枝，比如「吊高激進派的胃口」，也由於黨內長期形成的「層層保密」觀念，趙紫陽很多想法都沒有公開，不但沒有與底層的民眾溝通，就連那些積極要求政體改革的知識分子也不甚了了，以至於後來學生們將他與鄧小平和李鵬同提並論列入「打倒」的範圍。等到他細細品味出陶斯亮的意見，明白了離開知識界的政治參與政治改革會更加困難的時候，為時已晚。

當然，還有反腐問題。一開始充滿理想主義的知識分子們提出了「解放思想」的口號，可是他們沒有想到在這個長期以來被消滅了思想的國度，解放的更多只是欲望。改革開放在釋放人們積極性的同時，也釋放出貪婪的欲望，在沒有了宗教信仰也沒有法制教育而只靠「階

217 盧躍剛《趙紫陽傳．一位失敗改革家的一生》。
218 陶斯亮〈我與中央統戰部六局〉，載於《炎黃春秋》，二〇一五年第二期。

級鬥爭」和「嚴打」維穩的中國社會，高層對此有兩種態度。一種是以陳雲為首的很多人主張走恢復「階級鬥爭」和關上國門的回頭路，而胡耀邦趙紫陽等人則主張在深化改革中探索解決。趙紫陽在後來的回憶錄中說：

> 我一直在思考這個問題。一九八八年三月十三屆二中全會、六月政治局會議，我都講了反腐敗問題。在這期間我還開過多次座談會，專門聽取基層的經驗。我是在積極探索反腐敗的問題，想找到一條真正解決腐敗問題的道路。我說過工業化國家在發展商品經濟初期往往發生這個問題，應該引起我們的注意。我們社會主義國家，應當在解決腐敗問題上比他們做得好……時至今日這個問題依然存在。……我還是認為，這不是一個孤立的問題，和我們整個經濟體制改革，建立一種社會主義市場經濟的新秩序是連在一起的。包括法制建設、幹部制度、公務員制度等等都是不可分開的。

可惜的是「六四」那麼快就來到了，一切都來不及了。

一九八九年的春節，是趙紫陽最後一次回廣東，最後一次與老部下們團聚，從北京吹來的「倒趙」風浪已經迭起，各種各樣的傳說在社會上傳播開來，成為眾所周知的「祕聞」。一向以敢說著稱的杜瑞芝單刀直入地問他：「是不是李先念要搞你下來呀？」

趙紫陽笑笑：「哪有這樣的事情啊！」[219]

很多人都認為，在毛澤東時代、尤其是在「文革」中主管經濟工作的李先念，對於從基

219 蔡文彬採訪陳開枝。

層上來而且步步高升的趙紫陽心懷嫉妒，他確實在此時的「倒趙」風當中非常賣力非常積極，既在前台又是後台，扮演了一個組織者的角色。比如借助當時「鄧趙不和」的傳言，對一九八八年經濟工作破口大罵，在江蘇上海走一路罵一路，散佈「趙紫陽不行了」。[220]

可是想搞倒趙紫陽的，絕不僅僅一個李先念。鄧力群主持的那個研究室十三大之前被撤銷了，作為對他的補償，趙紫陽建議讓他在下一次黨代會擔任政治局委員，給他一個說話的地方，這個建議也獲得了鄧小平的同意。可是到頭來積怨甚多的鄧力群連中央委員都沒有被選上，進入政治局的事情也就無從說起，這使得一大批支持鄧力群的元老十分惱怒，從此把趙紫陽看成了比胡耀邦更大的敵人。還有趙紫陽國務院總理職務的繼任者李鵬。本來在討論國務院總理人選的時候，鄧小平對於工科學歷、不懂經濟且閱歷簡單的李鵬就很猶豫，可是因為陳雲和李先念的力薦，加上一時沒有其他合適的人選，只得讓步，只是明確了趙紫陽在當總書記的同時兼顧經濟工作。其實趙紫陽在很多場合說過，他只是一個助手，只是一個大管家，只適合當總理。從一九八七年十月完成十三大的大業到一九八八年四月，趙紫陽曾經四次向鄧小平提出不當總書記，還是回國務院去當他的總理。鄧小平認為頻繁換總書記不好，還是決定趙紫陽留在總書記位置上，由李鵬當總理[221]。與趙紫陽相比，李鵬的能力簡直就是天壤之別，這就使得李鵬更加堅決地倒向了元老派，一是為了知恩圖報，二是有了這些老人的指點，也可以借此掩蓋他在能力上的欠缺。還有人說，他對於鄧小平令趙紫陽「兼顧經濟工作」

220 陳小雅〈關於八九民運史的三點更正〉。
221 盧躍剛《趙紫陽傳．一位失敗改革家的一生》。

很是不以為然，他不僅想獨當一面，而且還覬覦總書記的大位。江澤民被為內定總書記之後，鄧小平找李鵬和姚依林談話：「不要不服氣。」姚依林已經老了，不存在服氣不服氣的問題，那麼鄧小平的話，主要就是對李鵬說的。最令人不得其解是王震。當初他在很多事情上、特別是沿海開放，特區建設和海南建省等，都是趙紫陽的積極支持者。胡耀邦下台，王震充當了打手的角色，趙紫陽登上總書記大位，王震的表現簡直到了諂媚的地步：《中國青年報》的記者李大同在在一次中南海接見合影的時候看到：趙紫陽剛剛出現，本來已經在座位上坐好的王震立刻扔掉拐杖點頭哈腰迎上去，滿臉堆笑。[222]可是風向一變，他立刻倒戈。

「倒趙」風潮暗流湧動，鄧小平當然會有所耳聞。一九八九年春節，鄧小平在上海對前去看望他的李鵬說「不能倒趙」，以穩定政治局面。當然只對李鵬一個人說沒有用，還得讓更多的人知道。春節一過，鄧小平在一九八九年三月二十三日會見烏幹達總統穆塞韋尼時挺身而出，對於炮轟趙紫陽最大的藉口「物價闖關」承擔了責任：

……

從十一屆三中全會到去年底的十年裡，我們有可喜的進步，中國的經濟和人民生活都上了一個台階，但是在發展過程中也產生了一些失誤，這些失誤同我們這些老人有關係，現在領導層中的趙紫陽總書記李鵬總理也有份，但主要是老人，老人中主要是我！……我們國民生產總值翻了一番不容易，是我們堅持改革開放的結果，我們執行的路線方針政策是正確的，所以我們大錯誤沒犯，小錯誤不斷。

222 李大同回憶。

鄧小平以為憑自己的權威，能夠為趙紫陽擋住些許風雨。可是人家醉翁之意並不全在趙紫陽，就是劍指你鄧小平。這個在以後他才明白。

在鄧小平的推動下，趙紫陽之所以能夠把十三大報告的基調定位於「反左」，把重點定位於政治體制改革，首先是形勢逼人，不改不行了。中國的經濟體制改革步履維艱，在巨大的困難和風險面前的承受能力很低，稍遇挫折就議論紛紛，但是在一定的程度上，還容易得到各路諸侯的擁護，例如陳雲——一九八六年陳雲在杭州找安志文問趙紫陽搞的「橫向聯和」的是什麼意思，安志文說就是企業打破由計委直接指揮，互相之間可以有經濟聯繫。陳雲說：我同意你們的改革探索。[223]

而政治體制改革愈是到後來，則愈是寸步難行，最後完全突破了鄧小平的初衷。因為這種改革在某種意義上講，就是要改變過去共產黨的執政方式，行使權力的方式，辦事的方式。歸根到底，就是要改變中國共產黨對權力的看法和全面壟斷。沒有政治體制方面的改革，經濟改革很難深入下去，支持改革的力量也很難充分發揮作用，改革中遇到的各種社會矛盾，也很難得到妥善解決。比如在商品經濟發展的過程中發生的錢權交易、以權謀私，就是一個沒有社會監督的大問題。解決這類問題最根本的是解決透明度，解決民主監督問題，包括新聞監督、輿論監督和司法獨立。這就屬於政治體制改革領域。如果司法不獨立，法院不能獨立辦案，檢察院不能獨立行使職權，即使立了法也不能真正實行。這就涉及司法和黨的關係

223 楊繼繩〈安志文談趙紫陽和中國改革〉。

問題。還有選拔幹部的標準，還是過去那一套，並沒有突出去解決各級領導掌握在改革派手裡的問題，所以經不起風浪。有一些地方對改革採取實用主義的辦法，對他有利的就執行，對他不利的就阻止，有利的方面就加以擴大，不利的方面就加以縮小，加以限制。

促成趙紫陽將政改強勢推動的另外一個重要原因，還是因為經過了十年的改革開放，國內的政治環境進一步寬鬆，思想、理論、文化、藝術方面也比較活躍。加上國際環境的一些影響，比如西方價值觀念和政治制度的傳入；八〇年代以來的東歐劇變；蘇聯的政治改革公開化，改變了對持不同政見者的政策……這些都鼓勵了中國的知識界、青年學生和青年工人，要求進一步推進民主建設的要求。趙紫陽認為如果能夠因勢利導，很好貫徹十三大提出的那些政治體制改革的措施，大多數人的要求都可以滿足。

但是實際上十三大以後，政治體制改革已經很難搞下去。除了前面分析的包括鄧小平和一些老人的原因，政治體制改革的措施在執行的過程中，也遭到了下面不同形式的抵制。比如黨政分開問題，工廠實行廠長負責制問題，實際上涉及權力分配問題，相當多的地方黨委是反對的，他們習慣於黨委總攬一切，壟斷權力，黨政一把抓，書記說了算。實行黨政分開，廠長是中心人物，是法人代表，書記只負責黨的工作和思想政治工作，似乎就變成「虛職」，這些既得權力者不願放棄權力，所以當時對各地實際上頂著不執行。還有加強和改造政治思想工作。一九五七年以後，差不多二十年的時間，思想政治工作是以「階級鬥爭為綱」，是把群眾看成改造的物件，控制的物件，基本上靠帽子壓人，造成非常壞的影響和習慣。同時政治工作官僚化、行政化非常嚴重，機構非常龐大，產生了大量的脫產人員。趙紫陽提出改造政治思想工作，就是要從根本上改掉這些作法，很大程度上是要重新探索。這個口號提出後，引起軒然大波，許多老人反對，各地黨委也反對，全國一大批靠政治思想工作吃飯的人認為是要革他們的命……儘管趙紫陽策劃的政治體制，是根據中國國情，逐步地實行民主的、有監督的共產黨執政制度，但是黨內那些老人幾乎沒有人支持。所以十三大以後，政治體制改革實際上處於停滯狀態，直到今天依然停留在紙面上，甚至反其道而行之。

一方面人們要求民主，要求加快政治改革的呼聲愈來愈強烈；另方面十三大以後政治改革沒有什麼行動，這就形成了很大的反差。在知識界和青年中，經濟改革停滯、全面收縮、全面復舊，使得他們對改革的前途發生了懷疑。而另外一方面，人們對腐敗不滿，也認為腐敗問題如果沒有政治體制的改革，共產黨的執政不受到監督，就無法解決，可是政治體制改革沒有動靜，不見行動，使得人們感到沒有希望。還有就是物價啊，搶購啊，巨大的希望和現實之間的落差啊，對於改革的困難估計不足而過於急功近利啊，端起碗吃肉放下筷子罵娘啊……但根本上，還是人們對經濟體制改革停滯，政治體制改革無望的現狀的不滿。

這一切匯成了大風大浪，向著趙紫陽撲來。那些認為改革太快的人不滿意，覺得改革太慢的人也不滿意，元老們不滿意，年輕人也不滿意；上層不滿意，知識分子不滿意，老百姓也不滿意……胡耀邦不在了，萬里和田紀雲也未能當選政治局常委。現有的五個常委中，能力不強的李鵬絕對依附扶他上台的老人們，他和姚依林都是堅決反對趙紫陽的，喬石態度中立，態度鮮明地支持他的只有胡啟立，而胡的資歷和權力基礎在五大常委中又是最弱的。在中央委員、省委書記兩級，支持他的人也不多。

趙紫陽成為了一個孤獨者。

趙紫陽的孤獨，在很大程度上是他自己造成的。有人說他和胡耀邦都是「有權無謀」，這個評價有點道理。但凡政治家，都得有點權謀，比如鄧小平。趙紫陽當然不是那種一點「謀略」都沒有的人。可是他骨子裡為人真誠坦蕩，不屑於用權謀來實現自己的政治理念。他的那些年輕的幕僚也都和他一樣，是一群理想主義者，帶有濃烈的書生氣，都不是權謀中人，甚至忌諱別人說自己是「趙紫陽的人」。這一點他的老祕書蔡肇發很清楚。老蔡跟隨他從內蒙回到廣東，又從廣東去到四川，最後去北京呆了十個月，把所有的問題都安排妥當才走。老蔡是個很細緻很周全的人，不但安排紫陽的家務和文件管理，對官場的規則也很熟悉。他說紫陽剛剛進北京的時候，按照常理應該去那些老人家裡走走，一是表示後輩對於前輩的謙恭和尊重；二來這些老人都是你的領導，以後在很多場合是要靠他們為你說話的，這一點在關鍵時候特別重要。可是趙紫陽他哪家都不去。結果是他到北京不過半年，老蔡就在祕書堆裡聽到不少的閒話，無非是紫陽沒有去各處「拜碼頭」，連句向人家老同志學習的話都沒有：比如王震的祕書就說王老對紫陽有意見。要知道這些老傢夥說話是算數的，祕書把話都傳過來了，你怎麼也得去給他做點解釋，或者走到他辦公室看看，那麼長時間了，你到人家辦公室去得都很少。但是老蔡也不敢在紫陽面前把話說重了，因為就連一向善於表達待人溫和的趙紫陽在當了總理以後，有時候說話都不像以前那樣婉轉了，他會說你才來幾天啊，怎麼什麼都知道啊？

老蔡只是對紫陽說：咱們來得晚，對那些老領導，咱們應該去拜訪拜訪。比如王老啊，這些人都老了，你多去看看他。

就這麼提醒了一下。可是沒用。一來趙紫陽從一個地方大員成了國家總理，而且是鄧小平寄予了改革重望的國家總理，有多少事情要做，有多少東西要學，成天忙啊忙啊國內國外地跑，實在是太忙了。

二來他也有忌諱——大約也是這個時期，廣東的老祕書陳仲旋借著上北京開會來中南海看望，趙紫陽對他說：「我這個人，不拉私人關係。」在廣東的時候，趙紫陽與陶鑄在工作上緊密配合，可是兩家往來甚少。田紀雲跟隨趙紫陽十四年，從四川省財政廳廳長的位置上跟到了國務院當副總理，可是據田紀雲說，他和趙紫陽從來沒有單獨吃過一頓飯。不僅僅是田紀雲了，就連鄧小平，趙紫陽也「不拉關係」。當初江青一再威逼，趙紫陽依然為鄧小平保住了祕密，可是當鄧小平重新出山已成定局，很多人藉著到北京開會的機會前去看望，趙紫陽卻說：「我就不去了吧。批鄧的時候大家不都批了嗎？等他出來，我們支持他的工作就是了。」

趙紫陽的年輕祕書李湘魯，與鄧小平的大公子鄧樸方的關係不錯。有一次鄧樸方對李湘魯說：「老爺子現在被一些人包圍了，你讓紫陽沒事的時候多過來談談。」這話明顯是想讓趙紫陽到鄧小平那裡擴大自己的影響，免得鄧小平老是聽那些老傢夥們說胡趙的壞話。可是趙紫陽聽了這話卻說：「我又不會沒話找話說。」於是就沒有去。

趙紫陽的作風甚至影響到身邊的人。鄧樸方對於鮑彤很欽佩，說他的文章寫得好，很想介紹老鮑與鄧小平認識。可是鮑彤居然把這話當成耳邊風，沒有任何反應。[224]這樣的事情肯定讓李湘魯心裡五味雜陳。一次李湘魯對趙紫陽說：「有個人云亦云的說法——你沒有自己的隊伍，這在政治環境中是件很危險的事情。」趙紫陽說：「你說的是，我就是這樣的人，我是不搞自己的攤子，軍隊也不管，不也是這樣過來了嗎？你說我怎麼沒有倒？」

224 林雪採訪趙五軍。

不拉私人關係，既是當時黨內的風氣，也是趙紫陽的習慣。特別是到了山頭林立的高層，步步皆居高危之地，也是他有意在避嫌，或許鄧小平看上他也有這個原因——自來帝王都痛恨大臣結成「朋黨」，毛澤東如此，鄧恐怕也不能免俗（否則他就不會認為胡耀邦在幹部問題上的確有個圈子），有趙紫陽這樣一個既能幹又不培植自己勢力的能臣，一心一意跟著自己搞改革，鄧當然很看重。

本來一直都支持改革的王震後來對他落井下石，恐怕也有這個原因。

趙紫陽對於官場慣有的「一人得道雞犬升天」惡習忌諱很深，這不但在對待家人的問題上，在對待身邊人、特別是祕書的態度上也很突出。趙紫陽在廣東提攜了很多幹部，除了他身邊的那些祕書。其中一位叫湯戈夫的，八〇年代對紫陽的孩子說：「你父親對地、縣委書記們很關心，但對我們這些在他身邊工作的人，在提拔使用上，唉，關心得太少啦！我五十年代就是正處級，到你父親那裡是正處級，離開時還是正處級，幾十年了，現在還是正處級！」言時頗有感慨。

湯戈夫離開趙紫陽後，調到新中國造船廠，當了個廠長還是副廠長，總之是個「廠頭」。「文革」時被打成「趙紫陽死黨」，吃了不少苦頭，後來恢復工作，還當「廠頭」。八十年代中期，趙紫陽已經是國家總理，湯戈夫患了「肌肉神經萎縮症」，在廣州治不好，向趙總理要求到京治病，被安排在了協和醫院。由於病房緊張，老湯的病床安排在過道上。他的病發展很快，沒幾天即告病危，當護士把他從過道上推到急救病房時，老湯以為讓他搬到單間，嚇得連說：「我不能住單間，趙紫陽知道會不高興的！」此情此景，聞之令人心酸。

幾天後的一個寒冷深夜，老湯在協和醫院去世，級別是副廳級。趙紫陽趕到醫院送別，在老湯床邊默然站立，凝視良久，一言未發。

湯戈夫的感慨，應該說是符合實際的。陳仲旋的例子也說明了這一點。陳仲旋當趙紫陽的專職祕書好幾年，朝夕共處，趙紫陽從不言及祕書的私事；從來沒有問過仲旋家裡怎麼樣，有什麼困難，仲旋也不會主動向他講。仲旋長時間跟隨他工作，很少有時間在家，平時如此，逢年過節也如此；兩個女兒出生時，他都不在妻子身邊，為此深感內疚。可是趙紫陽沒有多餘的精力顧及這些。趙紫陽從內蒙調回廣東後，省委辦公廳準備提仲旋當副處長，便去徵求趙的意見。趙紫陽回答：「他在我這裡的工作情況我可以介紹，但提不提拔我不參加意見。」過了許久，有人告訴仲旋這一情形，仲旋心裡一點都不怪紫陽：他公事公辦，不搞那些為身邊的人提官職、謀利益這一套；他這樣做仲旋自己亦心安理得：自己不是靠別人往上爬，是靠自己的努力工作去爭取，這不是更好嗎？

趙紫陽的那些祕書們，對此都沒有什麼怨言。他們都很崇敬、懷念紫陽，只要有機會，也常來探望。他們感到可惜的是，紫陽這種正派的作風，並沒有在官場發揚光大，以至於在幹部問題上亂象叢生。可是祕書們沒有想到的是，紫陽的這種正派，最後成了導致了他被「孤立」的原因之一：他唯一能夠依靠的只有鄧小平，一旦鄧小平也對他不滿意了，他的政治生涯就落幕了。

一九八〇年，中央召開工作會議，紫陽的老祕書陳仲旋擔任會議工作人員，借休會時間，去看望老領導趙紫陽和梁大姐。紫陽家住在中南海，一座四合院，不大，條件一般般。紫陽和梁大姐留仲旋吃晚飯，可能是臨時留客，未加準備，飯菜很平常。紫陽想喝杯酒，讓仲旋也喝一杯，仲旋實在是不能沾酒，沒喝。紫陽他邊喝邊閒談，仲旋則是邊吃邊聽。紫陽講了三句話，他至今記憶猶新。第一句是「我現在的工作方法還是調查研究」；第二句是「我這個人，不拉私人關係」；第三句是「我想最多幹到七十歲就不幹了」。聽到這些，仲旋放下了筷子。前面兩句，是紫陽他一貫的工作作風。可是「最多幹到七十歲」時，仲旋卻不太認同，因為當時「胡趙體制」在國內外威望正隆，人民會希望這個體制保持更長久一些，於是他說：「到那時可能由不得你。」

沒有想到居然一語成讖，一九八九年趙紫陽被迫離開他的政治舞台時，距他七十整歲僅差數月，真是太可惜了！[225]

高貴是高貴者的墓誌銘。此話彷彿專對趙紫陽而言。

225 本節主要參考資料：陳仲旋〈零距離看紫陽．記給趙紫陽當祕書的日子〉。

第十一部分

「六四」大血案

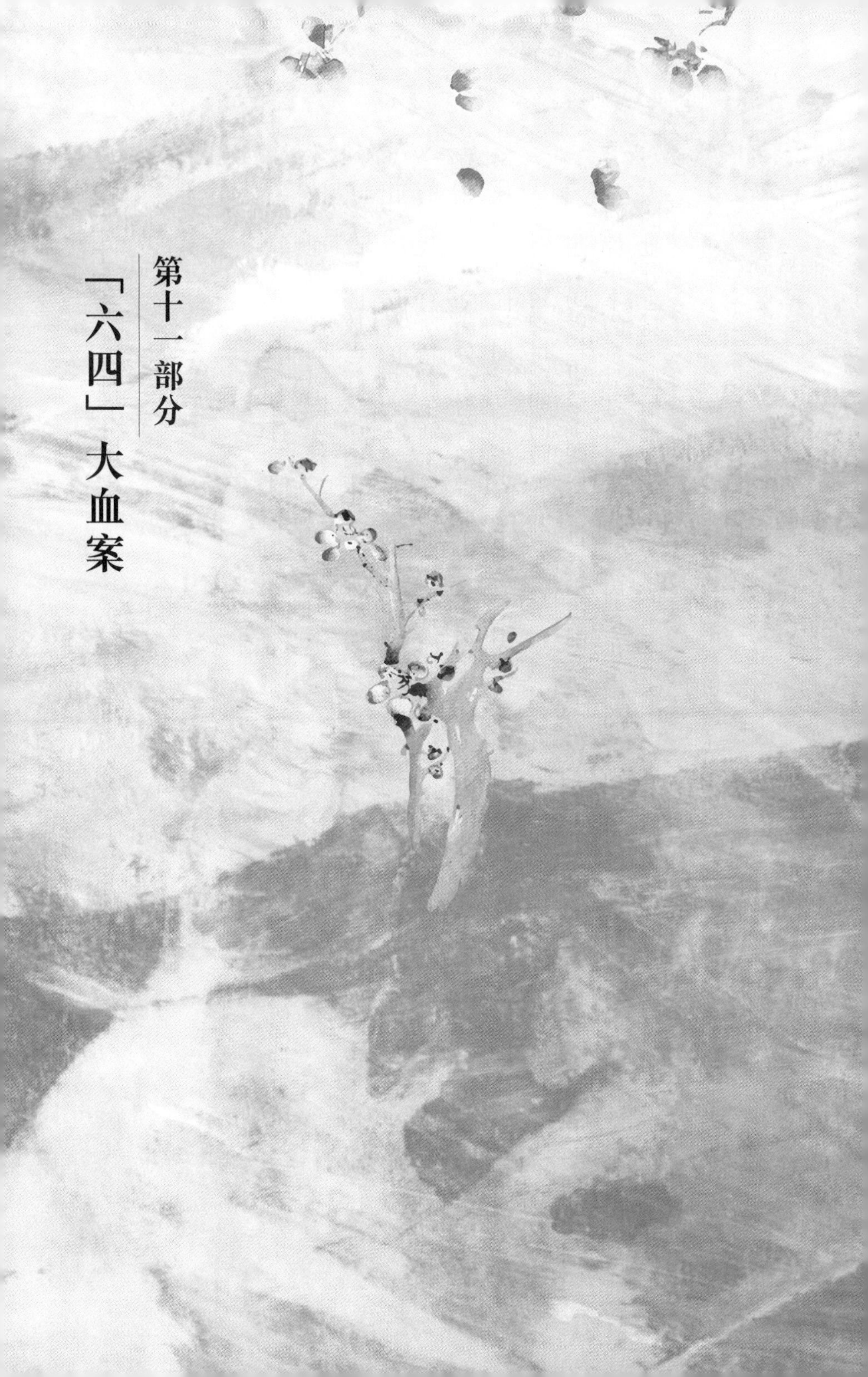

第二十九章 風乍起[226]

導致趙紫陽下台有兩個因素：一個是物價闖關的方案失敗，還有一個就是與學生對話失敗。而最直接的原因，就是後面這個因素。

改革開放已經給中國帶來了深刻的變化。十年來，農民的收入增加了三倍，許多農民走出了世代居住的村莊，致富的同時也開闊了眼界；城裡人的收入增加了一倍，享受愈來愈多的現代物質、精神生活；幹部們也從打開的國門中了解到中國的落後，對改革開放的態度日趨積極，知識分子對於精神追求日益強烈，在社會生活中發揮著愈來愈大的作用……思想解放的春風從新聞界、學術界、出版界、大學等地溢向社會各領域、各階層，整個中國在開始享受有限精神自由的同時，蓬勃向上。

趙紫陽曾經說過：關於進行政治體制改革，在八九年「六四」之前，我曾探過鄧小平的底，當時鄧小平的意見是：一，允許黨內存在不同的派別；二，可以開放報禁，允許發表對領導人的批評意見，但是批評一定要合法；三，絕不能搞「三權分立」。這就是鄧小平的底線。[227]

226 本章主要參考資料：陳一諮《陳一諮回憶錄》、戴晴《鄧小平在一九八九》、盧躍剛《趙紫陽傳・一個失敗改革家的一生》、李鵬《李鵬天安門日記》。

227〈趙紫陽披露中南海內幕〉。

一九八八年十一月，官辦的經濟學團體聯合會下屬《經濟學週報》，居然與體制外的北京社會與科技發展研究所聯合主辦了「首屆全國現代化理論研討會」，全國自詡為「民間政改派」的三百多名學者參加。適逢蔣經國的政治改革出台，台灣取消報禁黨禁，與會者受到鼓舞，提出了去革命化、讓社會平穩轉型的「開明權威」理論。這樣成熟的、趙紫陽及鮑彤他們想說而不便說出來的理論，居然在完全沒有官方干預甚至半點暗示的情況下由學人率先提出，而且在此後的半年間（一九八八年十一月至一九八九年五月），連續十多次出現這樣的「現代化」學術討論，可見關注時局的民間理論探討，已經擁有一定的實力並走向成熟。對此趙紫陽顯然注意到了，一次他去鄧小平那裡，給他講了個故事：有幾個學生到台灣中央研究院，他們很欣賞美國的民主，認為台灣比大陸民主。一位台灣教授教訓這幾個年輕人說：「你們應當了解一下台灣的路是怎麼走過來的。」教授的意思是如果沒有一段時間的強人（比如蔣經國）政治穩定一個時期，使經濟得到發展，台灣就沒有今天的民主。鄧小平說：我就是這個主張。但是不必用這個提法。228

一九八九年四月十五日上午，戴晴陪伴台灣《天下雜誌》總策劃殷允芃（Diane Yin），拜望中共中央對台辦主任汪鋒。在北京飯店的一間不大的會客廳，汪鋒主任面帶微笑，對這份台灣嚴肅雜誌放出一個（顯然是中國高層發出的）驚人的信號：「小平同志最近考慮，把『四個堅持』從《憲法》裡拿出，放進《黨章》。」汪鋒所謂「最近」，應該是在那年（一九八九）年初，而據趙紫陽的祕書鮑彤說：「四個堅持」的起草者胡喬木早在一兩個月前摸到「小平同志的意

228 戴晴《鄧小平在一九八九》。

思」之後，已經在他那個層次上傳悄悄話：「『四項基本原則』站不住，遲早要從《憲法》上拿下來」。229

戴晴高興得在桌子底下踹了殷允芃一腳，老殷卻紋絲不動，後來也沒有披露。事實證明，顯然殷允芃比戴晴要成熟得多。

這些都是多麼令人鼓舞的跡象。但非全部跡象。此時的趙紫陽面臨兩個個難題。一是人們對改革的期望值大大提高了，總希望能給自己帶來更多的實惠，但被禁錮在舊體制中的改革步履維艱，而且愈來愈令大家失望。陳一諮屬下的體改所就此作了調查：一九八五年大部分民眾對腐敗等社會問題的認識，還認為通過整黨、加強紀律會好轉，到一九八八年就認識到是體制問題了。而體制問題是很難改變的。這樣的失望情緒以敏感激進的學生運動作為出口，一有風吹草動就星火燎原，勢頭洶湧，難以駕馭。另一方面，以元老們為代表的既得利益集團則意識到改革的深入，將給他們帶來一系列損失，所有基礎雄厚的舊體制奮起反抗，輕車熟路而且遊刃有餘地操縱局面。兩股力量的激烈碰撞，給社會造成極不穩定的局面。體改所就這個問題也作了社會調查，結果令人不安：一九八九年一月，體改所比較體制研究室出了一份〈社會主義國家和發展中國家的社會不穩定問題〉的研究報告，提出：這些國家的社會不穩定主要表現為三種形態。第一種是社會騷亂或動亂；第二種是政變；第三種是內戰。而決定出現何種形態的條件有五個因素：一是民眾的不滿意程度；二是領導者的不滿意程度；三是反對派的組織化程度；四是控制傳播媒介的能力；五是控制軍隊的能力。

229 戴晴《鄧小平在一九八九》。

施政者趙紫陽被夾在民眾和既得利益者兩股力量中間，不得不背靠鄧小平孤軍奮戰。而他直接面對的對手，就是時任國務院總理的李鵬。五月二日，趙紫陽在晚飯後跟兒子散步時談到李鵬，感歎地說：「不可理解，我說什麼他都要反對，完全不值得一辯的事情他都要辯一下。搞實際工作，他們不如我們，搞權術，我們不如他們。他們經歷文革不像我們，我們文革的時候都打倒了，被關起來了。我不以他們為對手，他們的後面是誰，我知道。[230]」

「不以他們為對手」，既源於趙紫陽的性格與修養，也源於他對於鄧小平的信任。他認為之前鄧小平對於自己的工作一直都是支援的，即使是看出其「自由化傾向」，也只是提醒而已。他們之間的很多話都是推心置腹，而且鄧小平對於李鵬的能力也是心知肚明，否則不會讓趙紫陽擔任總書記之後還兼顧經濟工作。趙紫陽一直認為鄧小平是支持自己的明君，這次「四・二五講話」只不過是誤信了李鵬他們的讒言，自己完全可以想辦法說服他，就像以往很多時候一樣。而事實上，鄧小平與李鵬背後的「他們」在意識形態上是一致的，他不但在「四・二五講話」中明確支持了李鵬等人的看法，而且還在「四・二六社論」引起大風大浪、趙紫陽為扭轉局勢發表了「五・四亞行講話」之後的五月十一日，通過他的大祕書王瑞林給惶惶不安的李鵬打過電話，傳達自己的意見：沒有二十六日社論，就沒有今天形勢的緩和，要李鵬堅決頂住來自內外的壓力。[231]

以對於鄧小平的誤判為前提，趙紫陽既然知道了李鵬背後是誰，依然「不以他們為對手」

230 盧耀剛《趙紫陽傳・一位失敗改革家的一生》。
231 吳偉《中國八〇年代政治改革的台前幕後》。

的態度，便成為更加重大失誤。在學潮爆發以後，黨內高層內部保守勢力同改革力量圍繞處理學潮問題鬥事的已經到了「你死我活」的程度，李鵬在胡耀邦追悼會後不久就置疑是「趙紫陽發動了學潮」，目的是「打鄧（小平）倒李（先念）保趙（紫陽）」[232]；後來又毫無根據的地把「搞資產階級自由化的總指揮部」、「壞人」、「動亂黑手」、「陰謀策劃」等帽子戴到了趙紫陽的近臣鮑彤頭上，力圖證實趙紫陽「任用壞人」去操縱學生。這個時候趙紫陽的地位已經不是他個人的問題，而關係到改革、特別是政治體制改革能否進行下去的關鍵因素。趙紫陽的謹慎也好，由於性格溫和不願意爭鬥也罷，都改變不了李鵬們的決心，而趙紫陽的「不以他們為對手」的政治態度，就不僅僅是書呆子氣的問題，而是最後導致全軍覆沒的重要因素。

惜哉，趙紫陽！

雖然一九八九年那場聲勢浩大的學潮，起於胡耀邦去世，但是自從兩年前胡耀邦下台之後，被強制壓下去的「自由化」思潮並沒有結束，而是化成了大大小小的學潮一直延續，在全國各地此起彼伏。一九八九年的春節，趙紫陽在廣東也談到這個問題。他跟陪同的珠海市委副書記黃靜說：要處理好這個問題，我們一定要用引導的辦法。這句話也和他自己的經歷有關：「文革」初期，那些年輕人要奪省委的權，他能夠「引導」小年輕們讓官員們繼續當「顧問」，以處理日常事務，讓社會生活正常運轉；當初李一哲事件發生時，他能夠「引導」那些批鬥會比較「文明」地進行；還有那些曾經激進的造反派年輕人，大多也是些學生娃，無論是在廣東還是在四川，他都能夠引導他們在國家建設上發揮自己的聰明才智……現在，面對這

232 李鵬《李鵬六四日記》。

些鬧學潮的學生，他自信也能夠去說服他們。年輕的時候趙紫陽自己也參加過鬧學潮，他知道在這樣的情況下，政府與學生各退半步問題就有可能解決。基於上層中很多官員對於學潮的反感態度，他認為與學潮產生對抗乃至鎮壓，接著肯定是一場更大規模的反自由化運動，保守勢力將乘機抬頭，改革事業將停止、倒退，中國歷史很可能出現很長時期的曲折。但是如果以對話、疏導的方式在民主法制的軌道上平息，則可能進一步推動中國的改革事業，包括舉步維艱的政治體制的改革。

可是趙紫陽的願望沒有實現。

趙紫陽的祕書班子根據各方面的跡象，認為一波大的學潮將在一九八九年的「五四」前後爆發，並為此研究預案。沒有想到的是四月十五日胡耀邦猝然病逝，加快了它的到來——因為胡耀邦是被一九八六年底的學潮搞下台的，大學生認為自己的命運和他連在了一起，一定要為他討個說法。

四月十七日下午，由喬石牽頭的治喪辦公室在中南海召開會議，討論胡耀邦追悼會的具體安排。時任《人民日報》社社長錢李仁與《新華社》社長郭超人都參加了會議，下午五點左右回到單位傳達，大致內容如下：

會議由喬石主持，（胡）啟立參加，主要是商量耀邦同志逝世的有關事宜。

一、決定二十一日在人民大會堂舉行十萬人的遺體告別儀式；

二、二十二日開四千人的追悼大會；

三、群眾性的就地的悼念活動可以適當報導；

四、駐外使領館除追悼會那天下半旗外，還要設靈堂，耀邦同志照片掛黑紗，設簽名冊，誰來就簽個名；

五、已經有了的項目就不要收縮，如往天安門廣場送花圈，不得拒絕……

時任《新華社》國內部副主任張萬舒也聽了傳達，他在「日記」上明確記載：五項決定是「根據趙紫陽的提議」形成的。時任中宣部幹部，臨時被抽調到治喪辦公室「新聞群組」的李平說：提出組織群眾瞻仰遺容的設想，出自時任總書記趙紫陽。中辦副主任楊德中、徐瑞新等領導據此在四月十七日上午即徵詢總務組、群眾組的意見，都認為可行，隨即擬定了初步計畫，在下午由喬石主持的治喪辦公室會上確認了這個方案[233]。而趙紫陽很可能是根據胡耀邦的遺孀李昭的意願，與治喪辦共同商定的[234]。這樣的處置連外電都讚揚：美聯社說「中共對胡耀邦去世的處理頗為高明，在政治上給予其最高的評價，隻字未提他的過失。此舉無疑使人感到欣慰。」英國報紙也認為「這是中國領導人在出現嚴重的政治和經濟問題的時候維護團結的一種努力」。

可是！

與此同時，學生們打著紀念耀邦的標語口號，陸續湧向天安門廣場，行動逐漸變得激烈。到四月十八日淩晨，等待在人民大會堂外要求參與悼念胡耀邦的學生已經達到數萬之眾。北大學生向政府提出的七條要求，其中「新聞立法」、「公布財產」、「否定清污和反自由化運動」、「增加教育經費」等條款，明顯超出了對胡耀邦的悼念，已經涉及政治領域。情緒激動的學生

233 戴晴《鄧小平在一九八九》。

234 據《李鵬「六四」日記》記載：李昭對前去悼念的李鵬說了兩點要求：一是將胡耀邦的墓地選在江西共青城；二是希望把耀邦同志的遺體公開開放兩天，供人民群眾瞻仰。

們到中南海北門提交檔，與出來接待的人發生衝突，還有人湧向新華門，被人稱之為「衝擊中南海事件」。鄧小平聞訊，立即同意楊尚昆的建議：特別增加三八軍一個團作為保護警力。

學生們的舉動讓李鵬很緊張。他在日記中接著寫道：「讓群眾瞻仰耀邦遺容（這不是一個好主意），勢必在社會上引起更大的混亂，給那些企圖利用耀邦逝世的機會製造混亂的人以可乘之機。」於是十七日晚九點，《人民日報》社長錢李仁忽然向屬下傳達了時任中央辦公廳主任溫家寶的電話通知：下午確定的那些「可安民心」的舉措被一風吹，除四月二十二日上午較大規模的追悼會之外，其他一切活動都不搞了，對群眾自發的悼念活動也不報導了（即實際上改變為完全的低調處理了。）。四月十九日，李鵬在他的日記中寫道：「上午，中央書記處候補書記、中央辦公廳主任溫家寶同志給我來電話，說李昭[235]同志已向治喪辦明確表示，耀邦同志的治喪事宜，一切聽從中央安排。」

四月二十日上午，中共中央政治局常委開會討論胡耀邦悼詞。李鵬與趙紫陽發生爭執。李鵬一開始就說：「學生悼念耀邦活動的性質正在起變化。一些學生是被壞人操縱的，他們的矛頭是對準黨和政府的，特別是對準老同志的。但大多數學生還處於中間狀態，有可能別有用心的人所利用。黨中央要旗幟鮮明地指出問題的真相。」

趙紫陽說：「我不相信這麼多學生會被少數人操縱。當前要通過對話解決問題，還是疏導為好，不要激化矛盾。中央治喪，學生悼念，我們不能不允許。不能說我們治喪，不讓學生

235 吳偉在《中國八〇年代政治改革的台前幕後》中透露，胡耀邦的家屬之前要求對於耀邦辭職的問題給個公正的說法，最後家屬仍未讓步，只是表明態度，聽任中央決定。

悼念，這沒有道理。」

二十二日胡耀邦追悼會，十幾萬學生聚集在天安門廣場，雖然也發生一些插曲，但是總算過去了。追悼會結束時，趙紫陽向鄧小平說：「對這次學潮我向政治局提了三條建議。一是追悼會結束後，對學生遊行要勸阻，讓他們複課；二是對學生以疏導為主，可以開展多層次的對話；三是要避免流血，但對打砸搶行為要依法懲處。」

鄧小平說：「好！」

趙紫陽把向鄧小平提的三條意見，告訴了還在會場的政治局委員，楊尚昆說：「我贊同紫陽的意見。」李鵬也說：「我同意。」這個意見還形成了文字，用檔方式通知了各地和各部門。

四月二十三日下午，趙紫陽受鄧小平派遣出訪朝鮮，在北京火車站對起來送行的李鵬說：「對於學潮問題，我還是那三條意見。」在場的喬石說：「這三條意見是疏導學生、平息學潮的穩妥之法。」

「四・二六社論」

趙紫陽完全沒有想到在自己離開的幾天裡，局勢起了巨大變化。

趙紫陽的專列開出兩個小時之後，中國人民大學出現〈中國人民大學博士生八條宣言〉，宣布博士生集體罷課，其宣言中出現「強烈要求七十五歲上的黨政軍領導集體辭職」，「軍隊不參加和干預國家事務」，中共「活動經費不得由國庫負擔」、「解除報禁」，社會各界成立「廉政委員會」等內容。這天晚上，北京二十一所高校在圓明園成立了高校臨時委員會，後改名為北京市高等院校學生自治聯合會（即高自聯）。

趙紫陽離開的第二天，北京地區北京大學、清華大學、中國人民大學、北京師範大學等三十六所大學，約六萬名學生，開始罷課。

第三天，罷課學校增加到四十三所，晚上中央電台，中央電視台播出「四．二六社論」，遭到全國各地大學生，社會各界人士都普遍抗議和不滿。

第四天上午九點，高自聯在中國政法大學召開中外記者招待會，香港台灣和英媒等國家地區五十多名記者到會採訪。

第五天，上海市委作出整頓上海《世界經濟導報》決定，撤銷了因為登載關於胡耀邦有關資訊的主編欽立本的職務，導致知識界不滿，嚴家其、包遵信、蘇紹智、許良英、戴晴、蘇曉康等三十餘人發表了〈捍衛新聞自自由——致中共上海市委的公開信〉。

……

按照慣例在家主持日常工作的李鵬有點著慌，於二十四日召開政治局會議。北京市委書記李錫銘在會上作了長篇講話，集中說了兩點：第一點是學生是被少數壞人操縱的，他們的矛頭是對準共產黨和社會主義制度的，是對準老同志的，特別是對準小平同志的。第二點是面對這種局面，中央主要領導人（顯然是指趙紫陽）卻軟弱無力：壞人已經在攻擊我們的老一輩革命家了，攻擊小平同志了，怎麼能縱容這樣的資產階級自由化？國家教委副主任何東昌說：「這次學潮已經波及二十幾個大中城市的高等院校。無論從大字報的內容，遊行的口號，以及罷課，成立非法組織，其目的就是煽動鬧事，製造動亂，攻擊黨和社會主義。」北京市長陳希同與李錫銘唱和，說學生要暴動。陳希同甚至講只要給他五萬軍隊，可以馬上鎮壓下去。[236]

胡啟立說：「我建議，我們還是聽聽群眾的意見，再下結論。」

王震馬上說：「為什麼不先聽聽我們老同志的意見?!」

李鐵映也說：「這是一場典型的動亂。」其他人就不再開口了。

值得注意的是，這次會議沒有通知鮑彤參加，而此時的鮑彤，已經不再是中共中央總書記趙紫陽個人的政治祕書，而是在十三大第一次中央政治局會議上確定的中共中央政治局常委的政治祕書、中央委員，還兼任中央宣傳小組成員，和中央中央黨建小組成員等等。其中中共中央政治局常委的政治祕書這個身分，規定他有列席中央政治局會議、中央委員會會議、中央常委的全部會議，以及只要是中共中央召開的任何會議的權利。之前他確實也都參加了這些會議。可是在四月二十四日這個會議，鮑彤被撇在了一邊。同樣的情況以後還會繼續發生。[237]

二十五日。李鵬與楊尚昆去鄧小平家彙報，鄧小平聽完他們的彙報後說：必須終止這場動亂——像波蘭那樣縱容示威活動的其他共產黨國家，黨的權力就垮掉了。因此中國領導人必須明確堅定地結束動亂，控制住局勢。鄧小平還說，要立即發表一篇權威社論向學生發出警告。要告知北京地區的領導人堅定立場，並指示高校的黨政領導把事態平息下去。

據說李先念聽到小平講話以後，給小平打電話說：「要下決心抓他幾十萬人！」這話不知

236 戴晴《鄧小平在一九八九》。
237 吳偉《八〇年代中國政治改革的台前幕後》。

準不準確。還有王震，他也主張多抓些人。[238]

鄧小平對社論的內容親自作出指示。胡啟立受命負責起草社論，但是隨即被否定，最後由胡喬木定稿。二十六日當晚，社論〈必須旗幟鮮明地反對動亂！〉在電台播出，這個導致局勢陡轉的「四·二六社論」，第二天也登在《人民日報》頭版頭條：

> ……這些事實表明，極少數人不是在進行悼念胡耀邦同志的活動，不是為了在中國推進社會主義民主政治的進程，也不是有些不滿發發牢騷。他們打著民主的旗號破壞民主法制，其目的是要搞撒人心，搞亂全國，破壞安定團結的政治局面。這是一場有計畫的陰謀，是一次動亂，其實質是要從根本上否定中國共產黨的領導，否定社會主義制度。這是擺在全黨和全國各族人民面前的一場嚴重的政治鬥爭。社論還說：不制止這場動亂就會導致社會混亂。鬥爭是嚴肅的，要立刻解散一切非法組織，禁止非法遊行。對任何造謠惑眾的人要追究其刑事責任……

這等於政府公開威脅要逮捕很多「非法組織」的學生領袖，而且「動亂」一詞在社論裡出現六次，表明了當局的憤怒。實際上中國的法律中既沒有對於「非法組織」的確定條款，也沒有對於「動亂」的定性標準。

「四·二六社論」被形容為「引發憤怒的動員令」，社論播出不過十五分鐘，中國人民大學三、四千名學生到中國青年政治學院、北方交通大學、中央民族學院、北京外語學院聲援罷課，並強烈抗議「四·二六社論」。遊行隊伍遭到近八百名員警攔截。晚上十一點，北高聯

238 趙紫陽《改革歷程》。

發出通知：二十七日，全市統一遊行，到天安門匯合，抗議「四．二六社論」。

氣勢洶洶的「四．二六社論」引發了聲勢浩大的「四．二七」學生大遊行，而且受到社會各界的大力支持，局面幾近失控，也引起了相關人士的擔憂。據後來成為學潮強硬派領袖北大學生柴玲說：當她加入四．二七這一天的遊行隊伍之前，一個聲稱鄧小平女兒鄧林朋友的人找到了她：「他告訴我說：鄧小平和老一代的領導很喜歡年輕人，但是他們現在有困難，他們希望學生們能多給大家留一點時間，不要把運動深化，免得給大家都帶來危害。[239]」這位「鄧林的連絡人」還說：鄧家人非常擔心老頭子的身體健康問題，希望問你們學生到底要求什麼，不要造成更大的誤會。[240]

四月二十八日下午，李鵬主持召開的政治局常委會上出現爭論。李鵬堅持認為：這場動亂是由國內極少數資產階級自由化分子勾結國外反華勢力進行長期預謀和準備的結果。薄一波、宋平、姚依林、陳希同、李錫銘、李鐵映等人應和李鵬的說法。楊尚昆則說：「我認為，絕大部分學生的主觀願望是好的，對學生的行為總的是要疏之導之，不能壓。」喬石說：「學生由悼念耀邦同志到最近的一連串列動，有不少是出於一腔熱血，為國擔憂的。」田紀雲說：「這次學潮在群眾中同情、支持者為數不少，這是因為學生所提口號很有吸引力。中央通過這次學潮也該好好反思一下。」最後楊尚昆提出建議：「我們應該要求各地各部門與學生、教師、工人等開展不同層次、形式多樣的對話。北京可以帶個頭。」

239 陳小雅《八九民運史》。

240 一九九一年七月十七到二十四日在巴黎舉行的「八九學運歷史回顧與反思研討會」。

這個建議被會議接受，但是本著李鵬等人譴責「非法組織」的調子，對話還是安排「合法」的全國學聯和北京市學聯出面組織。也是在這個會上，李鵬決定由鮑彤重新擬定一篇口氣溫和的文章以緩和局面，第二天此文以社論的形式在《人民日報》登出，史稱「四．二九」社論，實際上是李鵬怯於激烈的反映自己否定了「四．二六」強硬的調子。這天下午，受國務院和總理李鵬的委託，國務院發言人袁木、國家教委副主任何東昌、北京市委常委兼祕書長袁立本、北京市副市長陸宇澄等人在共青團中央會議室與官辦學生會選出的四十五名學生代表對話，由於雙方都不肯讓步，對話沒有效果。下午「非法組織」高自聯領導人在香格里拉飯店召開中外記者招待會，宣布不承認上午的對話會。

…………

就在這個關頭，趙紫陽從朝鮮訪問歸來。

因為局勢動盪，之前很多人都勸趙紫陽不去朝鮮，可是當趙紫陽徵求鄧小平意見時，鄧覺得學生問題已經不大，決定趙還是要去，還很說了些很貼心的話，例如你回來以後我就把軍委主席讓給你，你接連幹兩屆之類。趙紫陽於二十五日當天，在朝鮮看到了國內祕密傳來的鄧小平「四．二五講話」，因為是鄧小平的意見，他當即表示同意，心裡感覺很可能又一次「反自由化」即將來臨，但是沒有想到「四．二六社論」會寫成那個樣子，更沒有想到李鵬已經把鄧小平的四．二五講話全面鋪開傳達到了基層，甚至動用高音喇叭大喊大叫，導致鄧小平辦公室很是生氣，強烈要求撤回，以至於一些動作慢的地方，只傳達到局一級就收場[241]。四

241 戴晴《鄧小平在一九八九》。

月三十日趙紫陽回到北京，鮑彤將「四．二六社論」在學生和群眾中激起的反感，以及政治局常委會上各方、特別是李鵬等人的態度作了彙報，趙紫陽沒有表態。趙紫陽當天下午就會見了喬石和李鵬，聽取他們的彙報；第二天下午就在中南海見到了陳一諮。陳一諮向他簡介了當下的社會動態，並說「如果按『四．二六社論』的方針辦，中國改革的進程最少會拖長二十年。」趙紫陽說：「不拖長二十年，也會有十年！說不定還會走上歪路。」

遺憾的是，趙紫陽雖然已經看到問題的嚴重性，卻沒有對於李鵬等人錯誤的處置方式進行批評譴責，甚至連重話都沒有說一句。要知道在李鵬明顯的失勢的情況下，這樣的批判是可以打壓其氣焰，降低其實際地位，對於支持楊尚昆胡啟立等正面力量是大有好處的。五月一日，趙召開常委碰頭會，希望把「四．二六社論」的調子降下來，但是認為問題的關鍵在鄧小平身上。趙紫陽後來在他的回憶錄中說：

> 只要鄧小平能夠稍微鬆一下口，譬如說這麼一句話：「四月二十五日聽李鵬彙報，看來當時把情況看得重了一些，遊行也沒有出什麼了不起的問題嘛！」我就可以把局勢轉變過來，我和政治局常委可以把責任擔起來，也不會把責任搞到鄧的頭上。如果鄧一點不改口，那我也就沒辦法讓李鵬、姚依林這兩個死硬派分子改變態度。而他們不改變態度，常委就難以貫徹疏導、對話的方針。我也深深知道，鄧歷來在這樣問題上的態度比較強硬，加上聽了李鵬先入為主的彙報，要他改變是很難很難的。[242]

可是趙紫陽要求見鄧的回話，是鄧小平現在的身體很不好，不要打攪他。於是趙紫陽連

242 趙紫陽《改革歷程》。

訪問朝鮮的情況都沒有能夠向鄧小平彙報，只能夠動員一切關係，迂迴做工作。好多年以後有人揭祕：鄧小平面對複雜的局面精疲力盡，擔心會影響他與戈巴契夫的會面，於是聽從家人的建議去了北戴河休養，直到五月十日才回到北京。不過這十二天中他依據自己的「情報來源」，對於事態的變化依然瞭若指掌。[243]

當然，這些內幕除了楊尚昆及鄧小平的家人，趙紫陽及所有的人都不知道。五月二日，趙紫陽將自己的想法告訴了統戰部長閻明復，請他通過楊尚昆和鄧周圍的人，把自己的想法轉告鄧。也是在五月二日，香港工委書記許家屯接到趙紫陽的電話匆匆趕到北京，中南海趙家裡長談。在對目前的形勢取得共識之後，趙紫陽說，現在主要的問題，一是爭取小平同志能同意改變對學生運動的定性，二是要徵求常委們的意見，改變決議。他請許家屯「幫助一下」，找到與鄧通氣的通道：「你和尚昆比較談得來，請你把我們今天談的意見，特別是把外界的反應和你的看法告訴他，徵求他的意見。如果他同意，再請他去小平同志那裡，爭取小平同志改變對運動的定性」。[244]

這天，趙紫陽還到了萬里家。事後萬里的夫人邊濤認為此次談話是「他們兩個人到北京以後最開誠佈公、最推心置腹的一次談話」。萬里對紫陽的意見完全贊同。

趙紫陽主持常委會研究如何應對「紀念五四運動七十周年」時可能發生的示威。他主張發表一個聲明，表明黨支持加強民主，提高政治生活的透明度，以適應時代的變化。但李鵬認

243 戴晴《鄧小平在一九八九》。
244 趙紫陽《改革歷程》。

為政府的頭等大事是穩定，如果放任這些年輕人成立非法組織和散佈謠言，中國就會發生大倒退。趙紫陽反駁說，儘管中國確實需要穩定，但學生的口號，如擁護憲法、促進民主和反腐敗，與黨和政府的立場是一致的。楊尚昆、李鵬都提出在講話中要有「反自由化」的提法。趙紫陽說我們已經正面講了堅持四項基本原則，就沒有必要從反面來講了。楊尚昆跟李鵬也沒有再說話。最後他的「五四講話」在常委會上一致通過。鮑彤將「五四講話」也送鄧小平審閱。鄧小平的女兒鄧榕特地給鮑彤打來電話，對於沒有提及「反自由化」問題沒說什麼，反而希望在這個講話中加上鄧小平愛護青年的內容：鄧小平同志十分關心和愛護青年一代，對當代青年在建設中的重大作用寄予殷切的希望，他說「青年一代的成長，正是我們事業必定要興旺發達的希望所在」。[245]

五月三日上午，楊尚昆告訴趙紫陽已向鄧小平的大祕書及女婿王瑞林和鄧的子女談過，他們認為如果現在找鄧小平談，他如果再一次肯定「四・二六」社論，那就更難了。你們在前線，可以淡化，不要再提它，慢慢去轉這個彎子。閻明復也到趙紫陽家告訴他說：王瑞林和鄧的子女都表示，對學潮問題，由中央負責同志根據情況處理好了。如果現在找鄧，萬一鄧不同意，反而更難辦。[246]

下午，趙紫陽在紀念「五四青年節七十周年」大會上講話。他就像一個寬厚的長者對孩子們諄諄教導。他說七十年前的示威者推動了科學與民主，今天的示威者也應當重視科學和

245 吳偉《中國八十年代政治改革的台前幕後》。
246 趙紫陽《改革歷程》。

民主在實現中國現代化過程中的重要作用。他強調了穩定和鄧小平的四項基本原則的重要性，但他同時又說：「廣大群眾包括廣大學生希望推進民主政治，要求懲處貪污腐敗，這也正是我們黨的主張。」按照鄧家的意願，他在講話中加上了鄧小平關心年輕人的內容，希望能夠緩和兩者之間的關係。

亞行講話之後

接下來的五月四日下午一點半，趙紫陽將在亞洲開發銀行年會上講話。會見境外金融業人士原屬日常事務，沒什麼重大議題協商，但是面對當前特殊局面，趙紫陽顯然覺得昨天的「五四講話」左顧右盼，並沒有說到點子上，他決定要借這個機會，要說出自己想說的話。趙紫陽在亞洲開發銀行會議上的這個講話，完全甩開了「四．二六社論」的提法，表明了以溫和方式對待學潮的態度。他認為：學生對黨和政府是既滿意又不滿意，他們希望我們改掉弊端，但「中國不會發生大的動亂。」——這個說法因為與鄧小平的「四．二五講話」及「四．二六社論」相悖，成為他之後的一條大罪。他還說：「現在最需要的是冷靜、理智、克制、秩序，在民主和法制的軌道上解決問題」。講話一結束，楊尚昆就走過來，一邊拍著趙紫陽的肩膀，一邊緊緊地和趙紫陽握手，並說：「講得好極了，我完全同意。」喬石也和趙紫陽握著手，說了相同的話。趙紫陽這篇態度溫和的講話當晚由中央電視台播出後，立即受到了廣大學生的歡迎，也得到了黨內高層多數人的好評。趙紫陽事後回憶：

我五月四日在亞行的講話……既與「四．二六社論」調子不同，也沒有直接違背的詞句。

五月四日亞行講話以後，楊尚昆又告訴我他同各常委談話的結果。胡啟立、喬石贊成新的方針，李鵬、姚依林反對。萬里我直接找他談過，他完全同意新的方針。這樣，常委和列席常委的同志，贊成我意見的占了多數。楊還告訴我，他同彭真談過，彭完全支持我的意見。當時彭還對楊說，如果將來鄧怪罪下來，不能怪紫陽一個人，還有你我，你算一個，我也算一個。意思是表示和我站在一起。……當時在廣泛的讚揚下，李鵬當晚來我家，也不得不說我的講話很好，他隨後會見亞行會議代表講話時，也要呼應一下。247

趙紫陽提出的「冷靜、理智、克制、秩序，在民主和法制的軌道上解決問題」的基本思想，一反中共過去處理黨內國內政治矛盾的「以階級鬥爭為綱」慣例，努力把問題的解決引上民主和法制的軌道，從而進一步推動中國的政治體制改革。《人民日報》頭版以大標題「首都高校昨起陸續複課，趙紫陽講話引起積極反響」，副題「希望黨和政府切實加強民主和法制建設，增加透明度」發表文章。幾家知名外國媒體對「亞行講話」的報導也很積極。《世界報》的評論文章稱：趙的講話表明了一個最明顯的跡象：他回到北京以後親手控制住了事態……這位黨的首腦似乎已出色地使形勢的發展變得對他有利了。《路透社》評論文章稱：趙的講話重新確立了他的權威，並採取行動使正在逐步升級的民主運動失去勢頭……趙的講話採取了一種十分同情的態度，講話的調子，比較積極，也比較有個人特色。與一周前（「四・二六社論」）對學生們的嚴厲譴責形成鮮明對照。

學生因趙紫陽這兩次講話而平靜下來，天安門廣場的示威人數驟減，北京地區七大高校

247 趙紫陽《改革歷程》。

的學生回到了自己的教室，只有那些更為激進的北京學生和外地學生仍然在廣場上安營紮寨。常委們已經認為：學潮暫時告一段落了。趙紫陽和他的同事們鬆了一口氣，開始著手下一步工作。

五月六日下午的政治局常委會上，趙紫陽提出了滿足群眾迫切要求的六點措施：

政治局：

持續半月的學潮已暫告一個段落，但引發不穩定因素的社會條件並沒有改變。當前，除了認真搞好各個層次、各種形式的對話，以增進政府與學生的相互理解，同時也對學生進行教育外，我認為，中央和國務院還應當主動採取一些措施，使學生和人民在民主和法制的軌道上平息學潮，群眾都能感覺到黨和政府在反對腐敗、推進民主等方面的主張，同他們的合理要求是一致的，行動是堅決的。為此，我建議：

一、鑑於國務院已經宣布對中信、光大、康華和中農信等四個公七一九的審計工作已近結束，為了增加透明度，建議國務院將審計報告提請五月的全國人大常委會審議，審議時邀請各界人士旁聽，審計結果通過新聞媒介予以公布。如果人大常委會認為有必要，還可根據憲法規定成立調查委員會進一步調查此事。

二、分批公布中央和國家機關現任正部級以上幹部的身世、經歷，以澄清社會上的各種傳言，並允許新聞界採訪報導以上人。

三、抓緊制訂並公開現職黨和國家領導人的生活待遇制度。

四、作為一種特例，在最近一段時間內，由國家監察部的人民舉報中心，直接受理涉及省、部級以上幹部親屬問題的舉報；由全國人大常委會授權有關人士，對舉報中心的立案和銷案工作進行監督。

五、《新聞法》的起草工作應抓得更緊，爭取年內將草案提交全國人大常委會審議建議人大常委會將草案全文公布，徵求意見。在《新聞法》通過公布之前，黨和政府對新聞的管理尺度應適當放寬，保證新聞機構在憲法規定的原則下進行客觀報導的權力，更好地發揮輿論監督的作用。

六、鑑於前一段對遊行、示威掌握的偏嚴，建議全國人大考慮制訂統一的《遊行集會法》。在此基礎上，各地可相應制訂或修改有關條例，使憲法規定的公民集會、遊行、示威的自由得到保障，同時也使濫用自由的行為得到制裁。

總的說來，要根本消除社會不穩定因素，需要長期的努力，需要在民主和法制建設方面做大量的工作。當前做好上述幾件事，可能有助於事態逐步平息，並向積極的方面轉化。248

趙紫陽還補充說，取消副部長以上領導幹部的生活特殊供應，但七十五歲以上的老同志除外。趙紫陽建議，對這些意見，如果大家同意，就請《新華社》發個通稿，明天在《人民日報》發表。

關於其中的第四條，這裡還要補充一個細節：四月二十三日趙紫陽坐火車從朝鮮回國，一下車就問前來迎接的李鵬學潮情況怎麼樣，李當即對他說群眾意見很大，傳說你的兒子是最大的官倒，什麼倒彩電的事，傳言很多。趙紫陽很是氣憤，說那就組織專門調查，查清楚。當晚趙就給中央政治局寫了一封信，要求成立一個調查組，調查他兒子的問題，如果確有違

248 吳偉《中國八〇年代政治改革的台前幕後》。

法，依法處理，如無問題，也可澄清事實。他並要求把這封信印發至省、軍級。在次日下午的中央政治局常委會上，趙紫陽正式將此信報常委和政治局，提出請政治局責成中紀委、監察部專門組織調查組，對所謂他的孩子「倒彩電」問題進行調查。李鵬在幾天後的一次中央常委會上議論這個問題時，就說趙紫陽這是在「向老同志示威」。現在趙紫陽列舉的第四條乾脆對於幹部子弟參與「官倒」現象正式攤牌，其中當然包括對自己兒子的調查。249

對趙紫陽提出的這些措施，萬里首先表示「完全同意」，接著喬石表態說我舉雙手擁護紫陽同志的意見；李鵬這次不提「向老同志示威」了，可是認為這只是紫陽的個人意見，政治局還沒有討論。會議沒有形成一致意見，所以不適合公開發表。

七日，萬里在人大常委會的黨內副委員長會議上，把趙紫陽的六點意見向大家作了介紹。黨內副委員長們一致贊成，表示中央、國務院如不發表這些意見，可用人大常委會的名義發表。李鵬得知這個情況後，急忙打電話給萬里，說政治局沒有討論這些意見，中央不同意發。他又專門給趙紫陽打電話，不同意把這些問題列入人大常委會議程。

五月九日上午十點，趙紫陽去了萬里家，談了些什麼無人知曉。十日下午，萬里主持召開了全國人大常委會委員長會議。會議決定：六月二十號左右在北京召開全國人大常委會第八次會議，聽取國務院關於清理整頓公司的彙報、關於學生遊行示威和罷課問題的彙報，審議《遊行示威法》草案和《新聞法》起草情況的彙報。這個決定公布後，十三日的《人民日報》頭版頭條打出通欄標題：

249 吳偉《中國八〇年代政治改革的台前幕後》。

及時討論群眾關心的熱點問題實屬創舉
人大常委八次會議議程深得人心
把解決問題納入民主和法制的正確軌道
趙紫陽的努力繼續進行。

五月十日上午，中央政治局會討論了戈巴契夫訪華問題之後，趙紫陽正式提出了處理當前局勢的四點意見。據《李鵬「六四」日記》記載，這四條意見是：

一、非法學生組織雖不能承認，但學生會改選不可避免；
二、新聞開放勢在必行；
三、抓廉政措施：審計四大公司，並交人大審查；
四、取消對領導同志的特殊供應，七十五歲以上的老同志除外。[250]

五月十一日趙紫陽的活動也多：
上午九點，趙紫陽與中辦主任溫家寶談話；
十點會見江澤民談上海《世界經濟導報》問題，
中午十二點與全國人大常委會副主任彭沖談話，
……

就在這期間，新聞界的動作開始了。

250 吳偉《中國八〇年代政治改革的台前幕後》。

趙紫陽訪朝期間，整個知識界都為上海市委撤銷上海《世界經濟導報》主編欽本立[251]事件而憤怒，知識界三十餘人簽名發表了〈捍衛新聞自由——致中共上海市委的公開信〉，引發新聞界共鳴。五月四日，二百多名首都新聞工作者加入了遊行隊伍，打出的標語口號主要有「嚴正抗議上海市委撤銷欽本立職務」、「不要逼我們造謠」、「新聞要說實話」、「開放報禁」等。之後中國新聞界出現了前所未有的短暫的寬鬆局面。其「寬鬆」的程度不僅遠遠超過「毛時代」，也超過了改開之後的十年。例如五月五日，《人民日報》第一版在刊登趙紫陽亞行講話的同時，就刊登了首都學生遊行的消息，並配發了照片。

五月六日，趙紫陽的《六條》剛剛出來，《中國青年報》學校與教育部的主任李大同聞風而動，與本報十幾個部門主任商量後，於七日起草了一份要求與黨中央主管宣傳工作的領導同志舉行一次對話的信件，複印幾十份後送到首都各新聞單位徵集簽名。五月八日，一千零十三名首都新聞工作者名新聞工作者在信件上簽名，五月九日下午一點半，由李大同等人送交來到全國記協所在地西交民巷五十號全國記協，請求和黨中央常委舉行對話。李大同在新聞攝像機和照相機的閃光燈下，當眾宣讀了這封信件：

全國記協書記處：

我們認為，有必要通過正當途徑，就中國新聞界近日內發生的事情，與黨中央主管宣傳工作的負責同志進行一次對話。對話的主要問題是：

251 欽本立（一九一八～一九九一）：著名報人。曾任中共《文匯報》黨委書記，時任《世界經濟導報》總編輯。一九八九年五月因堅持在《導報》上發表紀念胡耀邦文章，被上海市委書記江澤民整肅停職。史稱「欽本立事件」。

一、引起海內外強烈反響的上海《世界經濟導報》被整頓，該報總編輯欽本立同志被停職問題。

二、四月十五日胡耀邦同志逝世後的一段時間內，首都發生了大規模的學潮。對這次重大事件，首都各新聞單位因種種原因，無法做到全面、客觀、公正地進行報導，並且在若干報導中出現了不正常的情況，因而嚴重損害了中國新聞界在國內外公眾中的聲譽，在相當程度上加劇了事態的擴大。我們認為，首都新聞界在這次報導中受到的種種束縛，違背了黨的十三大報告中提出的「重大情況讓人民知道」的基本原則。現在，亟有必要重溫馬克思主義的新聞思想，就如何改善黨對新聞工作的領導這個重大問題，取得全黨和全國人民的共識。

三、國務院發言人袁木在四月二十九日同首都大學生們對話中說，我國「新聞報導工作實行的是報社總編輯負責制」，「我們的新聞是自由的」。我們認為，這與中國新聞界的現狀嚴重不符。事實上，中國新聞報導工作的運轉機制，存在著嚴重的弊端，如何真正建立起報社總編輯負責制，恰恰是當前中國新聞體制改革的首要問題。

以上對話請求請記協書記處轉呈黨中央主管宣傳的領導同志。

首都部分新聞工作者（簽名）

一九八九年五月九日

第二天，所有發表了這條新聞的海內外媒體，都將此信列在頭版。《美國之音》在當晚就做了實況直播，《新華社》發了消息通稿，《人民日報》在一版的報導雖只有三四百字，卻做了三行標題，相當醒目；首都各大報都在一版顯著位置發表了本報記者的詳細報導，《科技日報》竟刊登了信件全文。〈參考消息〉登在一版頭條位置的「合眾國際社」的報導。

其實趙紫陽擔任總書記之後，在新聞改革方面做了相當的努力，中央宣傳理論工作領導小組也為此發過檔，但由於問題過於敏感，阻力很大，且涉及到政治體制改革等多方面的配套，原有的新聞管理體制變化的確不大，最為明顯的例子，即不僅僅是普通老百姓，就連趙紫陽和李鵬這樣的高級國家領導人，每天都要聽「美國之音」等外媒廣播，企圖從中獲得資訊——哪怕其中的一些資訊有誤甚至造謠。這對於中國的新聞，實在是莫大的諷刺。

趙紫陽從胡啟立那裡知道新聞界要求對話的資訊之後說說：

我覺得新聞改革既是大勢所趨，也是人心所向。面對國內人心所向，面對國際進步潮流，我們只能因勢利導。要向首都新聞單位的主要負責同志講清楚，新聞報導一定要說真話，千萬不能製造假新聞，不能隱瞞事實。新聞報導要真正做到：客觀、全面、真實、及時，這也是我國民主政治建設的一部分。當然，我們對一些過激的言論要提出忠告和批評。今後，在處理一些敏感的新聞事件時，一定要慎重、慎重、再慎重。千萬不能匆忙、草率地簡單下結論。《世界經濟導報》事件搞得我們很被動，原因就在這裡，要引以為鑑。[252]

對此李鵬在他後來出版的那部日記中寫到：「這兩天新聞報導本來就向動亂分子一邊倒，趙紫陽還嫌不足，還要新聞界把動亂之火再次煽動起來。[253]」李先念則說：這次事件鬧得這麼大，跟我們的新聞宣傳有直接的關係。這些天來，報紙、電視、電台不僅不做正確的引導，

252 戴晴《鄧小平在一九八九》。
253 李鵬《李鵬「六四」日記》。

反而連篇累牘地宣傳鼓動，推波助瀾，好像上街遊行的都是愛國者，不上街遊行就是不愛國的。還有，趙紫陽的一篇講話比「四．二六」社論的社會效果要大，反映要好，真是不可思議……

五月十一日下午，李大同接到通知，黨中央主管宣傳工作的政治局常委胡啟立已來到報社，將與記者們當面對話。李大同認為這場長達三個多小時的對話，是中共黨內罕見的一次坦率而富有建設性的對話，其中最核心的內容，是胡啟立當場宣布：中央將立即開始起草關於新聞體制改革的決定。他用手指著李大同他們說：「你們這些同志都要參加。」五月十二日，全國記協書記處書記楊翊和唐非先生，請李大同等人面談，告知中央已經決定：在戈巴契夫十八日上午離開北京之後的當天下午就舉行這次對話，並由電視向全國直播。屆時胡啟立會代表黨中央正式宣布：黨中央將立刻開始著手新聞體制改革的準備工作，起草關於新聞體制改革的決定，並給出大致的時間表。

可是這場國內外矚目的對話，被五月十三日北京學生的絕食抗議給攪黃了。五月十五日，胡啟立通過團中央第一書記宋德福向李大同轉告：「中央本想儘快舉行這次公開對話，現在只能等局勢平復後再說了。」

可是局勢一直沒有平復，直至不可收拾。眼看就要開始的一場重大改革，就這樣夭折了。

第三十章　緊急博弈

趙紫陽後來說：

學潮升級的根本原因是我從朝鮮回國後確定的方針（疏導、對話，在民主與法制的軌道上解決問題，從熱點問題做起搞政治體制改革），受到李鵬等人阻撓、抵制、破壞造成的。[254]而李鵬們要抵制的原因，正如他曾經向閻明復說過的那樣：如果趙（從朝鮮）回來不支持四·二六社論，他只有下台：因為要承擔激化矛盾的責任[255]。

趙紫陽「轉彎子」主張的初見成效，不能不讓李鵬等人極為緊張，以至於在以後的日子裡為了阻擊趙紫陽的「緩和」方針，他們不遺餘力促進事態不斷惡化，其策略就是極力阻止、破壞趙主張的與學生的對話，重點糾纏於對話學生組織的「合法性」問題。

五月八日上午，趙紫陽主持了中央政治局常委會議。李鵬在他的《日記》中記載了「趙紫陽變相承認非法產生的學生組織」問題，說趙紫陽「認為中央與學生對話也不一定都由學聯或青聯類官方式的學生團體參加，學校裡學生自己產生的組織也可以參加，學生自願結合也可

254　趙紫陽《改革歷程》。
255　戴晴《鄧小平在一九八九》。

以」。這段記載表明，趙紫陽在此時已經明確看到對話中存在的問題，提出要直接同參加學潮的學生進行對話，但是遭到李鵬與姚依林堅決反對，認為「不能放棄學聯和青聯的領導權」。趙紫陽的亞行講話剛剛發表，國家教委副主任何東昌就公開揚言「趙的講話跟『四・二六社論』不一致，不代表中央。」十號前後，何東昌召集北京十大高校的黨委書記開了個座談會，會議的主要精神就是要查清各高校學生組織的幕後，要秋後算帳，會議的主要精神由各高校官方廣播站在校園裡反復播出。這種作法又一次激起學生強烈不滿和反抗情緒。學生復課後過了幾天，看不到政府對社會問題有什麼要改革的實際行動，承諾的對話也沒有什麼行動，就認為政府說「對話」明顯是在應付他們，所以他們對趙的「亞行講話」發生了懷疑，學潮由此開始再次升級。十二日，北京各高校學生自發組織「高自聯」決定從十三日下午開始在天安門廣場靜坐絕食，表示「不達目的絕不甘休」。北大貼出署名「首都高校自願絕食者」的〈絕食宣言〉表明他們的絕食原因：

第一，抗議政府對北京學生罷課採取的麻木冷淡態度。

第二，抗議政府拖延與北京高校對話代表團的對話。

第三，抗議政府一直對這次學生民主愛國運動冠以「動亂」的帽子，以及一系列歪曲的報導。

很顯然，這些都是表面的，真正的目的是想藉五月十五日蘇聯總統戈巴契夫訪華之機，向當局施壓，結果是直接向趙紫陽施壓——他要保證戈巴契夫訪問期間北京平安無事。好多人包括李鵬也包括鄧小平都認為：學生絕食這件事情，是一些知識分子在背後操縱，比如是激烈的學者方勵之，或者是激憤的作家鄭義和、嚴家其。不過據學生領袖王丹說，最直接的起因是他和幾個學生晚上在一個小飯館吃飯，不知是誰先出了絕食這個主意，七嘴八舌議論了一番，回去一呼百應就幹起來了。亞馬遜雨林的一隻蝴蝶煽動翅膀，兩周以後引發了美國德克薩斯州的一場龍捲風；幾個北京的大學生在小飯館一場不靠譜的七嘴八舌，第二天就改變了中國乃至世界的政治格局。

此後幾天，胡啟立等同首都新聞界對話；李鵬到首鋼同工人座談……雖然因為李鵬、姚依林的阻擾，領導人沒有出面和學生座談，但是十三日趙紫陽在人民大會堂同首都工人座談時抓住機會，與會場外面的學生隔空喊話：「大學生也好，其他公民也好，如果有意見就去干擾國際會議妨礙中蘇高級會晤，那就沒有道理了，就不會得到人們的同情和支持。千萬不要做親者痛、仇者快的事情。」

絕食令鄧小平措手不及。五月十三日上午十點，為此憂慮的鄧小平會見了趙紫陽和楊尚昆。他說這場運動拖得太久了，他要求在戈巴契夫抵達之前清空廣場。為此趙紫陽被賦予很大的自由，可以採取他認為必要的任何措施。趙紫陽說廣大學生知道不能拿國家的榮譽當兒戲，不太可能干擾歡迎儀式。

也就是這一天，《光明日報》記者戴晴接到統戰部通知，去與政治局主管意識形態的常委胡啟立見面。午飯時戴晴就國外同行的問題直接問胡啟立：為什麼中國記者不能報導自家學者的見解。胡啟立說：「報紙的版面由總編輯決定。」戴晴當時簡直不敢相信自己的耳朵。就在幾天前，《光明日報》的員工遊行至西長安街中宣部的大樓前，一致地朝著面街的窗戶高喊「不要打電話」的口號，這句讓外人莫名其妙的口號含義是：不要老是給報社領導打電話干涉版面內容，可見新聞人對於上面的干涉早就深惡痛絕。戴晴一再追問獲得確認之後，當即將這一來自高層的新精神立刻報告《光明日報》，建議邀請當時最開明、最有獨立見解的學者到報社開座談會，集中發表各自意見之後見報——除了毛澤東一九五七年施「陽謀」的時候，這是一九四九年以來不曾有過的舉動。

戴晴坐著統戰部的車回家，路上遇見一撥撥額頭上裹著白布條的學生正走向天安門廣場——絕食開始了。和參與策畫新聞改革進程的李大同一樣，戴晴很生氣：在當局做出和緩姿態及有效溝通的當口，這樣的過激舉動，天知道會產生什麼樣的後果。第二天，《光明日報》根據戴晴發回的資訊，召開了以發出獨立聲音為目標的「著名學者關於形勢的座談會」。正是學生絕食的第二天，全社會的注意力已聚集到天安門廣場，社會活動家溫元凱和學生領袖王超華得到消息趕到報社會場，建議大家都到廣場去勸同學回校，而且立刻動身。戴晴致電當局，請統戰部部長閻明復出面，親自關注這一學者們自發的緩和局面的行動，出面召集激進的學生領袖與學者們見面。戴晴說那陣子一門心思想的只有一個：擔心這場沒人肯負責的局面將釀成大禍，更不願中國青年一腔報國熱誠受到傷害，得快快給學生找個台階回學校。

戴晴的建議經閻明復請示之後，得到趙紫陽的答覆：委託統戰部長閻明復和分管意識形態的政治局常委胡啟立分別出面，邀請一批有威望的知識分子開會研究勸說學生離場問題。統戰部同時召開兩個會議，一個是以胡啟立主持、由戴晴[256]等人參加的，另外一個是由閻明復主持的，有周舵[257]等人參加的。戴晴這邊對於那些頭纏布條、心緒難平的年輕人，誇獎呀誇獎、

256 葉劍英的養女，時任《光明日報》記者。作家。「六四運動」的積極參與者。後流亡海外。
257 周舵，中國獨立學者，自由撰稿人，六四運動中「天安門四君子」之一。畢業於中國社科院研究生院哲學專業，經濟學家於光遠的弟子。

勸阻啊勸阻，最後還去了廣場直接與絕食者見面……最後才知道自己這批書生根本不具政治斡旋實力：因為雙方都不肯妥協。

周舵這邊經過千辛萬苦的努力，找到王丹、吾爾開希[258]等學生領袖人出場，與統戰部長閻明復對話，一批知名知識分子在一旁敲邊鼓。

有人在學生中搞了一個民意測驗，對官方不信任的占九十%，要求退出官方學聯的占八二%，對學生自治會支持的占八十%。所以儘管閻明復一讓再讓，學生就是不願意妥協，他們提出的條件中最關鍵的一點是：一、(四．二六社論定性)「動亂」帽子必須摘；而且要求中央要在五月十五號之前對此有明確答覆。

這邊北京社科院的李肅想把議題導入具體操作方面，他問學生代表：「如果政府不用否定『四．二六社論』，而用肯定趙紫陽講話的方式可以不可以？」

話都說到這個份上了，可是那些傻孩子楞是沒有聽懂，王丹拒絕這個建議：「政府完全可以做到公開認錯，因為政府一向是勇於認錯的嘛（眾人發出嘲笑聲）。」

李肅乾脆把話挑明：「中央政治局沒有認可趙的講話，那不是集體決議！」那意思是中央只有趙紫陽在支持你們！你們要是不抓住這個稍縱即逝的機會，他危險你們更危險！

閻明復不得不表態了，主要內容有三個：第一，如果來得及，同學們的意見我今晚就向中央彙報。第二，要在很短的時間裡現推翻「四．二六社論」有難度，希望大家給一段時間，讓更多的實踐給所有的參與者認識學運的性質。第三點最重要：希望同學們在戈巴契夫來訪

258 吾爾開希（一九六八～），維吾爾族，新疆伊寧人。就讀北京師範大學教育系，為「八九學運」領袖。

之前結束絕食，以自己的行動證明學運是正確的。事態的結果我們恐怕都很難控制。我希望不至於造成全面的倒退——倒退的可能性是存在的！

已經過了午夜十二點，眼看會議就要無果而散。周舵意識到會場上人多嘴雜，有些關鍵性的話私下說，也許會有說服力。於是他把王丹等幾個關鍵人物找到一邊，開始作最後一輪勸說：依我看，你們對一個關鍵問題缺乏清醒的認識：角色轉換。原來，你們遊行也好，貼大字報也好，喊口號也好，都是作為單純的意見表達。你們是在表達青年學生的政治意向。現在不一樣了。你們現在提出了明確的條件，以某種實力為後盾，要求政府接受這些條件。這樣，你們就不再是表達意見，而是成為現實政治力量的代表。你們已經深深捲入了政治，成為政府的談判對手。你們必須認識到這種轉換，自覺地儘快提高政治策略水準。沒有比當外行政治家更可怕的了。你們既然玩上了政治，就得盡全力把它玩到家，不能採取輕率的玩票態度。你們如果能在戈巴契夫訪華前撤出來，你們幹得就太漂亮了。首先，這給黨內改革派幫了一個大大的忙，使政治力量對比向溫和路線大為傾斜。其次，你們能贏得社會各界的廣泛贊許，用你們的政治策略水準贏得大家的尊敬。否則，無節制地鬧下去，你們會逐步喪失社會同情。第三，你們撤出來，如果政府不同意你們的要求，你們隨時還可以再進去。進退自如、可放可收，這種統一行動的能力才是你們最主要的力量源泉。今晚回去動員同學，明天就撤出來吧！哪怕只撤出幾天也好！

周舵原本想告訴學生們，閻明復在上午的座談會上說過：「我看北京市（委）早晚是要動手的」。但是他最終還是沒有講：因為閻明復在公開場合依然按照官方定調聲稱：「黨內沒有你們認為的保守派，老同志都是支持改革開放的」——實際上很多人都知道「老同志」們與鄧胡趙不是一條心，起碼與胡趙不是一條心。周舵在眾多學生領袖的私下交流中，一直在勸說他們不要把共產黨看成鐵板一塊，一定要聯合其中的改革派、把鬥爭矛頭對準保守派；而學生的回應卻是「我們是一支獨立的政治力量，我們不關心共產黨內的派別鬥爭！」[259]因為這樣幼稚看法具有代表性，周舵對學運的結局早就不抱奢望，此時不過是「知其不可為而為之」罷了。

王丹等人總算被說服了，當場下決心動員同學們撤出。周舵問他有多大把握？他說大概有七、八成吧。周舵送走他們，馬上讓陶斯亮轉告閻明復。大家都鬆了一口氣，認為大功告成。可是第二天整整一天，一點撤退的跡象也沒有。晚上十點周舵好不容易擠進天安門廣場找到王丹，質問他為什麼不守諾言？為什麼沒撤？王丹無可奈何地說：同學們都不同意。

五月十五日到十八日這幾天，幾乎各界的名流都出來表態，一方面希望政府承認學生是愛國的、主張與學生對話、反對用強硬辦法解決問題；另一方面又勸導學生以大局為重，退出天安門廣場。可是對於雙方都沒有用。

對處於弱勢的反對派來說，最危險的，就是在強者退讓時得寸進尺。

戈巴契夫來了

五月十五日，蘇聯總統戈巴契夫到達北京。

259 此為北大學生邵江對於周舵的回應。在當時有一定的代表性。

第二天是鄧小平會見戈巴契夫的日子，官方在淩晨一點作了最後一次努力。廣場上的大喇叭廣播說，政府正在與學生代表對話。希望學生考慮國家利益，停止絕食，返回校園。學生們在他們製作的歡迎戈巴契夫的橫幅下聽著廣播，其中一條橫幅上寫著「向民主的使者致敬」。但他們仍然拒絕離開廣場，而且有愈來愈多的人群前來支持他們。政府別無選擇，只好取消原定在廣場舉行的歡迎儀式，改在有重兵把守的機場舉行了一個規模很小的儀式。

這天淩晨，鮑彤對他的助手吳偉[260]說，我想下午開一個法學家座談會，找一部分在京知名的法學家，研究幾個問題，在民主和法制的軌道上平息學潮。一是什麼算非法組織（針對官方不承認的高自聯等），二是怎麼樣才算是動亂（針對「四・二六社論」的焦點）。從法律的角度看，這是兩個什麼問題。[261]

這天學生們還找到幾天前他們稱之為「特務」的戴晴給中央傳話。戴晴按照胡啟立留給的電話號碼打過去，她手裡至今保留著此次通話的電話紀錄：

一九八九年五月十六日
光明日報記者戴晴電話記錄
（電話：二五六・二六五八）
學生們現在已經實在沒有辦法了。剛才他們的代表來找我，希望我向中央傳達他們的一

260 吳偉，遼寧人，一九八四年組建中央黨校政治體制改革研究組，一九八六年十月調入剛剛成立的中央政治體制改革辦公室，做趙紫陽的大祕書鮑彤的助手。
261 吳偉《中國八〇年代政治改革的台前幕後》。

點要求。

今天下午四點，他們將在北大開會，向中外記者宣布知識界的「五．一六宣言[262]」。這個會是不可改變的，宣言也是不可改變的。如果政府答應「宣言」能夠在一家大報（《人民日報》或者《光明日報》）上發表，他們就可以在會後由老師帶車把他們帶回學校。

（啟立於當日批示）

此時的鄧小平，正坐在人民大會堂東大廳，與蘇聯總統戈巴契夫會談。自從華國鋒下台，鄧小平就有了毛澤東的派頭，他不再出國，對於外賓常常是「只會見不會談」，會談國事啊迎來送往啊陪同宴席啊，這些事情一股腦都交給趙紫陽。但是蘇聯老大哥戈巴契夫的這次來訪，是鄧小平政治生涯中的一件大事，也是世界政壇中的大事件。對於這次會談，此鄧小平策畫很久也準備了很久，為了保證他有足夠的精力來應對，他甚至在「四．二六社論」之後那麼緊張複雜的情況下，悄悄離開北京去了北戴河休息，直到五月十一日才露面，所以才有趙紫陽從朝鮮回來之後找不到他的事情發生。[263]鄧小平和戈巴契夫都是改革家；八十四歲的鄧小平即將結束他的政治生涯，而五十八歲的戈巴契夫才剛剛開始。鄧小平毫無敵意地談到過去與蘇聯的矛盾，他承認親自參與過中蘇之間的意識形態之爭，但是他說爭論的雙方講的「全是空話」。他坦承「我們也不認為當時我們說的話都是對的。」鄧小平同意結束過去的爭論，放眼

262　由鄭義、嚴家其、老鬼、蘇曉康等知識界精英發起，呼籲政府改變「四．二六社論」定性，同時動員學生撤出天安門的宣言。

263　戴晴《鄧小平在一九八九》。

未來，使中國能夠與各個鄰國建立睦鄰關係。[264]

那邊舉世矚目的鄧戈會談正在進行，這邊發著高燒的閻明復向趙紫陽彙報了兩天來與學生代表的對話情況：他深深地感到現在學生的情緒特別容易波動，高自聯、對話團、絕食團這些學生自治組織的意見統一不起來，沒有一個能夠把已經參加絕食的學生勸說回來，一些學者、教授去廣場勸說也沒有效果。在廣場絕食的學生被推到浪尖去了，想退也下不來，這些絕食學生現在真的是被放在火上烤。所以他建議，為儘快平息事態、停止絕食，中央必須儘快拿出措施，最好是由紫陽你和李鵬出面見一下學生。

趙紫陽答應，晚上開常委會專門討論這個問題。[265]

閻明復向趙紫陽彙報之後，下午將近兩點才回到統戰部。陶斯亮動員來了一大批勸說學生的中青年知識分子，還有周舵好不容易找來的學生「絕食團」、「高自聯」、「對話團」領頭者，正在等著他。這次閻明復對學生不履行諾言很生氣，說是在上午鄧小平和戈巴契夫會談的時候，一大批學生衝擊人大會堂北門，把大門玻璃都擠破了，鬧得裡邊連說話聲音都聽不清，國際影響壞極了。閻明復堅持學生必須立即撤離，其他隨後再談。學生代表則說，不答應條件他們沒法說服同學撤退……

已經是下午四點左右，知識分子們聚在小會議室裡商議能否有別的辦法。周舵和一些人堅決主張閻明復親自去廣場見學生——因為閻的身分不僅僅是統戰部長，而且也是中央書記

264 傅高義《鄧小平時代》。
265 《中國「六四」真相》。

處書記。很多人則反對，認為太危險，而且也不會起作用——因為閻明復不是決策人。周舵很衝動地說：事情已經這樣，還顧得上什麼危險不危險？如果領導人個個都是首先考慮自己的安全，共產黨還有什麼希望？再說我就根本不相信有多麼了不起的危險！第二，有用沒用，誰也沒法事先預料。你不去做，怎麼就能百分之百斷定做不成？第三，就算沒有用，作為一種姿態，一種表明立場和個人品格的行動，閻部長也應當這麼做。這對他個人當然是有很大風險，但這會讓他青史留名，絕無疑問！

陶斯亮把這些話告訴隔壁辦公室的閻明復，他先是有些猶豫——既是覺得沒有什麼用，大概也是怕讓那些保守派抓把柄，最後決定去請示——這麼大的舉動，沒有「上面」授權他是不能做的。此時趙紫陽正會見戈巴契夫，閻明復連續找了五位中央領導，包括負責「中央制止動亂小組」工作的喬石，希望他們出面勸說學生。顯然是考慮到出面對話的政治風險，這幾位都不願意去。最後李鵬說你們統戰部離天安門廣場近，你去和學生對一下話吧。閻明復對學生絕食的情況十分焦急，就立即答應了下來。好多年以後，閻明復對前來採訪他的吳偉[266]說：我知道去是有風險的，很可能我會因此而下台，但我別無選擇。到現在對這件事，我不後悔！[267]

出發前的送行場面頗悲壯：一大群人在樓門口熱烈鼓掌送別，還有人抹眼淚。閻明復說：「豁出去了，大不了當一回中國的納吉！」要知道，匈牙利前總理納吉，是因為試圖帶領國家

266 當年趙紫陽大祕書鮑彤的助手。
267 吳偉《中國八〇年代政治改革的台前幕後》。

擺脫蘇聯的控制，後來被蘇聯處以絞刑的，與他一起殉職的還有一大批高層追隨者。閻明復在這樣的時刻說出這樣的大義凜然的話來，令在場許多人熱淚盈眶。

兩輛插著紅十字標誌的麵包車風馳電掣一般從中南海穿過去到天安門，然後從金水橋進入廣場。這次行動的指揮就是出主意的周舵，任務是一定要保護好閻部長的人身安全。周舵讓閻部長的車在歷史博物館附近停下，自己的車開到神聖不可侵犯的「生命線」（即留給急救車運送絕食暈倒學生的專用車道），對學生糾察隊員說明來意。正在爭執間，忽然看見人群大亂，人潮瘋狂湧向歷史博物館方向：統戰部長閻明復已經下了車，正往這邊走來。周舵撇下那幫混小子，轉身就跑，一邊大聲埋怨閻明復擅自行動。

直到現在只要想起當時的場面，周舵眼前就是一片滿頭大汗的、滿臉通紅的、半瘋狂的無數湧動的人的面孔。他覺得自己當時幾乎要急瘋了，幸虧他穿了一雙厚實的牛皮鞋，不然腳趾一定會踩斷幾根，沒有被擠死、踩死算是運氣好⋯⋯從那一刻起，周舵知道了什麼叫群眾，什麼叫做群眾運動，知道了無指揮、無秩序的人群有多麼可怕。

老天保佑，總算保護統戰部長兼中央書記處書記閻明復安全進去了。他的講話算不上精彩，但確實感人——不是靠言辭，是靠他的人格，以至於前兩天還在他面前傲然的王丹、吾爾開希在開場白中說：閻部長的講話同學們可以贊成、也可以不贊成，但是無論贊成還是不贊成，都應該好好聽一聽，想一想：「因為閻明復同志是一位真正的好共產黨人。」

那天閻明復的話，果然青史留名：

我代表中央領導來看望大家。看見同學們這種樣子，我心裡非常非常難過。同學們的精神是好的，願望是善良的。但是，你們沒有權力這樣摧殘自己。你們都是很棒的，將來要做的事情很多。我們國家現代化的重擔就落在你們肩上了。你們一定要保重身體。把身體搞垮了，是國家的巨大損失，你們自己也要遭受痛苦。一切問題都可以慢慢商量，不必要採取這樣極端的方式。事情的解決總要有個過程，不能太性急。你們的要求，中央一直在認真考慮，我們可以坐下來，商量個妥善的解決辦法。中央政治局早就作了決議，絕不會對同學們秋後算帳。希望同學們儘快回到校園裡去，養好身體，好好讀書。如果同學們不相信我的保證，你們可以把我閻明復帶回學校作人質！如果出了問題，我願意承擔一切責任！

如果同學們不相信我的保證，你們可以把我閻明復帶回學校作人質！多少年過去了，此話依然擲地有聲，令人久久難忘……

閻明復講話的時候，大學生們坐在地上抹眼淚，不斷有人高聲喊口號，也有人在起哄……閻明復本人也很衝動，聲音哽咽。周舵坐在地上，心想如果五月十三號絕食剛剛開始，熱度還沒上升到這種地步的時候，中央領導都出來和學生見面，親自作勸說工作，哪有勸說不成的？大好的機會，全都錯過了！正想著，猛然看見人群亂了起來，幾個彪形大漢拿對講機圍著閻部長，急急忙忙往外擠，跟隨而來的那群知識分子趕快站起來，拼了老命把手臂緊緊挽在一起，圍成一圈，把閻明復保護在中間，周圍的人群哭著喊著「閻部長」，亂成一團糟。閻明復一直忍著的眼淚，終於奪眶而出。

周舵一群人跌跌撞撞，總算護著閻明復擠出了糾察線，那些保護他的大漢們強行攔住一輛急救車，不由分說把閻部長從後門塞進去，車門半敞著就瘋了似的開走了，周舵等人回到統戰部，將近夜裡十二點了，可是陶斯亮還是要求大家不要走，說是胡啟立淩晨可能要去廣場，還是要讓這群書呆子秀才去陪同。

已經開始鬆動的新聞環境，使得各家報紙每天都在報導社會各界的呼籲、請願、聲援的消息。十六日《人民日報》頭版的大標題是：首都高校學生絕食進入第四天，數十萬各界人士昨天到天安門廣場聲援，首都各界百萬餘人遊行，聲援絕食請願的大學生，強烈要求立即對話，救人救國……發出這些資訊的同時，《人民日報》的編輯記者們也在為局勢著急，有人建議用記者訪問方式，給趙紫陽一個表態的機會，於是編委們做出兩條決定：一是設法與趙紫陽取得聯繫，二是派記者訪問一些在學生中有影響的名人，請他們發表談話，既肯定學生運動，又不超出閻明復今天講話的界限，同時又對學生、對黨、對政府提出要求。說巧也巧，下班以後六點多，楊尚昆的兒子楊紹明送他拍的鄧小平與戈巴契夫會談的照片來報社。報社總編錢李仁與他談了想法，請他說服楊尚昆出來推動促成趙紫陽發表談話——既儘量滿足學生的合理要求，又不傷害小平同志。他回去一說，楊尚昆果然同意，要求報社趕快擬一個講稿交晚上政治局常委開會討論。八點多，報社把擬好的稿子送給胡啟立。這個稿對學生運動基本上是重申趙紫陽「五四」講話精神，但有兩點新意。一是強調是中央常委一致意見（針對北京市委和國家教委向基層散布「五四」講話不代表中央）；二是秋後不算帳。講話共五百多字，題目是〈趙紫陽總書記對人民日報記者發表談話〉。268

就在周舵他們深夜等待之時，趙紫陽主持的政治局常委緊急會議上正爭論激烈。就在這次會議上，趙紫陽第一次正式提出修改「四・二六社論」定性的問題。趙紫陽在回憶這次會議時說：

268 陳小雅《八九民運史》。

五月十六日夜，在會見戈巴契夫後，我召開常委會議，討論發表以五位常委的名義勸說學生停止絕食的公開講話。講稿中有「學生的這種愛國熱情是可貴的，黨中央和國務院是肯定的」這句話，遭到李鵬的反對。他說：「說可貴就可以了，還要什麼肯定？」楊尚昆說：學生反腐敗，可以說肯定。我當時對李鵬這個說法很反感，所以我就說，既然說他們的愛國熱情是可貴的，為什麼不能肯定？如果這句話也不說，就等於什麼話也沒有說！那發這個公開講話還有什麼意義？現在的問題是如何使講話能夠緩解學生的情緒，不要老在字眼上計較。多數常委都主張保留這句話，結果算勉強通過了。

其實我當時就感到時至今日發這篇講話並不會結束學生絕食的，因為學生絕食，最為強烈的要求是改變「四·二六社論」對學潮的定性。我感覺這個問題已經到了沒辦法繞開的時候了。這個癥結不解開，沒有辦法使學生停止絕食，開展對話。而如果學生絕食的情況拖延下去，將會發生極為嚴重甚至無法預計的後果。因此我第一次在政治局常委的會議上，正式提出了修改「四·二六社論」定性的問題。李鵬當即表示反對，他說「四·二六社論」的定性是按鄧的原話寫的，不能動。我反駁他說，「四·二六社論」是按四月二十四日常委會紀要的語調寫的，鄧只是支持了常委的意見。尚昆表示提出修改「四·二六社論」將傷害小平。我說可以想辦法做到不傷害他，這件事應當由常委集體承擔。我還說，我去朝鮮時曾發電報同意鄧的決策，所以我對「四·二六社論」要負責，必要時也可以說是由我批准的。李鵬竟然說，你這不是政治家的態度。因而修改「四·二六社論」沒有談得下去。

應當說，公開向學生承認「四·二六社論」對學潮的定性有錯誤，並為此承擔責任，這是趙紫陽在不得已的情況下為挽救大局而提出的一個不是辦法的辦法，表現了他作為一個政治家的胸懷。但是又遭到李鵬、姚依林的堅決反對。李鵬在他的日記中說：「趙說，出路在於承認四・二六社論是錯誤的，完全可以找到解決辦法保護鄧小平。我當即發言：社論準確地反映了小平同志的決策，事態的發展也完全符合他的預料，想歪曲是辦不到的。我說，我們都是誠實的共產黨人，不應該玩弄這種拙劣的資產階級政客政治手腕，這經不起歷史的考驗。」[269]

這天的會開到淩晨兩點，鮑彤也沒有能夠參加。散會之後趙紫陽的祕書張嶽琦對等候在會議室外面的鮑彤說：沒有什麼大的分歧，就是在用愛國「動機」還是用愛國「行動」這幾個字上統一不起來。紫陽同志今天不冷靜，大概是陪戈喝酒喝多了。今天要不是尚昆同志和喬石同志做工作，恐怕現在也結束不了。[270]

喝多了不冷靜的趙紫陽，破例和罵自己「玩拙劣的資產階級政客政治手腕」的李鵬吵架了。

趙紫陽無奈，決定「明日向鄧小平彙報」，期望能夠在自己的努力下說服鄧小平。於是這次會議在艱難的拉鋸之後，終於定下兩點：

一、趙紫陽立即向鄧小平全面彙報，聽取鄧小平和其他老同志意見；

二、由趙紫陽代表常委，對廣場學生發表「停止絕食書面談話」。這篇「談話」基本上以《人民日報》送來的稿子為藍本，已經沒有了「四・二六社論」中的強硬語調，還極不尋常地、鄭重列出五名常委的名字：這是趙紫陽做了多麼艱苦的努力才爭取到的。

269 李鵬《李鵬「六四」日記》。
270 吳偉《中國八十年代政治體制改革的台前幕後》。

第二天，《人民日報》和中央人民廣播電台，都發表了趙紫陽代表政治局五常委對學生的書面講話。他在這個講話中說：

同學們要求民主和法制、反對腐敗、推進改革的熱情是非常可貴的，黨中央和國務院是肯定的，同時也希望同學們能保持冷靜、理智、克制秩序，顧全大局，維護安定團結的局面。請同學們放心，黨和政府絕不會「秋後算帳」。

他還呼籲說：希望同學們保重身體，停止絕食，儘快恢復健康。

可是這個趙紫陽下了很大決心作了巨大努力的書面講話，卻因為下面要提到的一個意料之外的因素，沒有激起任何反響，以至於很多書寫這段歷史的作者，壓根就沒有提起過它。

一大早，趙紫陽執行第二個決議，給鄧小平辦公室打電話——他希望私下面見鄧小平，或許能說服鄧不動用軍隊——趙紫陽被告知可以下午來。或許是覺得心裡不踏實，趙紫陽還給閻明復打了電話，請他給鄧小平的大祕書王瑞林打個電話，說關於學潮問題，如果小平同志不能講，請王瑞林同志講幾句也可以。閻明復電話打過去，王瑞林說真是開玩笑，我表態算什麼啊？閻明復也覺得不合適，也就沒有給趙紫陽回話[271]。

作為一個熟知黨內規矩的高級官員，趙紫陽此舉顯然是病急亂投醫。這些天為學生們忙得團團轉的趙紫陽哪裡知道：鄧小平因為自己頭天下午在戈巴契夫面前說的幾句話，已經勃然大怒。這幾句話就是：

在前年召開的黨的第十三次全國代表大會上，根據鄧小平同志本人的意願，他從中央委

271 一九八九年七月閻明復給喬石的一封信。

員會和政治局常委的崗位上退下來了。但是，全黨同志都認為，從黨的事業出發，我們黨仍然需要鄧小平同志，需要他的智慧和經驗，這對我們黨是至關重要的。因此，十三屆一中全會鄭重作出決定，在最重要的問題上，仍然需要鄧小平同志掌舵。十三大以來，我們在處理最重大的問題時，總是向鄧小平同志通報，向他請教；鄧小平同志也總是全力支持我們的工作，支持我們集體作出的決策。這次高級會晤，也就意味著中蘇兩黨關係的自然恢復。

這幾句話，是鮑彤在中聯部送來的原稿上加上的。原因有三：

一、戈巴契夫來華之前，蘇聯外交部副部長羅高壽找到中國駐蘇大使，提出一個問題：為什麼你們說戈巴契夫同志和鄧小平同志的會談是中蘇兩黨的最高級會晤？據我們所知，鄧小平同志在你們黨的中央委員會已沒有任何職務。現在擔任總書記的是趙紫陽同志。大使將這個問題傳回國內後，趙紫陽認為需要向全黨、全國，也向全世界說明小平同志在我們黨內的重大貢獻和歷史功績，公開黨的十三屆一中全會通過的「重大問題仍要向小平同志請示」的決議，使黨內和蘇共方面了解和理解這個問題。

二、五月十三日，趙紫陽同首都工人代表座談，當場有工人代表向趙紫陽提出了「為什麼政治局常委要向不是常委的鄧小平彙報」。當時趙紫陽回答：「這是十三屆一中全會的決定。是全會決定重大事情要向鄧請教，這是為了整個黨的利益。因為鄧的政治智慧、政治經驗比我們常委任何人都豐富。」這樣講了以後，工人們反應很好。

三、向「兄弟黨」領導人通報十三屆一中全會關於鄧小平在中共黨內地位的決議，從十三大以來已經形成慣例。就在不久前趙紫陽訪朝，也曾經向金日成通報過，這次與戈巴契夫會談自然也不例外。而且向戈巴契夫說明鄧小平在中共黨內的地位，這也是鄧小平本人的意思。

趙紫陽在回憶錄中記載：

在我會見戈的前兩天（五月十三日），我在鄧家裡談戈氏來訪的有關問題時，鄧說了一句話，說他和戈會晤後，兩黨的關係就恢復了。這和原來外交部的方案不同。我非常注意鄧的這句話。[272]

果然，戈巴契夫五月十六日下午在釣魚台國賓館會見趙紫陽時說：他已經見過鄧小平，但現在見到趙紫陽總書記，全部協定才算是得到了正式認可。趙紫陽解釋說，鄧小平仍在工作，中國仍然需要鄧小平的智慧和經驗，因此「一九八七年的十三屆一中全會鄭重作出決定，在最重要的問題上仍要由鄧小平同志掌舵」[273]。

萬萬沒有想到此言一出，立即狂風巨浪：首先是鄧小平的震怒。鄧樸方說十六日晚上中央電視台播出趙紫陽與戈巴契夫會談的電視直播，特別是關於「十三屆一中全會決定」的一番講話，令正在打牌的鄧小平非常生氣，怒斥趙紫陽是「叛徒」，狠狠地拍了桌子。還有人說，當時鄧小平十分惱火，一邊打牌一邊氣呼呼地說「隨他去，不管他了」。[274]接下來外電也敏感地捕捉資訊，認為此話是趙紫陽與鄧小平決裂的先兆。天安門廣場上更是群情激奮，首當其衝的是曾經在鮑彤手下工作過的嚴家其，他居然也認為趙紫陽的這段講話是「吹響了進軍號」[275]，立刻執筆寫的一份聲明送到廣場，這份史稱「五．一七聲明」中直言「中國還有一

272　趙紫陽《改革歷程》。
273　傅高義《鄧小平時代》。
274　戴晴《鄧小平在一九八九》。
275　林雪採訪周舵。

位沒有皇帝頭銜的皇帝，一位年邁昏庸的獨裁者」、「老人政治必須結束！獨裁者必須辭職！」等言辭極具煽動性。要知道當年「反自由化」時鄧力群要點名批評思想界十二個人，特地提到正在趙紫陽的政改班底裡工作的嚴家其，說他搞資產階級自由化。趙紫陽當即說：嚴家其沒有問題，他反自由化很積極。因此嚴家其的「罪行」，後來當然地算到了趙紫陽的頭上。

大約從上午十點開始，天安門廣場上出現了直接針對鄧小平標語：

鄧大？黨大？

不管白貓黑貓，只要下台就是好貓

聽小平的？聽人民的？

小平下台，人民做主

不要中國特色的攝政王

小平，我們的孩子在挨餓，你們的孩子在幹什麼？

老人政治，必須結束

…………

就連軍人的口號也出來了：

我們不是鄧家軍，也不是楊家將，更不是鎮壓人民的憲兵——幾十名年輕軍官

絕不當獨裁者的禁衛軍

打倒中國的秦始皇

把軍隊還給人民——部分軍官。

鄧小平滾下台

…………[276]

坊間還流傳著更加出格的舉動：有人往鄧府院子裡扔磚頭。

有人說，作為政治家，總書記，鄧小平的老部下，在如此敏感的時候，這一切趙紫陽都應該事先考慮周全——他一生謹慎啊。可是當時的趙紫陽不知道是忙昏了還是急昏了，對這一切絕對沒有料到，卻被鄧小平認為是故意的。鄧小平往桌子上拍的那一巴掌，拍出了他的鐵血本質：他是從戰爭中走過來的，見慣了屍山血海，也經歷了複雜的黨內鬥爭，不但懂得「大丈夫能伸能屈」的韜略，更懂得「會用兵者隱其形」的戰術，還絕對相信「狹路相逢勇者勝」的戰爭法則。他可以決策，可以指揮，但是不能露面，更不能輕易出面承擔責任，這樣進可攻退可守，出了紕漏還可以由下面背鍋，比如突擊價改，就是由趙紫陽出面承擔主要責任。前些時候李鵬拉大旗作虎皮，將他的四．二五講話大張旗鼓宣揚，就讓他很生氣——儘管那些話的確是他說的而且從來沒有改變過。現在，他認為自己在如此敏感的時候，被趙紫陽「出賣」了。聯想到趙紫陽藉他的名義幹的那些支持「自由化」的事情，想到趙紫陽對於學生一再妥協而導致接待戈巴契夫場面上出現的尷尬，鄧小平氣不打一處來，乾脆站到了幕前。

當時戈巴契夫對於鄧小平的評價不高。他在回憶錄中說：「我和鄧小平的談話前後不下兩個小時。鄧小平所用的概念和術語大都是過去時代的用語，這一點從我們談話記錄的引文上可以看出。」而在會見趙紫陽的時候，他感覺就不一樣了：

中共中央總書記的坦率令我很吃驚，談話中我甚至想：這是什麼意思？只是過了些時候

276 戴晴《鄧小平在一九八九》。

我才可是明白他是什麼心情。他內心的看法與價值觀在進行怎樣的鬥爭。他是一位和鄧小平很接近的改革家，一位追隨他的所謂新型的政治活動家。自然，不少有頭腦的人追隨其後，特別是有些青年知識分子。那些日子，他正好遇到了大學生群眾的民主挑戰。趙紫陽不可能不知道，當時有很多人要求整頓秩序，因為大學生們的行動已經帶有百姓造反的性質了。可是那裡的基本群眾都是他的追隨者，或者至少說，是一些受他的思想鼓舞的群眾。這就是他的悲劇。277

其實不止是趙紫陽了，後來戈巴契夫本人，也成了這樣悲劇的犧牲者。對了，還有那個銳意改革的巴列維國王。

搞改革的都沒有好下場。我不下地獄誰下地獄。或許就在應鄧小平之邀入主中南海之前，趙紫陽就想好了。只不過沒有想到會以這樣的形式。

謝幕

悲劇中的趙紫陽在陪同戈氏的宴會中喝多了，然後在晚上的政治局常委會上很激動地說了一大堆話來堅持自己的觀點，晚上兩點才散會。可是「那邊」已經積極行動起來：第二天一大早，李先念已經去了鄧宅。李鵬在日記記載：五月十七日上午，李先念去鄧小平處談話，

277 盧躍剛《趙紫陽傳．一位失敗改革家的一生》。

鄧小平已有讓趙下台的意思，只是還沒有下最後的決心。[278]根據之前之後李先念在「倒趙」中的作用，他顯然是去煽風點火的，火點就是好多天以前趙紫陽的「五四亞行講話」。[279]

這天下午趙紫陽沒有能夠單獨見到鄧小平，也失去了最後勸說鄧小平的機會。他沒有想到鄧小平是召集全體常委開會。這個五月十七日下午四點開始的會議，氣氛已經與昨天晚上不同。鄧小平在會上特別提到趙紫陽之前的亞行講話，說他暴露了黨內的分歧。最後說：

解決全國的問題，必須先從北京開始，因為首都的任何騷亂都會影響全國。你愈讓，他就愈鬧。不採取緊急措施，肯定是頂不住的。考慮來考慮去，要在北京實施戒嚴，但是現在北京的警力已不足以恢復秩序，要請解放軍出來。軍隊的調動要快速果斷，在（戒嚴）行動之前部署軍隊的計畫要暫時保密。

會上有人擔心外國人可能對動用武力作出負面反應，鄧小平回答說：「西方人會忘記這件事的」。

李鵬和姚依林馬上表示支持鄧小平的意見，儘管胡啟立也表達了一些顧慮，但只有趙紫陽明確反對。趙紫陽說：「有決斷總比沒有決斷好。不過小平同志，這個方針我很難執行。」

鄧小平說：「少數服從多數嘛！」

趙紫陽回答說作為黨員他接受，但他仍要保留個人意見。他已經意識到，作為總書記，將要由他來宣布實施戒嚴並監督它的執行，這不僅突破了他作為總書記的執政底線，也突破

278 李鵬《李鵬「六十」日記》。
279 戴晴《鄧小平在一九八九》、吳偉《中國八〇年代政治改革的台前幕後》。

了他本人的人格底線，無論如何不可接受。會議一結束，趙紫陽心情很不好地回到他在中南海的辦公室，對鮑彤說：「今天下午，在小平同志家裡常委開會，打了一場官司，姚依林、李鵬贏了，我輸了。他們（李鵬、姚依林）說，我的亞行講話有問題，暴露了黨內分歧。常委有個決策，什麼決策，我不能跟你們說，要保密。但是我想，由我作為總書記來執行今天的決策，是不適合的。我的精神狀態，我的政策水準，都不宜於執行這個決策。我在會上就提出來了，我恐怕不能勝任。小平說：總書記還是你（即趙紫陽）。我回來想了一路，我還是應該提出辭職。你們給我寫一個辭職信。」

鮑彤問：「辭職是辭總書記，還是總書記和軍委第一副主席都辭？」

趙紫陽說：「兩個都辭。」

辭職信的原文是：

常委並小平同志：

以我現在的精神狀態和政策水準，我認為，目前由我繼續主持常委會的工作，執行中央決策是不適宜的。因此，我請求辭去中央委員會總書記和軍委第一副主席的職務。

趙紫陽

一九八九．五．一七

辭職信送到中辦祕書處還沒有發出去，楊尚昆就打電話來再三勸他收回，說這個消息如果傳出去，將使形勢更加激化，不能火上加油。趙紫陽接受他的勸告，十八日通知中辦辭職信不要發出，後由祕書李樹橋把辭職信收了回來。但是趙紫陽要辭職的消息很快就傳出去了，令等待他回心轉意的鄧小平怒不可遏。

這天晚飯時，兩個家庭召開了「五．一七會議」。

鄧家人坐在一起。鄧小平臉色凝重地一語不發，看著嚴家其、包遵信等人的「五一七宣言」。全家一致認為「看來他們要甩出我們家，把我們剁成肉餡了！」鄧小平使出了鐵腕，下定了「不怕流血，強行鎮壓」的決心。

趙紫陽心情沉重地回到家裡，吃晚飯時向家人說：「**我執行鄧小平戒嚴的決定，可能還擔任總書記。如果我不執行，還堅持反對意見，可能命運會很嚴酷，可能要坐牢，一定對你們有影響。但我不能執行這樣的決定，我不能當千古罪人！**」家人一致表示無怨無悔地支持他的決定。

也是這一天，正在加拿大訪問的萬里，公開發表了他對學潮的看法。他說：「中國改革開放十年，國民生產總值翻了一番，但政治體制改革慢了一些，民主發揚不夠，群眾監督也不夠。現在，學生、知識分子和工人要求民主，反對腐敗，是促進加快改革的愛國行動。」萬里的講話被冠以「學生要求民主反對腐敗是愛國行動」的標題，第二天在《人民日報》刊出，各界人士普遍認為這個講話群眾和學生能接受。[280]

當天晚上，趙紫陽尷尬地主持了政治局常委會，在沒有鄧小平在場的情況下研究如何貫徹鄧小平實行戒嚴的決定。當談到要他主持宣布戒嚴的幹部大會時，趙紫陽沒有接受。他說看來我的歷史使命已經完成。[281]當天晚上，中辦安排中央領導人去醫院看望絕食的學生，徵求李鵬的意見，李鵬說他不去。可是幾個小時之後（十八日淩晨）去醫院的車子將開動時，他卻

280 陳一諮《陳一諮回憶錄》。
281 傅高義《鄧小平時代》。

又趕了來，原來他是聽說趙紫陽要去醫院才改變了主意。之前趙紫陽三次意欲前往，都遭到李鵬的阻攔。第一次是學生絕食的第二天即五月十四日，因為李鵬強行阻攔未成；第二次是五月十五日，李鵬說：如果你去看了學生，就要承擔分裂黨的責任！結果車子圍著天安門轉了兩圈，趙紫陽沒有下車。這一天的淩晨五點，趙紫陽、李鵬、胡啟立、喬石到北京協和醫院、同仁醫院看望了因絕食而病倒的學生。一下車李鵬就擋住趙紫陽走在前面。到醫院以後，李鵬就讓人給攝影記者打招呼，叫記者不要拍趙紫陽的鏡頭，說「以免人事變動後被動」[282]。在剛剛結束的常委會上，李鵬提出內部有壞人，經常把常委會內容洩漏出去，鮑彤就是一個。而後鮑彤被捕並且坐了七年的牢，所有的審查都表明「洩密」查無實據。而事實上，十七日政治局常委會後立即向攝影記者洩露了中央即將發生重大人事變動機密的，就是李鵬自己：他對於扳倒趙紫陽，已經勝券在握，因此顯得迫不及待。

鄧小平在五．一七晚上的會議之後，迅速開始實施戒嚴計畫。十八日上午中央軍委召開擴大會議，楊尚昆宣布了實行戒嚴的決定。十八日下午中央軍委又召開工作會議，最終確定了實施戒嚴的細節：戈巴契夫將在五月十九日上午離開北京，當晚將有五萬軍人快速行動，於五月二十日星期六早晨到達天安門廣場。[283]

而趙紫陽五月十八日在醫院看到的情況是：被送進醫院的學生已達五〇四人，其中三十二人病情嚴重。趙紫陽從醫院回去之後心不能平復，加上那幾天，一些知名人士和黨內老同

282 趙紫陽《改革歷程》。
283 傅高義《鄧小平時代》。

志，紛紛給他打電話寫信，要求正確對待學生運動，承認學生的愛國行動，改正對學生的錯誤態度，其中就有一向受鄧小平器重的像李一氓[284]這樣的老同志。趙紫陽從中挑選了一批信轉給鄧，並給他寫了一封信，再次陳述了自己的意見，雖然明知希望不大，但仍願意作最後一次努力。原信如下：

小平同志：

現送上幾位有影響的老同志的呼籲，望一閱。現在形勢十分嚴重，最緊迫的事情是讓學生停止絕食（這是最受群眾同情的），避免死人，而學生答應停止絕食最關鍵的要求就是摘帽子，改變四月二十六日社論的定性，承認他們的行動是愛國運動。我反復考慮，覺得我們必須痛下決心做出這個讓步，只要我們主要領導人親自到群眾中去宣布承認這一點，群眾的情緒就會大大緩解，其他問題才好解決，即使我們需要採取維護秩序的堅決措施，也必須先走出這一步然後才好行動。不然，在眾多群眾嚴重對立的情況下採取強硬行動，可能引起威脅黨和國家命運的嚴重後果。

我懷著萬分憂慮的心情，再次請你考慮這個建議。

趙紫陽

一九八九年五月十八日

趙紫陽這封充滿憂慮的信，寫在鄧小平下達戒嚴令的前夕。即使在這樣的時候，他依然

284 李一氓（一九〇三～一九九〇）四川彭州人。一九七四～一九八二年任中央對外聯絡部副部長、一九七八～一九八二年任中共中央紀律檢查委員會副書記。時任中顧委常委。

在作努力，依然幻想自己能夠如往常的很多時候一樣，說服鄧小平能夠回心轉意。但從另一個角度說，也說明趙此時仍似乎還沒有看透鄧小平。實際上早在一九八八年下半年，鄧小平對於趙紫陽的信任就已動搖，他就「已看清楚，趙是搞自由化的人，遲早非下台不可」。後來鄧幾次說「大格局不變」，並對趙說什麼望他「搞兩屆總書記」，什麼要「把軍委主席交給他」，都只不過是因為找不到合適的人替換，下不了最後決心的緩兵之計而已。後來耀邦逝世之後，學生要求為耀邦正名，趙紫陽認為「沒有理由不同意學生悼念」，這讓鄧小平「更加看清了趙紫陽這個人」。此後，趙紫陽不同意對學潮的定性，提出修改四・二六社論，反對戒嚴，就促使鄧小平下了最後除掉他決心。[285]如果趙紫陽此時寫信是知其不可而為之，那就顯得悲壯；如果他真的抱有希望，那就是悲劇了。因為他所做的事情不是為了他自己，而是為了很多很多的人。

所以此信是不會起作用的，趙紫陽一直沒有收到回音，以後他的任何建議，都不再會有回音了。

接下來，趙紫陽給政治局和常委寫了病假條：我頭痛加劇，急需治療和臥床休息。在此期間，常委和政治局工作，建議李鵬同志主持。[286]

這天夜裡，趙紫陽對祕書李樹橋說：「我不能當千古罪人！但這樣的時候，我不說話行嗎？」於是才有了他那篇在天安門廣場的「告別辭」[287]。

285 李鵬《李鵬六四日記》、吳偉《中國八〇年代政治改革台前幕後》。
286《李鵬「六四」日記》。
287 陳一諮《陳一諮回憶錄》。

十九日淩晨，天下著雨，戒嚴的消息已經從各種管道向天安門蔓延。據國家安全部的估計，廣場上大約聚集了一百二十萬人。[288]趙紫陽決定要去廣場看望學生，李鵬堅決反對，並且還要中辦阻止。趙紫陽感到這麼多學生絕食將近七天了，中央領導人連看也不看一下，無論如何交待不了，表示一定要去，別的人不去，他一個人也要去。趙紫陽終於衝破阻力，帶著中辦主任溫家寶來到了天安門廣場的學生中間——北京即將戒嚴，他如果現在不去，大概就永遠沒有機會去了。李鵬匆匆追來，見趙紫陽已到了學生當中，他畢竟是害怕學生的，短時逗留之後溜之大吉。

趙紫陽登上了學生們休息的大客車，學生們立即把他簇擁起來，許多人請他簽名留念。他接過學生遞過來的擴音話筒，作了最後的公開講話。他說：

> 同學們，我們來晚了，來得太晚了，對不起同學們了。

趙紫陽哽咽了，平靜了一下才又說：

> 你們說我們，批評我們，都是應該的。我這次來不是請你們原諒的。

面對天安門廣場上人山人海的學生，趙紫陽手提擴音器繼續說：

> 我想說的是，現在同學們身體已經非常虛弱，絕食已經到了第七天，不能再這樣下去了。絕食時間長了，對身體會造成難以彌補的損害，這是有生命危險的。現在最重要的是，希望儘快結束這次絕食。我知道，你們絕食是希望黨和政府對你們所提出的問題給以最滿意的答覆。我覺得，我們的對話管道是暢通的，有些問題需要一個過程才能解決。比如你們提到的

288 傅高義《鄧小平時代》。

性質、責任問題，我覺得這些問題終究可以得到解決，終究可以取得一致的看法。但是，你們也應該知道，情況是很複雜的，需要有一個過程……如果你們停止絕食，政府不會因此把對話的門關起來，絕不會！你們所提的問題，我們可以繼續討論。慢是慢了一些，但一些問題的認識正在逐步接近。我今天主要是看望一下同學們，同時說一說我們的心情，希望同學們冷靜地想一想這個問題。這件事情在不理智的情況下，是很難想清楚的。大家都這麼一股勁，年輕人麼，我們都是從年輕人過來的，我們也遊過行，臥過軌，當時根本不想以後怎麼樣。最後，我再次懇請同學們冷靜地想一想今後的事。有很多事情總是可以解決的。希望你們早些結束絕食，謝謝同學們。

全世界的人都在電視上看到了趙紫陽聲音顫抖、眼含淚水的情景，記住了他帶有河南腔的話音。這是趙紫陽最後一次公開露面，是他告別政壇的演說。中國共產黨有過很多總書記，只有趙紫陽站在這樣的高度，以這樣悲憫蒼生的方式向民眾謝幕。

五月二十日，由於鮑彤等人的努力，《人民日報》等各大傳媒在頭版登載了趙紫陽在廣場的講話。這也是趙紫陽作為總書記，最後一次以正面身分出現在《人民日報》上。李鵬認為這個講話「公開了黨中央內部的分歧」。

之後趙紫陽在他的回憶錄中說：

我當時講這些話，無非是勸他們停止絕食，他們還年輕，要愛惜生命。因為我明明知道，他們的行動雖然得到國內外廣泛的同情，但對於持強硬態度的一批老的領導人，是起不了作用的。即使繼續絕食下去，甚至死幾個人，他們也會無動於衷的。[289]

十九日上午十點，在沒有通知趙紫陽和胡啟立的情況下，陳雲、李先念、楊尚昆、王震、彭真、李鵬、喬石、姚依林、遲浩田、趙南起、楊白冰等人在鄧小平家裡開了一個重要的會議，因為這些人的身分光怪陸離，這個會議連一個正式的名目都沒有。鄧小平在這個會上釋放出前所未有的信號：承認自己「選了兩個人，都選得不妥，兩個人的問題都出在自由化上。」

其實這個問題，源於鄧小平本身的認識悖論。他只是希望學習西方的市場經濟，卻不明白資本主義的市場經濟本身，就是與其三權分立的政治體制相輔相成自成一體，而與鄧小平一心要堅持的「四項基本原則」完全背道而馳。鄧小平說趙紫陽「說得多做得少」是睜眼說瞎話，「歷來借我的名搞自己的一套，借改革開放搞自己名堂」倒是實情。一來鄧小平所謂的「政治改革」既要堅持黨領導一切，又要求黨政分開，根本就做不到；二來趙紫陽與鄧小平從本質上就是不同的兩種人。趙紫陽與胡耀邦吸取了文革和東歐社會主義國家的教訓，希望以制度法規來杜絕「一人說了算」的弊病，讓中國走上民主化的道路，以保國泰民安，所以必然會「自由化」。鄧小平在根本上與陳雲等元老派一樣，是要保證紅色江山永不變色，要保證「毛在毛說了算，我在我說了算」；只不過陳雲、李鵬、李先念等人，是堅定地拋棄與資本主義配套的市場經濟，而去堅持社會主義的的計畫經濟，以建立自己的絕對權威。這個無解的難題，使得鄧小平一直都在「兩個司令部」之間遊離，最後認為與經濟成就相比，政治原則更加重要。因為經濟成就只是利國利民，而政治原則的改變是完全否定自我：不但否定了陳雲傾其一生

289 趙紫陽《改革歷程》。

所創建的中國計畫經濟模式，也不但否定了鄧小平好容易熬到今天「我說了算」的權威，更為重要的是要否定他們親手建立的黨，以及這個黨所做過的很多事情。這也就是他們憤怒地指責學生及其背後「長鬍子的人」妄圖推翻中國共產黨、推翻社會主義的原因所在。因此鄧小平與陳雲等人無論在經濟問題上有著多深的矛盾，最後都會在「四項基本原則」上合流。而胡耀邦、趙紫陽與鄧小平無論曾經多麼默契，最後都會分手。對於趙紫陽來說，這個「最後」就是鄧小平主持的這次會議，以及他在這次會議上講的那句話：中央有兩個司令部，名義上看是李鵬和趙紫陽，實際上是我和趙紫陽。

基於這一點，鄧小平殺氣騰騰地作出決定：

動亂到今天，不能再退了。誰要退，誰就是逃兵。戒嚴要儘量減少損傷，但是要準備流點血……如果我們提出「絕對不用殺傷性武器」，那是不行的，那等於捆住了自己的手足。真正（鬧事）的核心人物是那些搖羽毛扇的。趙紫陽周圍的人[290]還要搞名堂，這很危險。鮑彤先隔離起來，切斷他的對外聯繫。什麼「高自聯」、「工自聯」，都要宣布非法、取締，絕不能手軟。開一個名單，儘量全一點。[291]

開一次政治局擴大會議，決定總書記和常委補充人選。以後再開中央全會加以確認——非常時期開三百多人的（中央全）會不方便。政治局的人參加，還擴大到老同志和軍隊的人，不超過四十人。會議的籌備工作由李鵬、喬石、宋平負責，參加會議的名單也由他們提出。

290 鄧小平聽了李鵬的指認，也確認鮑彤洩密。
291 「六四」之後逮捕了。

輿論不可小看，要讓絕對可靠的人掌管起來。中央要成立宣傳小組，常委直接管起來。要立刻派人進駐電台和電視台，對戒嚴要及時宣傳報導。

…………

鄧小平的話定了調，與會者一致表示擁護。[292]

這個會議召開的同時，天安門廣場上群情激奮。十九日白天，北京市仍有幾十萬工人、學生、市民上街遊行聲援學生。全國有二十多個大城市的五萬多名來京學生參加了天安門廣場的靜坐活動。《人民日報》在顯著位置發表了十二名人大常委會委員「關於從速召開全國人大緊急會議」的建議；發表了民革中央主席朱學范、全國工商聯主席榮毅仁、農工民主黨主席盧嘉錫、致公黨主席董寅初……以及團中央、台盟中央、中國作協和文藝界、新聞界、法學界、社會科學界及十九家海外新聞單位等的緊急呼籲，要求中央主要領導迅速與學生對話，緩解當前事態。與此同時，中國經濟體制改革研究所所長陳一諮終於突破的「不介入」的方針，主持召開了有「三所一會[293]」人員參加的會議，由陳一諮主持起草了〈關於時局的六點聲明〉，公開表示支持學生並指責當局。

…………

到了晚上，或許是由於趙紫陽早上的講話，更是因為戒嚴的消息迅速傳播，大批民眾奔赴進城的路口圍堵進城的軍隊，廣場上的人開始減少，學生宣布改「絕食」為「靜坐」。

292《李鵬「六四日記」》。
293 即中國經濟體制改革研究所、國務院農研中心發展所、中信國際問題研究所、北京青年經濟學會。

也是在這一天的下午，趙紫陽接到「當天晚上召開正式宣布戒嚴大會」的通知，以及不知何人起草的、與他的意見完全相左但是又必須由他宣布的黨的最高領導人講稿。他拒絕出席。

夜裡十點，李鵬發布了戒嚴令。

第一時間得到戒嚴消息的軍隊上層反映激烈，徐向前元帥說：「但願絕對不是沖學生來的。」聶榮臻元帥說：「絕對不要發生流血事件。」葉飛、張愛萍、肖克瑜、楊毓、陳再道、宋時輪、李聚奎等七位上將，給鄧小平和中央軍委寫信說：「請求軍隊不要進城，不要在北京實行戒嚴。」在北京的八百個將軍中有五百多個簽名反對動用軍隊[294]。三十八軍軍長徐勤先「寧可殺頭，也不能作歷史的罪人」，最後因為「抗命不調兵」，被送上了軍事法庭判刑五年。

他們都反對動用軍隊，認為理智、克制的態度才有利於問題的解決。

接下來，全國有一百三十多個城市舉行了遊行示威，「李鵬下台」成為集中呼喊的口號。海外留學生也掀起了強烈的抗議活動：美國的五千多名中國留學生在華盛頓發表了〈告全國同胞書〉，「堅決反對軍事管制，堅決反對鎮壓愛國民主運動」。其他國家的中國留學生也紛紛舉行了反對軍管和戒嚴的遊行活動，日本有五千多人、英國三千多人、法國三千多人……

但是這一切，都沒有動搖鄧小平的決心。

根據相關研究確認，從此時開始陸續進入北京執行戒嚴任務的部隊總人數超過二十萬人。[295]到六月四日淩晨，大批的坦克裝甲車碾過十里長街，軍隊向老百姓開槍，鑄成驚天大血

294 陳一諮《陳一諮回憶錄》。
295 戴晴《鄧小平在一九八九》。

案。三十多年過去了，因為這個決定，鄧小平本人及他所領導的中國共產黨，至今無法擺脫恥辱。

第三十一章　槍響前後

五月二十日。由於頭天大批北京市民蜂擁走上街頭，徹底堵住了從東南西北各個方向進城的六條主要道路和其他幾條小路，受命必須在當晚到達天安門廣場的五萬名軍人根本無法進城，以至於李鵬在他的日記中寫道：「我們沒預料到會有大的抵抗。」鄧小平已十分擔心軍隊和高層在面對市民反抗時能否保持堅定的立場，曾經支持趙紫陽的楊尚昆已經徹底成為鄧小平的幫手，他們派了兩名最高層的軍事領導人逐一拜訪那些將軍，向他們解釋實施戒嚴的原因。在五月二十日以後幾天的李鵬日記中，滿是與全國各地領導人進行電話交談的紀錄。他在電話中解釋發生的事情，希望能得到他們的贊成，並記下他們對北京領導層的決定表示擁護的聲明。296

眼看局勢緊急，楊尚昆托身邊的幹部子弟給趙紫陽的女婿帶話，勸趙紫陽做檢討——這個黨從來就沒有害怕過學生與民眾，怕的只是「黨內有派」，特別是在民情洶湧的浪潮下，趙紫陽很可能成為民間反對派的「舉旗人」。當然了，或許楊尚昆真的為了趙紫陽好：按照黨內多年來的「潛規則」，做了檢討就是自己人，不做檢討就不是自己人。可是楊尚昆的好意被拒絕了。一向溫和的趙紫陽回話是：「早知今日，何必當初」。

296 傅高義《鄧小平時代》。

拒絕檢討的趙紫陽，依然在為化解危局竭盡全力。他後來在回憶錄中說：

我當時考慮，只有提前召開人大常委會，由人大這個權力機關以民主與法制的形式，來扭轉這種局面。五月二十一日，我找閻明復談了我的這個想法，請他轉告尚昆，看是否可行。[297]

對此李鵬的記述是：

（趙）叫閻明復到家中，對閻說，學潮這樣拖下去，結果難以預料，只有召開人大常委會來緩解。他要閻去見楊尚昆，楊拒絕了趙的建議。[298]

趙紫陽決意直接啟動人大。他在《改革歷程》中寫道：

二十一日下午，胡啟立到我家，說人大常委要求萬里提前回國的報告現在沒有人批覆，擱在那裡。我就讓胡啟立告訴彭沖，由人大黨組直接發電報給萬里，促他提前回國。胡啟立問，可否說已經你同意，我說可以。隨後我又給吳學謙[299]打電話讓他設法把電報發出去。

趙紫陽在回憶中還說：

在這之前，彭沖找我談過，他說萬里在國外，他召開了人大副委員長會議，大家一致主張提前召開人大常委會。他還到玉泉山找了彭真，彭真也贊成這樣辦。他們已寫了報告給中央，要求萬里提前回國。

其實，早在五月十九日，面對李鵬宣布「北京城區戒嚴」這樣的大動作，彭沖等人已經

297 趙紫陽《改革歷程》。
298 李鵬《李鵬「六四」日記》。
299 吳學謙（一九二一～二〇〇八）：上海嘉定人。一九八二～一九八八年任外交部長。時任中共中央政治局委員、國務院副總理。一九九三年任政協副主席。

在敦促原定六月二十日召開的「第八次人大常委會」提前舉行，此刻再度緊急動作起來。彭沖召開了在京人大委員長（共十一人，其中黨組成員六人）會議，提議：提前開會！速召萬里！提議於十九日當天緊急上報到中央，可是一直無人批覆。據《李鵬「六四」日記》：李鵬和姚依林批復「不同意」；喬石畫了圈。常委分工主管人大政協的胡啟立才在情急中找到還沒有被正式解除職務的趙紫陽。但是後來趙紫陽才知道：

> 後來據說李鵬又給萬里發電報，不讓他提前回國，可能是請示了鄧，所以萬里未能及時回國。[300]

五月二十一日中午，喬石焦急地去看趙紫陽，說不少人已經感到有點騎虎難下了，如果不是鄧一再督促，並且決定調更多的軍隊來京，這場大悲劇也許可以避免。喬石的話並非空穴來風：軍隊進不來，戒嚴令不起作用，成百萬學生、市民、工人、機關幹部湧向大街和天安門廣場，首都面臨陷入癱瘓的危險。二十二日，部隊被圍堵第三天，李鵬在的日記中承認：軍隊在五十個小時裡無法移動，鄧小平擔心有可能「軍心不穩」。二十二日早上七點，部隊接到了撤退的命令，有些市民認為軍隊只是想換一條路線進入市中心，繼續阻止他們移動，直到五月二十四日，部隊才得以已撤到市郊駐紮下來。戒嚴令並沒有被正式取消，示威群眾卻開始慶賀勝利。他們沒有想到鄧小平讓軍隊暫時撤退到市郊的同時，指示楊尚昆準備坦克、裝甲運兵車、卡車和足夠的武裝部隊，以便克服一切抵抗。

濃烈的血腥氣悄無聲息地在北京城裡彌漫開來。

300 趙紫陽《改革歷程》。

趙紫陽支持人大的行動，表明在沒有正式解除總書記職務之前，他還可以繼續行使權力，這成為李鵬的一塊心病。二十一日，李鵬給鄧小平的大祕書王瑞林打電話，請他報告鄧小平：我建議於近日內就召開政治局擴大會議，從組織上解決趙的問題。晚上，「鄧辦」向李鵬傳達鄧小平的意思：要等大軍進入北京後，再開政治局擴大會議，這樣可以避免衝擊和干擾，才能開得更有把握。301

可是第二天，「解決趙紫陽問題」的重要會議即在鄧小平家中召開。只是參會者並不是李鵬指望的政治局常委們，而是鄧小平、陳雲、李先念、彭真、鄧穎超、楊尚昆、薄一波、王震等八位中顧委的成員，他們在黨內外都沒有正式的職務，與政治局常委，甚至委員都不沾邊，人稱「八老」。他們參與的這個決定中央高層領導人去留的重要會議，史稱「八老會議」。在這個會上，「八老」決定趙紫陽、胡啟立、閻明復、芮杏文「靠邊站」，並研究新的領導班底。鄧小平提李瑞環，陳雲提江澤民，彭真提萬里……除了不會看臉色的楞頭王震，完全沒有出現很多人預料的由李鵬「按順序接班」的場面，連李鵬的「乾媽」鄧穎超雖然給趙紫陽扣上「不謙虛」的帽子，但是也沒有提出讓李鵬接位。最後楊尚昆出面，明確否定了李鵬，提出了排在李鵬之後的喬石。他說：

總書記可以考慮從現有常委中產生。現在各方面都把矛頭對準李鵬同志，反對他的呼聲很高，如果提議由李鵬同志擔任總書記，黨內會有很大的壓力。喬石同志年富力強，他是目前常委中在中央各要職部門擔任工作最多的一位，當過組織部長、黨校校長、中辦主任、政

301 李鵬《李鵬「六四」日記》。

法委書記、中紀委書記，還擔任過一段時間的副總理，長期在書記處工作，熟悉中央機關情況。為人清廉，工作能力強，在中央機關有威信。我提議喬石為總書記人選。

楊尚昆否定李鵬的意見，不僅僅點穿了「八老」中大部分人的顧慮，也是眾望所歸。三天以後，楊尚昆在中南海毛澤東游泳池邊一間休息房裡會見許家屯[302]，向他「打招呼」：「經常委決定，趙紫陽已停職。小平同志講，已經沒有路可退了，才採取戒嚴，動用解放軍平息動亂。希望你理解，支持中央的決定。」許家屯難受得一時講不出話來，半晌才說：「動用解放軍，千萬不要流血啊！」楊尚昆當即表示不會的，並說徐帥、聶帥等幾位老帥，他們也向中央提了這樣的意見。許家屯又問：「誰當總書記？」楊尚昆回答：「中央還沒有來得及考慮。」許家屯鄭重地向楊尚昆說：「不能讓李鵬當啊！」楊也肯定地回答：「不會的。」

最後，這個純粹由最高級元老參加的會議決定：撤換趙紫陽總書記、胡啟立常委的職務，並於五月二十二日起停止工作，正式決定由四中全會做出；同時提出了新的總書記和常委的「醞釀人選」；做出了讓萬里回國不回京、先到上海的重大決定。

總書記的人選因為「醞釀」暫時擱置，但是萬里的事情必須抓緊進行。五月二十二日當天，根據「鄧小平的意見」，中共中央將此意見以電報的形式發給萬里，命他「提前結束訪問」。緊接著楊尚昆與江澤民談話：小平同志要我與你談話。中央決定，萬里同志將提前結束訪問回國。北京的局勢現在很複雜，一些人想利用萬里同志的特殊身分重新挑起事端，擴大影響，

302 因為把北京市的情況估計得很嚴重，許多負責人都搬了家。楊尚昆、李鵬搬進了中南海，一個住毛澤東的游泳池，一個住游泳池旁毛澤東逝世時的住宅。

所以，小平、陳雲、先念、彭真同志都一致認為讓萬里同志先回到上海，由你代表中央先向萬里同志介紹最近一段時間的國內情況。楊尚昆說，這是中央的決定，要江澤民代表中央向萬里傳達三件事：

一、趙紫陽已被廢黜（罪狀三條：反對「四・二六社論」、反對戒嚴、向戈氏露話）；

二、政治局常委會宣布戒嚴，不是針對學生和市民；

三、眼下一些人大代表、副委員長等，呼籲召開人大緊急會議，人大常委會已通知所有人大代表不要參加簽名行動。中央希望萬里在上海就此發表「旗幟鮮明」的講話。

楊尚昆明確告訴江：「你是政治局委員，你就是（中央這次行動的）代表，何況是小平同志指定的。」

五月二十四日，萬里動身回國，臨行前再次發表講話：「要堅決保護學生的愛國熱情，同時要堅決維護社會秩序的穩定。」二十五日淩晨三時，萬里的專機抵達上海，在虹橋機場受到了江澤民、朱鎔基和上海市人大常委會主任葉公琦，以及萬里的兒子萬季飛的迎接。為了避開趕到機場的大隊上海學生，江澤民和丁關根商量後用了一個掉包計：萬里在上海虹橋機場下飛機後，從機場側門出去，先住市內賓館，同時卻安排了另一車隊將萬里的隨行工作人員和市裡迎接人員接到西郊賓館。隨後江澤民等人才與萬里一起前往西郊賓館。江澤民向萬里彙報了北京的情況，親自將中共中央有關檔呈交給萬里，[303]其中包括早就為他準備好的與五月十九日李鵬講話一個調門的講稿。萬里十分生氣，但五月二十七日仍不得不基本上按其調門，

303 陳小雅《八九民運史》。

發表了一個「書面談話」。雖然超過人大常委會委員三分之二的五十七名委員，贊成召開全國人大緊急會議，但在人們「歡迎萬里回國主持人大罷免李鵬，伸張正義」的希望最終還是落空了。自此趙紫陽在高層的最後一個支持者轉向，讓趙紫陽在高級幹部中徹底陷入孤立。

再回到五月二十一日。

趙紫陽在他的回憶錄中說：

> 我在十九日至二十一日請假三天，並沒有任何人告訴我已經被免職了，當然也沒有什麼人找我聯繫工作，重要的資訊管道被切斷了，把我和外界隔離了。我從別的管道聽到，李鵬、楊尚昆、姚依林、宋平[304]分別召開各部門會議，宣布我的「罪行」，還組織班底，起草檔，為召開全會宣布我的問題做準備；同時還分批把各省、市的第一、二把手召到北京打招呼。所有這些重大部署，既沒有召開政治局會議，又不是政治局常委會的決定——常委五人，我和胡啟立被排斥在外，不會有合法的常委會議。應該說，這些部署都不具有合法的性質。因為《黨章》規定，中央委員全會閉會期間，由政治局代行職權，政治局會議由總書記主持。顯然，以上重大部署，既非政治局會議，更非由我主持，不管是由另外什麼機構、什麼人主持的，都是違反《黨章》的。在這種既沒有人向我宣布我已停職，又不能履行職權的情況下，我當時產生了個顧慮，怕他

304 宋平，山東省莒縣人。一九三七年十二月加入中國共產黨，一九三六年春參加革命，時任中共中央政治局委員、中共中央組織部部長。

們過後倒打一耙，說我自己撂了挑子。

二十一日。趙紫陽認為還是應該開一次政治局會議，並要鮑彤為他起草一個講稿。二十二日上午，鮑彤交給助手吳偉一份資料，要他立即複印兩份。這份資料是鮑彤為趙紫陽起草的「在政治局會議上的講話提綱」，是趙紫陽打算召開一次政治局會議，在黨內高層的更大範圍內談談他的想法，特別是提出要儘快召開緊急中央全會和全國人大常委會緊急會議的主張。講稿的大意是這樣的：

……

目前，雖然中央決定我不再主持的工作，但我仍是中央常委和中央總書記，按黨章的規定有權召集這個會議。今天開會，我不講處理當前形勢的具體意見，只講一講召開有關會議的程式問題。

我認為，從目前的事態來看，我們的出路仍只有通過和平的方式，在黨章的基礎上，在民主和法制的軌道上來解決問題，這就是按照合法的程式，召開緊急中央全會和全國人大常委會。

接著，趙紫陽根據黨章和憲法的有關規定，談了召開中央全會和全國人大常委會的有關程式，應當由哪一個層次、哪一個人提出，哪一層次決定和召集，等等。文件不長，大約兩三頁的樣子。

趙紫陽擬議中的這次中央政治局會議，後來當然沒有開成，這個稿子當然也就沒有用上。[305]後來，趙紫陽讓鮑彤起草這篇文稿的這件事情被人揭發出來，一九九一年，被趙紫陽專

305 吳偉《中國八〇年代政治改革台前幕後》。

案組列為「在一九八九政治動亂中涉及到趙紫陽同志的有關問題」的三十個問題之一。[306]

趙紫陽在他的回憶中談到了這件事情：

> 我曾經找過中辦溫家寶，建議召開一次政治局會議。當時溫家寶說，中辦實質上已被撇在一邊了，現在所有這些部署都沒有通過中辦，一切活動都是李鵬、楊尚昆另外安排的，並不通過中辦。如果我一定要開會，中辦也可以發通知，但他感到後果會很不好，希望我慎重考慮。

在考慮到即使由中辦發通知會議也很難開得成的情況下，趙紫陽放棄了這一努力，讓祕書打電話找楊尚昆，要求同楊尚昆談一次話，目的也是要他澄清一下自己是否已被停職的問題，另外想解釋一下自己為什麼在五月十六日會見戈巴契夫時，要講關於鄧小平在黨內地位的那段話。

但是沒有回音。

五月二十四日。趙紫陽已經意識到對於自己的「清算」即將到來，他沒有像胡耀邦一樣低頭，也不能像胡耀邦一樣任人「批倒批臭」。他得最後陳述自己的治國理念，在中國的論壇上留下自己的聲音，讓歷史來作裁判。趙紫陽對鮑彤說：過些天要開政治局會議，會上我要作個發言，講講學潮以來的情況，你給我起草一個東西。此稿通篇是趙紫陽闡述自己從五月初以來在處理學潮問題上的主張、出發點和經過。這裡面講到了他對四·二六社論的意見，講到了他作五·四亞行講話時的打算，講到了他和戈巴契夫談話講小平功績時的出發點，也

306 趙紫陽《改革歷程》。

講到了他對動用軍隊、實行戒嚴的堅決反對的態度。因為這個會可能隨時要開，所以鮑彤一個晚上就趕寫出來給他。此為鮑彤最後一次見到趙紫陽。四天以後他因「洩露黨和國家機密、反革命宣傳煽動」罪名被逮捕，七年之後出獄，又被無任何理由關押一年，而後看到了趙紫陽在四中全會之前的中央政治局擴大會議上那篇著名的「自辯發言」，認為就是在自己起草的稿子基礎上修改而成。他說：前邊的那個幾部分是我給他起草的，沒有大動，後邊又加了很多東西，是紫陽自己加的。

五月二十五日。群眾與軍隊依然對峙。北京市委下令，凡是發現沒有人上班的單位就要處分領導人，但一到下午五點下班以後，人們就像潮水一樣從四面八方湧向東西長安街和天安門廣場。據陳一諮的體改所社會調查，黨政部門裡司局級以下的幹部中，八十％都是同情和支持學生和民眾；在正、副部長中，七十％都是同情和支持學生和民眾。廣場上飄揚著全國各地高等院校的校旗，學生在李鵬宣布戒嚴的那一天就宣布改絕食為靜坐，現在靜坐的北京學生已經不多了，外地學生很多並出現了強硬派領袖。廣場指揮部又在學生中間搞了一次「撤還是不撤」的民意調查，結果是百分之四十同意馬上撤，百分之六十認為等待合適契機再撤比較好。

可是看不到希望的抗爭與戒嚴帶來的恐懼，也讓人或者狂躁或者心煩意亂。長安街上一隊一隊的摩托車飛馳而過，飄展的大旗上寫著「死磕」（拼命）兩個大字。大道上橫滿了路障，一片狼藉，大量汽車和自行車壅塞在自行車道上，幾乎無法通過。密密麻麻的人堵住街道，維持街頭秩序由「市民自治會」之類更雜亂無章的組織接管，任意攔阻每一輛經過的大小汽車並檢查證件，很多人出言不遜，非法地侵犯其他公民的權利和自由。煤氣罐運不進來，市民們只好排起長隊久久等待；副食店裡沒有醬油、雞蛋，母親們幾天拿不到為孩子訂的牛奶，只好到處去買奶粉。廣場遍地垃圾，變成了大破爛市，學生當中有賭錢的，還有男男女女混居的，據說學生糾察隊抓住一個小偷，從他身上搜出四十多個錢包。一些學生領袖提出整頓秩序，可是見效不大。很多人預言：這麼下去非出大亂子不可。

《中國青年報》學校與教育部主任李大同，也就是那個直接與胡啟立對話要求新聞改革的李大同，徹夜不眠。他長期與學校和學生們打交道，曾經組織過兩代知識分子的討論，對於這些「天之驕子」們的心態很了解。他掏心掏肺地給廣場上學生們寫了一封信，提出了自己的觀點：

……

我有責任痛心地告訴你們，由你們推動而發生的首都新聞界與中央的很有希望成功取得制度化成果的對話，在目前局勢下，已完全沒有可能舉行，新聞管制已經開始——而這種機會是千載難逢的。

我坦誠地告訴你們，我堅決主張你們儘快撤離。除了人民已經公認你們勝利了這個前提外，迅速撤離廣場還有很多政治上的好處：首先市民們將不必再為你們的人身安全擔心，不必再通宵阻攔軍隊，市區公共秩序將立刻恢復正常狀態，這將使調兵和戒嚴成為事實上的重大決策失誤，導致高層政治中的嚴重政治責任。如果你們堅持不撤，軍隊當然也不會撤，戒嚴令無法解除。這不僅會使首都秩序更為混亂，還將使外省難以平靜。現在香港恒生指數已經下跌了一三五點，股市貶值百分之十，這都是空前的，許多外貿及投資談判終止，這些對民生的損害是很大的。另外我還聽說，有很大一部分人希望進一步擴大事態，意味著可以導致他們不喜歡的某位領導人下台。其實，這是毫無政治判斷力的天真幻想。在中國的最高領導人和中國現行政治體制，遠未發育成熟到能夠根據民意做出相應調整的程度。與這種僵化的、毫無彈性的體制作不妥協的抗爭的結果，必定只能導致嚴重的對抗，結果極有可能出現人們最不希望看見的高壓衝突，為當局使用暴力做最終解決開闢道路。

我還想提請同學們研究一下波蘭政局和阿以衝突是如何得到進展的。事實上，瓦文薩不妥協或不能控制內部激進分子，導致了波蘭全面的軍管，波蘭民主化的進程因而延遲了八年。阿拉法特與以色列的和談，也是由於難以控制內部的激進派而無法取得進展。這些都應該對你們有啟發。

最後，我還想提醒你們，且莫把現在市民對你們的保護當成是對你們政治訴求的擁護，或市民本身具有強烈的民主化的要求。這兩天據我和同事們的觀察，市民群眾中魚龍混雜，各色人等，目的不同，方式不同，一種非理性的狂躁在快速增長，再不加以控制，很難想像會發展到什麼程度。你們對市民的人身安全，同樣承擔著極大的社會責任哪！

任何一個國家的政治進展，都是在兩種甚至多種政治力量在角逐後，最終通過互相妥協才得以實現的。首先做出某種妥協，是需要明智的頭腦和超人勇氣的，因為在狂熱的情緒氛圍裡，勇敢卻被認為是膽怯。

以國家與民族的大業為重，同學們，你們應當首先做出撤離廣場的決定。在我看來，這甚至都算不上是真正的妥協，而是首先居於主動地位的高明之舉！

李大同

一九八九年五月二十三日

可惜這封信被淹沒在浮躁的喧囂之中。李大同一語成讖，他在信中擔心的所有不幸都發生了，特別是民主化進程的中斷，至今三十多年還沒有看到希望。

其實豈止是李大同，很多人都認為：學生街頭行動的積極意義僅在於對上層強硬派保持壓力，因為自身的弱點，它絕不應該成為運動的中心和主導。一心致力於「勸架」的周舵、王軍濤[307]等人想從學生領袖當中挑選出幾個有影響而又可以造就的人物，和知識界及社會其他各界的代表擰在一起，盡力把運動的熱點和中心轉向各界協同動作，通過與政府的協商和對話平息事態，進而有秩序、分步驟地促成政治體制的民主化改革。可是李大同說得對：在狂熱的情緒氛圍裡，勇敢卻被認為是膽怯。已經被說服的學生領袖王丹和吾爾開希一上場勸說大家撤離，就被轟下了台，更加激進的柴玲[308]和南京大學的[309]李錄成為新的領袖，對於撤退油鹽不進。

五月二十七日。晚上，鄧小平召開第二次「八老會議」，欽定了新的政治局常委，由江澤民、李鵬、喬石、姚依林、宋平、李瑞環組成，江澤民為總書記。趙紫陽停止工作並「出常」。這八個老人置現任的中共中央委員、政治局委員、政治局常委於不顧，非法地完成了又一次

307 王軍濤，北京大學原子核子物理專業理學士，《經濟學週報》主編。「六四」期間和陳子明發起「首都各界愛國維憲聯席會議」，也與眾多知識精英一起，在支持學生的同時致力於規勸學生撤離廣場。

308 柴玲（一九六六～），山東日照人。就讀北京師範大學研究生，「保衛天安門廣場總指揮部」總指揮，「六四」時持激進態度的學生領袖。

309 李錄（一九六六～），河北唐山人。時為南京大學經濟系學生，「六四」時持激進態度的學生領袖。主張「用鮮血喚起人民的覺醒」。

政變。有意思的是，在「倒趙」過程中鞍前馬後賣了大力氣的李鵬，最終還是沒有當上總書記。鄧小平只是對他和姚依林淡淡地說了一句：你們不要不服氣。

傅高義在他的那本《鄧小平時代》對於鄧小平有個定義：他不會把屬下當成朋友，而是把他們當成工具。李鵬也沒有逃脫這個命運。

二十八日。趙紫陽又給鄧小平寫信，試圖就他對戈巴契夫說的那些令鄧小平氣憤的話作出解釋。同一天他被正式軟禁在家中。他的助手鮑彤被捕並被送入關押高級囚犯的秦城監獄。雖然鄧小平又活了八年，但他從未回覆過趙紫陽的信，他們也再沒有見過面。

何維淩疑案

五月二十九日。一個新的機遇出現了。

下午，鄧樸方的老同學兼好朋友何維淩興沖沖地找到陳一諮說：「我幹了一件大事：想了一個辦法動員學生，比如明天晚上十點全部撤出天安門廣場，再把廣場打掃乾淨，表示歡迎解放軍進城。而後開一個聯歡會，由軍隊代表和學生代表講講話，造成和解的氣氛。朴方很贊成，老爺子（鄧小平）也首肯了。」並說馬上去與學生斡旋。也是這一天，「首都各界愛國維憲聯席會議」的包遵信[310]深夜回家，發現何維淩留下的一張紙條：「無論多晚回來，都立即回電話。」老包接通電話時已是午夜，何維淩立刻趕了過來，一見面就說出了這個方案：你們

310 包遵信，時任《文化哲學叢書》副主編。

能否勸那些學生領袖，動員學生月底撤離，原則是「別讓老爺子一口氣咽不下去」——只要老爺子「那口氣咽下去」了，殺戮或許能制止。老包問他：「你這是得到誰的指令？」何維淩說：「都跟朴方說了，而且還得到老人家（鄧小平）的首肯，楊（尚昆）家也知道。」其實老包、王軍濤他們這撥人這些天一直忙的也是這個目的：把人員撤出廣場，讓軍隊白來一場。於是五月三十日早晨，包遵信趕往「首都各界愛國維憲聯席會議」的臨時辦公地文化書院，大家聽後覺得事關重大，當即決定了具體聯絡運作人。包遵信立刻給何維淩回電話——再也無人接聽。幾天之後他才知道，何維淩從他家回去以後就由北京市公安局祕密逮捕，以「監視居住」的名義安置在密雲水庫北京市局招待所。自鮑彤二十八日被捕之後，何維淩是「六四」之前即遭拘押的第二個人。[311]

何維淩的斡旋，早在二十一日就開始了。那天下午四點，何維淩在家裡召集有關人士開了個會，說是受鄧樸方的委託，請大家議一下如何調解當面的局面，最後大家認為只有一個辦法：鄧小平拿出來一紙手諭，然後我們去說服學生在二十四小時內撤出天安門廣場。與會的朱嘉明[312]沒有和任何人（包括何維淩）商量，立即獨自通過殘聯的唐欣聯繫鄧樸方。得到認可後，親自到廣場找吾爾開希——這或許就是當時廣泛傳布的「鄧樸方的代表在廣場上和學生領袖談」的由來。又據學生領袖王丹的回憶：一九八九年五月下旬（具體時間記不清楚了），我和王軍濤在中國社科院主持召開「首都各界愛國維憲聯繫會議」，何維淩派人來找到我們，

311 戴晴《鄧小平在一九八九》。
312 朱嘉明，「改革四君子」之一，一九八八年獲中國社科院經濟學博士學位。後任教於維也納大學。

傳達一資訊，說是經過何維淩的努力，鄧樸方已經表示只要學生有所退讓（指退出廣場），他願意再次出面去說服他爸爸鄧小平，下令停止軍隊進城，不許軍隊開槍。[313]看來由「鄧樸方願意再次出面去說服他爸爸」，到二十九日鄧小平的「首肯」，是何維淩多日努力的結果。

何維淩此舉可謂最接近功德圓滿：從最激進的廣場領袖到發令的鄧小平都聯絡了，甚至都點頭了，雖然學生中意見不一，但是王丹已經宣布：「五月三十日，我們將舉行大遊行，所有的學生將返回學校。」說明學生已經接受了「首都各界愛國維憲聯席會議」的建議，決定退出天安門廣場。這是一個好的矛盾緩解的苗頭。可是二十五年後，何維淩的摯友黃曉京說：何維淩是為斡旋和平解決廣場危機而遭遇祕密監禁的[314]。很多人至今在猜測：何維淩為什麼會被捕？誰敢於動這個舉著「聖旨」四處遊說的人？是那些最不希望斡旋成功、最希望把事情鬧大以便徹底打倒趙紫陽的人嗎？從學潮開始發生，北京的李錫銘和陳希同就抱著敵視態度，屢屢挑起事端，在《北京日報》上發布言論，引起了北京市民的普遍反感。特別是戒嚴的前一天，陳希同下令，在天安門廣場斷水斷電，企圖造成混亂。每當學生們商量著要退出天安門廣場時，就有人添油加醋地擴大事態，刺激學生們的激進情緒。比如五月三十日，有人以「趙紫陽智囊」的身分告誡柴玲「不能撤離廣場」[315]，有人在六月三日晚上軍隊清場時大喊「趙紫陽、閻明復要求我們堅持到天亮」[316]，還有不明身分的人不斷到廣播站高喊「打到共產黨」等

313 王丹《王丹學堂》，二〇二二年五月二十七日。
314 戴晴《鄧小平在一九八九》。
315 戴晴《鄧小平在一九八九》。
316 侯德健談〈六四的天安門廣場〉。

激進口號，喊了就跑[317]……這些都是明顯的造謠惑眾。

可是如果真的是這些人逮捕了何維淩，那麼又是以什麼理由說服了鄧小平的？如果真的如何維淩所說「老爺子也點了頭」，那麼是鄧小平反悔了嗎？他為什麼要反悔？是不是真害怕如李大同在那封信裡所說：如果學生在軍隊之前退出廣場，這將使調兵和戒嚴成為事實上的重大決策失誤，導致高層政治中的嚴重政治責任，這個帳，是會有人來清算的……

李大同說的「政治責任」到底有多麼嚴重，恐怕連他自己當時也不清楚。

自從最初的五萬軍人被北京群眾阻撓在進城的路上，鄧小平不得不下令退至郊區休整之後，就開始更大規模的軍事部署，以對抗戒嚴所遇到的任何抵抗。這個部署是從北京、瀋陽、南京、濟南四個大軍區的十四個陸軍集團軍抽調二十至二十五萬兵力來京，參與對天安門的戒嚴行動。

二十多萬軍隊在軍事行動中是什麼概念？這裡可以舉幾個現代戰爭中的戰例。

一九三九年十一月三十日，強大的蘇聯出動機械化部隊，對弱小的芬蘭發動戰爭。這場被稱為「成人欺負孩子」的蘇芬戰爭中，小國芬蘭發動所有的資源，才湊集二十萬軍隊，其中只有三．五萬人的正規軍，卻在第一場戰役中絕境反殺蘇軍三十七萬。

一九三八年六月到十月，中日兩軍在武漢及周邊展開了四個月的大規模會戰，最終中國軍隊以犧牲四十萬人的代價，消滅了日軍二十五．六萬人。

解放戰爭時期的三大著名狙擊戰中，塔山阻擊戰共軍以八萬兵力擊潰國軍十萬；黑山阻

317 學生糾察隊長李建談「六四」。

擊戰中共軍以三．五萬兵力擊潰國軍十五萬；徐東狙擊戰中共軍以近十萬兵力擊潰國軍二十萬……

就在二〇二二年二月發生的號稱將挑起第三次世界大戰的俄烏戰爭，企圖以雷霆萬鈞之力在幾天之內消滅烏克蘭的俄羅斯，也不過在俄烏邊境上屯兵十八萬人[318]，最初進入烏克蘭境內的兵力只有十五萬。

由此可一窺二十餘萬軍隊在戰爭中的分量。

可是鄧小平卻在和平時期，從全國七大軍區中的四個中抽調二十多萬軍人，其中包括空降兵、炮兵、坦克兵等王牌兵種，勢不可擋地從四面八方圍向天安門廣場紀念碑周圍一千多名手無寸鐵的學生和市民。為了防止再度出現戒嚴初期停滯不前的狀況，十多天來所有的士兵都經過了「封閉式教育」，進入臨戰狀態，他們將執行「遇到阻攔採取任何極端手段」的命令，一路上見佛殺佛見魔殺魔，直撲目的地。死神和天使的翅膀都已經展開，地獄和天堂的大門徐徐開啟，《安魂曲》的前奏細若遊絲，在浮躁的人群中飄蕩，一切都在等待那一聲令下……如果這一切卻因為一個何維凌及一堆秀才的作用，讓天安門的人潮如同一場「快閃」般瞬間消失，那些撲空的將士們會是什麼樣的感覺？恐怕就不僅僅是決策者臉面掃地，正如李大同在信中所說：是要承擔「嚴重政治責任」！嚴重到什麼地步不好說，但是毋庸置疑：「這個帳是會有人來清算的」。

再說了，鄧小平要對付的，也不僅僅是那些毛頭學生。他贊成「毛在毛說了算」，更要「我

318 美國總統拜登二〇二二年三月二十八日在波蘭華沙皇家城堡的講話。

在我說了算」，對於國內那些把民主「當真」的知識分子及社會各界很煩，對於他們和學生一起攪合更是加倍地煩！不過他最為看重的，恐怕還是黨內以趙紫陽為首的反對派。現在即使是在高層，趙紫陽也有很多擁護和贊同者，比如身邊的楊尚昆。軍中的老帥，甚至高級將領也都站在趙紫陽一邊，對學生表示同情。這是對於鄧小平權威的極大蔑視，也是最大的危險。他要畢其功於一役，哪怕殺人也要立威，讓你們閉嘴二十年，等我的「翻兩番」完成了，你們都過上好日子了，讓你們放開鬧也鬧不出什麼名堂來。

槍桿子不僅僅在戰爭時期很重要，在和平時期也很重要。希特勒很欣賞鐵血宰相俾斯麥的名言：真理在大炮的射程之內。毛澤東說過：槍桿子裡面出政權。黨指揮槍。而鄧小平正在進行黨內一場史無前例的大舉動：槍指揮黨！

所以何維淩不能成功，也不可能成功。

何維淩在「監視居住」期間受到的超乎尋常的優待：一周後即可電話與外界聯繫；接著親屬與朋友都可以到監禁地看他；他可隨意寫作，手稿可方便帶出，並在一年零四個月之後獲釋。之後何維淩繞道墨西哥去美國，卻在墨西哥因為一場蹊蹺的車禍中去世，幸好他在拘禁中寫成的手稿留在國內，多年之後經過朋友的整理在香港出版，書名為《傳說中的何維淩手稿》，其中也談到此事。如今鄧小平已經去世，尚在人世的鄧樸方懷揣著密友何維淩的祕密，不知道這三十多年都想了些什麼。

何維淩被捕之後，知識精英們艱難運作的「學生全體撤出天安門廣場」計畫在最後一刻出了意外：激進的學生領袖柴玲本應依照先前約定方案，高聲讀出以「大遊行」的方式撤離廣場的路線和外地同學暫駐北京不同高校的方案。沒想到那一刻，她不僅沒有履行集體決議，反而說：撤出天安門廣場，不是我們廣場指揮部的決定，也不是我們堅持在廣場的廣大學生的意願。說著揮手指向旁邊的一千人：而是他們，那些所謂的精英們的意見。[319]按照王丹的回憶，柴玲此舉是受到身邊強硬派學生領袖李錄的影響操控。

至此，開槍之前所有的人為學生撤出廣場所作出的全部努力（包括具體實施計畫），全盤落空。這樣的努力從五月十三日學生們決定利用戈巴契夫訪華之機、以「絕食」向政府施壓開始，到此時已經十八天。趙紫陽與他支持的知識精英們想盡了一切可以想到的辦法，動員了一切可以動員的力量，說盡了所有的能夠說明的道理，不斷地在學生與政府之間協調，可是這些大學生根本聽不進李大同在那封信裡反復訴說的道理。關鍵是即使知道了趙紫陽下台的真相之後，也不願意撤離廣場。

羅素說：「我絕不會為我的信仰獻身，因為我可能是錯的。」可是這些年輕人從小接受了太多戰爭思維中對於死亡的崇拜，他們彷彿一直都在尋找獻身的機會。他們不知道：民主的前提是學會對自己負責，自由的前提是政治自治，經濟自立，道德自律。他們還應該知道：民主不但需要與人民素質相配合，還需要具備經濟條件。

英國有一個叫保羅．科利爾（Paul Collier）[320]的人說過：「在人均年收入二千七百美元以下的地區，民主是危險的；而在人均年收入二千七百美元以上的地方，專制則是危險的。」當時中國人民的人均年收入，離二千七百美元還很遠很遠。

319 劉剛〈再談一下我同柴玲關於五月三十日撤出天安門廣場的爭論〉。

320 保羅．科利爾（Paul Collier），牛津大學非洲經濟研究中心主任、前世界銀行發展研究組主任、英國政府非洲委員會顧問、研究非洲經濟問題的知名專家之一。

在這些條件具備之前，民主自由不僅是空話，而且是毒藥。

他們的這種情愫，讓事情最終走向了反面——斡旋以失敗告終，趙紫陽下台，中國的改革大業大退步，至今看不到覆盤的希望。

天安門四君子[321]

一直致力於「勸架」的知識精英們已經盡力了，他們恨鐵不成鋼，很激憤，很無奈，很沮喪……可是當屠刀已經架在學生們的脖子上的時候，他們不可能縮在後面袖手旁觀。於是這些「勸架者」毅然選擇站到學生一邊，更有四個人作出了絕望的決定：到廣場的學生中間去絕食，讓那些拒絕漫天誠意的傻孩子們看清楚自己的立場，並在需要的時刻說服他們。他們的舉動最後爭取到很多人的理解，王軍濤甚至以此設計了一個「馬拉松絕食」計畫：凝聚起一批有擔當的知識分子不斷進行短時間絕食，以自己的人格魅力取代激進的柴玲等人，代替她的影響，否則想撤離就毫無辦法。這個意圖在四個人剛剛進入廣場時柴玲就感覺到了。任何權力都有濫用的趨勢，這些剛剛嘗試到權力滋味的學生領袖也一樣，以至於柴玲對手下的學生說：「他們是來奪我的權的。」

民主是什麼？就是選一個人上去挨罵。可是這些口口聲聲高喊民主的年輕人，卻以為是權力並且拼命來維護這樣的權力。

321 本章主要參考資料：周舵《周舵自述．回憶與反思》，香港新世紀出版及傳媒有限公司二〇一九年六月版。

當煩躁的劉曉波作出去廣場絕食的決定之時，周舵已經明白其後果就是坐牢甚至被殺頭，而且不一定會有效果，可是他覺得劉曉波一個人去太危險，決定挺身而出。為了擴大影響，劉曉波把正在香港錄音棚裡忙碌的台灣歌手侯德健叫來，侯德健在北京機場聽兩個人說了半天，才明白是怎麼一回事。最後劉曉波把好朋友高新[322]也拉進來，說高新是共產黨員，有代表性。這場原定為期三天的絕食於六月二日開始，卻因為六月三日晚上啟動的大屠殺只延續了一天，其真正的意義是在巨大悲劇氛圍籠罩的學生中間，他們受到了極大尊敬和欽佩，果然在緊急關頭制止了一場血腥的大屠殺。

也就在這個六月二日，從四大軍區調集的二十多萬大軍已經就位，鄧小平召集眾人開會，他在這個會上決定：建議戒嚴部隊指揮部今天晚上開始實施清場計畫，兩天完成。要向廣大市民和學生講清楚，責成其離開，做到仁至義盡，實在賴著不走的，後果自負。下午，楊尚昆召集「軍委和戒嚴部隊指揮部負責人」會議，根據政治局常委和鄧小平、李先念等中共元老的決定，發布六月三日零時進入「攻擊出發地，向警戒目標開進」命令。下午四時，發布「如遇阻攔，採取一切手段」命令。

也就是這一天，王任重和丁關根受中央委託來到趙紫陽家談話。這兩位原與處置黨員錯誤的中組部、中紀委等沒什麼關係：丁關根是計委副主任、國務院對台辦主任；王任重是政協副主席。他們說中央決定最近要召開政治局和中央全會解決趙紫陽的問題，要他好好考慮做個檢討，其結果認為「趙的態度很不好」。之所以選擇這個重要的時間節點來找趙紫陽談話，

322《北師大學報》主編，劉曉波的好友，劉一九八九年六月一日拉他加入，說他是共產黨員，有代表性。

恐怕與當天鄧小平在會議上的一段重要講話內容有關係。鄧小平說：

可以設想一下，如果中國動亂，那將是個什麼局面？現在要是中國亂起來，就絕不只是「文化大革命」那樣的問題。那時還有毛主席、周總理等老一輩領導人的威信，說是「全面內戰」，到底不是大打，真正的內戰並沒有出現。現在不同了，如果再亂，亂到黨不起作用了，國家權力不起作用了，這一派抓一部分軍隊，那一派抓一部分軍隊，就是個內戰的局面。一些所謂民主鬥士只要一拿到權力，他們之間就會打起來。一打內戰就是血流成河，還談何「人權」？一打內戰就是各霸一方，生產衰落，交通中斷，難民不是百萬、千萬，而是成億地往外面跑，首先受影響的是現在世界上最有希望的亞太地區。這就會是世界性的災難。所以，中國不能把自己搞亂，這不只是對我們自己負責，同時也是對全世界全人類負責。

這個觀點，之後鄧小平在接見美國使者時也說到過。他在六月二日這個行動的前夕派人去趙紫陽處去打探態度，很可能是怕趙紫陽成為反對派擁立的「旗幟」。歷史的弔詭之處在於，儘管當時鄧小平未必知道細節，此事卻已經真實發生。五月二十二日，中央警衛團（八三四一部隊）的兩個高級軍官來找陳一諮，說戒嚴部隊三天進不了城，說明了人心所向。現在警衛局所轄部隊八十％的官兵都同情和支持學生與趙紫陽，請你轉告紫陽，需要我們做些什麼，我們會義不容辭地站在他和民眾一邊。[323]這個表態非同小可：要知道中央警衛局的任務是保衛中央首長，但是有一條不可動搖的規則：警衛員只負責首長的安全，其他都要聽警衛局的，當首長的指示與警衛局的指示相矛盾時，必須無條件聽警衛局的指示。如果首長外出，警衛

323 陳一諮《陳一諮回憶錄》。

員必須每天其安全與行蹤。這意味著如果警衛局下令警衛員用槍指著首長，首長只好束手就擒。一九九〇年周舵獲釋後，他的軍中好友、老上將洪學智的祕書王東也告訴他，戒嚴後曾有舊部找到王東，主張率領部下突襲中南海，「把那幫老傢夥統統抓起來！」

可見陳一諮此言不虛。

陳一諮估量了局勢以後，托一個能接近趙紫陽的朋友給他帶話：現在如果有一個群眾信奉的有威望的領袖，他一定會一方面指揮八三四一部隊占領各個機要部門，一方面走到天安門廣場，說：「同學們！你們是愛國的，我支持你們！」而後，帶領著同學們走到中央電視台，發表電視演說，召開中央委員會緊急會議，將中央的分歧交給大家仲裁，也許就能扭轉歷史，創造出一個全新的局面。

下午三點，陳一諮得到的回答是：「紫陽認為，無論如何，他都不願意看到流血。」多年之後趙紫陽對老朋友宗鳳鳴也談到這個問題：那就意味著內戰，受苦的是老百姓：我們欠中國老百姓太多，我們在還債啊！我無法作出這種選擇[324]。

陳一諮和很多人認為趙紫陽和胡耀邦一樣，都缺少打天下領導人的實力和膽魄，怪不得一九八八年八月索羅斯會見趙紫陽後說：「趙紫陽是我見過的社會主義國家最好的經濟學家，可惜不是個大政治家。」還有人認為如果趙紫陽能夠如而後的葉爾欽一樣站上坦克振臂一呼，全國定會應者如雲，一個徹底砸爛貪腐和專制、閃耀著民主、自由、憲政光芒的新的中國就會應運而生。他們都忽略了一點，趙紫陽當年就是懷著這樣的理想走上革命道路的，可是在

324《趙紫陽軟禁中的談話》，宗鳳鳴記錄，香港開放出版社二〇〇七年一月出版。

大半生的革命生涯中，他看到革命無論成功與否，流的都是人民的血，關鍵是趟過血海之後一切都沒有改變，貪腐啊專制啊官僚貪婪啊階級分化啊……只不過從一群人身上落到了另外一群人身上，受苦的還是為革命流血的老百姓。當然了，改良也是要流血的，譬如「戊戌六君子」，但是他們懷揣著「我不下地獄誰下地獄」的決心，流的是自己的血，而這樣的情懷正是趙紫陽的初心。

當初中央政改辦成立之時，趙紫陽在會上說：這件大事解決了，（我就）可以去見馬克思了[325]。可見他是躊躇滿志的。可是若干年以後，記者李欲曉去富強胡同六號採訪幽禁中的趙紫陽，提出一個問題：如果不發生六四，你能搞政治體制改革嗎？

趙紫陽想了想，說：不能，我也不能。

為什麼？

趙紫陽緩緩地說：我沒有實力。那麼大的國家，那麼龐大的幹部隊伍，牽動那麼多人的利益，我沒有這個實力。

那麼誰有這個實力呢？趙紫陽在這次採訪中很肯定地說：中國當時有一個歷史機會，中國只有一個人能夠搞政治體制改革，就是鄧小平！他加重語氣說：只有鄧小平有這個能力和實力！[326]

一旦鄧小平放棄了這個機會，政體改革也就煙消雲散，趙紫陽也回天無力。如果像陳一

325 吳偉《中國八〇年代政治體制改革的台前幕後》。
326 李欲曉〈叩訪富強胡同六號〉。

諮等人希望的那樣去「舉旗」，一來會發生流血內戰，苦了老百姓，二來又不能繼續自己的事業，還會傷害唯一能夠推動改革的鄧小平……他去「振臂一呼」有什麼意義？

三十多年過去了，逐漸冷靜下來的人們清晰地看到，「六四」是一個什麼都沒有準備好、只有急迫的情緒與空洞「概念」的群眾運動，既然能夠一哄而起，當然也能夠一哄而散，這種狀況在「六四」之後很快就顯現出來。更加重要的是一九四九年之後，中國別說不同見解了，就連不同「出身」都不能容忍，自然談不上培植反對黨，也就不會產生成熟的政治家，一旦那些不懂任何規則的亂世英雄應聲而起，鄧小平擔心的「亂世」倒是真的可能出現。這也是趙紫陽不願意看到的。有人劍走偏鋒，認為當年趙紫陽不願「舉旗」，是犧牲自己、給鄧小平留下進一步改革的空間——因為他知道鄧小平雖然死保「四項基本原則」，但是對於經濟改革是絕對不會放棄的，先走一步總比亂世中經濟倒退強。這當然是一家之言，也僅僅是猜測而已。

總之，趙紫陽給人的感覺是複雜的。他拒絕執行戒嚴，不僅令學生與改革派們，而是令所有的人欽佩，可是他不願意出面「舉旗」，又令很多人失望；他堅決不做檢討也拒絕「歸隊」令鄧小平失望，可是他最終沒有成為「亂軍之首」，也讓鄧小平大大鬆了一口氣。

暴君催生革命，革命又催生暴君，幾乎是古今中外改朝換代的死循環。竭力走出這個死循環的趙紫陽，不會再去做革命的領袖。

武裝清場之箭已經在濃濃的血腥中嘯鳴離弦，廣場上的人卻不知道。

六月三日下午四時，由楊尚昆、李鵬、喬石、姚依林在中南海勤政殿召集戒嚴緊急會議，研究天安門廣場清理問題。楊尚昆、遲浩田、李錫銘、周依冰、羅乾等人參加了會議。參與者決定當天晚上調動已經在北京各個方向集結待命的戒嚴部隊，星夜兼程向天安門進發，與已隱蔽在天安門四周（如人民大會堂與天安門內）的戒嚴部隊會合，然後對天安門廣場實行清場。清場爭取用和平方式解決，但也議定如果遇到暴徒以武力阻攔，造成軍隊傷亡，軍隊有權實行自衛。

這天上午，廣場上四個絕食者開了新聞發布會，下午就有好多朋友來找周舵，其中兩個都在部隊首長身邊工作的鐵哥們穿上便衣進來跟他講：你不能待在這，必須要想辦法出去，今天晚上要出大事。周舵問什麼樣的大事，回答是要多大有多大！周舵是個極有貴族情結的人，輕生死重承諾，認為在這樣的時候逃跑，就是人格垮台，那是絕對不能做的。反正之前就已經想好了結果，那就在廣場等死吧。

傍晚時分，緊張的消息不斷傳來：解放軍強行進城，在各處路口與群眾發生衝突，廣場廣播站開始教授學生們防備催淚瓦斯的方法，甚至還說用汽油瓶、棉被可以打坦克！大約十點前後，廣場四面突然槍聲大作，特別是西面木樨地方向的槍聲愈來愈密集，很快就有人跑來說軍隊已經真的開了槍，不斷有人在廣播站失聲痛哭控訴當兵的如何殘酷地殺人。午夜一點，槍聲響得愈發密集，天空劃過一道道閃光的彈跡，一輛發出隆隆巨響的裝甲車開進廣場，繞廣場兜了一圈，廣場北面的長安街上，已經坐滿了全副武裝的士兵，每人手裡還拿著一米多長的棍棒，他們一路上怒氣衝衝地開槍殺人已經紅了眼，正在等待著清場命令下達之後更大的「戰鬥」。廣場上的一邊，北京市政府和戒嚴部隊指揮部發出的「緊急通告」連續廣播：「今晚北京發生了嚴重的反革命暴亂，請你們馬上離開廣場，否則一切後果由你們自己負責。」而在廣場紀念碑上的大喇叭裡，學生領袖柴玲在領頭宣誓：「頭可斷，血可流，人民廣場不可丟！」一千多名剩下的學生慌亂地準備著棍棒、菜刀和汽油瓶，十多萬圍觀的市民大都一哄而散，剩下的敢死隊員手持前一天部隊扔下的衝鋒槍等武器，甚至一度沖上紀念碑西北角的平台。雙方的一場惡鬥看來已成定局。

突然北大學生邵江跑到周舵面前，用顫抖的聲音說他剛剛從槍聲最密集的幾個地方跑了一圈回來：「周老師，太可怕了，完全不是大家事先估計的那樣，真的是血流成河了！那些大兵簡直瘋了，見人就開槍，根本不管男女老幼……周老師，求求你，現在能救同學的就是你們幾個老師了。你們千萬想個辦法救救大家！」

周舵覺得這是最後一個機會了，必須一試。如果不成功，那是天意，但是不試，就是自己沒有盡到責任，不但是對於學生的責任，也算對於四個絕食者的責任：因為自己在其中年齡最大！他立刻去說服高新，高新說早就該撤了，就是不敢說而已。兩個人再去說服了侯德健，最後再說服劉曉波。劉曉波結結巴巴地說「都……都什麼時候了，還撤……撤得成嗎？」

不管成不成，總得去試才知道。世間一切皆靠試，希臘人一試攻下了特洛伊。

周舵設計了撤退方案，最重要的就是跟戒嚴部隊談判。學生們嚷嚷你們千萬不能去！去了肯定是回不來……周舵急了：這事我說了算！有任何後果我負責！哪怕是打著白旗去談判也得去！不然怎麼撤？往哪兒撤？

幾個學生糾察隊員氣急敗壞地跑來，說周老師出大事了！周舵一群人跟著跑上紀念碑西側，看見五個市民敢死隊員，把一挺從坦克或裝甲車上拆下來的高射機槍架在漢白玉欄杆上，對準人民大會堂——那裡面可全是當兵的！他們又哭又喊，泣不成聲地講述如何看著身邊的夥伴一個個平白無故地給打得滿身血窟窿，他們兩眼通紅，手裡拿著鐵棒，誰敢上去勸阻就要敲死誰。

周舵走到一個小夥子面前，兩人都已經淚流滿面。那小夥子哽噎著說他十九歲，是個體戶，家裡有父母在，還有一個姐姐。周舵抹去眼淚，勸那年輕人冷靜，死了的人沒法再活過來，你去死也救不活他們。你要是出了事情，我們又怎麼向你的父母還有姐姐交代？他們後半輩子怎麼過?!劉曉波本來就結巴，此時連打躬作揖下跪都用上了，說廣場上的大學生都是寶貴財富，你們都應該替大學生的生命安全負責——因為槍聲一響，軍隊就根本不分青紅皂白，立即按「反革命暴徒」處置，那就後果不堪設想——野戰部隊和警員不同，他們受到的訓練是「誰先開槍誰活命，誰後開槍誰死」！

上天保佑，大家好歹勸說這些人把槍扔在紀念碑上層的平台上，受過軍訓的邵江三兩下把槍栓卸掉，把那東西扔進了垃圾堆裡。敢死隊員一邊走一邊罵：「就你們學生的命才是命？我們為了保護你們死了那麼多人，我們的命誰來負責？」

是啊，他們的命、那些為了保護學生而被打得渾身血窟窿的生命，應該誰來負責？

後來有政府裡的朋友私下告訴周舵：「有關部門」在廣場裡安插了好幾百便衣，準備一開始清場就先把重點人物（包括周舵等人也包括柴玲等人）控制住，好讓學生群龍無首，可是這些便衣們在清場前就全都跑了——就連他們都怕被打死！可想而知，當時的情況有多混亂、多危險。

周舵到紀念碑上的廣播站發表動員撤離的講話。他說面對武裝到牙齒的正規軍，抵抗是毫無意義的。他要求同學們馬上都集中到紀念碑南面，放下手裡的石頭、棍棒等一切不成其為武器的武器，堅持非暴力，打不還手，罵不還口。他還呼籲軍隊派出代表，談判撤退的有關事宜……

接下來劉曉波和高新留下繼續勸說同學，侯德健跟周舵還帶上協和醫院研究生小宋，和一位至今不知姓名的學生糾察隊員，攔截了一輛中巴朝著廣場東北方向疾馳。四個人在廣場最北邊的隔離欄下了車。天上沒有月亮，眼前一片黑暗，突然聽見有人大喊：「站住，不許再往前走！」同時響起一片拉動槍栓的嘩嘩聲，一股陰森森的肅殺之氣直逼過來，令人寒徹骨髓——只要哪個當兵的手指頭一勾，幾個人的小命就全都交代了。

四個人揮舞雙手高喊「別開槍！我們是來談判的！我們是侯德健！」

十幾個軍人急匆匆走到四人面前，為首的是三八軍三三六團的上校政委季新國。季新國向周舵等人說明：部隊接到的命令是「不惜任何代價，可以使用一切手段，必須在指定時間到達指定地點，完成天安門廣場的清場任務」；季新國表態說他個人非常歡迎四人的態度，讓他們在原地站著不要動，自己馬上向指揮部報告。

正是淩晨四點，廣場上的燈突然全都熄滅了，一群在隔離欄杆後邊遠遠觀看的群眾叫著「快跑，要清場啦！」瞬間一哄而散。周舵緊緊握住年輕醫生小宋的手，四個人就這樣強作鎮定地站在一片黑洞洞的槍口面前，等了相當於半個世紀的十幾分鐘。在這十幾分鐘裡，季新國跑步直達天安門指揮部，向守在那裡的國務院祕書長羅幹報告，羅幹立即從天安門指揮部跑到中南海，向李鵬、喬石和楊尚昆報告，然後三個人當即做出決策。數分鐘後，部隊下達新的命令——留出廣場東南口，讓周舵等人儘快帶領人群撤出。軍隊在限定的兩個小時內不開槍。

這就是官方後來公告的：在六月四日淩晨四點到六點，天安門廣場上沒有死一個人。

周舵他們趕快往回跑，擠上紀念碑的平台，找到劉曉波和高新說明情況，又把談判結果告訴了柴玲。已經沒有時間爭論了，黑壓壓的軍人從人民大會堂湧了出來，手裡都端著冰冷的槍，刺刀和鋼盔在黑暗中閃著寒光，直逼學生們聚集的人民英雄紀念碑。許多學生還認為只要他們不以暴力對抗，坐著不動，當兵的最多來把他們拖走，也不會怎麼樣。他們完全不知道軍隊不同於員警，軍人沒有受過任何對付人民抗議的訓練，只會動槍。

紀念碑平台上的周舵對著麥克風嘶啞著嗓子大喊：「……不同意撤退的同學，你們可以保留自己的意見，但是行動上要服從多數。少數服從多數，這是民主制的基本原則。我呼籲同學們，務必不要抱有任何幻想。部隊的談判代表講得很清楚：上級已經下達了死命令，無論如何、不惜代價，也要在天亮前完成清場。請同學們充分認識到這個事實的嚴重性！」

緊接著周舵和侯德健跑下紀念碑又往廣場北邊跑去：他們要去為做勸說工作的劉曉波和高新爭取時間。周舵平常不時練練長跑，雖說一天一夜沒吃東西，來回奔跑還能夠應付，侯德健可就不行了。他來絕食前就吃得少，絕食之後又沒怎麼睡覺：不是聊天，就是彈吉他、唱歌、譜曲……現在來回跑了兩趟，已經上氣不接下氣。周舵只好拉著他的胳膊往前跑，真怕他會累死在半路上，那樣自己的罪過就大了……

又去見季新國，就是告之廣場那邊還要繼續做工作，至於到底能不能成功還沒把握，請求他告知指揮部，推遲行動時間，多給學生們留點餘地。

已經是淩晨四點四十分左右，東邊天空隱約露出朦朧曙光，季新國看著錶為難地說：不行啊，軍令如山，部隊執行命令是不能講條件的。天亮前一定得清場。你們趕快回去說服同學和平撤離……如果學生不聽話，你們四個人應該先撤出去。否則的話，很難保證你們的生命安全。

四個人剛才已經在廣播裡宣布：只要廣場上還留下一個學生，他們也絕對不會走。君子輕生死重承諾，他們是一定要履行諾言的。和季新國握手道別後，大家又拼命往回跑，侯德健實在跑不動了，周舵只好放慢腳步陪他走了一段。正值黎明前的黑暗，廣場上的燈又都滅了，黑暗中隱隱看見一路上的帳篷裡已經空了，紀念碑南側的學生們已經排成隊、打著旗，喊著口號往東南方向緩緩撤出，廣播喇叭裡還在放著《國際歌》，比平時聽來更覺悲壯。看來劉曉波和高新的工作有了效果，大家鬆了一大口氣。

周舵和侯德健跑上紀念碑第一層台階，正要往紀念碑上層跑，被醫生小宋一把拉住，抬頭一看：差點沒撞在槍口上！原來黑壓壓一大群士兵已經登上了紀念碑上層平台，一個個荷槍實彈、殺氣騰騰，正在往下驅趕著學生，一個士兵在周舵眼前揮動著衝鋒槍，就要向他砸下來，穿著白大褂的小宋趕快上去解釋，忽然聽到一陣衝鋒槍掃射的聲音！周舵猛抬頭，看見當兵的端著衝鋒槍朝著架在紀念碑東南角的廣播喇叭猛射，子彈打得紀念碑上的花崗岩火星亂迸，好一陣才把廣播喇叭打啞了——把《國際歌》打啞了。

就是這一陣槍聲，被遠處的人們認定士兵朝著學生開槍了，天安門廣場上血流成河。

周舵和侯德健離開紀念碑，往正在撤離的學生隊伍最後面走去，走到紀念碑西側時不禁大吃一驚：黑暗中一大堆學生靜靜坐在台階上、草地上，一動不動。兩個人急得快要神經錯亂，趕快跑上去，求爹爹告奶奶，又拉又勸，嘴裡一個勁地說拜託啦拜託啦！快起來走吧，想當烈士以後機會多著呢！好容易才把他們勸了起來，跟著隊伍走了。

一九八九年六月四日，北京的淩晨。初夏的燥熱已經散去，天安門廣場上湧動著兩種顏色。一種是身穿淺色夏裝的學生和市民，大都圍坐在紀念碑周圍，儘管有喧鬧有吶喊也有激情，不過是一弘波濤起伏的清流；另外一種是如大海浪潮般黑壓壓的軍人，鋼盔、刺刀、盾牌和裝甲坦克在黑暗中閃著寒光，沉重地毫不猶豫地從四面推進過來，猶如交響樂中邪惡的低音。周舵幾個人在兩種湧動的色彩縫隙中穿行奔跑，都處於半瘋狂狀態，他們在這樣的狀態中述說，求告，嘶啞著嗓子連拉帶扯那些揚言「要以鮮血喚起民眾」的學生。等到他們尾隨學生隊伍的最後拐過紀念碑東北角，只聽見隆隆一片馬達轟鳴，幾輛裝甲車從北邊一路碾著遍地狼藉的帳篷和衣物壓過來，最前面那輛坦克開到離隊伍只有十幾米遠處停住了，一個當兵的打開前面的艙蓋，探出半身來，打著手勢讓他們快走！

天色慢慢放亮了，周舵尾隨著隊伍終於走出廣場。他站在馬路邊上，看著學生們從眼前緩緩流過。他們打著各自的校旗，頭上紮著各色布條，渾身髒兮兮的，一邊流淚一邊唱歌喊口號，邊走邊向著廣場回望，好多學生還光著腳，一瘸一拐。周舵搜遍全身，把毛巾啊手帕啊紗布什麼的都給了他們，讓他們把腳包上，真不知道這些大孩子是怎麼走回學校的。馬路兩旁站滿了市民，婦女和老人都在抹眼淚，男子漢們也都淚花閃閃，一位中年人走過來，握著周舵的手嗚咽：「對不起你們，我們實在是頂不住啦！」顯然，他們都是去堵過軍車的。

周舵的眼淚湧出了眼眶。[327]

「六四」是一場中共執政歷史上發生的一場大屠殺，二十多萬全副武裝軍人從四面八方通往天安門廣場的道路上，沿途向手無寸鐵的人民群眾和學生開槍，一時屍橫遍野，據紅十字會公布的數字，大約死了兩千六百多人[328]，可是對於這個數字，至今眾說紛紜。這些死者都是軍隊在

327 周舵《周舵自述．回憶與反思》，香港新世紀出版及傳媒有限公司二〇一九年六月版。
328 吳仁華《六四事件中的戒嚴部隊》。

前往天安門廣場的途中被軍人們打死的，很多人是為了保護天安門廣場上的學生去攔截進城部隊和軍車坦克，還有的是無辜的路人，甚至有居住在高樓上中流彈而死的高幹親屬，數字中還包括周舵他們千方百計從廣場撤離出來的十一名學生。這些學生在六部口拐上西長安街，沿自行車道向西行進返回學校，被天津坦克一師的三輛坦克追逐，他們一邊開槍、施放軍用瓦斯彈，一邊快速追軋學生隊伍，其中編號一〇六的坦克沖進學生隊伍並打著方向盤轉圈，導致十一名學生當場死亡，多人重傷。這些數字中，說不定還包括了一批官方無法明說的「屈死鬼」，即發生在中山公園恐怖事件中的死亡士兵。儘管當時為了防止軍隊在鎮壓中嘩變，還要防止來自不同軍區的部隊產生摩擦引起混亂，當局已經作了一些準備，可是軍隊內部的殘殺還是發生了。

清場結束之後，「從西邊進來的」部隊奉命進入中山公園待命。這些一路殺戮的軍人已經一天一夜沒睡，巨大的壓力、恐慌和極度疲勞導致了心理崩潰，有人居然拿起槍朝著「自己人」瘋狂掃射，立刻就有人條件反射性地開槍還擊！公園裡槍聲喊聲慘叫聲一片混亂，最終有軍官朝天鳴槍，命令所有人立即「把槍放下」，全體繳械，才止住了殺戮，好些兵就是在這時候被自己人打死的。當然了，此次事件未見於官方報導，士兵確切死傷數字更是不詳，坊間傳聞「打死一百九十多人」哪怕只有部分屬實，也是肯定沒有包括在鄧小平之後「致哀」的十五名「烈士名單」之中。[329]

不幸中的萬幸是：在周舵他們四個人整個夜晚竭盡全力的奔跑中，風暴中心天安門廣場紀念碑周圍的學生和市民沒有死一個人。最後救出一千多條人命的劉曉波、周舵、侯德健、

329 戴晴《鄧小平在一九八九》。

高新四人，被人們冠以「天安門四君子」的稱號。

思考

趙紫陽被軟禁之後無法出門，儘管從孩子們口中知道開槍已經不能避免，但是在六月三日晚上在院子裡突然聽見槍聲大作的時候，還是非常吃驚。他看著電視上的畫面禁不住淚流滿面：怎麼會搞成這個樣子！後來他對他祕書李樹橋說：「三．一八慘案」北洋軍閥只是打死十幾個人，「一二．九」運動蔣介石也沒有敢開槍。把那麼多的坦克、裝甲車開進北京城中心，中國共產黨從來沒有過，只有鄧小平才有這樣的魄力，下這樣的決心！這是鄧小平一生中最大的過錯！

不僅僅是北洋軍閥，也不僅僅是蔣介石，就連一九四九年以後在中國搞了五十多場政治運動致死人無數的毛澤東，也沒有敢在北京在天安門殺人。一九七六年的四月，當數十萬群眾在天安門以悼念周恩來的名義為他鄧小平鳴不平的時候，毛澤東認定「鄧小平就是納吉」、「天安門事件的性質變了，矛頭是對著我的」，於是天安門也進行過一次強行清場。雖然有「黨中央和中央軍委」的命令外加一再催促，負責清場的北京衛戍區司令吳忠依然以「廣場上有幾萬人」為由按兵不動，直到晚上十一點群眾只剩下一千人左右，才由衛戍區派徒手部隊包圍廣場，然後出動民兵，除了帶有兇器、易燃易爆物品及「反動傳單」者，其餘的人天亮前放回。最後被公安局拘留的一百多人又陸續釋放大部分，整個清場過程沒有死一個人。330

330 吳德《一九七六年天安門事件高層決策內幕》。

好多年過去了。儘管六月四日《解放軍日報》發表了標題為〈堅決擁護黨中央堅決鎮壓反革命暴亂〉的社論，儘管鄧小平在六月九日中南海懷仁堂接見首都戒嚴部隊軍級以上幹部，感謝部隊幹部在恢復秩序中所發揮的關鍵作用，向在這場鬥爭中為英勇捍衛黨和人民利益而犧牲的指戰員和公安幹警表示哀悼……以證明他作為中國實際上的最高領導人對於這場行動的堅定支持。可是這場血腥的屠殺，不但改變了中國也改變了世界政治格局，學界已經公認是導致前蘇聯解體及東歐巨變的重要因素。「六四」在中國人民心中留下了巨大的陰影也埋下了巨大的仇恨，導致當局至今無法擺脫罪惡感和恐懼感，「維穩」經費多年來與國防軍費攀比上升，到二〇二一年已經高於軍費開支。

儘管當時在全國開展了聲勢浩大的大搜捕、大清查，每個單位大搞人人過關，可是當局對於此事的提法從「反革命暴亂」到「動亂」到「事件」到「風波」……層層降級。儘管當時參與「平暴」的「共和國英雄」們受到大力表彰，可是至今沒有一支部隊敢於公開承認向民眾開了槍。參與戒嚴行動的二七軍被駐地石家莊的老百姓憎恨，拒絕供應生活必需品，其家屬子女在當地受到歧視，逼得其黨委給中共河北省委、省政府寫了一封信，要求轉告河北省的父老鄉親們：二七軍絕對沒有向首都群眾發射一槍一彈。經過地方政府做工作，其處境才有所改善。因為同時駐紮在河北省內，二七軍此舉令「六四」殺人最兇殘的三八軍非常惱怒，一狀告到中央軍委，指責第二七軍不請示中央軍委而擅自給地方黨政機關寫信的作法，不但違背軍紀，而且與中央在「六四」問題上不保持一致。此信明顯是逼中央軍委就開槍問題表態肯定，沒想到中央軍委的表態十分模糊：開槍不一定不對，不開槍也不一定對，以後這件事情不要再提了（有人說這是中央軍委常務副主席兼祕書長楊尚昆的原話）。這個答覆，顯然表明中央軍委也不願承擔開槍的責任。[331]

更為蹊蹺的是，至今沒有弄明白到底是誰下令開的槍。當時負責調度軍隊的楊尚昆正在中南海指揮室，他聽見槍聲大吃一驚，想來與他在一起的喬石與李鵬也是。中央軍委副主席劉華清也不知道，槍響之後還派保健醫生騎自行車上街去打探；還有人說沒有誰下命令，是士兵在群眾扔雜物之後被激怒開槍……

田紀雲披露說：十四大後，鄧、楊分道揚鑣，我和楊尚昆接觸較多。楊尚昆說「六四」是我黨歷史上犯的最嚴重的錯誤！我問他：你在軍委擴大會上是不是講過：「六四」那麼大的事，只有鄧能拍板？他說講過。我說這話傳到了鄧小平那裡，你知道嗎？他說知道，有人對鄧小平說，楊尚昆把「六四」的責任推到了你身上。我問楊，你「六四」為什麼要變（即由原先的支持學生變為支持鎮壓）？他說鄧已經決定了，沒有辦法啦。

這裡楊尚昆也說的鄧小平拍板決定「六四」鎮壓，沒有直接證明鄧小平拍板「開槍」。不過儘管鄧小平及其子女從來沒有承認過鄧小平決定開槍的事情，但是「六四」後唐欣去看望老朋友鄧樸方，鄧樸方對唐欣說：不管怎麼說，共產黨向手無寸鐵的人民開槍，總不是件好事。[332]

除了前三八軍軍長徐勤先之外，還有三八軍步兵一一六師師長許峰、二八集團軍軍長何燕然、軍政委張明春等人帶頭抗命，不少下級軍官在現場被宣布「失蹤」，他們都因此付出了

331 吳仁華《六四事件中的戒嚴部隊》。
332 戴晴《鄧小平在一九八九》。

代價，受到軍紀處分，但是也因此受到了人民的尊重。學者吳仁華經過長期的調查，查出了參與此次「平暴」的兩千多名部隊官兵的名字，特別是那些手上沾滿了鮮血的人並予以公布，號召人民記住他們的罪行。幾年以後，兩名參加此次行動的軍人退伍，應聘到四川一家大報當記者，與室友喝酒時大談在「平暴」中的英勇事蹟，結果被一頓狠揍，打得哭爹喊娘鑽床腳，第二天鼻青臉腫地去向總編告狀，總編不理不問，兩個人只好滾蛋了事。其他人的下場可能也差不多，甚至會更慘。

鎮壓終於成功了，接下來就是正式處理趙紫陽。

一九八九年六月十七日王任重和丁關根又到趙紫陽家，告訴他六月十九日中央將召開政治局會議解決他的問題，要他虛心克制，不要過多地辯解。王任重還向趙紫陽透露，內定還是保留他的中央委員和胡啟立的政治局委員。

六月十九日至二十一日，中共中央召開了政治局擴大會議，對趙紫陽展開批判。除了李鵬，在會上發言語言最惡劣、充滿污蔑之詞並作人身攻擊的是李先念。直到會議快結束時，趙紫陽提出要求發言，姚依林看看表說沒有時間了，如果你一定要講，只能講十分鐘。結果趙紫陽用了二十分鐘，對會議的指責進行了申辯。這個舉動出乎參加會議的人的意料之外。第二天復會，對趙紫陽的問題進行表決，一改原先撤銷總書記、常委、政治局委員，保留中央委員的調子，宣布撤銷其的一切職務。

趙紫陽表決時舉手投了反對票，同時聲明說：對撤銷我的職務，沒有意見，但對李鵬宣布的「支持動亂和分裂黨」兩頂帽子不同意、不接受。在場所有的人（包括鄧小平及主持會議的李鵬）都沒有作聲。

至今在《中國網》上還可以搜索到「中國共產黨十三屆四中全會」的詞條，簡介如下：

一九八九年六月二十三～二十四日在北京舉行。全會審議並通過了李鵬代表中共中央政治局提出的「關於趙紫陽同志在反黨反社會主義的動亂中所犯錯誤的報告」。會議認為，趙紫陽在關係黨和國家生死存亡的關鍵時刻犯了支持動亂和分裂黨的錯誤，對動亂的形成和發展負有不可推卸的責任，其錯誤的性質和造成的後果是極為嚴重的。他在擔任黨和國家重要領導職務期間，雖然在改革開放和經濟工作方面做了一些有益的工作，但是在指導思想上和實際工作中也有明顯失誤。特別是他主持中央工作以來，消極對待堅持四項基本原則、反對資產階級自由化的方針，嚴重忽視黨的建設、精神文明建設和思想政治工作，給黨的事業造成了嚴重的損失。鑑於趙紫陽的上述嚴重錯誤，全會決定，撤銷他的中央委員會總書記、中共中央政治局常務委員會委員、中共中央政治局委員、中央委員會委員和中共中央軍事委員會第一副主席的職務。全會對中央領導機構部分成員進行了調整。選舉江澤民為中央委員會總書記。

趙紫陽在中共十三屆四中全會前那次政治局擴大會上的「自辯發言」中，對這個國家的政治體制改革講了一段話，值得引在這裡：

一黨領導必須能夠解決民主的問題，能夠解決對黨和國家機關內部的消極的、不健康的、以致某些腐敗現象的有效監督等問題，一黨領導才能增強生命力。因此我想我們黨必須適應新時代和新情況，學會用民主和法制等等新辦法去解決新問題。例如，要加強政治生活的透明度，充分發揮人大的作用，加強與完善共產黨領導的多黨合作制和政治協商制，完善並改進選舉制度，加強人民群眾對黨和政府的監督，用具體法律來保證和規範言論自由，允許經過合法申請和批准的遊行，等等。總之，要使人民切身感受到，在共產黨的領導下，在社會主義制度下，能夠享受到真正而切實的民主和自由。這樣，社會主義制度才能增強對人民吸引力、凝聚力，它的優越性才能更加顯示出來。因此，我們各級領導機關和領導人就必須適應在民主和法制的條件下進行工作和生活適應民主，意見紛紜，表面上是亂，但是，有了在民主和法制範圍內的正常的小「麻煩」就可以避免大亂。國家才能長治久安。今後，黨的領導作用的重要方面，要表現在積極領導人民進行民主和法制建設上，使我們的社會主義國家成為真正的法制國家。而且，民主的旗幟如果我們黨不去高舉，就會被別人奪去。我覺得，我們儘早要走上這一條路。我們與其被動地走，不如自覺地、主動地走，因為我看到，有的社會主義國家是在社會矛盾相當尖銳，黨的地位已經大為削弱的時候去搞政治改革，局面很難控制。我想，我們應當在黨的領導地位相對鞏固的時候，主動的去搞民主建設，這樣就可以在我們黨的領導下，有計畫、有步驟、有秩序地發展一種堅持四項基本原則的、適合我國國情的社會主義民主制度。當然即使這樣做，在民主和法制建設過程中，仍然會有一些痛苦、摩擦，甚至震盪，但這絕不是社會主義制度發生危機，在我們黨經過一番自我調整、自我完善，更加適應新時代要求以後，將會以嶄新面貌，朝氣蓬勃地率領全國人民前進，

我主觀上認為，這是真正為黨和國家的前途著想。

面對趙紫陽的自辯發言，多少人汗顏，多少人慚愧，當場所有的人包括鄧小平在內，全都啞口無言。這個自稱溫和的人，自稱膽小的人，在這樣的關鍵時刻顯示了他明亮的底色：胸懷坦然，大柔至剛。

無論趙紫陽如何為黨和國家的前途著想，他還是被他的黨拋棄了。而且那些被他的理想所鼓舞的人們，在毀滅的過程中狠狠推了他一把，以至於至今有人認為趙紫陽的失敗，甚至「六四」慘案的發生，都是因為那些不知道天高地厚、自以為是的激進學生。若干年以後，激進的學生領袖柴玲在美國結婚生子，皈依了基督教，對當年施暴的中國當局表示寬恕。一石激起千層浪，引來鋪天蓋地的輿論攻擊。

可是趙紫陽本人不這麼看。他認為「六四」失敗的原因，在於政治體制改革的條件不成熟，特別是黨內的思想準備遠遠不足。其中的內涵，他屬下的吳偉在若干年之後，作了冷靜全面的分析。

若干年以後，鮑彤的助手吳偉寫了一本名為《中國八〇年代政治改革的台前幕後》的書。他在書中認為，以「六四」為最終爆發點的政體改革之所以失敗，首先是因為鄧小平與趙紫陽兩種「路線」之間存在的重大差別。鄧小平雖然是這場改革的主張者和推動者，可是他確定的目標是為提高效益而進行的行政改革；而他委任的操盤手趙紫陽，卻把重點放到了「推動共產黨從革命黨向執政黨的轉變」上來，終於催發了一九八九年的民主大潮。當鄧小平發現趙紫陽有可能借此進一步推動「轉向」目標、甚至有可能危及到「一黨專制」底線的時候，就毅然出手中止了這場改革。雖然鄧小平與黨內保守的元老派在對經濟體制改革的態度上有著很大差別，在個別時候甚至是對立的，但是這並不妨礙和他們後來在對待「六四」學潮和扼殺政體改革問題上站到一個陣營裡。這種結合反映了黨內傳統的政治勢力不甘心放棄舊的統治方式，堅持維持極權統治的堅定態度。

趙紫陽所說的「條件不成熟」還指黨內高層保守勢力依然強大。從他主持政改的那一天起，特別是拿下鄧力群之後，以陳雲為首的保守派就與他公開決裂，他們在中央各部門有著自己的一整套人馬，足以阻礙趙紫陽的很多措施貫徹執行，比如中央組織、宣傳等部門由保守派所掌控的情況並沒有得到根本改變；李鵬與姚依林則直接站到最前沿，處處與他針鋒相對，還通過各種小動作，以各種方式對鄧小平的決策施加影響，企圖借用鄧小平的力量搞垮趙紫陽。在這樣的壓力下，趙紫陽既不可能大張旗鼓地安排自己屬意的改革派幹部擔任關鍵部門的重要職務，也沒有可能把那些占據重要崗位但成為改革阻力的幹部撤換掉，因而也不能形成自己的核心班底，所以他的權利實際上是脆弱的。他做任何事情都首先要考慮到鄧小平的反應，還要考慮到會不會被保守勢力抓住把柄，真是「如履薄冰」。

至於趙紫陽說的「黨內的思想準備遠遠不足」，就不僅僅是保守派的問題了，而是指黨內中高層普遍缺乏「從革命黨向現代政黨轉型」的思想基礎。這些中高層幹部，大都是在高度集中統一的體制下成長起來的。他們習慣於「階級鬥爭」，習慣於「黨的一元化領導」，習慣於「輿論一律」，習慣於依靠行政手段而不是法治手段去進行國家和社會治理……這些都給他們帶來實際的利益，使他們自覺或不自覺地成為改革的阻力。趙紫陽擔起政體改革的重擔之後，開始在黨內下「毛毛雨」，重新發表了鄧小平「黨和國家領導制度的改革」的講話，宣傳工作也大大加強，在中共十三大報告中，他對政體改革的必要性進行了透徹的闡述，以統一認識。但是這樣的宣傳總共只進行了短短的幾個月就被迫中斷了，而強大的歷史慣性、體制慣性和思想慣性不可能在這麼短的時間裡得到扭轉，何況幾個月前全國還在進行轟轟烈烈的反「資產階級自由化」運動，政體改革剛剛還是政治禁區，「自由化」的帽子還在意識形態主管部門和一些保守派領導人手裡拿著，準備隨時給人戴上，這就使得「寧左勿右」的思想在黨內仍然有巨大的市場。十三大以後，政體改革在趙紫陽的主持下開始實施，但是因為受到黨內相當一部分中高層領導幹部的明拖暗抗，阻力重重。特別是在黨政分開、建立公務員制度、新聞改革、社會團體獨立、人大中的黨派活動、以立法方式保障公民基本權利等方面，不但步履維艱，甚至被篡改或變形，首先黨中央各部門就不配合。其中最明顯的例子，就是中組部在國家公務員制度的方案中，牢牢抓住主要幹部的任命權不放。地方黨委的改革同樣如此。

由於政體改革的特殊敏感性，趙紫陽一方面要防備來自黨內各方面的明槍暗箭，同時也要防止「吊高社會上民主派的胃口」而影響社會的穩定。因為一旦出現難以控制的局面，就會成為黨內保守派攻擊，甚至中止改革的口實，如果因此影響到他個人地位的穩定，將直接影響到正在推進的政體改革，不能不引起重視。因此，趙紫陽的操作不得不相對封閉，致使社會上的多數知識分子和民眾並不了解中央內部的激烈鬥爭，不了解趙所面臨的艱難局面，和他所起到的中流砥柱的作用，反而對趙主持的政改推進緩慢有怨氣和不滿，甚至將趙和鄧小平、李鵬等一起作為發洩不滿的對象。這就使趙紫陽不但得不到社會上的廣泛回應和支持，還成了「風箱裡的老鼠，兩頭受氣」，最後只得下台。

趙紫陽下台了。鄧胡趙體系徹底崩潰。一個時代結束了。

第三十二章　株連豈止九族

趙紫陽下台之後離開了中南海，住進了北京富強胡同六號胡耀邦住過的小院，耀邦曾經在這裡度過了「文革」中艱難的歲月，院子的對面就是國家安全局。中國官場的慣例，對於「罪臣」大都要搞株連，明朝皇帝朱元璋搞掉宰相胡惟庸之後被株連者達三萬多人，從此興起「株連九族」之罪。「六四」之後的第五天（即六月九日），鄧小平接見參與「平暴」部隊軍級以上幹部，聲色俱厲對那些參與學運的「壞人」進行聲討。六月十六日，鄧小平對中央委員會的領導成員說，由於他本人要退出日常工作，新的第三代領導人要完成平息「暴亂」的工作。

剛剛上任的江澤民發出斬釘截鐵的指示：

徹底平息反革命暴亂，是當前第一位政治任務。回想起這場反革命暴亂，我們對製造動亂和暴亂的一切政治陰謀，一定要繼續清查和徹底揭露，絕不可半途而廢。對策畫、組織、指揮動亂和暴亂的陰謀分子，參與暴亂的反革命暴徒，務必堅決打擊，依法懲處。絕不能心慈手軟。

全國上下開始了嚴厲的大抓捕，大追查，大清洗，北京城裡更是烏雲籠罩，「紅色恐怖」開始了。

鮑彤和他的政改研究室[333]

就像一九五七年趙紫陽向那些教授們說過「絕不打擊報復」的承諾馬上就落空了一樣，他對學生們說的同樣的話也落空了。大規模的清洗立即啟動，遍布全國，所有的人都被審查，人人都要「過關」，無數人遭受懲處。他手下的一大批人被清洗，被監禁，被追捕，被撤職，被遣散，被閒置……。

首先是他的大祕書鮑彤。

鮑彤是一九八〇年趙紫陽當了總理之後由中組部選配的，他與趙紫陽合作得很好。在鄧小平提出政治體制改革的一九八六年十月，鮑彤兼任了中央政治體制改革研討小組辦公室主要負責人，後又兼任主中共十三大報告起草組主要負責人，在一九八七年中共十三大當選為中央委員，並任中央政治局常委政治祕書、中央政治體制改革研究室主任、中央宣傳小組成員、中央黨建小組成員。一九八九年的學潮剛剛開始，李鵬因為反感趙紫陽，便開始排除鮑彤參加有關會議，在「六四」事件中，鮑彤與趙紫陽一樣反對鄧小平、李鵬等用軍隊鎮壓學生，於一九八九年五月二十八日被祕密逮捕，成為「六四」之前被捕的第一人，關入北京北郊的秦城監獄並立專項調查；鮑彤也是「文革」結束十二年之後第一個被關到秦城監獄的中共中央委員，代號是八九〇一。

聽到鮑彤被「隔離審查」的消息，趙紫陽十分憤怒。六月二日，王任重、丁關根受「中央」

333 此章主要資料來源：吳偉《中國八〇年代政治改革的台前幕後》。

委託來和趙談話，趙紫陽態度激烈地向他們提出了鮑彤被非法拘禁的問題。趙紫陽在回憶中說：

> 鮑彤是二十八日被組織部叫去談話，一去就沒有回來。並同時在他的辦公室進行搜查。我當時就叫祕書給宋平打電話表示反對。這次我對王任重、丁關根說，如果認為鮑彤有什麼問題，組織上可以審查，但應按《黨章》和法律手續處理，黨組織沒有權力剝奪他的人身自由，組織部長更沒有這個權力。現在八〇年代了，不能用過去搞運動的辦法了，要求他們向中央反映。

趙紫陽的話，在這個時候已經不會對李鵬主持工作的「中央」有什麼影響了，因為李鵬一夥最希望的就是通過對鮑彤的審查，找到趙紫陽「支持動亂」的證據。鮑彤後來對他的助手吳偉說：實際上對我進行審查，焦點很明確，專案組的工作人員說得也很明確：「主要是讓你回憶回憶趙紫陽同志的問題，什麼都可以談，不要有顧慮，他現在不是總書記了。」鮑彤的回答是：「趙紫陽同志有什麼問題？他不再是總書記，我感到非常可惜，主要不是為他個人可惜，而是為黨可惜。我認為，紫陽同志是一位難得的領導人。」[334]

直接要鮑彤「交待」趙紫陽的問題不成，就想找到鮑彤犯罪的證據，以證明「鮑彤是壞人」，從而證明趙紫陽「重用壞人」。專案組給鮑彤安的第一個罪名是「洩露國家機密」，第二個罪名是「進行顛覆國家政權的宣傳鼓動」。查來查去各方面提供的證據都證明這兩項指控不能成立，但是鮑彤最後還是以這兩項罪名被判刑。後來在趙紫陽向老朋友宗鳳鳴談到其中的內幕：

334 吳偉《中國八〇年代政治體制改革的台前幕後》。

在鮑彤案審理過程中，大概是喬石表了個態度，由公安部、司法部、監察部共同打了個報告給中央，說明不夠起訴條件。對這個報告中央常委都已圈閱，並沒有提出不同意見來。後來，這個報告又轉到鄧小平那裡，據說對這個報告，鄧看也沒有看，就說：為什麼不可判刑呢？鮑彤是個壞人麼！就這樣，對鮑彤判了七年徒刑。335

一九九一年四月十六日，中紀委派了兩個局長和一個工作人員，到秦城監獄來向鮑彤宣讀了中共中央政治局關於開除鮑彤黨籍的決定。決定全文如下：

中共第十三屆中央委員會委員鮑彤，在一九八九年動亂期間洩露國家機密，並進行反革命宣傳煽動，已嚴重觸犯刑律，完全喪失了共產黨員的資格。中共中央政治局決定：撤銷鮑彤中共中央委員會委員職務，開除其黨籍。

鮑彤認為，這個決定有兩個致命點：一是不符合《中國共產黨黨章》，二是不符合《中華人民共和國憲法》和有關法律。鮑彤為此致信給「中紀委常委各同志，中央政治局各同志，並送小平、陳雲同志」，信中說：

第一，《黨章》第四十一條規定，黨組織對黨員作出處分決定，應當實事求是地查清事實，所要作出的處分決定和所依據的事實資料，必須同本人見面，聽取他說明情況和申辯。但是，這次給我看的，不是「所要作出的」決定，而是三十天前「已經作出的」決定；也沒有給我看「事實資料」。因此，這不符合《黨章》規定。第二，依照《憲法》，只有人民法院才是有權判定是否「嚴重觸犯刑律」的唯一法定機關，才有權對此作出具有法律效力的結論。在人民法

335 宗鳳鳴《趙紫陽軟禁中的談話》。

院尚未開庭審判的情況下，由政治局宣布我「已嚴重觸犯刑律」，我認為這樣做不符合《憲法》和法律的規定。政治局是中央委員會閉幕期間全黨最高領導機關，不宜代替地方法院的合議庭或審判委員會的工作。

這就是說，從一九八九年五月二十八日鮑彤被捕到這個「撤職並開除黨籍決定」中間的兩年零八個月的時間，鮑彤仍然是合法的中共中央委員，卻被不合法地關押在監獄裡。

鮑彤後來說：政治局之所以要趕在進入司法程式之前作出開除我黨籍的決定，是因為馬上就要開中共十四大了，在十四大上，對趙紫陽案和鮑彤案必須對全黨有個交代。他們另一個目的，是要趕在進入司法程式前，定下起訴和判決的基調。李鵬一夥早在一九八九年學潮初起時就宣稱，這場「動亂」有後台，有黑手，是「有組織、有計畫、有預謀的」，後來還一再重複這種話。可已經過去兩年了，不抓出個把「黑手」來，如何向全黨、全國交代？按照他們的本意，是想給趙紫陽戴上這頂帽子，可一來找不到任何事實，二來把總書記說成「黑手」，全黨、全國都很難接受，那麼就只有讓鮑彤來背這個黑鍋了。反正鮑彤是壞人，又和趙有直接關係，給鮑定了罪，趙就脫不了關係了。至於能不能找到鮑的犯罪事實，那就是檢查院和法院的事情了。政治局定了調，檢查院和法院就得按這個方向辦。

一九九二年七月二十一日，在鮑彤被無辜關押了三年多之後，北京市中級人民法院終於以「洩漏國家機密罪、反革命宣傳煽動罪」的罪名，開庭審判鮑彤案。庭審以「涉及國家機密」為由祕密進行，從開始到結束一共延續了三個小時，最後法官宣讀判決書如下：

被告人鮑彤，犯洩露國家重要機密罪，判處有期徒刑四年；犯反革命宣傳煽動罪，判處有期徒刑五年，剝奪政治權利兩年；決定執行有期徒刑七年，剝奪政治權兩年。

鮑彤所有的上訴都被駁回。

一九九六年五月二十七日，鮑彤刑滿。但是當局把他又關到了北京的「西山杏林山莊」（對外叫「國務院機關事務管理局西山管理處」）的一處破爛的平房院子裡，鮑彤在這裡度過了一年比秦城監獄還要艱難的日子，一九九七年四月底，老鮑終於能在「刑滿釋放」近一年之後回家了，但是他並沒有得到真正的自由，而是又進入了又一個牢籠——「家庭監視」，其費用每年至少要三、四百萬，至今已經持續了二十多年。就是在這種環境下，鮑彤依然衝破各種阻力，在境外媒體上發表談話，寫文章，不斷地談民主，講人權，總結歷史，評論現實，呼籲平反「六四」和推進中國的政治體制改革……至今已經發表並結集出版的就有上百萬字，其中包括大量追憶趙紫陽，總結、評論趙紫陽經濟、政治改革思想的文字。

被軟禁中的趙紫陽同樣也沒有忘記鮑彤這位老部下。在他的回憶錄《改革歷程》，以及在香港出版的宗鳳鳴《趙紫陽軟禁中的談話》、杜導正《趙紫陽還說了什麼》等書中，都記載了許多許多與鮑彤有關的內容。在鮑彤被無辜判刑之後，趙紫陽說：「鮑彤有什麼事？查來查去什麼事也沒有。」、「搞鮑彤是為了搞我的問題，以為我和學生私通過，還通過鮑彤跟外國人私通，結果什麼也沒有。」、「鮑彤的事，是先入為主。李鵬對鄧說過鮑彤是壞人，說我是受了鮑彤的影響。」趙紫陽還氣憤地說：「對鮑彤這兩個罪名都不能成立，他們（李鵬等人）是應負歷史責任的。」

趙紫陽被軟禁之後，他的老戰友宗鳳鳴以「氣功師」的身分出入趙家，二〇〇四年他將幾年來與趙紫陽的談話整理成集，送紫陽過目。趙紫陽自己沒有看，說將來讓鮑彤去斟酌吧。於是宗鳳鳴來找鮑彤，希望他能夠遵照趙紫陽的意思對集子作些修改。但鮑彤為了不以自己的「反革命」之身連累趙紫陽，沒有同意。趙紫陽逝世後，鮑彤為宗老這本書寫了序言，序言中說明他當時「不能受命」的原因。

二〇〇五年一月十七日晨七時一分，趙紫陽因病逝世。當天中央作出內部批示：

一、趙紫陽長期工作有貢獻；

二、「六四」中有關趙錯誤的中央決定正確；

三、由趙紫陽治喪小組處理治喪活動，任何地方不得另行悼念；

四、防止國內外敵對勢力挑動。

中央批示同意擴大遺體告別儀式與會名額，但十三個人除外，其中就有鮑彤。[336]

鮑彤聞知紫陽去世的消息，立即要和妻子、女兒去北京醫院見紫陽最後一面，哪知一出門就被人堵在電梯口，在與阻攔者爭執過程中，鮑夫人被推倒在地不能動，送醫後發現胸椎第十二椎骨折，鮑彤本人也發現右手小指骨折。儘管如此，鮑彤仍然對阻攔他的人說：不管開不開追悼會我都要去。開追悼會我要參加；不開追悼會，我要跟紫陽告別。

一月二十三號下午，吳偉去金台飯店領取遺體告別通知時見到了趙紫陽的女兒雁南，向她轉告了鮑彤一定要參加告別儀式的態度。趙紫陽的家屬為此和中辦進行了數次交涉，說你們不讓鮑彤參加告別，那我們家人都不參加了。官方的態度終於有所軟化。二十八日晚十點左右，有人突然通知鮑彤：「現在上面指示，允許你跟趙紫陽最後見個面。明天早晨你五點起來。」次日清晨五點三十分，北京市公安局的幾位局長、處長用車接鮑彤到北京醫院，給鮑彤

336 杜導正：《趙紫陽還說了什麼？杜導正日記》，香港天地圖書有限公司二〇一〇版。

一個人搞了個遺體告別儀式。

趙紫陽與鮑彤，不僅僅是上下級關係，他們還是義薄雲天的患難之友。

趙紫陽與鮑彤的境遇，自然影響到他們的「直屬部隊」——中央政治體制改革研究室的同事們。在鮑彤被捕的同一天下午，他的助手吳偉和張電輝也以「協助調查」之名被「隔離審查」，在秦城監獄隔壁的一個「招待所」裡關了兩個多月，要求他們揭發鮑彤的問題。中央政改研究室的行政改革局副局長高山以個人身分參加了「三所一會」的會議，雖然事後受到鮑彤的批評，高山自己也承認了錯誤，但是此事被李鵬一夥認為這是趙紫陽、鮑彤和動亂有關的最直接的一個證據，於是高山被捕，被判處有期徒刑四年。

一九八九年七月二十八日，中共中央下文撤銷趙紫陽與鮑彤一手建立起來的中央政治體制改革研究室，祕書長兼機關黨委書記陳群林被「靠邊站」。一支中央派出的清查工作組進駐研究室，工作組要求所有原來研究室的人員一律不動，都要留下來參加清查清理，回憶情況，揭發「趙紫陽分裂黨，支持動亂」的問題。對一些同志在動亂期間的情況「要做鑑定」。同時撤銷的還有與趙紫陽關係密切的中央農村政策研究室、中央財經領導小組，幹部和人員由中組部負責分配。

同一天，中共中央下發到省軍級的十九號檔，專門介紹「趙紫陽分裂黨，支持動亂」情況，檔中點了中央政改研究室很多人和事，大都是捕風捉影、道聽塗說。可是這個檔成為清查工作組的行動指南，他們確信鮑彤和政改研究室是發動學潮、指揮動亂的「幕後黑手」，是「搞資產階級自由化的總指揮部」，趙紫陽就是這一切的「總後台」，工作組的目的就是找到與此相關的證據，來證明文件和李鵬的說法是正確的。他們多次召開會議學習這個中央文件和李鵬講話，還找每個人談話動員，要大家提高和統一認識，和中央保持一致，揭發趙紫陽和鮑彤在學潮、動亂中的「錯誤言行」。可是翻來覆去查了兩年，得出的評價居然是「政改研究室的同志們基本上堅持了四項基本原則」。清查報告到了主管此項工作的丁關根手裡，氣得他拍了桌子，說這個清查怎麼能搞成這個樣子啊？如果他們沒問題，那動亂是從哪裡來的?!於是又派出一個「加強」工作組，不僅要查政改研究室，而且還要查前工作組是否有「包庇」行為。以至於前工作組的人私下裡跟吳偉講：你看看我們倒楣不倒楣吧，我們本來還要清查你們呢，可現在要清查我們！

新工作組也查不出什麼問題來，可是如果一個人都沒處分的話，無法向上邊交差，於是雞蛋裡挑骨頭，強行給了兩個處分。一個是資料室的負責人白慧敏，理由是她順便代《世界經濟導報》記者印了一份資料，工作組就上綱上線，提出給她黨內警告處分。另外一件是鮑彤在臨被抓走前的一天對研究室祕書長兼黨委書記陳群林說：我如果被帶走，請你想辦法轉告杜潤生杜老[337]，就說鮑彤被隔離了。陳群林後來輾轉通過別人完成了老鮑的交代。工作組因此要給陳群林一個黨章裡找不到的「免予黨內處分」的處分。這樣兩個處分拿到了兩個人所在支部討論，多數人都不接受，工作組就要留守組負責人陳小魯去做工作。陳小魯在黨員會上說：如果我們不處理下去的話，大家就都拖著不能分配工作。我們大家待在這裡兩年了，還是要

337　杜潤生（一九一三～）山西太谷人。有威望的農村改革家。曾任中顧委委員。一九八三～一九八九年任中共中央書記處農村政策研究室主任，兼國務院農村發展研究中心主任；是中共中央財經領導小組成員。

分配呀。要是有那麼一天，這個燒餅翻過來，你們不要找別人，我來承擔歷史責任，做檢討！

中央政改研究室的清查清理工作，在中直機關中是開始最早的，也是最晚結束的。在後期的組織整頓和黨員重新登記當中，只有前面講到的兩位同事無辜受到輕微處分，所有的黨員登記全部正常通過。這個清查結果，使「中央十九號檔」、陳希同報告等官方檔，以及《李鵬六四日記》中強加於鮑彤和他領導的中央政改研究室的種種罪名，成為笑柄。

然後就是人員分配。撤銷前，中央政改研究室的幹部總共不到三十人。除了一部分來自中辦行政人員回原單位元，剩下需要由中組部分配的，滿打滿算不過二十人左右。這其中一半是局級幹部，其他大多是處級。應該說，這麼點幹部的分配，對中組部說來不過是小菜一碟，可就是這「一碟小菜」卻耗費了半年多的時間，直到一九九一年上半年才完成。這裡面的難點最根本的就是這批人已經入了「另冊」。中央為此專門定了三條原則：一是不能進中央黨政機關；二是不能進機要部門；三是沒有大的問題的幹部也只做同級安排。

沒有查出任何問題的吳偉經歷過多次碰壁之後，於一九九一年初被中國大百科全書出版社收留，擔任了《百科知識》雜誌編輯部副主任。後來才知道社長單基夫曾經是四川省委宣傳部部長，趙紫陽在四川任省委書記期間，單是他的部下。

原來研究室綜合局副局長孫方明，是中國農村發展組的老資格，一九八四年到中央書記處辦公室工作，後來給中宣部長朱厚澤做祕書，是中央政改辦的第一批研究人員，起草〈政治體制改革總體設想〉的主要執筆人。在一九八九年五月中旬學潮最緊張那幾天，因患肝炎在老家貴陽休養，新華分社一個年輕記者將他與幾個老朋友閒談搞了份內參上，「六四」以後，被貴州省列為清查的一號大案。分配工作時他個人聯繫到建行總行，那邊同意接收，中組部開始也表示同意，後來李鵬指使人給中組部打了個電話，說這個人觀點上傾向於趙，是鮑的主要骨幹，不能到機要部門，要堅決分配到外地。於是孫方明就被分配到了貴州省政府經濟研究中心當副主任。

原研究室社會改革局副局長石肖岩的分配更是一波三折。石是全國青聯常委，來研究室之前曾任《中國政協報》副總編。由於商業部長胡平的大力支持，他分配到了商業部，準備安排他擔任《中國商報》社副社長。就在這個時候（一九九〇年十一月底），作為北大荒老知青的他和當年兵團的老戰友姜昆[338]、濮存昕[339]「四九三」等一起，在位於天安門廣場的中國革命博物館舉辦了「魂系黑土地北大荒知青回顧展」展覽，已經沉寂了一年半多的天安門廣場有上萬知青集會，大家打出了兵團「師團營連」的旗幟和標識，呼朋喚友，呼喊口號。此事登上了公安部的「社情通報」，不但公安部門慌了神，還驚動了國家副主席，引起了高層震動，組織者石肖岩的背景很快就查了出來，原來是鮑彤手下的「殘渣餘孽」。據說在中央常委會上有人提出：這個人怎麼還在活動？怎麼遺留在北京？還在廣場上鬧出那麼大動靜？經過「組織上」研究決定，將其發配到位於廊房的石油部管道局機修廠，任廠工會主席，副局級幹部擔任副處級職務。當然，肖岩沒有去上任。身為全國青聯常委的他，給全國青聯寫了厚厚的申訴信。一年以後，他又重新被分回北京，去了商業部。

338 姜昆（一九五〇～）著名相聲表演藝術家，曾經插隊黑龍江建設兵團。現任中國曲藝家協會黨組書記、副主席。

339 濮存昕（一九五三～）著名話劇表演藝術家，曾經插隊黑龍江建設兵團。現任中國電影家協會副會長，中國表演家協會副會長，北京人民藝術劇院副院長。

唐欣是原冶金部部長唐克之子，時任中共中央政治體制改革研究室社會改革局副局長，也是「紅二代」，與何維淩一樣，還是鄧樸方的密友。可是因為他在「清查清理」中不配合組織上確定的「口徑」說話，就遲遲不予分配。唐欣為了表示抗議，買來絨布，在家裡用縫紡機做起了「神功元氣袋」。唐欣的好多朋友氣不過，埋怨時任中組部副部長、清查辦公室主任的劉澤鵬，說你們連唐欣這樣根紅苗正的幹部子弟都不給碗飯吃！後來中組部只得把唐欣分配到輕工部，開始提出讓他到輕工出版社，他說沒搞過出版，就讓他到《中國輕工報》社當了副社長，以後又讓他去籌備輕工產品品質保證中心。

原研究室祕書長兼黨委書記陳群林，曾經給朱厚澤、胡錦濤、鮑彤、閻明復等多位中國的著名人物做過祕書長，在審查中被工作組組長評價為「兩好一不好：人品好，水準好，態度不好」。但在分配中組織上也仍然堅持了「原則」：當研究室的部下們差不多分配完畢之後，才被分到效益差、管理混亂的交通出版社任社長。後來閻明復到民政部當副部長，分管福利彩票發行，才把陳群林調到中國社會福利有獎募捐委員會，任祕書長。

當然也並不是所有的中央國家機關部委都對中央政改研究室的這些幹部棄之如敝屣。比如商業部部長胡平、物資部長柳隨年都頂住了壓力，接收研究室的幹部和趙紫陽的部下。因為他們的努力，黃海、石肖岩到了商業部；何家成和趙紫陽的祕書李樹橋、國家體改委的司長鄭洪慶到了物資部；張電輝去了中石化。他們當時都不能進部機關，不能到「機要部門」，可是幾年以後政治氣氛稍微緩和，很多人就被委以重任，如李元去了國土資源部當司長，幾年後升任副部長；周大力則回了國家體改委，不久後當了副司長。

也有很多人看破紅塵，離開了體制：張偉回了上海經商；徐沖當起了律師；白慧敏去了聯想集團後來當了副總裁；吳偉也下了海。陳毅元帥之子陳小魯是個另類。本來工作組提出讓他回部隊，職務也可以按照在研究室所任職務調一級到正師。但是陳小魯對體制內已經心灰意冷，不想再幹了。他回到總參三部就寫了個報告要求轉業。一九九二年正式辦理了轉業手續，自稱「退休老幹部後來走上了經商之路，不過這些秀才大都不是那塊料，他經商也沒有發財。

一九九一年上半年，原中共中央政治體制改革研究室的幹部方才分配完畢。這個曾經在中國政治風雲中叱吒一時的知名機構，至此煙消雲散。

陳一諮逃亡記[340]

就在開槍之前，有元老子弟找到陳一諮，勸他沒有必要把自己的命運和趙紫陽拴在一起，還說只要發一個聲明支持李鵬，批判趙紫陽，保你不會有什麼問題，說不定還會給你個部長幹幹！

陳一諮沒有理睬。緊接著趙紫陽「官方首席智囊」鮑彤的被捕揭開了大清洗序幕，「半官半民」的陳一諮更是成了壞人中的壞人，緝拿重犯。

六月五日凌晨，北京各處還不時響起零星的槍聲，大批民眾被捕，由於解放軍戒嚴部隊官兵主導抓捕工作，濫捕、毒打事件層出不窮，待到被捕者被移交給公安部門時，許多人傷

340 此章主要資料來源：陳一諮《陳一諮回憶錄》。

痕累累，有的傷勢很重，後來終身殘疾。這種情況連北京市公安部門都看不下去了，向上級反映情況，甚至表示情況如果沒有改善，不再接受戒嚴部隊移交的被捕者。[341]

萬里派人給陳一諮送來一封急信，寫了兩行字，一行是「留得青山在，不怕沒柴燒」，一行是「三十六計，走為上計」。北京朋友們流淚勸陳一諮儘快離開北京，說李鵬要是說你是個暴徒，讓人把你架到新華門一陣亂槍打死，就太不值得了。陳一諮給體改委副所長劉曉峰打了個電話，很快劉曉峰帶來一本化名「石堅」的工作證和五千元人民幣，還帶著體改所宏觀室的黃永山——他願意陪陳一諮離開北京。下午兩點，三人到了北京站，只見荷槍軍人正一個個盤問來往的行人，進站顯然有危險。曉峰掉頭，給陳一諮化了妝，然後去豐台火車站，送兩個人登上了開往南京的列車。

南京火車站擁擠不堪，通往上海的滬寧線已停運，聽說因為抗議「六四」開槍的人們阻斷了交通，街上貼滿了打倒鄧小平、李鵬、楊尚昆的標語，到處都是遊行隊伍。兩個人買了去南昌的火車票，想到雲貴一帶偏遠地區避避風頭再說。到了南昌，才知道通往各處的火車都中斷了，只好在火車站睡了一夜，七號下午終於買到兩張通往廣州的長途汽車票，車上似乎一半以上都是難逃的學生。車行兩天一夜，凌晨抵達廣州郊區，突然被一隊荷槍的軍人圍住，凶巴巴上來檢查證件。陳一諮靈機一動，出溜到座位下裝著呼呼大睡，檢查證件的軍人搖了他兩次，看搖不醒就下車了。

車開到廣州總站，兩個人商量先找個旅館住下來再說。陳一諮用那本化名「石堅」的工作

341 吳仁華《六四中的戒嚴部隊》。

證登記住宿，引起了旅館服務員的懷疑：因為正式的工作證必須在照片上蓋有鋼印，而這份工作證上只蓋了紅油泥印。服務員端詳了他一會兒，然後開了房間。陳一諮預感到不妙，立刻和黃永山拿了行李從側門走出旅館，正看見一隊荷槍實彈的軍人從正門衝了進去。

兩個人立即叫了計程車，到了時任中國聯合承造實業公司總經理許晉豫的辦公室。許晉豫的父親是趙紫陽的老戰友，本人亦是個俠肝義膽的人物，他開門見山地說：老石，紫陽被軟禁了，鮑彤被捕了，李鵬絕不放過你，先去香港避一下再看吧。於是有人從北京給陳一諮送來了護照，美國駐廣州總領館立刻給了簽證，約好了六月十六日十二點從羅湖出關，由美國駐香港總領事鮑恩在羅湖接應。到時候一行人在深圳的酒店裡，等待老許去海關打探消息，可是老許回來無奈地對陳一諮說：公安部搜捕七名著名知識分子的通緝令已經到了深圳海關，名單裡有你，這裡出不去了。

第一次出關的計畫沒有成功。不久就聽說了老許因為營救陳一諮被捕入牢的消息。六月十七日，一直陪同陳一諮的黃永山回北京了，聽說他剛下飛機就被抓，被打得不成人形。

台灣商人方君陪陳一諮去了海口，安排他住在一位姓高的醫生家，六月二十日，趙紫陽的二兒子趙二軍和夫人汪建莉來見陳一諮。趙二軍在「六四」之前就給陳一諮打了好幾次電話，催他到廣州，這次二軍夫婦想試試，讓陳一諮從海口機場去香港。海口機場四處都是荷槍的軍人，方君先去探路，一會兒就興沖沖的回來，說給了售票小姐一百美元，機票就換成老石的名字了。陳一諮跟著他往地大廳走去，剛到門口兩個軍人用槍一架，要檢查證件，方君急中生智，拿出台胞證晃一晃，說我們要趕快走，飛機就要起飛了！軍人放行了，剛要入關，方君突然緊張地退了回來，說老石有你的名字！原來邊檢破例提到了入關之前，對每一個人都要對照一遍桌上的追捕名單和照片，隔著玻璃方君看到了那份名單，第一頁第三個名字就是陳一諮。陳一諮和張君立即回到車上，卻被一隊荷槍的軍人包圍，司機趕快下車，不知道說了些什麼，領頭的軍人大聲說快開走，不要違規停車了！司機笑著塞給他一千港幣，就發動了車，第二次出關的計畫又沒有成功。

方君又給陳一諮辦了個新加坡護照，但是通緝的照片貼出來了，這個護照也用不上。陳一諮在高醫生家又等到七月五日。上午九點三十分，方君急匆匆來了，說老石快跟我走。陳一諮坐上他的車東拐西轉半個小時，停在一家賓館門口，門內走出兩個人，馬上就有一輛麵包車開到跟前，打開門讓三個人進去，立即開走。車上一個人說：「老石，你的外甥接你去安全的地方，他正等你吃飯，記住：你是他舅舅，是來看他的。」說著給他的臉上脖子上和胳膊手上塗了些古銅色的敷料。車行約半小時，停在一家兩層樓的餐館前，二人帶陳一諮上了餐館二樓，一個三十多歲滿臉風霜的壯漢從餐桌邊站起來說：「舅，快來吃飯。」陳一諮在他對面坐下，回頭一看，那兩個人已經消失。

漢子不緊不慢的邊吃邊喝，東拉西扯的說了些閒話，走出餐館已經十二點過，他側身悄悄說：「舅，你別著急。港口的警衛十二點三十分換崗，我們趁他們換崗的時候大搖大擺的往裡走。」

十二點二十分，兩人到了一個碼頭，碼頭邊停了許多貨船，碼頭門口有個崗哨，兩個人若無其事往裡走去，剛走進碼頭門十幾步，執勤的崗哨就喊站住。兩人站住了，漢子笑了笑過去，也不知道他們在說些什麼，陳一諮見那個崗哨朝自己這邊看，就大方地走過去，遞給他一支「萬寶路」。崗哨擺擺手，讓他們進去了。

陳一諮被帶上一隻貨船，漢子把他帶到船的下層，說自己是這個船的船長，運貨去香港，受朋友所托帶他過去。兩個人到了下層的後艙，右手邊一個大水箱，大約兩米高三米寬，裡面左邊有一個一尺半寬的圓門，船長打開那個圓門，裡邊裝滿了水，用手一試，水是溫熱的，上面飄著一層油。後艙中間是一台柴油發動機，右側鋪著一張蒲席還有兩瓶水，四個小麵包。他對陳一諮說現在你就在這兒休息，再熱也不能到上艙去，我去裝貨了。

七月的海口，船艙內悶熱不堪，陳一諮躺在蒲席上輾轉反側，很快全身就濕透了，接著就出了痱子，撓得渾身都是血印。從小小的舷窗可以看到，下午兩點開始就有荷槍的軍人十幾個人一隊，啰啰啰地在碼頭走來走去地巡邏。下午六點，機器開始發動，一股股熱浪撲面而來，船艙的溫度陡然又升高了，熱得像太上老君的八卦爐。快七點時，船長滿頭大汗下來，說馬上開船入海。

船終於慢悠悠地離開港口，突然四面探照燈齊明，又停了。船長急忙走下來說：「巡警要來檢查，我的腳一跺船板，你馬上藏到水箱裡，再鑽到隔板那邊。」不一會兒，就聽見船長腳跺船板的聲音，陳一諮趕忙鑽進了水箱，隨手將水箱門關上。一片漆黑，什麼都看不見了，豎耳細聽，除了機器的轟鳴聲，還傳來船上的人走動聲和聽不清楚的說話聲。陳一諮用手摸到隔板下邊那個圓洞，連忙鑽過去，把頭伸出水面，借著些許微光，只能看見水面上飄著的油花在閃動。說話聲音由遠而近，水箱的小圓門打開了，一股光線透了進來，有人用棍子攪動著水，陳一諮屏住呼吸，一動不動。

水箱門關上，人走了，又過了大約半個小時，船長敲著水箱門大聲說出來吧，沒事了！

陳一諮鑽了出來，脫掉全身衣服擰乾，晾在機器旁。船長說這是例行抽查，查過的船不能出港，明天八點才能走，不過一般不會再有人來了，你好好睡一覺。

人在溫熱的水箱裡一泡，倒舒服了很多，陳一諮躺在蒲席上慢慢睡著了，醒來時船已起航，船長蹲在他身邊，說我來了兩次，看你睡得好香。今天一天全要沿海岸往東航行，委屈你還得在這兒躺著，千萬不要上船，若有邊防快艇檢查，你還得鑽到水箱裡。說完又給丟下兩瓶水，四個小麵包，走了。

舷窗外已經是茫茫大海，海風一吹，悶熱消退了很多。貨船在海上慢悠悠地往東航行，陳一諮半睡半醒地躺在船的底艙，思緒卻不停地轉動著：自己的出走了會不會給母親和女兒帶來麻煩呢？體改所肯定躲不過這一劫了，那麼多優秀的青年改革者會怎麼樣呢？要知道他們的平均年齡還不到二十八歲！想到開槍之前，有元老子弟勸他沒有必要把自己的命運和趙紫陽拴在一起，還說只要發一個聲明支持李鵬，批判趙紫陽，說不定還會給你個部長幹幹！這才到幾天啊？部長一下子就變成了被通緝的重犯，真是讓人啼笑皆非……

再一次醒來，船長在身邊笑咪咪地說：你真是累壞了。現在安全了，可以到上邊透透風了。小船停在一望無際的大海上，海浪拍打的船身不停地搖盪。陳一諮疑惑地問船長：「船怎麼開得這麼慢？」船長說：「老石，這你就不知道了。我們的船每小時最快只能開三十海里，但澳門炮台的快艇能開到六十到八十海里。所以不能硬闖，如果引起了守軍的懷疑，他們的快艇開過來，我們就沒跑了！現在把船停下來，到早晨九點他們換崗時，慢悠悠地開過去，就萬無一失了。」說著他話鋒一轉，問道：「你究竟是誰？」

「行不改名，坐不改姓，我叫陳一諮。」

船長興奮地說：「你就是那個李鵬要抓的陳一諮嗎？」

「正是。你把我偷運到香港，就不怕出事嗎？」

船長說：「怕什麼！我們那兒公安可黑了。只要塞給他們三、五百塊錢，什麼事都擺平了！」說著他翻開了衣領內側，赫然用紅絲線繡著「三民主義統一中國」幾個字。船長說：「三民主義比共產主義強多了！我們那兒老百姓都喜歡三民主義！」

天亮了。陳一諮又回到了底艙，然後貨船起航，船長說：「過了澳門炮台就安全了。你再耐心地在這裡待兩個小時，我把船開得離岸邊近一點。你現在還可以睡一覺。」陳一諮放目望去，到處都是一艘艘的貨船，遠處香港的樓群和奔跑的汽車都看得很清楚。下午三點，船長搖著一隻小艇去了香港，五點才回來，說一切都已經安排妥當。陳一諮無以表示對船長的感謝之情，就把藏在鞋底僅有的三百美元送給了他。後來他才知道，香港一個商人為了救他，主動捐了三十萬港幣，至今不願透露姓名。

從七月五日晚上六點貨船離開海口，到七月七日六點登上香港，陳一諮在海上漂流了四十八個小時。

陳一諮登上岸，一輛銀灰色的小轎車就停在了他的面前。他打開車門坐進去，小車在街巷裡拐來拐去，把他帶到了一家賓館的套房。房間裡坐著一個人，見他進來站起來握著他的手說：「老陳，你好！我是岑建動[342]。這次救你，可真不容易。先是找不到你，而後專門派船

342 岑建動（一九五二～），廣槁恩平人。香港著名電影導演、社會活動家。七〇年代參加過保釣運動，後來到英國讀書工作，八〇年代回到香港，創辦了德寶公司，從事演藝業，成為著名的藝人。

把你接來。」他指著身旁的兩個人說：「就是他們組織人救你的！」

陳一諮拱手一揖：「救命之恩，無以為報！」

兩人也拱手道：「義之所至，理當效勞！」

陳一諮問：「你們冒這麼大風險救人，要是出了事怎麼辦？」

他們異口同聲地說：「那我們養他全家！」

又問：「要是被出賣了呢？」

他們毫不猶豫地說：「那就殺他全家！」

陳一諮心想好傢夥，這是碰上「黑道」了。

岑建勳派人拿來了一套內衣和一套外裝，說你先洗個澡吧！陳一諮身上沾滿了油泥，洗了三遍才洗乾淨。接下來岑建勳請他吃飯，說起香港新華分社的社長許家屯都收到了李鵬的手令：要「不惜一切手段將陳一諮緝拿歸案」。他和陳一諮商量著說：「美國駐香港總領事鮑恩明天中午要請你吃飯，他可能會請你去美國，你有甚麼考慮？」

陳一諮說：「離開自己的國家，我實在是情非得已。下一步怎麼辦，我還沒有考慮。」

岑建勳說：「嚴家其和吾爾開希都想從香港去美國，可是美國不接受，他們現在都去了法國。我建議你也去法國，這樣大家彼此會有個照應，你覺得怎麼樣？」

陳一諮說：「我就聽你的，也去法國。」

第二天早晨九點，岑建勳帶他去拜會「六哥」。六哥名叫陳達鈕[343]，他的雙胞胎弟弟七哥

343 陳達鈕（一九四四～），江西人。排行第六，人們稱其六哥。一九七二年，因不堪忍受大陸文革批鬥，遂偷渡到香港，後經商創辦義德洋行。

陳達鉗[344]就是親身前往海口將陳一諮交給船長的那個人。他們兄弟二人原籍江西，文革中實在熬不住批鬥，游水逃到香港謀生。經過十年的奮鬥，兄弟二人於一九八〇年帶著在阿爾及利亞賺到的近二百萬美元回到香港。他們先後投資金融、股票、地產、酒店和夜總會，獲利頗豐。「六四」一發生，兄弟倆成為救助逃亡到香港的各界人士前線總指揮，先後組織救助了一百（又說是三百）多人，時間長達數年之久，深得香港各界人士的欽佩，這個救援行動就是大名鼎鼎的「黃雀行動」。

兩人到了九龍旺角通菜街的義德洋行六哥的辦公室，陳一諮自然是感激不盡，六哥卻說：「救人一命，勝造七級浮屠，救人總比殺人好。我是個小人物，但我不忍心看到那麼多愛國人士遭無端殺害。」

中午十二點，美國駐香港總領事鮑恩請陳一諮吃飯，不出岑建勳所料，鮑恩說：「陳教授，首先祝賀你脫離了危險！其次，我代表美國政府歡迎你到美國。美國政府會在三年內，每年給你提供五萬美元的生活費，並且給你提供工作和住宿用房，配備一名祕書。」陳一諮原先定下的口徑說：「謝謝你們的好意。我的朋友都去了法國，我也準備去法國。」

下午兩點，岑建勳帶他去拜訪了金庸，領頭起草「香港基本法」的金庸已經宣布退出了「香港基本法起草委員會」。晚上六點多，兩人到了一家酒樓，二樓擺了八桌酒席，已經坐滿了人，都是三山五嶽的英雄豪傑，見陳一諮和岑建勳走進來，紛紛站起身來，拱手一禮，齊聲說：「陳大哥，辛苦了！」其聲呼山震海。陳一諮想起了當年孫中山拜洪門，也拱手還禮：「各位兄弟，

344（七八五）陳達鉗（一九四四～），江西人。為陳達鈕同胎弟弟，排行第七，人們稱其七哥。

辛苦了！」落座後，大家紛紛走過來敬酒，陳一諮來者不拒，一連乾了一百八十多杯，說是當年在農村當公社書記時，逼著陪客人把酒量練出來的。已經夜裡十點了，大家站起來告別，一齊說：「陳大哥，今後有用得著兄弟們的時候儘管說！定會萬死不辭，兩肋插刀！」陳一諮這才深深體會到民間「忠義每多屠狗輩」的真諦。

一覺睡起，已經是七月九日早上午九點了。岑建勳說北京在香港滲透得很厲害。你目標太大，很不安全。下午我帶你去英國政治部，他們給你安排。今天晚上就送你去巴黎。下午三點，陳一諮到了英國政治部，對方說：「密特朗總統特別邀請您，參加法國大革命二百周年慶典。為了出關方便，我們要把您化妝成一個英國警長，從特殊通道送到直達巴黎的飛機上。」於是開始化妝：洗澡、理髮，用一種淺棕紅色的染料全身上下塗抹，全身內外都換上了英國名牌服裝……又教怎麼走路，怎麼與人打招呼，怎麼應付緊急情況。晚上七點，陳一諮和十餘名英國員警分乘三輛小轎車出發，前後各有一輛警車開路殿後，很快就到了機場。轎車直接開進了停機坪，下車後，前邊是五個英國員警、一個英國警官，中間是中國政府追捕的重要逃犯陳一諮，他身後又是一個英國警官，五個英國員警，把他直接送上了飛機。夜裡九點，飛機發動了，十多個英國員警還站在停機坪上，與他告別。

陳一諮的這次逃亡，從一九八九年六月五日離開北京，到一九八九年七月五日到達香港，整整一個月時間。他途經十二省市、三次險些被抓，受到無數人的幫助，其中有體改所的生死朋友，有趙紫陽的兒子兒媳與好友之子，有來受惠於改革開放的下層百姓，還有義薄雲天的台灣義士、香港好漢，乃至驚動了美國、英國的高層，甚至法國總統。

二〇〇四年四月十六日，陳一諮因病在美國洛杉磯去世，享年七十四歲。

陳小魯不說違心話

陳小魯是開國元帥陳毅的兒子，一九八六年十月從軍隊總參二部借調到政改研討小組辦公室，在單位裡一大群年輕人中間，一九四六年出生的他算是年齡比較大的，因為打小在中南海長大，也算是見多識廣。當時胡耀邦還在台上，但是開會的時候他發現是趙紫陽牽頭，就感到很奇怪：胡耀邦是總書記，但是他沒有來管政治體制改革；而趙紫陽是總理，主管經濟，他怎麼牽頭來搞政改？要知道這時候還沒發生學潮，這表明還在學潮之前，已經內定耀邦下了。

後來才聽他的上司鮑彤說，趙紫陽本來是不願意幹總書記的。他不大主張動政治體制改革這塊，因為經濟體制改革任務還很重，要集中力量才搞得下來。但是鄧小平很堅持，而且認為「政治體制改革的核心就是黨政分開」。可是當時給政改定的調子，主要是按照鄧小平一九七九年關於黨的領導制度改革的講話：「不能人治，要有制度保障。」以此看來，政改的「核心」應當是發揚黨內民主、健全法制才對。

再說按照中國政治體制的特點，黨政分開可能啊？比如都覺得李瑞環在天津搞的不錯，威信也挺高，但是他是黨政職務集於一身，既是書記又兼市長，一人說了算，所以他沒有矛盾。可是別的地方要麼分開了，因為都想自己說了算，書記、省長鬧得不可開交；要麼分不開，就是書記一人說了算，中間形態都沒有。所以對於體制改革的問題，應該要解決權力過分集中、「一人說了算」的問題，要解決「人治」大於「法治」的問題。

後來陳小魯和大家提出過一個建議：黨委書記兼人大主任。「人大」是制定法律的機構，而當時大力提倡「執政黨要在法律範圍內活動」，這樣書記既要保證「黨在法下」，還能夠以「人大」這樣的社會身份去監督政府。這樣黨和政府，都在人大的監督之下了。

當然，這是不可能的。

陳小魯也參與了十三大報告起草工作，他提出一個重要建議：要讓十三大報告的宗旨深入傳播，只能用簡單口號，上上下下才記得住，傳得開。比如毛澤東的「槍桿子裡面出政權」，鄧小平的「讓一部分人先富起來」。對於十三大報告中關於「基本路線」也應該有一個概括簡要的提法，陳小魯提出的就是「一個中心兩個基本點」。大家覺得有道理，就這樣定下來，後來也就流傳開了。

一九八七年十月，十三大開完了，中央宣布政改辦公室改為政改研究室，成為正式的部級機構，鮑彤當了主任，陳小魯在他手下當了社會改革局局長，主要的工作就是搞調研，比如工會在改革中的怎麼發揮作用的問題。陳小魯認為，工會不能老是「御用工會」，不能光收會費、看看電影就完了，應該要有不同的聲音，要尊重、維護工人的利益。當時很多地方的黨委和資本家配合很「默契」，為資本家而不為勞動者講話，發了財大家分錢，於是才有那麼多「黑工事件」、「黑窯事件」之類損害工人利益的事情發生。

這些事情員警和官員要麼裝作不知道，有意放縱，只要別出事，你怎麼幹我不管；要麼麻木不仁，混我的官飯，你別跟我說，我不聽。當時上海有一個跟江澤民資格差不多的工會副主席，跟上海市委書記江澤民說：「我不是為難你們書記和市長，我是『小罵大幫忙』。明明有些事情侵害了工人的利益，你不讓我講，那我和我的工會在群眾中就毫無威信了，很多工人說你們這個工會，不能保護我們工人的利益。這不行啊！你總不能要求我跟你完全一樣吧？」最後這一句有點刺耳，讓「領導」覺得他這個人「炸刺兒」。

研究室還有一個比較有意思的話題：共產黨的權力從哪裡來的？陳小魯提出一個觀點，叫「武裝選舉」。為什麼？因為天下是打下來的。當時老百姓完全可以選蔣介石，他兵多槍多，甚至有中央政府。可是他們最後選了毛澤東，這就是「武選」。武裝選舉也不是一勞永逸，一九七六年老百姓參加「四五」天安門事件，就是在向共產黨示警，於是才有了鄧小平的改革開放，也就是「經濟選舉」。

鄧小平講：「如果你搞不過資本主義，你的生產效率不高，最後你就垮台嘛！」這話就是經濟選舉的注腳。可是武裝選舉不能長久，經濟選舉也不能持久，必須找到一個能長治久安的治理方法，所以陳小魯認為改革還要繼續，這個繼續就是政治體制改革。

從國外看，美國前總統克林頓（William Jefferson Clinton）真的很聰明嗎？布希（George Bush）真的很有能力嗎？不一定。他們為什麼能治理國家？靠的是民主制度的力量。中國的毛澤東這麼聰明的人，為什麼出問題？個人的缺點都不是主要的，只能歸結於制度。如果不是制度在支持他，對他的個人崇拜能達到這樣的程度嗎？因此，中國需要的是制度變革。

可是「人民民主」只是個口號，因為牽涉到很多具體的問題，比如文化程度問題、政治力量的配比等等，現在十三億人沒法實現民主。經過長時間思考，陳小魯就產生一個想法：先從黨內開始民主，在中央委員這一級、在一千個高級幹部里首先實行民主。這一千個人都是共產黨自己多年培養起來的，經過考核的，不是從哪個地方蹦出來的。這些幹部當部長之前，起碼有二十年的工作經歷、十五年的黨齡吧？他不是老百姓選的，而是共產黨自己選的，而且已經給了他一定的權力，那為什麼不能讓他再提高一個層次，參與國家大事的決策呢？

陳小魯這個觀點，也得到了很多人的認同。當然，實際上黨內民主也很難。因為長期以來黨內「一元化」慣了，什麼事都要「和中央保持一致」。要說行動上保持一致還可以，但強求思想上保持一致，就是有意見、有問題都不能提，那還怎麼民主？

所以呢，這個想法也不可能實現。

胡耀邦去世的時候，學生遊行絕食，研究室的人都很憂慮，一方面怕打亂逐步開放的部署，另一方面也怕真搞亂了，社會、經濟的各種難題就更難對付了，老百姓就倒楣了。特別是社會上一亂，那些「左派」勢力就更會興風作浪，搞得矛盾不可化解，趙紫陽的地位就會很危險。加上一九八八年的危機的確很多：物價飛漲，經濟不穩，社會上也不像改革初期那種萬眾一心，思想比較動盪，出現了一些不穩定的因素——從理論上說，改革開放已經到了「起飛階段」，是最動盪的時期。鮑彤和研究室提出了「危機處理」課題，要大家摸摸情況，研究對策。陳小魯作為社會局局長參與對社會動亂的可能性進行分析，就去著手搞些調查，跟團中央的領導交流過關於學校的問題，跟工會談過工人的問題……

很多事情正在加緊進行，「六四」就來了。

「六四」過去以後，趙紫陽被罷官軟禁，中央開十三屆四中全會，要解決趙紫陽的問題，還下發了直達省軍級的十九號文件，專門介紹「趙紫陽分裂黨，支持動亂」情況。這個檔陳小魯通過「非官方管道」看到了，認為其中關於中央政改研究室和趙紫陽的那些人和事，其中一半兒是不公正的，一半兒是假的，都是捕風捉影、道聽塗說的東西。可是就這個文件，成為中直機關黨委工作組進駐政改研究室的「鋼鞭依據」，他們進駐政改研究室時，室裡已經有兩人被抓，一個是鮑彤，還有一個是私自出去參加社會活動的高山。他們確信鮑彤和政改研究室是發動學潮、指揮動亂的「幕後黑手」，是「搞資產階級自由化的總指揮部」，就是在策劃社會上的「反革命暴亂」，相當於林彪的「小艦隊」，「黑」得不得了、「深」得不得了、「壞」得不得了，趙紫陽就是這一切的「總後台」，工作組的目的就是找到與此相關的證據。

可是挨個談了一大圈，什麼證據都沒有找到，「上邊」有人就打起了陳小魯、唐欣這些「紅二代」的主意，試圖從他們身上「打開缺口」——或許他們認為只有「紅二代」才是可靠的，才是會和黨站到一起的。

據陳小魯後來回憶，在清查期間，楊尚昆、中直工委副書記顧雲飛、中組部副部長、中央清查小組辦公室的負責人劉澤鵬都找他談過話。劉澤鵬找他談過兩次，沒有通過組織，是通過一個朋友，讓他去中南海靠南長街那邊有個樓裡談的，說：「我們都了解你的，你都記得有什麼情況啊？說一說，將來你和唐欣的工作我們會考慮的。」

陳小魯心想這什麼意思？無非就是想要我講講「內幕」嘛。我們開會都是公開的，十多個人參加，全部有記錄，研討結果也都是有文件的，有什麼內幕啊？

楊尚昆也親自出馬找到陳小魯，要他揭發趙紫陽。陳小魯說：「首先我認為趙紫陽並不支持動亂。你要是說他處理動亂不力這可以，但是他絕對不支持。支持動亂就等於反黨啊，他顯然不屬於反黨。其次，趙紫陽沒有反對鄧小平。他可能對鄧小平的某些看法，提出自己的意見。主要是在他的『五四講話』中提出學生有愛國主義熱情。他這是一個詮釋啊。這個詮釋對不對另說，你不能就因為這個說法可能跟鄧小平的初衷不一樣，就說他反對鄧小平，對吧？再次，我很長時間就沒有見到趙紫陽，很多事情都是老鮑傳達的。如果老鮑傳達的有什麼問題應該老鮑負責，我不知道趙紫陽本人怎麼說，我沒法評論。但是我所得到的正式資訊，是上面要求我們『不要介入這個漩渦』、『不要去支持學生，不要跟學生接觸』、『遵守黨的紀律』」。

陳小魯在和楊尚昆的談話中還特別提到一件事，那就是在十九號檔中，實實在在地利用了陳小魯跟一個朋友聊天的內容。一九八九年五月八日，陳小魯在中南海裡遇到宋任窮的兒子宋克荒。當時的局面是學生又開始絕食，矛盾趨於激化。宋克荒就問陳小魯：「現在怎麼樣啊？」陳小魯說形勢不太好。宋克荒問紫陽倒不了吧？陳小魯順口就說：難說。

紫陽手上不過就三、四張牌。第一張牌，他是「大管家」，雖然不當總理了，但還是中央財經小組組長，這點與耀邦不一樣，這是鄧小平給他的任務，還要管經濟。可是現在通貨膨脹這麼厲害，大家搶購，你看，起碼他沒管好經濟，他這張「牌」沒了吧？

第二，說他政治上比較穩定，這是跟耀邦比較。現在「穩」什麼呀？二十七萬學生大遊行，這是中國共產黨歷史上從未有過的。這張「牌」也沒了吧？

第三，就是用人的問題上，趙紫陽沒有自己的人啊。人家耀邦還有「團派」呢，紫陽有什麼派？他現在等於是孤家寡人。陳小魯說，現在唯一的（出路），就是他能夠和平地平息這次學生動亂，也許才能保住自己，否則就是動武來平息，紫陽也得被人當作替罪羊踢出去。所以這時候，他可能在策略上，需要在一些地方和鄧小平保持點距離，或者怎麼唱個白臉紅臉的。

因為是很熟的朋友，陳小魯也就有些口無遮攔，沒有想到的是，後來宋克荒就把這些內容通了天，向「上面」報告了；更沒有想到的是，這些話沒成為陳小魯的罪狀，卻成了趙紫陽的罪狀。十九號文件白紙黑字寫著：中央政治體制改革研究室的「高參」給趙紫陽出主意，要反對鄧小平。陳小魯對楊尚昆說：「我人就在北京呢，你們至少可以到我這兒來核實這件事呀，怎麼能就這樣寫入中央文件了呢？這件事就是議論趙紫陽處境困難，可能要下台，我沒有、也不敢跟鮑彤說，連鮑彤都不知道，更何況趙紫陽呢？怎麼還成了我給趙紫陽出主意了？這跟趙紫陽有什麼關係啊？你怎麼能把這個作為趙紫陽、或者我們政改研究室的罪狀呀？有意思嗎？要說錯誤，趙紫陽肯定有，下台也應該，出這麼大的事兒，他總書記就是要負政治責任嘛。但是你不能給他編造罪行！」

由於交友不慎，自己的話被別人利用，導致趙紫陽的「罪名」加深，此事讓陳小魯懊惱終身。自那以後，他多次寫到或者對人談到這段經歷，在憤怒之中還是給宋克荒留了面子，沒提名字只說是「一個朋友」。好多年過去了，趙紫陽已經作古，陳小魯也於二〇一八年因心臟病在海南去世，另外一個當事人宋克荒卻彷彿化為空氣，一直悄無聲息。上百度網查，宋克荒「舉報」陳小魯和趙紫陽之後，好像也沒有升官，退休之後雖然擔了什麼扶貧協會基金的理事長，看樣子也沒有發什麼大財。那他當年出賣朋友，不是虧大發了嗎？因為陳小魯的披露，這些年他已經被萬夫所指，他後悔嗎？恐懼嗎？感到了恥辱嗎？如果沒有，就應該啟發他的恥辱感！

事後有人傳給陳小魯帶了一句話，說楊尚昆「很失望」，白費了一個多小時。後來聽說楊尚昆還有一個說法：高幹子女中出了兩個半叛徒，其中的「兩個」指的是李勇[345]和陳小魯，「半個」指的是唐欣，說唐欣這小子，看不出來叛變沒叛變。[346]

345 李勇：中共元老、文革前曾任國務院副總理的李富春之孫，一九八五～一九八九年任趙紫陽祕書，後任天津開發區管委會副主任、黨組書記。

346 吳偉《八〇年代政治改革的台前幕後》。

陳小魯說那沒辦法，我只能講我知道的。

當年陳毅對孩子們有個評價，說老大昊蘇文采比較好，老三小魯比較遲鈍，但是比較忠厚。忠厚的陳小魯骨子裡還繼承了父親的秉性，終身以三句話為座右銘：「己欲不為勿施於人」、「人貴有自知之明」、「徹底的唯物主義者是無所畏懼的」。

「六四」清查和整黨結束以後，政改研究室被撤銷。或許是因為父親陳毅的聲譽太高，更因為本身的清澈磊落，無所畏懼的陳小魯沒有受處分，還是留守的黨委書記，負責這幫弟兄們的遺散、善後。工作組找他談話，說現在這些人都各回各單位了，你的情況不歸我們管，但是我們願意給你出個證明，證明你表現不錯。你在這裡是正局級，可是這部隊卻只是副師，相當於副局。如果部隊需要你回去的話，你還是應該去爭取一下，把級該動一動。

其實一九八八年底政改研究室成立不久，這事兒鮑彤就給陳小魯提出來過：是不是把關係正式轉過來？陳小魯說準備幹一段還回部隊。老鮑就說那讓紫陽（辦公室）給你們總參二部寫個信，把你的級別解決一下。這是因為地方的正局比軍隊的正師職位還要高，而在研究室擔任社會局局長的陳小魯，卻一直拿著部隊副師級的待遇，得解決。

陳小魯當年對當官兒的事，真沒往心裡去，就說算了，也不方便。不過現在可以考慮了：「六四」後，整個研究室都被看成趙紫陽的人，回去部隊提拔你不是，不提拔你也不是，給領導添麻煩。他也不想在部隊幹了，轉業算了。

於是陳小魯就找總參二部副部長，提出要轉業。副部長說轉業好啊，部隊沒勁！我都想轉業。陳小魯說：「我一九七六年調到總參二部的時候已經是副團職了，到現在還是副師。我在政改研究室，中組部給我出函證明我是正局。如果你給我調到一個正師，我轉業在地方工作，還能多領兩錢兒吧。」

副部長說哎呀，很困難呀，這個東西很複雜。陳小魯一聽就明白了，說我只是提出自己的想法，不行就算了，那還是副師吧。其實他一九七六年到二部任副團職的時候，這個副部長還是副連職，這時已經提到了副軍職，蹦了多少級？

陳小魯想轉業，當然不光是因為職務級別，而是從「六四」看到了文革的再現。他認為共產黨經過文化大革命，真的沒有接受教訓，到了現在還是搞文革這種手段。他在政改研究室這段經歷最大的收穫，就是知道了中央決策是怎麼回事兒。這讓陳小魯心灰意懶，他下了決心，從此不在體制裡幹了。換句話說就是：不能再說違心話了。

更重要的原因，就是六四開槍。

陳小魯來研究室之前，曾經在英國大使館當過武官，遇到一起關於槍的事情。有一年，英國一家國營的軍火公司向中國推銷一種新型防暴槍。所謂防暴槍，就是打橡皮子彈的，會打你一個跟頭，不打到要害處打不死人。普通的防爆槍像信號槍的口徑，子彈有拇指粗，單發的，但是瞄不準，大致對著一個方向就發射了。那一次是對防爆槍做了改進，裝了一個轉盤，可連發五發子彈，而且可以瞄準，打得很準。

在英國的外交中，盟國是「第一檔」，中國和一些第三世界國家是「第二檔」，屬於友好的國家。蘇聯東歐這些國家算「第三檔」了。這一次英方也邀請了其他第二檔國家的武官，用新式防爆槍做了表演。武官陳小魯看過以後挺感興趣，正好公安部副部長陶駟駒到英國訪問，陳小魯就介紹了這種防爆槍，還給他看了照片。陶駟駒說：「好啊，我們買點樣槍，你給我採購，送回國去。」還留下了一萬多英鎊作為預定款。陳小魯覺得應該沒大問題，滿口答應，然後就打電話找到那個董事長，提出了購賣樣槍的要求。結果等了半年還沒消息。陳小魯急了：你這是怎麼回事啊？我們部長還在等著呢。那董事長是個有爵位的貴族，很尷尬，親自來請陳小魯吃飯，向他解釋說：「對不起，實在對不起，這槍不能賣給你。」

為什麼？

爵爺董事長說：「哎呀，這個這個……這個槍呀，不能賣給「獨裁國家」。

你這什麼意思?!

這個槍啊，是鎮壓性武器。是「鎮壓群眾」用的。就是說，賣給你們，就會拿去「鎮壓群眾」。

陳小魯就反問：「那我要買M16[347]呢？」、「M16可以。」

「我拿M16不也可以鎮壓群眾嗎？」爵爺董事長說：「噢，那不會的。M16是步兵武器，是戰場上用的，你們政府也不會用這個向老百姓開槍的。」

這個傻了吧唧的爵爺，和他那傻了吧唧的英國貴族式思維！他怎麼會想到不過幾年時間，中國武官陳小魯就眼睜睜看著自己國家的軍隊，真的用步兵武器向老百姓開槍了。

在英國的軍火商眼裡，是絕對不能拿著真刀真槍去打人民群眾的，是有底線的。可是在中國，在鄧小平這樣的領導人心目中，這樣的底線不存在。陳小魯是有底線的人，他無法接受這樣的現實，只有對這個沒有底線的體制，說拜拜了。

347 M16系列自動步槍是第二次世界大戰後美國換裝的第二代步槍，被譽為當今世界六大名槍之一。該槍有效射程六百米，彈藥為M193彈，射速為七五〇～九〇〇發／分，被將近一百個國家使用，對以後的輕武器小型化產生了深遠的影響。

一九九二年一月，政改研究室正式解散。陳小魯開始找工作。

陳小魯在英國使館當武官的時候，外國專家局局長還是使館的三祕，跟他很談得來，一聽說小魯要轉業好高興：「哎！到我這兒來吧，你太適合幹這個活兒了，有外事經驗，思路又開闊。」陳小魯把此事向中組部趙副部長說了，趙副部長說你到局里安排比較困難。陳小魯說我對級別無所謂，也不當什麼局長、祕書長，給我個研究員什麼的就行了，過段時間我就下海。他說哦，那問題不大。後來趙副部長沒來找陳小魯，讓祕書打電話告訴說外專局換人了，新來的局長堅決不要他。陳小魯說我很理解。換了我也不要。因為我這個身份幹好了不會添什麼彩；幹不好他拿我沒辦法，還是大麻煩。感謝趙副部長，我自己再找吧。

陳小魯就去找體改委賀主任，那時證監會正在搭班子籌建，賀主任給證監會劉主任打電話，劉主任那邊說歡迎歡迎！要做哪個局的局長隨便挑！陳小魯說：「老賀，我真是對官場寒了心了。這樣吧，你就出個函，我把檔案放體改委下面的某個部門就是。」老賀看他挺堅決，就說好吧，向部隊發了文，把陳小魯從總參調出來了。陳小魯把檔案直接就放到體改委下面的人才交流中心去了——自由啦！

再後來閻明複找到陳小魯，說民政部彩票中心缺個主任，要他去。陳小魯說官方、半官方的我都不想幹了，我下海。閻明複說那你就給找個人過來吧。陳小魯找到政改研究室的辦公室主任陳群林，開著玩笑說：你知道中國共產黨有幾個委嗎？中顧委、中紀委，還有一個「中募委」——中國福利彩票募集委員會！這個可厲害，錢也不少。怎麼樣，去吧？陳群林就去了，幹的還不錯，跟老閻到關係也搞得挺好。

美國華盛頓大學邀請陳小魯做冷戰史研究，再後來邀請他訪美，陳小魯已經沒有了軍人身份，就以個人身份去了三個月，研究課題是冷戰史（Cold War History）。也是這一年，他還去新加坡東亞研究所講了一次「中國的政治改革和經濟改革」，脫離了體制，講話也沒有顧慮，有利於與學者們交流。美國的奧森伯格教授是個漢學家，對中國很熟悉，他說毛澤東怎麼樣，鄧小平又如何，評價到江澤民卻用了一個詞：Nothing——什麼也不是。陳小魯說你說得對。中國現在需要的就是 Nothing 的領袖——因為這個社會的體制在轉換。「六四」當然是個悲劇，但是也有「好處」：它使中國的社會形態發生很大的變化。過去人人關心政治，恨不得大家都要來管天下大事，不知道實際上「政治」始終是少數人的事情。「六四」後，中國人打破了對共產黨的幻想，大家知道了這個「組織」是靠不住了，因為「組織」有它自己的利益。於是人們迅速地世俗化了，從關心國家變成關心自己，知道得靠自己去努力，去掙錢。中國現在需要的，就是「持常人見解」的路線。「常人」就是平常人，Nothing 的江澤民離實際會更近些，體會到平常人想什麼，所以他說要發展經濟呀，讓大家生活有所提高啊——這樣一來，社會就有了一個「穩定器」。

奧森伯格教授說：「你這個觀點很有意思。」

之後陳小魯下海經商。打小在中南海裡長大的人，既適應不了官場，更適應不了五花八門的商場，肯定鎩羽而歸。大約是一九九四年，陳小魯回到北京，去看軟禁中的趙紫陽。趙紫陽說：「你還敢來看我？」陳小魯說：「我老百姓一個，為什麼不敢來看你？」他是從海南回來的，和趙紫陽談到海南的現狀，說太黑了，人心全面淪喪，及時行樂成風，可謂「天天過年，夜夜興奮」。

對海南傾注了很多心血的趙紫陽，不知道作何感想。

熱情洋溢的一九八〇年代過去了，人們從槍聲中突然醒悟，意識到國家不需要自己去「愛」，便毅然轉身去「愛自己」。政治終於成為政治家的事情。憂國憂民丟給了那些依然滿懷家國情懷的知識分子，至今前赴後繼，生生不息。

當然也會有例外：如果觸發到人民群眾的自身利益，他們當年的熱情依然可能被喚醒。不是可能，而是一定。一定會被喚醒！

許家屯出走記[348]

當年的四川省委書記趙紫陽帶領三百多名公社書記以上的幹部到江蘇去學習名噪一時的「蘇南經驗」，時為江蘇省委書記的許家屯親自到機場迎接，說紫陽你的魄力太大了！一九八〇年趙紫陽去了北京，而後作了國家總理；按照市場經濟操作的許家屯，讓江蘇經濟不到六年翻了一番，受到鄧小平的賞識。一九八三年的四月，中共中央總書記胡耀邦把許家屯召到中南海勤政殿，正式通知他：中央決定派你去香港任中共港澳工作委員會書記、《新華社》香港分社社長。那時候香港的新華分社，實際上是中國共產黨駐香港的代理機構，許家屯實際上是中國共產黨在香港的代表。一九八三年七月一日，許家屯任職香港的第二天，中英兩國政府同時宣布：「關於香港問題的中英第二階段會談，將於七月十二日在北京舉行」。

從這一天開始到去國出走，許家屯在香港工作了六年半，期間他配合中共中央關於香港

348 本章資料主要來源於許家屯《許家屯香港回憶錄》。

「九七」回歸的戰略部署，做了大量的工作，一九八四年十二月十九日，趙紫陽以國家總理的身份，與柴契爾夫人在北京簽訂了中英關於香港問題的聯合聲明，許家屯功不可沒。鄧小平決定中國在「九七」收回香港主權，前提是保持香港原有的資本主義制度「五十年、一百年或更長時間不變」，而且多次講過：在香港不實行包括共產黨領導在內的「四項基本原則」。據此許家屯認為「港人治港」的性質是資產階級為主體的各階層聯合政府，之前「依靠工人階級」的方針應該改變為「依靠資產階級」。自許家屯開始，港澳工作一改從前「一左二窄」毛病，打開了新的局面。他利用各種機會和形式，強調「求大同，存大異」，把意識形態的差異暫擱起來，先求縮短差距。許家屯以待人以誠、以信、以禮、以師基本態度在香港做統戰工作，他打消港人的顧慮，爭取他們的理解，幫助他們克服生活及經濟上的困難，取得他們的信任。他的朋友圈上至政府高層官員，下至大大小小的社會團體，重點是對於大陸顧慮重重但是掌握了香港命脈的商界，還有足以影響民氣的傳媒及娛樂界。當然了，香港各大學也占有足夠的分量……許家屯的交友範圍擴展到了台灣，與宗教界名人星雲大師一見如故，交上了朋友，還參與一些兩岸棘手的事件處理。許家屯在香港任職期間，有七十多個國家和地區在香港設立外交機構，這為他施展外交才能提供了廣闊的國際舞台。

許家屯的努力，令回歸前的香港局面有了良性改觀，也提高了中國當局的國際地位及他自己的地位，鄧小平等中央負責人同香港著名人士會見，都是經過許家屯領導下的新華分社提名。中方有人稱他是「我們的港督」，香港有人稱他「香港的鄧小平」。可是許家屯一直受到李先念的掣肘。任命之初，許家屯希望國務院副總理谷牧能夠擔任自己的上司港澳辦主任，李先念卻認為「谷牧是個革命派（即改革派）」否定了，選擇了文革中的外交部長姬鵬飛。身為國家主席的李先念自己擔任了中央外事領導小組組長，趙紫陽為副組長，港澳工作也屬中央外事領導小組管轄範圍。任職期間許家屯與一些人因為觀念上的分歧產生矛盾，被李先念等人看作「右傾」，想逼他「退休」。但是胡耀邦、趙紫陽多次支持許家屯的工作，為他遮風擋雨，排憂解難。趙紫陽還在他被「逼退」之際首先肯定他在香港的工作，告訴他：「小平同志決定，要你在香港繼續工作一段」。

一九八八年《求是雜誌》第五期，登載了許家屯〈重新認識資本主義自覺建設社會主義〉的文章，既受到任仲夷等改革派的贊同，也遭到很多人的反對，港澳辦為這篇文章專門出了一期簡報，採用文革中詞彙加以評判，並送中共中央和國務院負責人，中央書記處將這篇文章列入會議議程討論。趙紫陽事先讓鮑彤看過後，在會議中說：「這篇文章我叫人看過了，沒有問題，不用討論了」。就這樣保護許家屯「過關」。不過「六四」以後，此文依然作為許家屯的一條罪狀，由某「中央常委」指定專人寫文批判。

經過許家屯的牽線搭橋，內地的幹部不斷在香港開闊眼界，香港豐厚的資本也逐漸進入內地特別是沿海地區，助力趙紫陽的沿海發展戰略。一九八六年，曾經決定不去內地投資的李嘉誠主動提出一次性投資一百億港幣開發海南，許家屯寫信給鄧小平並黨中央，建議採用香港經驗、資金、人才，讓海南建省，成為大特區和自由港，這樣對於香港與內地的發展都有利。鄧小平把信轉給趙紫陽，趙立即在許家屯信上批示，大意是：贊成許的意見，海南建省早就有此想法，現在可以考慮設特區，建省。在大特區沒有落實之前，可以把原來給海南島的優惠政策先恢復……然後將此信批給谷牧，請他具體化。接下來中央任命原廣州市委書記許士傑、原深圳市委書記梁湘為首的建省籌備組進入海南，趙紫陽率領他的團隊到海南調研並著手實施。一九八八年四月二十五日海南正式建省後，海南省委、省政府正式邀請許家屯做顧問。

由於政策一直沒有完全落實，李嘉誠投資海南的事沒有取得進展。好在日本企業「熊谷組」在香港的負責人于元平，準備開發海南的洋浦。于元平準備採取香港的作法，使洋浦成為一個自由港，海南特區中的特區，初步方案是搞工業、住宅服務和旅遊三個區域，第一期工程起碼要投入一百億美金。許家屯認為這是一個空前的大膽設想，趙紫陽也支持。於是海南以很便宜的價格把洋浦三十平方公里的土地租給熊谷組，使用年限七十年。不料此事被人指責為出賣國土、喪權辱國、搞新租界等等罪名，在全國政協得常務副主席王任重和李先念的支持下被迫擱置，急得趙紫陽到處找人做工作，最後鄧小平發了話，予以肯定。

很多重要的事情正在進行中，「六四」發生了。

打開香港的局面，僅靠許家屯等人的工作是不夠的，更重要的是要依靠內地改革開放的發展速度。內地經濟發展愈是迅速，對香港的利用就會日益增多，香港資本家對內地的看法會隨著改變，信心也會日益增加，吸引力自然會愈來愈大，這是穩定香港的大勢。因此，香港人對於內地的關注，除了「九七回歸」，還有政治與經濟的形勢。

一九八九年一開始，中國的政治氣候狂風滿樓，在港人中間也引起風浪，尤其是胡耀邦去世之後，學潮湧動，北京領導人的處理不及時，引發外界反應強烈不滿。許家屯將香港記者在北京攝錄並在香港播放的關於學運的錄影，以及香港傳播界的反應，專人送給趙紫陽及中央辦公廳，希望引起他們的注意。趙紫陽看後對去人的表示，比他在北京當地了解的情況要多，要求陸續給他送去。四月三十日，趙紫陽從平壤訪問回國，第二天就打來電話。許家屯立即動身，又把香港傳媒界反映北京學潮的許多資料、錄影帶帶去北京給趙紫陽。五月三日，趙紫陽與所見略同的許家屯談了近兩個小時，許家屯應趙紫陽的要求去找楊尚昆，爭取說服鄧小平。五月十三日廣場的學生開始絕食，加上國內外媒體的連續報導渲染，形勢愈來愈緊張，許家屯擔心如果有學生因絕食死亡，矛盾會進一步激化，專門打電話給趙紫陽和楊尚昆，建議備幾百輛大客車，騰出醫院，動員醫生、護士和一部分工作人員，幾個人扶一個或抬一個，把絕食學生強制送往醫院，再封鎖天安門廣場，進行對話活動。趙、楊兩人都說這是好主意，但後來始終沒有看到行動。五月十八日晚上，政治局會議否定了趙紫陽處理學運的意見，十九日凌晨趙紫陽即去廣場看望學生，含淚希望學生停止絕食，愛惜身體，還說他去晚了，對不起同學們。許家屯看了電視新聞立即下樓，去看望在香港《新華社》大樓門前日夜靜坐、絕食的香港學生。有記者問他對學生運動的看法，許家屯說我完全同意趙紫陽總書記的看法。

就在當天晚上，李鵬板著面孔宣布北京市戒嚴。接下來不但北京百萬人上街遊行示威，要求撤銷戒嚴令，香港市民也一改過去對政治漠不關心的積習，發起規模空前的百萬人大遊行，左（親大陸）、中（本土居民）、右（親台灣）各方都捲入，洪流席捲絕大多數香港人及香港每個角落。滿街的大商場小商店都在舉行「義賣」和募捐活動，支持天安門學生愛國活動；李嘉誠在接受記者訪問時，公開表態支持學生，很多大資本家跟隨表態，甚至參加了市民的遊行。新華分社和中資機構絕大多數工作員工，成為運動中異常突出的一部分。儘管作為領導人的許家屯對於自己的員工採取「勸阻但不強迫」的態度，但是新華分社內、中資機構內，都出現簽名支持學運的活動，而且幾乎所有的部長、副部長都簽了名。五月二十日，屬下張浚生告訴許家屯，《文匯報》社準備以社論開天窗的方式來對應中央禁令，擬在兩個詞內擇一使用，一個是「痛心疾首」，另一個是「夫復何言」。張浚生考慮用「痛心疾首」，徵求許家屯的意見。雖然許家屯知道這種處理方式可能後果很嚴重，還是點頭說你去處理吧。第二天，「痛心疾首」四個大字在《文匯報》頭版社論欄出現，引起很大震動，李鵬很惱火，要港澳辦追查這件事，許家屯指示報社頂了回去：香港不同於內地，我們會妥善處理的。

五月二十日以後，香港受颱風侵襲，掛八號風球，狂風暴雨中，香港各界人士仍在代表中國政府的新華分社門口，通宵達旦地徹夜靜坐，請願唱歌。許家屯在十二層樓上的臥室裡百感交集，眼淚止不住地流。五月二十二日，中央來電報要許家屯立即去北京，因趙紫陽沒有參加十九日的黨政軍幹部會議，許家屯心裡已有準備。正式宣布撤銷趙紫陽的職務、由江澤民繼任總書記之後，許家屯立即請人帶給趙紫陽兩句話，一句是「公道自在人心」，第二句是「保持身體健康」。帶信的人回覆說，趙紫陽聽後講了兩個字：謝謝！

六月三日晚上十一點多，家就住在北京木樨地的《文匯報》副社長陳伯堅打電話告訴許家屯「北京開槍了！」從那時開始連續三天三夜，許家屯沒有睡覺，他面前放了兩台電視機、一台收音機。電視每半小時播一次北京情況，電台每十五分鐘播一次北京新聞，實際上是連續二十四小時在播送北京的情況，以及香港和外界的反應。「六四」北京開槍後，香港市民一直處在激憤之中，不少市民以罷工、罷課、罷市，來哀悼北京死難同胞。股市下跌一千點，市值損失二千億港幣；地產物業的市值至少也下降二千億港幣。也就是說，僅是股市和地產，已損失了近四千億港幣。市民在政治上的義憤無處發洩，就湧向中國銀行擠兌，多數人憤慨地主張，趁擠兌中國銀行之機，把中國銀行搞垮，三天之內提走一百七十億港幣，來勢異常猛烈。「六四」後，香港移民又起高潮，外國領事館外大排長龍申請移民，不少拿到香港身分的內地外派幹部也打算移民，公開在領事館外排隊等候，中國駐外使館人員外逃的消息，也不時傳來。香港的公司企業，遷冊風潮又起。連一向表示不移民、不遷冊的李嘉誠，也改口聲稱是否遷冊，由董事會決定。許家屯屬下的新華分社、左派團體內部的當地員工，幾乎都參加了活動。《新華社》多年來團結的基本群眾：學生、工人、共產黨員，包括一些老共產黨員，相當多數都參加了這一活動，就連計程車司機這樣的基本群眾，也不願意載客到新華分社門口。右派勢力更是舉著台灣青天白日滿地紅的旗幟，公開參加遊行。從大資產階級到勞動群眾，政治上各種傾向的人士，甚至少數外籍人士，都參加了活動，在香港社會上形成一種現象：誰不參加這個活動，誰就受孤立、受歧視。

沒有言語能夠敘述許家屯當時心情的矛盾和激憤。他決定退休，不幹了。可是他這一級的幹部，也不是能夠說走就走的。首先要思考做好善後工作：不能使香港一些機關幹部受連累；另外還想做些安排，以便退休前後盡可能為香港的「一國兩制」做些實際的和研究的工作。再有，雖然他對於鄧小平「六四」的鎮壓舉動深感不滿，但是之後鄧小平一再表示他會堅持經濟改革，對於「倒趙」積極但是一向反對改革的李鵬及其背後的人顯然心中有數，最後用了上海的江澤民就是證明。這令許家屯保留了一絲希望：鄧小平和趙紫陽一樣，對於許家屯在香港的所作所為一貫是支持的，如果江澤民也能夠聽得進意見，或許自己在香港還能夠有所作為。

可是後來發生的事情使他迅速失望：江澤民、李鵬不僅僅在處理國事和香港事務上的態度與自己的距離愈來愈大，而且對自己在「六四」中支持趙紫陽耿耿於懷，改變這種局面已經不可能。許家屯決心就此退休並爭取「安全降落」，於是正式向主管組織的宋平提出退休要求，並提出退休後擬在深圳定居，做點力所能及的調查研究工作。宋平不同意，還說中央一時也找不到接班的適當人選。楊尚昆對許家屯的要求也不以為然。可是許家屯很快得知，中南海對新華分社人事已經有了新決定：將由李先念推薦的周南來港接替許家屯的工作。此事不僅僅是楊尚昆不知道，就連鄧小平和陳雲，也是在十二月二十三日李鵬、宋平等人對許家屯當面宣布之後才由祕書告知。

兩天以後，江澤民召集所有港澳工委負責人（即新華分社的幾位老副社長）全部到京開會，宋平、姬鵬飛、周南等人都參加，李鵬約遲半小時到會，對於許家屯和幾位新華分社副社長「在基本法通過後再調回內地」的建議，做了聲色俱厲的批評，並決定於一九九〇年一月十五日對外公布這一決定，外交部的周南隨即去港接替。許家屯和周南這樣高級幹部的任免，照慣例應該在黨內決定後，由國務院向人大常委會提出，人大常委會通過後再行公布。可是周南到港任職的消息，是由北京《新華社》在一九九〇年一月十五日的新聞中宣布的，人大常委會對兩個人任免事宜，連形式上的討論都沒有，甚至至今沒有見到人大常委會公開的宣布。顯然，江澤民、李鵬面對「六四」之後中英關係的迅速惡化、對於港人特別是大資本家激烈的反對及其對於內地經濟的威脅是何等憤恨，對於大量「叛逃者」經過香港逃亡的現象是何等的暴怒，對於許家屯這樣的「右傾人物」是何等的不放心，又是何等迫不及待地要將他調回內地以作整治。

最後打破許家屯幻想的，是對於他行動上的限制。

按正常程式，當事人的工資應在組織介紹信到達接受單位後，才由接受單位發給。許家屯二月中旬宣布離職，港澳工委到達單位的組織關係介紹信尚未開出，剛剛接任的周南便停發了許家屯夫婦在港的工資。趁許家屯在北京開會期間，周南竟限令他的祕書「清理」並取走全部檔，說這些檔都屬於「國家機密」，一定要拿去「存檔」。到二月底，周南便成立許家屯專案組，開始進行有關許家屯在港「人、財、物」情況的調查。四月二十三日一大早，深圳新華分社辦事處主任來貝嶺居，一臉無奈地對許家屯說，周南指示將其使用的房車下午調回香港。事後許家屯才省悟，此房車有牌照，可以自由來回港澳，周南是在阻止他「私自」再去香港。二十四日，許家屯得到可靠消息，周南已將他的「問題」寫成正式報告，送給中共中央和國務院。

種種現象，既打破了許家屯「安全降落」的幻想，也驚醒了他回老家隱居之夢。最後許家屯下定決心：小杖則受，大杖則走，為保有辯護的權利，為爭取晚年尚能發揮餘力，對社會再做一點事，讓現在的一切暫時失去吧：他決定「去國」，待機再回。

二十五日下午，許家屯打電話給香港一位老友，以「我即將離深圳回南京」為由，請他來深圳話別。二十六日一早，老友趕來見面，願意為他「去國」幫忙，並與當天上午返回香港，代向美國駐港總領事館申請旅行簽證。隨身警衛員家中有事，許家屯趁機打發他先回南京。為免因感情而節外生枝，也考慮屆時或可免去株連，許家屯作此重大決定一直對老伴顧逸萍和女兒保密。三十日下午七時左右，老伴按原來打算，乘火車連同家私行裝先回南京，許家屯對她謊稱：再過兩日我將乘民航回南京。老伴離開兩小時後，許家屯離開深圳，經羅湖橋出境。以往過境有多人接送，今天單身排隊過海關，他擔心會引起懷疑，結果過關時果然為邊境警衛人員認出，說：「社長回家嗎？看來比電視上還年輕啊！」許家屯含笑點頭，出關上了羅湖至九龍的火車，老友親自駕房車在第一站接應。當夜住在老友家，許家屯給鄧小平、楊尚昆、中共中央寫了信，信中申述：此次因北京風波，被迫「去國」，是暫時的，還會回來，對外將宣稱是「旅遊休息」。還聲明：我雖「去國」，但對馬克思主義仍具信念；對中國共產黨，仍具信念；對鄧小平仍尊敬、擁戴。只是對中常委中有些人，不能信任。他反映了退休後，李鵬、周南等企圖「秋後算帳」的事例，說明自己因不願做「梁湘第二[349]」，才痛苦地作此不得已選擇。他提出四項保證：不尋求政治庇護；不洩漏國家機密；不公開發表文章、講話；不接觸民運人士。最後他企求中常委某些人，不要株連家屬，不要迫他「去國」後再作不願的選擇。因沒有辦法複印，許家屯將此信手寫三份，一份寄新華分社轉送北京；一份寄北京中共中央辦公廳；一份送一位能與北京某高層接觸的朋友，請其轉北京。

許家屯離開深圳兩個小時之後，深圳市委副書記秦文俊奉命到他的住地轉達中共中央的電令，要他立即赴北京。見他不在，一直坐等至深夜，而後緊張地到處打電話詢問搜尋。此舉證明許家屯之前的猜測是準確的。

美國西部時間一九九〇年五月一日九時二十五分，飛機準時抵達三藩市機場，香港記者陸鏗等人已在機場等候，隨即陪同飛往洛杉磯，許家屯就此做了星雲大師的客人。他當即與中國駐洛杉磯總領事馬毓真聯繫，兩個人在星雲大師的西來寺見了面。馬毓真已接到命令，勸許家屯回國，保證回國不會「有事」。不久中國駐美大使朱啟楨又奉命來洛杉磯見許，進一

349 之前趙紫陽的愛將、海南省長梁湘被江澤民辦公室以「開會」的名義騙到北京軟禁。

步勸他回國，也是保證他回國後「無事」。許家屯回答：我暫不回去，會遵守四項承諾，請轉告北京放心。他也對北京的「保證」表示了態度：「李鵬當政，誰能保證？即使李鵬不搞，有人起哄，誰能保證得了？」後來楊尚昆訪問中南美四國期間，從墨西哥打來的電話，希望在訪問結束時能與許家屯同機回國，還保證對他「會作較好的安排」。許家屯謝謝他的好意，依然表示對這樣的「保證」沒有信心。

江澤民、李鵬見「誘捕」無效，決定切斷許家屯的後路。一九九一年二月十九日，廣東省人大常委會罷免了許家屯全國人大代表資格；接下來《新華社》宣布：罷免許家屯全國人大常委會委員。三月二日、三日，經中共中央政治局批准，中央顧問委員會常務委員會、中央紀律檢查委員會常務委員會討論決定：開除許家屯中國共產黨黨籍、撤銷他中共中央顧問委員會委員的職務。

沒有了許家屯的香港一路滑坡，終於走到今天的地步。而許家屯本人也沒有能夠如他當初希望的那樣回到故鄉。二〇一六年六月二十九日零時十二分，他在美國洛杉磯家中去世，享年一百零一歲。

戴晴死裡逃生[350]

「六四」中那些慷慨激昂的「打架派」，比如柴玲啊、李錄啊、吾爾開希啊、還有鄭義等人，

350 本章主要參考資料：戴晴《我的一九八九》。

最後都逃脫了，而「勸架派」戴晴啊、周舵啊、王軍濤啊、包遵信啊……甚至最後參與動員同學們撤離廣場的學生領袖王丹，都坐了牢。他們中很多人與趙紫陽沒有直接的關係，只與趙紫陽極力緩和矛盾平息事態的方針有關係。

一九八九年十一月底，抓捕「六四嫌犯」的工作基本上完成，對於這些人的處理提上議事日程，其依據顯然是新任中共中央總書記江澤民的指示：「對策畫、組織、指揮動亂和暴亂的陰謀分子，參與暴亂的反革命暴徒，務必堅決打擊，依法懲處，絕不能心慈手軟！」

檢察院的人馬已經介入，各路辦案人員川流不息。一位監獄的監理員在大飯堂就餐的時候，聽到檢察院人員的談話，然後在例行查房的時候神色急迫地告訴戴晴：「定了，『殺一批、關一批、流放一批』——處決六個。有你。」——這個動作顯然是在冒險：因為按照規定，負責看押犯人的監理員是不許可介入案情的，連犯人的名字也不應該知道，只能夠喊編號。

此時戴晴等人被關進秦城監獄，大約四個多月。

戴晴何許人也？

戴晴，又名傅凝，傅小慶。一九四一年生於重慶，其父傅大慶曾任中共駐馬來西亞支部書記，後成為祕密戰線首領葉劍英的部下，上世紀四十年代中期，傅大慶作為共產國際遠東情報人員，被日本憲兵隊祕密殺害，之後五歲的戴晴被葉劍英收養。她大學就讀於哈爾濱軍事工程學院，而後在多家軍事部門工作，一九八二年從部隊轉業，到《光明日報》任記者及專欄主持人，並加入中國作家協會。整個八〇年代，戴晴以其犀利潑辣的文風，以及弘揚民主的道義馳騁文壇和新聞界，出版多部著作並獲得多項國內外大獎，其中《儲安平與黨天下》、《學者答問錄》、《走出現代迷信》、《當代中國女性系列》等名動一時，洛陽紙貴。

若干年以後，當年趙紫陽的屬下唐欣看了戴晴的幾本書之後深深不解：「你完全是優秀共產黨員啊，六四期間也是兩邊勸和，幹嘛把你送秦城？」

戴晴說她也不知道，或許是李鵬因為她先前反對三峽工程上馬而實施報復吧？

唐欣說李鵬哪有這樣的本事！真實的原因很可能是你在四月十九日的一通發言。當天中國最受歡迎報紙——上海的《世界經濟導報》和北京的《新觀察》，聯手在京召開「紀念耀邦追思會」，參與者大都是些開明官員和自由派知識分子。其時天安門廣場上已經有學生聚集，坊間各種議論蜂起，在這樣敏感的時候召集這樣一些人開這樣的會，胡耀邦的兒子胡德平有些不安，他在開頭的不過一分鐘的致詞中，「祥和」這個詞重複了三次。戴晴不反感「祥和」，但不喜歡該說的話不說，最後她實在按捺不住，提到那個絕對應該三緘其口的話題：一名總書記，由幾個不在位元老開個「生活會」就拿掉，黨的原則何在？因為還有別的約會，戴晴劈劈啪啪說完就離席了。據說她離開之後會場大亂，在座諸君把「老鄧」最忌諱的事都抖出來了。此事成為會議舉辦者《世界經濟導報》不顧禁令、登載紀念胡耀邦文章的主要動力。後來江澤民在上海處理該報主編欽本立時，戴晴又聯合一幫知識精英發起了聲援，由此引起的風潮鬧得江澤民不知道怎麼辦才好，找到趙紫陽求救，趙紫陽顯然很生氣，說你們自己處理！

唐欣對戴晴說：「你想想，共產黨什麼時候怕過學生？他們最怕的，是黨內的反對勢力。你的發言，在他（鄧小平）看來，代表的是葉家的意見。」

如果真的如此，就有點駭人聽聞了。要知道葉劍英比鄧小平大七歲，參加革命的履歷也遠比鄧小平輝煌：中國人民解放軍的締造者之一，中華人民共和國的開國元勳，中華人民共和國十大元帥之一，當年是逮捕「四人幫」的主要策畫者，也是啟用「罪臣」鄧小平的積極促成者，而葉家是一彪盤踞南方及中國情報系統的政治勢力。殺戴晴這只名揚四海的「雞」，來警示葉家的一大片「猴」，到底是鄧小平起了殺心，還是江澤民李鵬揣摩鄧小平的心思，替他起了殺心?!

其實如很多人一樣，戴晴本來可以選擇離開中國。

「六四」以後的中國，風聲一陣緊似一陣，戴晴不斷聽到關於朋友們的傳聞：某某已數日不見蹤影；某某已跑到外省；某某已走脫；某某已在什麼地方被「抓獲歸案」。六月十四日，包括戴晴在內的到廣場規勸學生的學者們，已被北京市長在黨報上點名，正在義大利休假的聯邦德國駐華使館文化參贊得知消息之後，匆匆趕到北京，於七月十三日來見她，告知前一段時間參贊參與籌畫的、請戴晴到德國電視二台為「我的文革經歷」節目寫腳本的申請已經獲得批覆。戴晴知道區區一個電視腳本之小事，是絕對用不著一國文化參贊如此關注的——這顯然是在向戴晴表明：我可以此為理由，帶你走進德國駐華大使館，幫助你離開這個充滿危險的國度。在此一個月的時間內，戴晴的朋友們這個跑進美國大使館、那個跑進澳大利亞大使館，一批人已經偷渡到香港，正等著法國接納，這樣的方式，已經成為「六四人士」脫險的重要管道。

可是戴晴覺得自己不能跑。她在事後寫成的回憶錄中說：我熱愛自由，終生追求心靈上的自由和做人的尊嚴，如果為此而受苦甚至付出生命的代價，我不是第一個也不是最後一個……想來她認為在這樣的關頭，怎麼也應該有點「戊戌六君子」中譚嗣同的擔當。可是這關德國人什麼事？關這位與自己沒有利益關係的德國參贊什麼事？她在這樣的時刻出手營救一個危險中的中國女記者，她得到了本國政府的同意了嗎？如果沒有，她考慮了自己可能面臨的後果了嗎？戴晴被感動得熱淚盈眶，忍住淚水跑進了洗手間。她在心裡說：參贊，謝謝你的理解與愛惜。可是我不能啊。後來戴晴進監獄、出監獄、赴美進修……三年後的一九九二年，她因為去捷克接受一項「自由金筆獎」，有機會到了歐洲，估計前參贊已經離任歸國，她特別轉道德國，到德國外交部接待處排隊，希望能獲准見一面那個刻意前來搭救自己的好心人。可是參贊沒有出來見她。直到今天兩個人都沒能再見一面。難道是因為那次造訪使得參贊受到了外交紀律的懲戒？

幫助戴晴的不僅僅是德國參贊，還有中國員警。那天參贊剛剛離開，一個自報「市（公安）局的」便衣員警就到了，問戴晴「明天你在家麼？」、「如果要出去，到什麼地方？」——這簡直就是給她報信，讓她出逃。多年後，戴晴分析了「六四」事件中那些被通緝者為什麼會一個個成功脫逃的原因，發現那些沒有完成「逮人任務」的政法各崗位的責任人，無論是轄區還是邊防，竟無一受到懲戒。她終於悟出：這或許正是當時主管政法系統的喬石「儘量放他們到國外」的本意，而這個便衣員警，便是執行者之一。

可是戴晴還是沒有走。

第二天（即七月十四日），公安部果然來人，以「涉嫌動亂」的罪名，將她送到秦城監獄的單人牢房「收容審查」。

其實戴晴的「罪行」不是在天安門廣場，在那裡的她純粹是個「勸架者」。和《中國青年報》的李大同一樣，作為《光明日報》記者，她也正為胡啟立應承的新聞改革而欣喜，而且一心一意想要推動這個偉大變革，因此對於學生的「絕食」很不以為然。後來她之所以出現在天安門廣場，完全是應胡啟立、閻明復與陶斯亮的要求，與周舵還有一大群學者一樣去勸說廣場學生撤離，但是勸說沒有成功，還被那些激進的學生罵成「特務」。她至今認為事情愈鬧愈大，是因為有兩種人希望事態激化，希望起碼要死一批人，最後釀成一個足夠規模的「事件」才好。這兩種人一是膚淺、急躁、盲動、對國情缺乏基本的了解與估計、一心以為街頭群眾運動就可以改變中國政治格局的學生領袖和一些知識分子；另一種人則是想要總書記趙紫陽下台的政客。其實在長期的黨內鬥爭中，讓官員哪怕是高級官員下台的方式很簡單，比如之前的華國鋒和胡耀邦。再說如果當局真的要想將學生與市民從街頭疏散，也一點都不困難，比如用許家屯在給趙紫陽和楊尚昆的電話中提到的那樣：用大客車強行將學生拉到醫院之後在天安門清場；甚至可以用沒有殺傷力只有驅趕力的高壓水槍……

按照戴晴的揣測，她的罪行應該在「六四」之前。除了那些文筆犀利的文章，她還是三峽工程的反對者，事發前正在策畫有關會議；她接受索羅斯基金會資助的文革研究項目，而索羅斯正是被元老派定為「亡我之心不死」的「美國間諜」，還企圖栽到趙紫陽頭上。還有，她與多家外媒有聯繫，與許多「資產階級自由化」人物有聯繫，她在六月五日即到《光明日報》社正式遞交退黨申請，並得到了批覆……

但是這些在獄中的十次提審中都沒有提及，審訊人員只是嚴格依照拘押時出具「涉嫌動亂」罪名，要求她回憶四月以來每天和學運及廣場有關事務，就是這些問題，也沒有涉及「資產階級自由化分子」，「煽動、策畫、組織反革命暴亂」，尋找與她有關聯的「境內外敵對分子」等重大問題上——包括逼供與誘供。應該說，審訊者沒有獲得任何有價值的「成果」，而依照中國法律，如果沒有確切證據，對她的拘押不能超過二十四小時。但「六四暴亂」已被作為「大案、要案、集團作案、全國流竄作案」處置。於是據人大通過的一條什麼補充規定，對她可「依法」關押，由三天、七天、六十天……直至最長期限六個月。可是戴晴被關了十一個月，她在獄中經歷的一件重要的事情，就是被看守押著，去與自己的公爹臨終告別。

戴晴曾經有過四位父親：親生父親、養父、繼父，還有她的公爹。他們都是知識分子出生的老共產黨員，到戴晴坐牢的時候，前面三位都已經去世，而她的公爹已經是肺癌晚期。在牢裡的戴晴，以為再也見不到他，沒想到老人提出的臨終的請求居然是：一定要見自己的兒媳婦。

於是在醫院保衛部的監視和監獄方的監押下，戴晴來到老人彌留的床邊。

老人是一九三七年從北平的中國大學課堂上走向革命的老黨員，也是一九四九年以後主持的血液科研機構的老領導，可是文革前就被閒置，一擱就是二十年，不覺之間已屆大限。戴晴見他的第一面是在一九六七年新婚之時，地點是在牢房裡，沒有想到見他最後一面，自己居然也在坐牢。戴晴拉著老人的手哭著說：「我第一次見你，是你在坐牢；你這次見我，又是我在坐牢。當時，我不信你坐牢是因為做了壞事；你也一定要相信我，我沒做一件壞事……」

就是在這時候，老人說了那戴晴永遠也不能忘懷的話：「咱們……頂得住。」

戴晴說你也一定要頂住！你最愛喝我煮的湯，你要等著我，等我回家煮給你喝……

他點點頭。

老人的心臟經不起任何輕微的情緒波動，醫生和老太太都催戴晴離開，她伏在床邊不肯走，對老人說我回去了，我不能送你了，我現在給你鞠個躬吧！她站在床邊，深深彎下身，向一名尚在人世的人行了致亡靈的敬禮。她的公爹平躺在病榻上，沒有看她，也沒有動。

四天以後，老人是在異常清醒的情境下安排自己的離去：他切囑夫人，絕對不許開官方主辦的追悼會，不要官方悼詞，不要通知任何「同志」。

戴晴得到自己將被「處決」的消息之後，第一次在獄中失眠。她準備一死的心已定，但正義與清白得靠自己，她決定走當庭自我辯護這條路。她讓家裡送來法律方面的書，開始逐條自學《憲法》、《刑法》和《刑事訴訟法》——逐頁逐項學下來她吃驚地發現，竟然條條款款都對自己有利。戴晴一次次向獄方索要紙張，一連為專案組寫了十多份資料。這些資料已經不拘於敘述事實，而是在實習為自己的無罪辯護。除了已經謄清的上交稿，她還在一張廢紙的背後鄭重寫了一段「最後的話」：對「六四」這場悲劇的分析。在一九八九年十二月底的秦城監房，戴晴對自己有可能獲釋並公布自己的見解已不敢抱有奢望，想的只是在哪天突然給帶到死刑監的時候，監房內所有紙張會給收走——「也許有一天公安部的檔案被後人接管；也許有一天有哪個研究者看到這一小段話；他會知道，一個被囚的人對那事有如是見解。」

所幸的是這張稿紙由於監獄當局的疏忽，最後由戴晴本人帶出，於一九九〇年捐給了「當代中國文學館」。

這裡摘錄如下：

……

我深知在中國民主觀念的生長，民主制度的建立，只能從醫治貧困著手。這是一條漫長痛苦並且須忍受無數醜惡與污穢無比艱巨的路程，並不是浪漫與痛快的街頭政治運動所能奏效。正基於這一基本概念，我在四～六月所作，都是努力制止事態擴大與激化——雖然這一努力並無結果。結果是，我被抓進了監獄，名義：「涉嫌動亂」。我知道得很清楚，我與動亂並不沾邊，更無觸犯刑律之舉，但抓我不能說是出於誤會，那目的在於泄私憤與嚇唬人，這是很明顯的。

我本對政治毫無興趣，對政壇尤其厭惡。但今日想來，也並不為我所寫的一些觸及到了敏感的政治問題的文章而後悔。「資產階級自由化」是一個生造的概念，在理論上是講不通的。所以如果說我犯了「資產階級自由化」錯誤，也只是一頂政治帽子而已。進監獄之前，我不曾邀寵；進來之後，當然也不打算討饒——這兩樣，在我看來，都是比坐牢包括坐牢而死都痛苦的事。我所憑依的，只有我所生活的這個國家這個時代的一部憲法（雖然它遠非盡善盡美），和此時這個國家的領袖們口口聲聲要以法治國、依法辦事的許諾。

戴晴和那些「六四」政治犯們最終沒有被「殺一批、關一批、流放一批」，這不是得益於當局的赦免，而是迫於國際正義力量的壓力。一九八〇年，世界銀行進入百廢待興的中國，鄧小平對世行的麥克拉瑪拉說：中國未來與世行的關係中，觀念比錢更重要。「六四」以後全世界同步聲討中國，兩者關係當然中斷，到一九九〇年中似乎有所鬆動，世行提出以釋放「六四」二百名政治犯為條件，對中國有條件恢復貸款。

戴晴和許多人就包括在這「二百名」之中。他們成為了中國換取世行貸款的肉票。

最受尊敬的是政治犯[351]

周舵在牢房裡最深的感受是：最受尊敬的是政治犯。

文質彬彬的周舵已經不是第一次坐牢。「文革」期間，他就因為莫名其妙的「越境嫌疑」

351 本章主要參考資料：周舵《周舵自述・回憶與反思》，香港新世紀出版及傳媒有限公司，二〇一九年六月版。

加「無證明流竄」被關過六個月，整整一百八十天，先後待過六、七個這類地方——雲南開遠縣收容所、昆明收容所、武漢收容所、北京海澱公安分局、石家莊河北省第二監獄、保定學習班……等等，也算見多識廣，比如開遠縣收容所的臭蟲以斤計數。可是這次進的煙台看守所，這是他見過同類處所裡條件最好的。設備好，很乾淨，管理得不錯。牢房面積大約十五平方，一側是高出地面半公尺的大通鋪，另外一側是過道，一端連著鐵皮的大門，上邊開了小小的瞭望孔和傳遞飯碗的門洞，另一端是木板門，把廁所隔開，廁所旁邊一道小門通放風的小院。牢房兩邊都有很大的窗戶，靠近天花板處還有兩排通風窗。和後來他被關押的北京順義縣看守所，形成鮮明對比。

一進牢房，周舵就斯文掃地：褲帶、鞋帶全抽走還不算，連拉鍊上的一點點金屬把手都被扯掉了，讓他成天提著褲子，倍覺羞辱，心裡恨得咬牙切齒可也無可奈何。好在監獄裡的刑事犯們對政治犯高度尊敬。這間牢房關了十三個刑事犯，大多數是偷盜，有兩個是詐騙，有個受賄幹部，還有一位大人物——戴著腳鐐手銬的殺人犯。這位殺人犯天分很高，處理人際關係很有一套，把一幫小兄弟指揮得團團轉。周舵在這裡關了一天，殺人犯就掏心掏肺地給他講了自己的精彩故事，第二天周舵被換到另一間牢房，犯人們都熱情地跟他道別。新牢房型制一樣，連同周舵卻只有七個人，而且沒有一個像罪犯：兩個老實巴交的青年農民，一個是擺賭博小攤騙錢，另一個偷摩托車，因為初犯沒經驗，沒騎出三十公尺就被人抓住。一個十七歲的小男孩，母親是農村小學教師。這孩子潛水撈海參，每年收入兩萬元以上，可是受他親戚誘惑，合夥偷了兩袋干貝，價值大概兩千元。那親戚得了手就忘乎所以，喝醉了吹牛，露了餡，小傢夥天天後悔得捶自己腦袋，恨自己把媽媽害慘了，說著說著就要掉眼淚。

還有一位年輕幹部是「經濟犯罪」，承包了一家商場，被人揭發貪污受賄。這位經濟犯是從廣州押送回煙台的，據他描述，廣州看守所簡直是「活地獄」：房子還是國民黨時代（說不定更早）建在地下的，見不到一線陽光，天氣奇熱，全靠屋頂上一架排風扇吹下點熱風。牢房牆壁漆黑，臭不可聞，擠得滿滿的犯人只能蹲著或站著，根本別想躺下睡覺。他在便池邊上蹲了一夜，糞坑裡的蠅蛆四處亂爬，牢頭獄霸克還要扣囚糧和寶貴的開水……「好傢夥，就這麼一天，就把我給關『草雞』了，多關幾天，非死在裡邊不可。」、「草雞」是山東方言，猶如北京話「熊包」、「篩了」、「嚇癱了」。這年輕人是個典型的悲觀派，在監裡整天想老婆，一再讓周舵「做好思想準備」。

七月四號晚間十點前後，周舵被提出了煙台公安局收審所，四位公安人員（三名幹部一名小兵）押著他上了開往北京的火車，乘的是硬臥。同一間硬臥六張床，除他們一行五人外，居然還有一位無關的乘客！周舵大為驚異，心想煙台公安局真夠節儉，押送數十員警抓來的要犯，居然不乘軟臥，全都擠在半敞開的隔間裡，乘客走來走去的，警方也不怕出亂子？好在這些乘客也知趣，全都扭過頭去裝看不見。一路上幹部對周舵是絕對客氣，小兵則是絕對野蠻。晚上周舵被銬在窗邊茶几的支柱上，白天他用枕巾蓋住手銬，洗臉、上廁所時才解下，由兩個人陪同，嚴密監視，還說「如果違反紀律，一切後果你自己負責」。周舵說你們放心，我不會逃跑，那不是把你們全都坑了？看著他們瞠目結舌的樣子，周舵暗暗好笑。其實他真的不想坑幾個可憐巴巴的幹警，當然更主要的是不會去冒那個險，摔個半死不說，還可能腿上挨一槍，再說也逃不掉：廣大人民群眾覺悟高著呢。沒見電視上天津人民揭發那個造謠說「六四」血流成河的人，讓他坐了十年的牢?!

可是人民群眾也有不怕事的。第二天一位中年婦女就冒天下之大不韙，坐到政治犯周舵的臥鋪上，和押送的少尉沒話找話：你穿的是員警制服呢，還是武警制服？少尉同志不予理會。婦女生氣了，批評他太不懂禮貌。她說我教過的學生多啦，從來沒見過一個像你這麼沒禮貌的！你穿上這身制服，就有了驕傲的資本啦？真是沒有教養。說著就拿出她的工作證遞給周舵：「同學你看，這是我的工作證。我是東北××大學的……」幾位押送者見勢不好，趕快攔住，接著是一番亂七八糟的口角，最後女教師氣鼓鼓回到自己車廂去了。押送者找來乘警，可是面對乘警的審問，這位大學的女教師毫無懼色，讓周舵看到了東北婦女的巾幗氣概——她這番舉動明顯是借題發揮，故意找他們的彆扭。三位押送幹部很氣憤，正在嘰嘰咕咕，小兵發話了，說「這傢夥（指女教師），有什麼了不起？一看那副寒酸樣，就知道是知識分子。」周舵聽來如同石破天驚：「你說的這是什麼話！」話音沒落，就被小兵一手卡住咽喉，惡狠狠地說：「早告訴你不許說話！」小混蛋到底是練過兩手，出手既准又狠。周舵記起「毛主席的好學生」柯慶施[352]有句名言：「中國知識分子有兩大特點。一是懶，犯了錯誤還不想檢討；二是賤，三天不打屁股就要翹尾巴。」這位小兵的高論和「好學生」真有異曲同工之妙，差別只在於柯老有成套理論，而小兵不過是出於「樸素的階級感情」，表現形式更加粗鄙低級罷了。

列車七月五號傍晚到了北京站。四位員警夾著周舵上了一輛切諾基警車，風馳電掣般開往北郊，往東拐上一條偏僻的鄉間土路，愈走愈瘮人，周舵有些疑神疑鬼：別是要把我祕密槍斃

352 柯慶施（一九〇二年七月二十四日～一九六五年四月十九日），安徽歙縣人，一九二二年加入中國共產黨，官至江蘇省委書記、上海市委第一書記兼南京軍區政治委員、華東局第一書記、國務院副總理；一九六五年四月九日在成都逝世。

了吧。大約有四十分鐘以後，車子來到一個大門前，迎面是一個大魚缸，養著荷花；右手邊是一座雕樑畫棟二層的古典式建築。員警把周舵領進一個房間，裡面兩張席夢思床，帶衛生間，有電扇，但沒有空調。直到這時，員警才說話，問他餓不餓，讓他先泡個熱水澡，馬上就開飯。周舵根據門後的一張「火警逃生圖」之類的東西，知道這地方叫做「潮白河管理處」。

飯菜挺豐盛，吃完就開審，審了幾天，看周舵自己的事說得差不多了，就讓他說別人的事。周舵雖然不想當譚嗣同，可是也絕對不能當叛徒，於是當即拒絕，說別人的事你們去問他們自己，我不能瞎說。僵持了幾天，他們說既然這樣，那就挪挪地方，把他送到了順義看守所。

那個鬼地方，是周舵所見過的看守所裡最骯髒的；一間十幾平方的牢房，關了將近二十個人，監獄工作人員敞胸露懷，不成體統，茅坑就在牢房一角，用一公尺高的短牆隔開，水龍頭裝在便池上邊，經常斷水。犯人大多數都拉肚子，又沒有水沖，臭不可聞。牢房的十幾個犯人裡，除一個在「六四」中堵軍車的、一個被逼動刀打架的農民、一個誤傷人命的警衛之外，其餘的做的壞事不見得更大，但人品一個比一個可憎。周舵這樣說他們的壞話，絕不是因為他們待自己不好，相反他們對這個政治犯也是十分尊敬。順義牢房的伙食也差，每人每天還要黏貼二百個小藥盒，才能換來中午一個窩頭、一塊鹹菜或一碗菜湯的「加餐」，不幹就沒有。周舵拒絕幹活，也不想吃這頓加餐。可這些囚犯們總要硬塞給他。

在此關了三天，周舵估計很快就會來人。果然第四天上午，兩位審他的員警來了，笑哈哈地問老周啊，你怎麼樣啊，還好吧？周舵也笑哈哈地說，你們這叫胡蘿蔔加大棒，恩威並施啊！好吧，你們也別費事了，給我紙筆，我給你們寫就是了。周舵要寫的的原因，是因為可以仔細斟酌，不落把柄果然他寫出來的資料，沒有被任何人罵成叛徒。

實事求是說，周舵在此遇到的這些員警，算得上是整個中國公安系統當中最優秀的一部分，很文明，很有水準，還很有人情味。用他們的處長高偉的話說：「你們都是黨培養多年的知識分子，是國家的財富，政府應當主要著眼於教育和挽救。」這話放在平時有點傷自尊，而在「紅色恐怖」時期就算是很溫暖的了。後來老高告訴周舵，學潮期間要不是他拼命按著，他手下的員警全都上街聲援學生了。也許這就是鄧小平不敢信任北京員警，一定要派正規軍進京鎮壓的原因之一。周舵獲釋後，高處長時不時請他吃飯聊天，一次老高的助手李晨對周舵說，「我們內部對你有個評價，你看對不對？第一，你這個人聰明過人；第二，你是條漢子！第三，你是個真正的愛國者。」周舵笑了，說「差不多吧。」

可就是這樣一批人後來卻被安上「代表了公安系統一條右傾投降路線」的罪名清洗出局，而把老高搞倒、自己爬上去的競爭對手，就是大名鼎鼎的大貪官張越[353]（和周舵打交道時的名字叫張世超）。

除了老高，還有更讓周舵吃驚的事情。一次看管他的員警悄悄問：有沒有信想要寄出去？周舵反復想了一天，覺得不像是圈套，於是寫了一封信給四通公司的部下，托他們把自己的消息轉告家裡：如果自己的家已經被監控，對這位員警將會很不利。可是員警居然冒了天大的風險幫他把信寄到了！後來周舵和他熟悉了，就問：你就不怕我舉報你？那你可就大禍臨頭了。員警說，他知道周舵「夠仗義」，敬佩他。這句話讓周舵感慨了很久。還有一位女軍醫，

353 二〇一八年七月十二日，江蘇省常州市中級人民法院公開宣判中共河北省委原常委、政法委原書記張越受賄案，對張越以受賄罪判處有期徒刑十五年，並處罰金人民幣五百萬元；對張越受賄所得財物及其孳息予以追繳，上繳國庫。張越當庭表示服從判決，不上訴。

偷偷把她家的位址、電話告訴周舵，讓他出去以後和她聯繫，可惜獲釋前周舵怕被搜出來，毀掉了——其實周舵的擔心多餘了，因為釋放前根本沒有搜查行李。

七月中旬，新聞裡對劉曉波開始了殺氣騰騰的大批判，周舵擔心他會被槍斃，於是向當局提議：由「四君子」出面作證，說明天安門廣場清場時（六月四日淩晨四～六點）確實沒有學生死亡，交換條件是免於對四個人、特別是對劉曉波的刑事處分。他認為這個作法既沒有歪曲事實，也沒有出賣原則，卻可以保全四個人自由特別是劉曉波的性命——天地萬物中人的生命是最重要的。雖然看管他的員警認為絕對不可能，可是這個提議居然被接受了——劉曉波後來告訴周舵，他獲釋前預審員給他交了底：凡是在廣場清場過程中「立了功」的人，一律不判刑。

周舵的作法毫不意外地引起了巨大爭議，至今波瀾湧動。

七月三十號，天色陰沉得可怕，下午疾風暴雨，雷鳴電閃，炸雷就好像就在頭頂爆裂，震耳欲聾。晚飯後，員警進來，吩咐周舵收拾東西，說是要轉移。對講機裡不斷傳來瘆人的命令：「×號車，檢查武器！」、「×號車，準備！」在瓢潑大雨中，周舵等人被押上警車，照例是四個員警把犯人夾在當中，一人一輛車。據說有一個人當場被嚇癱了，跪地向員警求饒——不少人都以為要把他們拉出去槍決。其實這些「犯人」是被轉移到昌平縣城的保險公司招待所，這裡北側四層的配樓被警方全部占用，每一層關四個人，周舵的西邊是大名鼎鼎的包遵信[354]，東邊是中宣部理論局的局長李洪林，李洪林的東邊就是周舵的師兄的曹思

354 包遵信，安徽蕪湖人，北京大學中文系古典文學專業畢業，中國社會科學院歷史研究所思想史研究室學者。八〇年代由其主編的《走向未來》叢書，被譽為中國自由民主思想的啟蒙之作。

源[355]。老包後來被送去秦城，這一層的三個人加上三層關的楊百揆[356]，就是這地方最後被釋放的四位知識分子。

周舵他們住的仍然很不錯：每人一間雙人標準間，有衛生間、地毯和開起來轟轟響窗式空調。每個人都有一個員警二十四小時陪住，到了飯點，員警到招待所的餐廳先吃，然後給「人犯」端上來在房間裡吃。又是兩個月過去了，十月一號是國慶日，員警陪大家上山散步，晚上又開車拉進城看焰火，原則是每個人單獨分隔不許交流。在山上員警用手拍了拍屁股後邊的手槍，對周舵開玩笑說你可別跑啊！可是有一次這位員警竟然粗心地把他的手槍落在周舵的桌子上，聽到周舵的提醒還自我解嘲說你會用嗎？說實話周舵還真是不會用，但是可以隔著窗戶把槍丟進樹叢裡，那他可就吃不了兜著走。

聽說原本打算十一國慶日以後就釋放他們，結果發生了羅馬尼亞共產黨政權崩潰、齊奧塞斯庫夫婦被槍決的事件，於是又多關了半年。這段時間看管已經很鬆了，周舵和老曹可以見面說話了，家人也獲准來探視，周舵藉機會托師兄曹思源的太太把自己在關押期間寫的八萬字手稿偷帶了出去。老曹胃口極佳，每頓一大盆油膩膩的飯菜，周舵和李洪林只能吃一少

355 曹思源，新中國第一代民間學者，涉獵政治、經濟、法律、思想諸領域及相關諮詢事務。大學畢業後任國營藥廠工人、地方黨校教員，研究生畢業後供職中共中央黨校、國務院研究中心、國務院辦公廳及國家體改委；一九八八年下海，創建民辦社會科學研究及諮詢顧問機構；一九九七年當選中國國有資產管理學會常務理事，一九九九年被《亞洲週刊》評為「影響中國新世紀的五十位名人」之一，二〇〇一年被《遠東經濟評論》評為「亞洲風雲人物」。二〇一四年病逝。

356 楊百揆（一九五〇～二〇一九）北京大學國際政治系畢業，曾任中國社科院政治學所助理研究員。有多種著作傳世。

部分，餘下大半盆都被他一掃而光；最過分的是他還要求周舵用「熱得快」給他煮豆腐豬肝湯！

五月九號，最後關押的四位被釋放了，獲釋前員警拿出一張油印得很粗糙的「悔過書」，很為難地說：你看我們費了好大勁，好不容易為你爭取到今天這個最好的結果，你就給個面子，把這個手續辦了吧？就是個手續而已嘛！周舵說你們也知道，我根本無過可悔；不過既然你們這麼說，我就簽了吧，因為人人都知道這是假的。於是就簽了字。現在誰都明白：在外力脅迫下，違背當事人真實意思表示的合同檔一律無效。再說就連當年中共中央都指示在「北京草嵐子監獄」被國民黨關押的一大批高級幹部簽了這樣的「悔過書」，以便於兩邊各退半步，讓他們趕緊出來為黨工作（雖然文革中他們被打成「叛徒集團」）。可是在那本紅遍中國的小說《紅岩》裡，那麼多革命先烈都對著死亡放聲大笑，誰簽了「悔過書」就是從狗洞裡爬出！於是周舵這一簽字又引起軒然大波，讓他認為也許是這輩子幹的最後悔的一件大糗事：終於上了員警的當了！

周舵出獄的當天晚上十點多，侯德健和高新就找上門來。德健是一九八九年七月分從澳大利亞使館出來，高新是九月分獲釋的。只有劉曉波還關在牢裡。大家開始策畫紀念「六四」一周年的活動，準備在六月一號要開一個大大的外國記者新聞發布會，據說當時全世界的新聞媒體聞訊，都紛紛買了機票往北京趕。他們的「陽謀」當然不會得逞。五月三十號員警夜半敲門，把三個人再次抓走，關進順義縣的怡園賓館。周舵和這些察都成了老朋友，也沒有什麼壓力；員警也帶他們出去散心啊溜滑輪什麼的，盡可能讓大家玩得高興一些，實際上對當局這種作法也很抵觸。有位員警是當年對越作戰的偵察英雄，在戰場上被地雷炸掉半隻腳，退役當了員警。他有一次甚至說，再把這三位關下去，他就要辭職抗議！

關了十八天，當局把周舵和高新放了，把侯德健送到福建，沒收了所有的身分證件，只把六百多美元發還給了他，然後塞上一條被扣押的台灣漁船，讓船老大把他偷渡到台灣去。侯德健怕船老大到了公海就把他丟進海裡喂魚，就把這筆錢全都給了船老大。最後侯德健以偷渡罪回到台灣，被判了兩年徒刑。

周舵出來之後丟了生計，那些被釋放的學生也被開除了學籍找不到工作，於是周舵就和學生們一起過起了難民營的生活。一九九二年底，耗了半年多才拿到護照，又與有關部門「約法三章」，然後到美國哈佛大學作了一年的訪問學者，很用心地讀了許多國內看不到的文獻資料，對「六四」中最為時髦的「自由民主」算是開始有了一些初步了解。又過了這麼些年，他的自傳《周舵自述——回憶與反思》已於「六．四」三十周年之際由香港新世紀出版及傳媒有限公司出版，一九九三年在美國哈佛大學做訪問學者時啟動的研究課題「中國民主化的漸進道路」也已初步完成。最近，他的新書《馬克思為什麼是錯的》已經完稿。周舵在這本書中大段論述了他對於政治現代化的理解。他認為：政治三大價值目標——秩序、自由、平等——的實現是有歷史和邏輯順序的，首先要解決秩序問題，然後是自由，最後是平等；次序顛倒就會事倍功半。他還認為：無國家則無法律，無政府則無自由，只有霍布斯《利維坦》中所描述的「每個人對每個人的戰爭」。無政府狀態是人類文明的最大禍害，哪怕是最壞的專制秩序也要好於無政府。這一段論述彷彿是針對三十多年前那些誰的話也不信也不聽心目中沒有任何權威的學生們。但是周舵緊接著又指出：認清個人與國家的關係至關緊要：國家是為保障個人自由而創建的，自由是目的，國家是手段、是工具，國家服從個人自由，由此合邏輯地推導出「人權高於主權」，國家如果不保障人權就根本沒有合法性，沒有對個人自由的切實保障，國家主權就是最大的禍害，僅次於無政府。這些話的指向也很明確。

當然了，周舵至今依然是敏感人物，每到「六四」那幾天，員警朋友就會上門來邀約他出去公費旅遊，陪著他好好玩幾天。可是他依然不會忘記那個血腥的黎明，特別是那十一個被他營救出來最後卻死在坦克履帶下的大學生。那是他心裡永遠的痛。

梁湘冤案

一九八九年的七月，「六四」剛剛過去，新上任的總書記江澤民讓辦公室打來電話，說中央研究洋浦問題，讓海南省的省長梁湘去一趟，結果是梁湘和他的祕書都被扣在北京，兩個月後才被押送回海南，還不能回家，送到南海航空兵招待所繼續隔離。九月十四日，國家監察部負責人在正式的新聞發布會上宣布：

中共中央、國務院最近做出決定，撤銷梁湘中共海南省委副書記、省委常委委員和海南省省長的職務，並對他的問題進行審查。……據監察部門調查，梁湘在海南工作期間犯有嚴重的以權謀私錯誤：縱容家人倒賣房產；違背省政府有關審批進口汽車的規定，親自批准某公司進口一批汽車，他兒子借機勒索鉅款；利用職權為尚未在海南落戶的另一個兒子辦理從海南去香港定居的手續；違反財經紀律，用公款為自己治裝、支付宴請費等。梁湘的錯誤嚴重損害了黨和政府在人民群眾中的威信，敗壞了改革開放的聲譽。

有老朋友問梁湘，你到底怎麼了？梁湘說究竟什麼問題，我根本就不知道啊。後來多少人來查，查了很多年，不但來海南查，也去他曾經任職的深圳查，最後據查出來的，就是「一套西裝兩頓飯」。一套西裝，是梁湘在海南工作的時候出國到歐洲，祕書檢查過的行李，夫人又檢查了一遍，把褲子拿出來忘記放進去了，經過香港的時候打開行李一看，有上衣沒有褲子，這下子沒衣服可以換了，只得臨時在香港做了一套西裝，而且這個西裝還是他兒子給的錢。兩頓飯呢，就是廣州和深圳的老同志去海南看梁湘，他在海南金融大廈請他們吃了兩頓飯，這個賓館是中國銀行辦的，行長知道是梁省長請客，私自就簽單了，就這麼回事。

當時北京傳說：鄧小平鑑於梁湘執行改革開放政策，開闢特區有功，指示江澤民、李鵬，對梁湘「能保儘量保」。結果江、李仍以「以權謀私」等莫須有的罪名，撤除了梁湘黨內、外一切職務。之後還不肯罷休，繼續派專案組在海南、深圳進行調查。梁湘是澳門富商的兒子，一九三六年跨過澳門到廣州參加地下黨，後來一直在延安工作。他曾經有過很多很多的錢，所以錢在他的眼裡根本就不重要，否則就不會放棄富裕的生活冒著生命危險來參加共產黨，也犯不著那麼辛苦來幹革命。好多年過去了，梁湘這位改革開放的大功臣已經過世，可是關於他的「錯誤」到底是怎麼回事情，一直都沒有說清楚。雖然有關方面已經下不了台，可是也不敢說給他平反，到現在都沒有平反。

這就是許家屯不意願做「梁湘第二」的原因。

梁湘是趙紫陽的愛將。一九八八年的春節，紫陽到廣東珠海過年，那天晚上面對眾多舊部，他拿出一瓶用老式瓶子裝的茅台酒。那是他在廣東省委當書記時到中央開會，正值中南海清理地窖，可以每人買的兩瓶年份很久的茅台酒，他這兩瓶這麼多年都留著沒喝，那天拿來珠海喝。酒好啊，打開很香，紫陽說每人只准喝一杯，不能多喝，喝完了把瓶子還給我。

酒都喝了一半了，發現梁湘還在海南沒有趕過來，紫陽就說這半瓶不喝了，留到明天中午梁湘回來嘗嘗！

和梁湘一起的鄒爾康，副省長的職務在沒有任何理由的情況下，甚至連個檔都沒有，就被免掉了。說他有問題嗎？一直也沒有人來查，然後讓他去政協，他不去還不行，非去不可。鄒爾康到今天都一直認為，就是因為他們是廣東的幹部，是趙紫陽的下屬，他們在改革開放中揮開膀子大幹，一直受到趙紫陽的支持，所以有人非要把他們置於死地不可。

被置之於「死地」的廣東幹部，遠遠不止他們倆；而且被連累的人也不止趙紫陽的舊部，還有他的孩子。

大約是「六四」前後那幾天，國家審計署審計長、黨組書記呂培儉到了海南，調查趙紫陽的兒子二軍「倒賣走私汽車案」。

關於海南「倒賣汽車」，曾經是轟動一時的大案。起因是在海南分省之前，因為急需建設資金，當時的海南區黨委提出要大量進口汽車，中央下了個十一號檔同意了，條件是進口的汽車只能夠在島內賣，不准出島。但是後來全國工商總局開會，為了籌集三十五個億給全國漲工資的錢，就想通過海南進口汽車來賺錢，於是也下了個文，列了六條，其中有一條允許將這些汽車在交稅後以國家訂價賣往全國。消息傳到海南區黨委，立即開會，大家都喜出望外，轟轟烈烈的海南進口汽車大倒賣由此開始。那個時候，不僅海南各行各業都在倒汽車，全國各色各樣的「倒爺」們也都聞風而動，紛紛前往海南參與，不過兩三年的工夫，海南就先後批准進口八萬九千多輛汽車，已到貨七萬九千多輛，賣出了二萬四千二百多輛，剩下的五萬四千八百多輛後來全部上交給了國家，加上這些進口的汽車全繳納的稅金十九・六億人民幣，和國家物資總局從中賺到的二十個億人民幣，讓一九八五年全國每人曾加了一級工資，那些錢基本上都是從這裡面出的。

其實廣東賣汽車，早就開始了。改革開放初期，趙紫陽當總理的時候經手制定了一個政策：凡是華僑捐贈給特區的汽車，獎勵他一萬多人民幣，可是這些汽車拿回來一經變賣，一台車可以賺五萬。素有「中國第一僑鄉」的江門市，在七年之內利用這樣的政策賣了七萬多輛汽車，其中的台山縣，家鄉有一百零幾萬人，在美國加拿大的華僑也有一百多萬人，這等於有兩個台山，一個台山在海外，一個台山在國內。當年黃靜還是台山縣委書記，在台山管僑務搞旅遊，為了去掉交通這個缺陷，得在台山修一座公益大橋，把江門的外海大橋和佛山的九江大橋連起來。黃靜就是用這個政策，光是變賣汽車就賺了差不多一千萬，再貸款三百萬，就把這座公益大橋修起來了。可是他們的「倒賣」還有限制，而且賺來的錢都收歸了政府拿去搞了基礎建設；而海南則是政府沒有賺到什麼錢，也沒有從中查出一個「貪官」，卻肥了那些倒賣者，搞得亂象叢生，其聲勢大大出乎高層意料之外，社會輿論沸沸揚揚，各色人物紛紛出面干涉，最終是以《新華社》一九八五年七月三十一日一則通電，撤銷了海南區區長雷宇的一切職務，方才了結。

趙二軍是一九八六年海南分省之後才從部隊來海南的，在朋友眼裡，二軍為人豪爽大度，交遊甚廣，是典型的軍人，「文革」中一度被父親的「問題」所牽連，經歷了些坎坷。他到海南，實際上是梁湘和鄒爾康想找一個能夠與北京各方面溝通的人，來協調關於洋浦開發區的種種管道——紫陽雖然很支持，但是他太忙了，總不能事事都去找一個國家的總書記。二軍來了以後，就和兩個朋友搞了一個公司，實際上在洋浦開發區管轄之內，無論是進口還是出口，都是為洋浦開發區服務的。當時鄒爾康作為海南省的副省長，也住在宿舍裡，二軍就住在他的隔壁，不但忙而且苦，常常是飯都吃不上，一大早就到鄒爾康這裡來蹭飯吃。他們經常在一起，討論洋浦的開發，怎麼做香港資本家于元平的工作，到北京去通過什麼管道，和哪些部門溝通，使中央能夠認可哪些項目，並且儘快批下來……趙紫陽下台之後，外面有人傳說二軍「吃喝嫖賭花天酒地」——其實他就是個工作狂，且不說沒有那些「嗜好」，即便是有，哪兒來的錢和時間啊？

鄒爾康堅持認為：要說趙二軍在海南「倒賣汽車」是不可能的。其時海南「倒汽車」已經受到中央批判，所有商品進出口的批文權都在他鄒爾康的手裡攥著，其中包括了汽車。鄒爾康根本就沒有給趙二軍批過汽車，一輛都沒有批過，誰要是不信，去查批文的存根編號就弄明白了。可是呂培儉檢察長來海南查二軍，就是不去找海南省政府，有意避開省長梁湘和副省長鄒爾康。事後梁湘知道了，有些生氣，說不管他，他想找誰找誰，我們倆都不知道。呂培儉第一次查沒有結果，第二次又來，再後來又來了個什麼人，又查，為了趙二軍的事情查了兩三次，然後音信杳無，沒有下文。很多年以後，趙紫陽的死對頭、國務院總理李鵬在香港出了一本《六四日記》，裡面有這麼一句話：「呂培儉今天來彙報，到海南區調查倒汽車的事情，確實查到海南有一千六百輛汽車批文。」可是這一千六百台汽車，是批給誰的？什麼時候批的？如果是分省之前批的，那時候海南正式的汽車進口批文遠遠不止一千六百輛；如果是之後批給二軍的，鄒爾康堅決否認，還拍著胸脯說：趙二軍在海南的整個工作都是清白的，沒有我認為違法亂紀的事情。他公司帳面上沒有一分錢是非法的。如果李鵬日記上的這一千六百輛汽車真是趙二軍的「罪行」，那他還不藉此大做趙紫陽的「文章」？

查趙二軍還不是事情的全部。一九八九年的七月，「六四」剛剛過去，梁湘在北京被扣押，前去「配合調查」的鄒爾康從北京回來的那架飛機上，也坐著監察部部長尉健行——他親自飛往海南，主持調查趙紫陽的兒子趙大軍「倒買彩電」的事情。早在一九八五年學運高漲期間，有學生擬定一份濫用特權的「太子黨」[357]名單，要求政府公布，這份名單中有列舉趙紫陽兒子趙大軍在深圳經商的情形，陳雲也因此寫信給胡耀邦與趙紫陽。[358]「六四」期間打倒「官倒」的呼聲高漲，這樣的傳言愈是激烈，鄧樸方的康華公司也被議論紛紛。還在位的趙紫陽當時做出了幾條決定，其中一條就是要求紀委嚴查自己的兒子，如果證明確有其事，自己首先承擔責任。[359]後來在鄧小平家決定北京「戒嚴」的會上，姚依林當場數落趙紫陽的四大罪狀，最後一條就是「兩個兒子是最大的官倒」。[360]

鄒爾康回到廣州幾個月之後，時任廣東省監察廳廳長的余波對人說：「我前一段參加了尉健行部長主持的調查組，從北京過來到深圳去調查趙大軍的事情，現在調查完了。尉健行就跟我說，看來趙大軍是個好孩子，他在深圳沒有用他爸爸的那些關係去做不好的事情，為人很低調。」[361]

這個結論也在兩個事實中得到「官方證明」。一是在正式宣布趙紫陽的一大堆「罪證」中

357 「太子黨」指高幹子弟。
358 羅冰〈陳雲抓住胡趙痛腳〉，香港《爭鳴》，一九八六年一月第一期。
359 慎思《紫陽往事之鄧胡趙關係回顧》。
360 陳小雅《八九民運史》。
361 歐偉明《我與趙家半個世紀的交情》。

沒有見到他支持子女「官倒」的條款；二是在正式的「組織談話」中得到證實——趙紫陽專案組組長王任重當面對趙紫陽說：（你兒子的事情）都查了，沒有什麼問題，群眾反應都不錯。再說就是有問題，也不會株連你。

趙紫陽回答說：當然應該這樣。[362]

即使在「牆倒眾人推」的情況下，趙紫陽也自信身正不怕影子斜。正是由於這樣的自信，他覺得這根本就不是問題，所以王任重的這些話，他都沒有寫進自己的回憶錄，官方當然也沒有正式宣布，李鵬更不會將這樣尷尬的結果寫進他的《日記》。三十多年了，此事竟然依舊是懸案。

佛說一花一世界，一葉一菩提。大千世界裡沒有兩片完全相同的樹葉。當年那些高舉「反官倒」的大旗橫掃一切的大學生們，如今都已經年過半百，不知道他們是否明白了這個道理。人與人是不同的，尤其是像趙紫陽這樣的人。

362 林雪採訪趙五軍。

第三十三章　孤獨的鄧小平[363]

新人不如舊

風停了，雨住了，長安街上的血跡清洗乾淨了，人民英雄紀念碑上的彈痕也在修補。鄧小平也累了。

那段時間有外國人聽到過鄧小平講話，他們驚奇地發現：儘管剛剛處理完驚天動地的亂局，這位八十五高齡的老人卻語氣沉著自信，對於自己採取的血腥行動沒有絲毫悔意，對於可能發生的情況沒有絲毫驚慌。他似乎相信「六四」的武力鎮壓已經讓反對勢力屈服並且安靜下來，使得黨和解放軍能夠建立牢固的控制。他在六月九日接見參加「平暴」軍級以上幹部時聲色俱厲：麻煩在於一些壞人混在學生和圍觀的群眾中間，他們的最終目的是要推翻中國共產黨，顛覆社會主義制度，建立一個資產階級共和國，成為西方的附庸！他在六月十六日的會上對中央委員會的領導成員宣稱：這次軍事行動會為中國贏得十到二十年的穩定。面對全

363 本章主要參考資料：傅高義《鄧小平時代》、戴晴《鄧小平在一九八九》、阮銘《鄧小平帝國三十年》、楊尚昆《楊尚昆日記》、徐慶全〈關於田紀雲的一篇訪談錄〉。

世界聲勢浩大的譴責，他認為西方國家的政治變化很快，嚴厲的制裁最多只能延續幾年，他們很快會忘記這件事情的。他果然利用美國總統布希希望在聯合國得到中國支持的企圖搞掂了中美關係——在七月初會見了布希總統的特使斯考克羅夫特，然後去了北戴河休息。

儘管他在人前顯得很有底氣，可是也知道事情鬧大了。「六四」以後，民眾對於鄧小平的擁護跌至最低點；老百姓對於參與鎮壓的軍隊恨之入骨，徵兵也因此陷入低谷，軍隊將領們心頭明白：為了替黨保住權力而去槍擊無辜平民，無論如何也不可能認為自己是「英雄壯舉」。在意識形態上，哪怕他親手砍掉了自己的左膀右臂胡耀邦和趙紫陽，都不能否定這兩個人是他一手扶持起來的「自由化吹鼓手」，這使得他在陳雲派面前實際上處於下風。至於他一直著力關注的經濟，自從一九八八年其他強求趙紫陽實行激進的「物價闖關」之後，就被對手抓住把柄，現在已經失去了經濟決策權。鄧小平之所以最後否定了自己提名的李瑞環，也否定了楊尚昆提名的喬石，而同意陳雲和李先念提名的江澤民為總書記，是因為在「六四」已經臭名昭著的情況下，要立一個置身事外、沒有參與過鎮壓的新人來主政，以向民眾和西方表示此後是一個新的開始。香港報紙有消息說：鄧小平在任命江澤民為總書記之後，對「倒趙」立下汗馬功勞的李鵬和姚依林說：「不要不服氣。現在你們和我在國際上的形象都不好。[364]」

鄧小平這邊處理「六四」的善後事務，那邊從六月十六日就開始下達指示：由於他本人要退出日常工作，新的第三代領導人要完成平息「暴亂」的工作。接下來他在七月、八月、九月……多次提出要退休，終於在十一月的十三屆五中全會上，全身而退。這次與一九八七年

364 陳一諮《陳一諮回憶錄》。

不同，是真正的「全退」，什麼職務都不要，包括軍委主席也交給了江澤民。黨內領導人都明白：這不僅僅是軍隊的控制權，也是交出了對中國的全部責任。把「六四」之後的這大攤子事情，包括所有的責任，也包括以後的發展，都讓江澤民去處理吧，因為在「六四」之後的幾周裡，鄧小平有理由對江澤民的表現感到滿意——在六月下旬的四中全會上免去趙紫陽的一切職務之後，江澤民領導的新領導班底表示要繼續沿著鄧小平開闢的道路前進，江澤民本人在他的講話中再次肯定了要堅持十一屆三中全會的目標，實行改革開放，推動經濟發展。而且這個被命運砸中的地方官員（雖然大上海不是普通的地方城市）與各方面的關係都不錯，對於在提攜自己投下關鍵一票鄧小平，肯定會感恩戴德。

可是鄧小平很快就發現自己又錯了，甚至是犯下了當年提攜胡耀邦和趙紫陽不可同日而語的錯誤：江澤民很快就充當了反對他的幹將。

胡耀邦死了，趙紫陽倒了，鄧小平退了，元老派終於清除了全部障礙，可以大展身手了，此時的江澤民選擇倒向陳雲，是順理成章的事情。首先他是陳雲和李先念力薦的，鄧小平只是同意而已。而且他也沒有必要為了迎合一個已經失勢的退休老人，去得罪勢頭正旺的陳雲勢力，於是這個曾經讓鄧小平給予厚望的新人，積極動作起來。一九八九年十一月的五中全會上，鄧小平宣布退休，剛剛接過軍委主席職務的江澤民就在他的政治報告中，就舉起「治理、整頓」大旗，對個體戶開刀，提出要使所謂非法致富者「傾家蕩產」；鄉鎮企業要大加緊縮……接下來他在經濟領域依靠姚依林、宋平，執行陳雲的鳥籠經濟路線，動用《人民日報》等黨報黨刊大批經濟自由化，股份制，私營業主，前些時候銷聲匿跡的「特區租界論」、「姓資姓社論」等爭論，統統死灰復燃。在思想文化領域，他架空鄧小平指定的李瑞環，不但依靠東山再起的鄧力群、胡喬木，以及他們網羅的文革「左」派，而且把早期反胡風、反胡適、反右派歷次運動中的老「左」派如林默涵、許立群、魏巍等都請出來，組建「反自由化」思想文化戰線。這些都讓「六四」以後的經濟、政治、思想、文化領域全面向「左」轉，向改革發出種種質問，認為「政治上的自由化來源於經濟上的自由化，經濟上的自由化來源於農村的家庭承包」，「三資企業是和平演變的溫床，鄉鎮企業是不正之風的風源，農村承包制是集體經濟瓦解的根源」……最為顯眼的，是在一九九一年七月一日慶祝中國共產黨誕生七十周年大會上，江澤民發表了引人矚目的以「反和平演變為中心」的演說，接著在中央黨校舉辦高級幹部「反和平演變」學習班，鄧力群們的「反和平演變」宣傳，迅速擴展到經濟領域。這不但改變了鄧小平長期以來「以經濟建設為中心」的治國方略，並且已經著手批判鄧小平路線。更有甚者，就連陳雲都在內部議論鄧小平，說八九年學潮是鄧小平十年右傾的結果，「六四」鎮壓是左傾盲動的結果[365]。

也就在鄧小平宣布退休這一天，隔離東德和西德十八年之久的柏林牆被憤怒的人群推倒，曾經有無數企圖從社會主義東德逃往資本主義西德的人被槍殺在這堵牆下。不到一年，東德（德意志民主共和國）宣布併入西德（德意志聯邦共和國），成為歐洲國家的領頭人。一個月以後，社會主義陣營的羅馬尼亞國家元首齊奧塞斯庫仿照鄧小平，向街頭遊行示威的群眾開槍，隨即遭到全國上下聲勢浩大的反擊，倉皇逃竄的齊奧塞斯庫夫婦被義軍抓獲，於十二月二十五日被新政權槍決。正在北京的美國特使斯考克羅夫特說：中國領導人過去經常讚揚齊奧塞斯庫，說這人證明了共產黨能夠頂住自由派的猛攻。此事發生之後，鄧小平暫時停止了公開

365 高文謙《鄧的歷史評價》。

會見活動，據說是因為「聽說羅馬尼亞的事變後感到的驚恐」。

接下來龐大的蘇聯帝國開始分崩離析，到一九九一年的八月十二日，終於宣布解體。

從一九八九年開始的東歐巨變的原因很多，但是與鄧小平製造的「六四」事件有密切關聯：「六四」在全世界引起的憤怒，加劇了東歐人民對於共產政權的痛恨，這樣的痛恨加劇了這些政權的垮台，已經是不爭的共識。可是鄧小平自己不這樣想。他是很務實的人，他認為人民也是務實的，誰給了他們看得見的利益，他們就會擁護誰，很快就會忘記任何不愉快的事情。所以東歐這些國家包括蘇聯的戈巴契夫，一開始就去搞什麼政治改革之類的「蠢事」，而沒有注重大力發展經濟，改善人民生活水準，才遭到群眾的反對，而發展經濟是鄧小平最為得意的拿手好戲。從撤掉趙紫陽之後，他就一再強調改革開放絕對不能放棄，經濟改革一定要繼續發展，十三大報告一個字都不能改……只有放棄保守的經濟政策，才能避免重蹈蘇聯和東歐的覆轍。

對於新班底，鄧小平開始是好言相勸。一九九〇年一月，鄧小平到上海，見到時任上海市委書記兼市長的朱鎔基，談浦東新區的開發。上海從來都是中國現代經濟的龍頭老大，在商業、金融、工業方面都具有巨大的能量，而占地五百平方公里的浦東地區，靠近地理位置優越的長江入海口，早年的孫中山就曾經打算在此建立一個大的港口。一九八四年，上海就列入了沿海十四個開發城市，可是被陳雲死死按住，一直不得施展。大約是一九八七年，上海的市委書記兼市長汪道涵介紹美籍華人林同炎[366]到北京來找趙紫陽，提出能否以把浦東租給

366 林同炎（一九一二～二〇〇三）：華裔美國工程專家。美國工程科學院院士。林同炎國際公司董事長。

外商，時間三十年到五十年，並要求有轉讓的權利，以便向銀行抵押貸款。趙紫陽問需要什麼條件？回答說不需要特區那樣的條件，只要像閔行經濟區那樣就行了。趙紫陽很有興趣，覺得更優惠一些，接近於特區的條件也可以考慮，就讓汪道涵負責這件事，還把與陳雲有些來往陳國棟[367]拉進來——他的話陳雲也容易聽得進去。趙紫陽在位時曾經向陳雲談過此事，陳雲沒有表態。也向鄧小平說過，鄧非常贊成，說這樣好的事，要趕快搞。但趙紫陽感到兩個老人的意見不完全一致，就放一放吧。這一放就是五年。

趙紫陽如同揮之不去的影子，在鄧小平周圍遊蕩。

鑑於鄧小平五年前就催促上海的開放，所以鄧小平的感慨是有根由的。他說一九七九年開放全國四個經濟特區的時候沒有開放上海，是他犯的一個錯誤；還說浦東新區的開放晚了整整五年，如果要早一點起步更好。鄧小平還直截了當地「希望上海人思想更解放一點，膽子更大一點，步子更快一點」。回到北京之後，他對總理李鵬說：「我已經退休了，但有一件事還是要給你講一講，你要多關心一下上海浦東的發展。」兩周以後，鄧小平把李鵬、江澤民和楊尚昆叫來，對他們講國際和國內局勢：人民現在為什麼擁護我們？就是這十年有發展⋯⋯假設我們有五年不發展，或者是低速度發展，例如百分之四、百分之五，甚至百分之二、百分之三，會發生什麼影響？這不只是經濟問題，實際上是個政治問題。要用宏觀戰略的眼光分析問題，拿出具體措施⋯⋯要研究一下哪些地方條件更好，可以更廣大地開源。比如抓上

367　陳國棟（一九一一～二〇〇五）：江西南昌人。一九七九年任中共上海市委第一書記；一九八五年至一九九二年任中共上海市顧問委員會主任。

海，就是一個大措施。上海是我們的王牌。[368]

可是那個時候的江澤民和李鵬，跟在陳雲後面亦步亦趨，特別是江澤民，知道陳雲什麼意思，也知道趙紫陽與此事的關係，對於鄧小平的這些話，沒有理睬。鄧小平對於陳雲顯然已經很不耐煩，於是對上海發起了強攻。一九九一年的一月，他再度去了上海，待了二十二天，其目的不僅僅是為了避開北京寒冷的冬天，更是為經濟增長點火。他強調開發浦東不但對上海，而且對整個長江流域都很重要。金融是現代經濟的核心，中國想在金融領域獲得國際地位，全國都得依靠上海。鄧小平還說：改革開放邁不開步子，不敢闖，說來說去就是怕資本主義的東西多了，走了資本主義道路。要害是姓「資」還是姓「社」的問題。中國要警惕右，但主要是防止「左」……把改革開放說成是引進和發展資本主義，認為和平演變的主要危險來自經濟領域，這些就是「左」。[369]

鄧小平的講話精神，既沒有出現在他與楊尚昆、李先念一起給上海官員拜年的新聞中，也沒有出現在北京的《人民日報》上。可是在他回到北京半個月之後，上海《解放日報》接連登載了四篇署名「黃浦平」的系列文章。文章明確指出：要推進改革，實行市場經濟。要突破任何一種僵滯的思維方式的束縛，敢冒風險，敢為天下先，走前人沒有走過的路。如果我們仍舊囿於姓社還是姓資的詰難，那就只能坐失良機……這組文章的支持者是朱鎔基，而朱鎔基背後是鄧小平。可是只有極少數人知道這個背景，以至於文章一出，論戰應聲而起。中宣

368《鄧小平文選》，第三卷。
369《鄧小平文選》，第三卷。

部組織《人民日報》和《光明日報》針鋒相對進行反駁。《人民日報》的社論《堅持人民民主專政，反對和防止和平演變》，認為目前全國人民面臨著「雙重任務——階級鬥爭與全面建設。只有正確估量和進行階級鬥爭，才能保證現代化建設事業的社會主義性質和方向。」

對於朱鎔基，這裡多說一句：他也是趙紫陽發掘的人才。當初上海市委書記芮杏文調中央，江澤民接任書記，市長空缺。趙紫陽在會上推薦國家經委副主任朱鎔基。有人認為朱鎔基和江澤民合不來，趙紫陽放重語氣說：中國只有一個上海，上海需要振興，不能萎縮，配備上海市長，該找個敢作敢為的人，不能把合不合得來放在第一位。團結是重要的。可以提醒他們注意。會議通過之後，趙紫陽還專門向鄧小平推薦並得到正式認可。370

一九九一年十月，一直無條件支持鄧小平的楊尚昆借紀念辛亥革命八十周年之際，支持更加大膽地實行改革開放。「左王」鄧力群緊接著在十月二十三日的《人民日報》上撰文警告：（目前）階級鬥爭很尖銳，存在著「和平演變」的危險。到一九九一年的十一月，李鵬上海南浦大橋通車儀式上公開批評「黃浦平」的文章，認為這是「讓人錯誤地以為北京的政治氣氛發生了變化」。

鄧小平離開上海一個多月之後，敢作敢為的朱鎔基在四月召開的七屆人大四次會議上被補選為國務院副總理。李鵬知道這是鄧小平企圖用朱鎔基來替代自己，感到了壓力，但是他靠著強硬的後台頂住了壓力，使得朱鎔基孤掌難鳴。

370 鮑彤《他就是趙紫陽》。

絕地反擊

這些動作，顯然都大大出乎鄧小平的預料，自以為立下了萬世功德的鄧小平，結果不但背負了萬世罵名，還一步一步落進了對方設立的陷阱，自作自受地成為「六四」之後最大的失敗者。那段時間，他在在家裡生悶氣，戒了幾年的煙又抽上了，夫人卓琳好言相勸，他卻大發脾氣：我連抽煙的自由都沒有了嗎?![371]

一九九〇年六月二十一日，十三屆四中全會撤銷趙紫陽一切黨內職務一周年，審查組長王任重向趙紫陽宣布結論：罪錯「三十條」。趙紫陽駁回了二十一條。

鄧小平表態：到此為止。

經歷了「文革」大起大落的鄧小平，知道「羅織罪名」的含義。所謂的「三十條」就是李鵬他們挖空心思羅織的，是經不起推敲也經不起歷史考驗的，難怪趙紫陽認為別說其中那些牽強附會、胡攪蠻纏的條款，就算全部都是真的，也戴不上「支持動亂」和「分裂黨」這樣的大帽子，所以趙紫陽絕對不會認錯，再糾纏下去沒有意義。

這些年來坊間流傳著一個故事：也就在這段時間，鄧小平兩次派人給趙紫陽傳話，說是只要趙紫陽對「六四」有個明確的表態，與中央保持一致，他就可以重新出來工作，什麼職務都可以考慮。可是趙紫陽兩次都拒絕了。

對於這個傳言，鮑彤說他相信。其原因不僅僅是因為鄧小平要繼續他的經濟改革已經手

371 阮銘《鄧小平帝國三十年》。

中無人，更可能因為此時中國的經濟狀況非常糟糕：

陳雲等人從一九八八年「價格闖關」之後就奪得了經濟政策的決策權，他們認為只要除去趙紫陽的經濟政策，實施治理整頓的方針，就會讓中國的經濟穩定發展。可是沒有想到的是：一是趙紫陽十年改革已經形成體系，深入各個領域也深入了人心；二是遇到地方大員們的堅決抵制，不過兩年就陷入了困境。一九八九年GDP增長率從上年度的十一．三％降至四．一八％，一九九〇年降至三．八％。一九九〇年開始，在姚依林的主導下，政府對企業信貸全面緊縮，企業流動資金非常緊張；同時和嚴格控制國有企業的投資，加上「六四」以後外資減少，讓整個中國經濟形勢惡化，消費疲軟，企業庫存倍增，製造業衰退，就業困難。一九九〇年，全國十幾萬家國有企業銷售收入超過一萬億多人民幣，但是利潤加在一起只有三百八十八億，同時企業的虧損達到三百四十九億，利潤幾乎是零。這說明大部分企業都處於虧損的邊緣。

由於財政赤字占比數目巨大，虧損的國有企業又沒有錢歸還貸款，銀行二十％以上的貸款成為壞帳，一九九一年底，四大銀行的壞帳已經累計到四千三百多億人民幣。但是當時銀行的壞帳準備金幾乎是零，四大銀行的自由資本只有一千五百多億，把全部自由資本拿出來墊付壞賬也不夠。銀行已經嚴重地資不抵債，一旦出現了擠兌，整個金融機構就可能垮下來。當局想了各種辦法也無法把經濟拉出來。[372]陳雲和姚依林對此顯然束手無策，而且這次既沒有鄧小平的責任，更沒有趙紫陽的罪過。

鄧小平眼看辛苦了十年的成就就要毀於一旦，自己卻束手無策，身邊無人，這樣的時候，

372 阮銘《鄧小平帝國三十年》。

他說不定會想到趙紫陽。無論是胡耀邦，還是趙紫陽，從根本上對於自己都是尊重的，即使有不同看法，也會對他說明原委，盡力爭取他的支持，哪會像江澤民這樣忘恩負義，像李鵬這樣大膽妄為。再說被索羅斯譽為「世界上最好的經濟學家」趙紫陽，搞經濟的能力豈是李鵬等人能夠望其項背，只要他稍微懂點事，給鄧小平一個台階下，說不定鄧小平真的會扶持他重新出山，重振旗鼓。

可是「鄧小平二請趙紫陽」的傳說，史家大都沒有採信。首先是未得到兩個當事人的承認，比如鄧小平的年譜和傳記，趙紫陽的回憶錄，以及趙紫陽對摯友宗鳳鳴、杜導正等人的談話紀要等等。第二，也不符合鄧小平的性格。想當初，鄧小平在「六四」鎮壓的問題上，在拿下趙紫陽的時候是何等的斬釘截鐵，之後又是何等的堅持。用「六四」大屠殺「換來穩定和發展」，成了鄧小平晚年最堅定的選擇，面對的局面愈是險惡，他愈是需要自我肯定。一九九一年八月二十日，蘇聯發生八月政變的第二天，鄧小平把江澤民、楊尚昆、李鵬、錢其琛找到家中談話，說：「中國局勢穩定，一個是處理一九八九年那場動亂時一點也不動搖，再一個是堅持改革開放。我們把工作重心放在經濟建設上，沒有丟馬克思，沒有丟列寧，也沒有丟毛澤東，老祖宗不能丟啊！」鄧小平還對外宣布：「以後遇到動亂的事，我們還要戒嚴。這不會損害別人，不會損害任何國家，這是中國的內政。」鄧小平反復強調：「兩個總書記都沒有站住，他們在根本問題上，就是在堅持四項基本原則的問題上犯了錯誤，栽了跟頭。四個堅持的對立面是資產階級自由化。堅持四項基本原則，反對資產階級自由化，這些年來每年我都講多次，但他們沒有執行。」直到一九九二年南巡講話，鄧小平還是這樣講：「帝國主義搞和平演變，把希望寄託在我們以後的幾代人身上。中國要出問題，還是出在共產黨內部，對這個問題要清醒。文化大革命結束，我出來後，就注意這個問題。我們發現靠我們這老一代解決不了長治久安的問題，於是我們推薦別的人，真正要找第三代。但是沒有解決問題。兩個人都失敗了（指胡耀邦和趙紫陽），而且不是在經濟上出問題，都是在反對資產階級自由化的問題上栽跟頭。這就不能讓了。」

鄧小平的立場很清楚：「經濟上出問題」，反對改革開放，提倡「鳥籠計畫」，都能讓，哪怕是一時的忍讓；唯獨「反對資產階級自由化」出了問題不能讓。因為這是「帝國主義搞和平演變」和國家「長治久安」的大問題。所以他對陳雲，對姚依林，對鄧力群能讓，唯獨對胡耀邦、對趙紫陽不能讓！對第三代不能讓，對「以後的幾代」也不能讓。這是鄧小平的「政治交代」。胡耀邦和趙紫陽，特別是堅決不做檢討的趙紫陽，是鄧小平和他的繼承者們永遠的禁忌，必須在歷史上抹得一乾二淨。

鄧小平心裡也明鏡似的：趙紫陽肯定不會同意再度出山。這不僅僅是因為趙紫陽在「六四」問題上堅持不認錯，還因為經過梳篦似的大清查，跟隨趙紫陽的人跑的跑，抓的抓，撤的撤，已經蕩然無存，其中很多是他鄧小平也很欣賞，甚至一手提拔的人物，比如胡啟立、閻明復，許家屯、梁湘……如果趙紫陽同意出山，到哪裡去召集人馬？如果真的要把這些人召集回來，他鄧小平的臉往哪兒放？他對全國人民、對國際社會如何交代？江澤民、李鵬、姚依林等等一干人又放到什麼地方去？再說了，槍聲還未遠去，血跡歷歷在目，那些劫後餘生的精英們還會回來嗎？就算回來了，深仇大恨何以為報?!

國難思良將，板蕩識忠臣。在這樣的時候，鄧小平對於趙紫陽的情感可能會很複雜，很糾結，還可能在夜深人靜之際，發出深深的歎息。在接下來的「南巡」的第一站——湖南漢口火車站專列會見室，鄧小平對湖北省委書記關廣富講話的原稿中有這樣一段話：

你拿出筆來記下我的話。我有幾點意見請你轉告北京……以前的兩任總書記抓改革開放還是有功的，一九八三年到一九八八年的經濟發展很快，打下了很好的基礎。沒有那五年的經濟大發展，你（指陳雲派）這幾年的治理整頓也搞不下去。對胡耀邦、趙紫陽在經濟工作上的成績還是應該肯定。他們只是在反自由化上出了點問題，但對他們的工作和成績，不能一概否定。

這些話很快就傳到了趙紫陽的耳朵裡[373]，當然在傳達時都被刪掉了。

可是即使這個傳聞是真的，從來不認錯鄧小平也不大可能召回趙紫陽，更不可能一次不行再去第二次。那只能是人們的期盼。

一九九二年一月十二日，鄧力群在北京發表重頭文章〈學習毛澤東，做堅定革命者〉，文中寫道：「老一輩革命家王震說得好，戰場上當我們遇到困難的時候，對方也困難，甚至比我們還困難，只要我們堅持下去，就是勝利。」鄧力群還強調，陳雲提出重新學習毛澤東哲學著作，加強黨的建設。

鄧小平坐不住了。再說年底將會召開十四大，很多問題必須在十四大前解決。一月十七日下午，他帶領全家十七口人乘專列南下「度假」，開始了著名的「九二南巡」。

鄧小平南巡中最重要的一句話是：「誰不改革誰下台。」至今很多人認為，這是挾持軍方

373 林雪採訪趙五軍。

的楊尚昆和政界的喬石在南方重新組織班子，劍指忘恩負義的江澤民，要逼他下台。這個說事實與坊間傳說互相應徵：田紀雲在中央黨校發表支持鄧小平改革方針的講話，敲山震虎，引起萬里在內的改革派極度興奮，也引起江澤民和李鵬的恐懼，兩個人都通過各種途徑向鄧告饒。但是最後起作用的，恐怕是為江澤民遊說的曾慶紅。

曾慶紅勸告鄧小平的內容眾說紛紜，其一是已經拿下兩個總書記了，再要撤了江澤民，說不過去，無法向輿論交代。其二就是說楊尚昆的壞話，加上江澤民和李鵬態度謙恭，一再認錯，最後鄧小平終於放過他們一馬。

至於年初準備拿出來威脅江澤民的喬石啊、田紀雲啊、李瑞環啊，雖然還留在位置上，在鄧小平看來已是無足輕重——因為他們畢竟與趙紫陽有著千絲萬縷的聯繫，也就意味這可能對於「六四」還保留著自己的看法。就如毛澤東最大的心病是怕百年之後有人反對「文革」一樣，日後為「六四」翻案也是鄧小平最大的心病。而與「六四」綑綁在一起的趙紫陽，一直是他晚年揮之不去的噩夢。

鄧小平的大兒子鄧樸方在「六四」之後對於趙紫陽曾經有過這樣的評價：若論才氣，全黨誰都比不上趙紫陽，但是他太自私，太看重自己的清譽。[374]

鄧樸方是個明白人，對人對事都看得很深透。當他爹還在唱高調的時候，他就看出「一部分人先富起來」就是誰有本事就撈一把，然後國家承認[375]。當全國上下都在為改革開放的藍

374 戴晴《鄧小平在一九八九》。
375 陳一諮《陳一諮回憶錄》。

圖興奮的時候，他就看到了伊朗改革先驅巴列維國王的悲劇。如果不考慮他的特殊背景，他對趙紫陽的這段評價可以作兩種解釋。一是出於對整個「六四」民運的同情，認為趙紫陽不應該顧及「叛臣」的惡名，應該在關鍵時刻高舉起反叛的大旗，成為代替元老派的新領袖，讓中國從此走向新的未來。這等於鼓勵趙紫陽去造他爹的反，所以是不可能的。那麼就是另外一種解釋：趙紫陽不應該在鄧小平面前那麼強硬，他可以像楊尚昆那樣先應承下來，參與那個背負萬人罵名的「六四」屠殺，達到「留得青山在」的目的，然後再伺機實行漸進性改革。這也是很多人事後對於趙紫陽的惋惜。

如果真是這樣，趙紫陽的結果，可以參考楊尚昆兄弟的最後下場。

楊尚昆是鄧小平的密友，一九二六年入黨，一九三二年與鄧小平在上海認識，然後在中央蘇區共事，到一九九二年，兩個人已經有六十年的友誼，以至於鄧小平的女兒叫他「楊尚昆爸爸」。一九八〇年鄧小平確定鄧胡趙班底時，楊尚昆從廣州市委第一書記兼任廣東軍區第一政委、黨委第一書記任上調來北京，被補選為第五屆全國人大常委會副委員長兼任祕書長。而後他扶搖直上，到「六四」前已經是中華人民共和國主席兼軍委祕書長，成為鄧小平的近臣，就連趙紫陽這個中共中央總書記要見鄧小平，也要通過他去聯繫。楊尚昆在學潮中一直是趙紫陽的支持者。「六四」之前陳希同說只要給他五萬軍隊，可以馬上把廣場的學生鎮壓下去，楊尚昆當場斷喝：「首都戒嚴，如何向全世界交待？」後來看到鄧小平決心已定，楊尚昆又心急火燎地勸趙紫陽「低頭認錯」，以及「六四」後在在很多事情上對困境中的改革派（如許家屯）暗通款曲的表現上看，他未必就沒有「留得青山在不怕沒柴燒」的打算。可是楊尚昆隨後看著鄧小平的臉色不斷轉變態度，最後成為鄧小平的幫兇、「六四」鎮壓的前線指揮者，以後又參與了大清洗，雖然遭受無數罵名，處境尷尬，但是保持了鄧小平對自己的信任和重用。一九九二年鄧小平以「南巡」威逼江澤民，美國傳媒甚至預測隨駕的楊尚昆可能「接過鄧小平的斗篷」，可見他和喬石一樣，在鄧小平天平上是有分量的。但是萬萬沒有想到的是，一九九二年底鄧小平在中共十四大上確定江澤民的地位之後，在沒有任何思想準備的情況下，楊尚昆就被罷免了中共中央政治局委員、中央軍委第一副主席職務。同時被罷免的，還有他弟弟楊白冰的中央軍委祕書長兼總政治部主任職務。當時鄧小平走出會場準備回家，楊尚昆等人一直把他送到電梯口。鄧小平站住了，對楊尚昆說：你要想得開！楊尚昆連著說了兩遍：想得開，想得開。這還不算完：在五個月之後召開的第八屆全國人民代表大會上，鄧小平把楊尚昆的最後一個位置——中華人民共和國主席，也給了江澤民。

對於楊家兄弟突然遭到貶黜，傳聞很多。有說是因為這年八月鄧小平中風住院，楊白冰召開軍委擴大會議商討十四大軍隊人事安排，開列出擬提拔的一百名中高級將領名單，被認為企圖在軍內徹底替換「老爺子」人馬，要篡黨奪權。還有人說是因為楊尚昆在會上說「『六四』這麼大的事情，只有鄧小平能夠拍板」，這話很快傳到了鄧小平那裡，被認為楊尚昆有「出賣」自己之嫌。更有人往事重提，認為鄧小平心胸狹隘，最忌諱別人的聲望。當初他罷免胡耀邦的時候大發脾氣：你總覺得我妨礙了你！你老想樹立自己的形象！[376]這一條成為生活會上批判胡耀邦的重點，可見鄧小平是多麼介意。後來諾獎經濟學獎獲得者傅利曼訪問趙紫陽，當面認為只有高中學歷的趙紫陽「本質上是教授」，這個說法對於基本上不讀書的鄧小平肯定是個

376 劉宗文《胡耀邦對鄧小平很畏懼》。

刺激；而這次美國記者認為楊尚昆「將接過鄧小平的斗篷」又犯了同樣的忌諱。

不過更主要的說法是，鄧小平在「南巡」時發現江澤民在軍隊中沒有威信，要替他掃清障礙。可是既然沒有威信，就需要軍隊扶持，鄧小平為什麼要撤下楊尚昆，去安排資歷遠不如他且也是七老八十的劉華清和張震呢？據說那是因為這兩個人老實，沒有野心。這麼說來，楊尚昆是不老實或者是有野心了？他那「留得青山在」的心思讓鄧小平起了戒心？

看來曾慶紅的私房話，對鄧小平拿下楊尚昆起了作用。

願意放棄自由來換得保障的人，既得不到自由，也得不到保障。楊尚昆的境遇，便是哈耶克這句話的註腳。

看看楊尚昆的結局，再來看鄧樸方評價趙紫陽的那段話，發現他也沒有看清楚自己的父親。除了善用韜晦之計，鄧小平還是個寡情薄義的人，是用人朝前不用人朝後的人，是拿自己的部下當工具的人，也是操縱欲望極強卻不想承擔責任的人。即使趙紫陽不「自私」不「愛惜自己的清譽」，歸順到鄧小平的麾下去做鎮壓學生的幫兇，他這種老是想搞「自由化」而且犯有「前科」的人物，雖然有才華卻在關鍵問題上跟自己不是一條心的人，能夠讓鄧小平放心？一旦有了可以替換的人選，楊尚昆的下場會照樣複製。

邪惡太了解善良，而善良的人絲毫不了解邪惡，總是把人往好處想。趙紫陽對於鄧小平亦是。他對於鄧小平的評價是：革命家、改革派、現實主義者，又是當前中共利益的堅定的維護者。雖然他一九五七年主管抓「右派」打擊知識分子，文革後堅持「四項基本原則」，不容忍對黨不利的言行，以至於反對精神污染，反自由化，直至「六四」開槍鎮壓民眾……可是鄧小平確實是個偉大的人物。比如「大饑荒」時期他認識到了毛主席的錯誤，和劉少奇一起對毛澤東陽奉陰違，推行「三自一包」。文革中他被打倒，對毛主席保證「永不翻案」，復出後實際上卻搞了全面翻案，為了人民為了國家敢於跟領袖對著幹，有骨氣。文革結束時，國家經濟瀕臨崩潰，幹部們卻從上到下背著馬列主義毛澤東思想這樣沉重的包袱，寸步難行。中國必須改革，可是誰敢身先士卒？華國鋒、葉劍英、陳雲、李先念都不行，只有鄧小平集權威、權力、見識、魄力於一身，擔起了歷史的責任。作為中國經濟和政治改革的先行者，趙紫陽和胡耀邦在改革中是起了很大的作用，可是前提都是拉起鄧小平這張大旗作「虎皮」，沒有鄧老爺子的令箭，他們倆也是寸步難行。鄧小平對於趙紫陽的支持，不僅僅是在中南海，對於他在四川的改革成果也是大力肯定的。一九八二年鄧小平專門陪同朝鮮領導人金日成到成都，他在四川省和成都市召開的歡迎大會上說：四川是改革之鄉，因此，我曾經不止一次建議金日成主席來這裡看一看。鑑於這些原因，雖然最終還是被鄧小平貶黜，雖然趙紫陽可以分析鄧小平的局限，也可以分析他的弱點，但是在心底依然對他很敬重。

鄧小平去世的消息傳來，趙紫陽心情很沉重。中國改革的統帥鄧小平和他指揮的兩架馬車——胡耀邦和趙紫陽，在「文革」後萬馬齊喑的中國大地上曾經創造出多麼輝煌的局面。可是如今那兩個人都走了，只剩下他趙紫陽孤零零的一個人，眼睜睜地看著他們共同開創的改革大業，正在跛著腳蹣跚而行，前途堪憂，卻一點辦法也沒有。身在杭州的趙紫陽懷著一份很複雜的情感，只是想跟他敬重的鄧小平最後告個別，單獨告個別而已。趙紫陽是向當時的中共中央總書記江澤民提出這個請求的，可是江澤民辦公室打來電話說：鄧小平去世後不搞遺體告別儀式。不要他回北京。

全中國的人都可以在各地的分會場參加鄧小平的追悼會，很多人都可以去和他告別，可是五十多年前就受到鄧小平賞識的趙紫陽，卻不可以。這肯定讓他有些傷心。

不僅僅是鄧小平了，趙紫陽對於陳雲也是如此。陳雲曾經是黨內威信最高的經濟權威，三十年代就進入政治局，比鄧小平早了二十多年，在延安就開始管經濟。「大躍進」餓死了幾千萬農民，就是靠陳雲「調整」糧食、鋼鐵等生產指標，才得以收拾殘局。陳雲反對黨的瞎指揮，但不反對黨的領導。從政治上的一黨領導，到經濟上的全盤公有化計畫化，糧棉油的統購統銷，都是陳雲辛辛苦苦建立起來的制度。改革要改掉這一套，等於改掉陳雲自己，所以他拼命反對，這是他篤信的觀念所致，也是歷史所規定的。雖然趙紫陽在自己的回憶錄中對於陳雲也有實事求是的批判，但是對於陳雲本人的人品，特別是入主中南海之初對於自己的幫助，依然記在心裡。其中一件事情趙紫陽沒有寫入回憶錄，但是因為與「殺人」有關，他肯定印象深刻。那是趙紫陽剛剛入京，審判「四人幫」提上議事日程。據家人回憶，一天午飯時，趙紫陽心情沉重，夫人問什麼事，趙說江青還是要殺呀。夫人大驚，說怎麼能殺人啊?!趙說我反對，萬里反對，但是鄧執意要殺。鄧說：如果不殺江青和張春橋，中國的死刑就沒有意義了。此事很快被在家養病的陳雲知道了，也站出來反對，說了那句著名的話：黨內鬥爭不能開殺人的先例。於是江青和張春橋，撿回了一條命。[377]

一九九五年春天陳雲去世，趙紫陽心裡也是五味雜陳。他覺得陳雲是個值得尊敬的老人，向中辦提出要到陳家去弔唁。中辦當然不願意，又沒有什麼理由，就繞著彎子去與陳雲的家屬聯繫，想借家屬之口阻止，誰知道陳雲家屬表示同意，中辦沒辦法，只好直接告訴趙紫陽，

377 林雪採訪趙五軍。

說不方便。

趙紫陽的悲憫情懷，是那麼讓人溫暖，與那些抱著戰爭思維對人民殘忍和對同志薄情寡義的元老們形成對比，天淵之別。當然了，也有人認為這是是「婦人之仁」，這樣的人，肯定不適合做政治家。

鄧小平終於擊敗了對手，降服了江澤民，而後放心地駕鶴西去。他當年說過：「六四」會讓中國贏得二十年的穩定。如今二十年已經過去了，中國的經濟確實有了很大的發展，可是得來的收益大都被山頭林立的權貴利益集團收入囊中並向國外轉移，貧富分化空前擴大，整個社會亂象叢生。鄧小平一直強調的「維穩」思路也一直在持續加碼，不受監督的政治權利掌控著局面，官場政治生態迅速惡化，全國上下對於民主、自由、新聞改革、政治體制改革之類的提法噤若寒蟬，幹部中再也沒有出現過胡耀邦、趙紫陽之類的人物。看起來鄧小平成了最大的贏家。

可是鄧小平當初許下的許多諾言，規畫的宏偉藍圖，都已經於無形之中消弭。他說的「五十年不變」、「五十年以後更用不著變了」、「一百年不動搖」、「一個字都不能改」……結果全都面目全非。他說的「如果我們的政策導致兩極分化，我們就失敗了；如果產生了什麼新的資產階級，那我們就真是走了邪路了」[378]，這樣的話在他自己的兒女身上都成了笑談。甚至他最大的成功「以經濟建設為中心」，他諄諄教導後來者「韜光養晦」、「不要當頭」的外交策略，

378 鄧小平《一靠理想二靠紀律才能團結起來》，一九八五年。

他一再強調要與美國搞好關係的叮嚀囑咐，今天都在反其道而行之；他當初辛辛苦苦經營建立的「朋友遍天下」國際局面也蕩然無存。今天的中國，官腐民敗，豪奪巧取，世風日下，遍地冤獄，被全世界詬病。

對此趙紫陽有著清醒的認識。他在晚年說過：

鄧（小平）制定了刑不上大夫的規矩，又家長式地指定兩代接班人，接班人在上層沒有人事基礎，權威不夠，就要用特權腐敗來拉幫結派，掌控人事。你怎麼能指望他們徹底反腐呢？鄧種下了禍根，後人澆水施肥，搞到現在樹大根深，盤根錯節，後人想改也難。379

這也是趙紫陽為什麼一心要致力於政治體制改革的原因。

379 杜導正《趙紫陽還說過什麼——杜導正日記》。

第十二部分

秋葉靜美

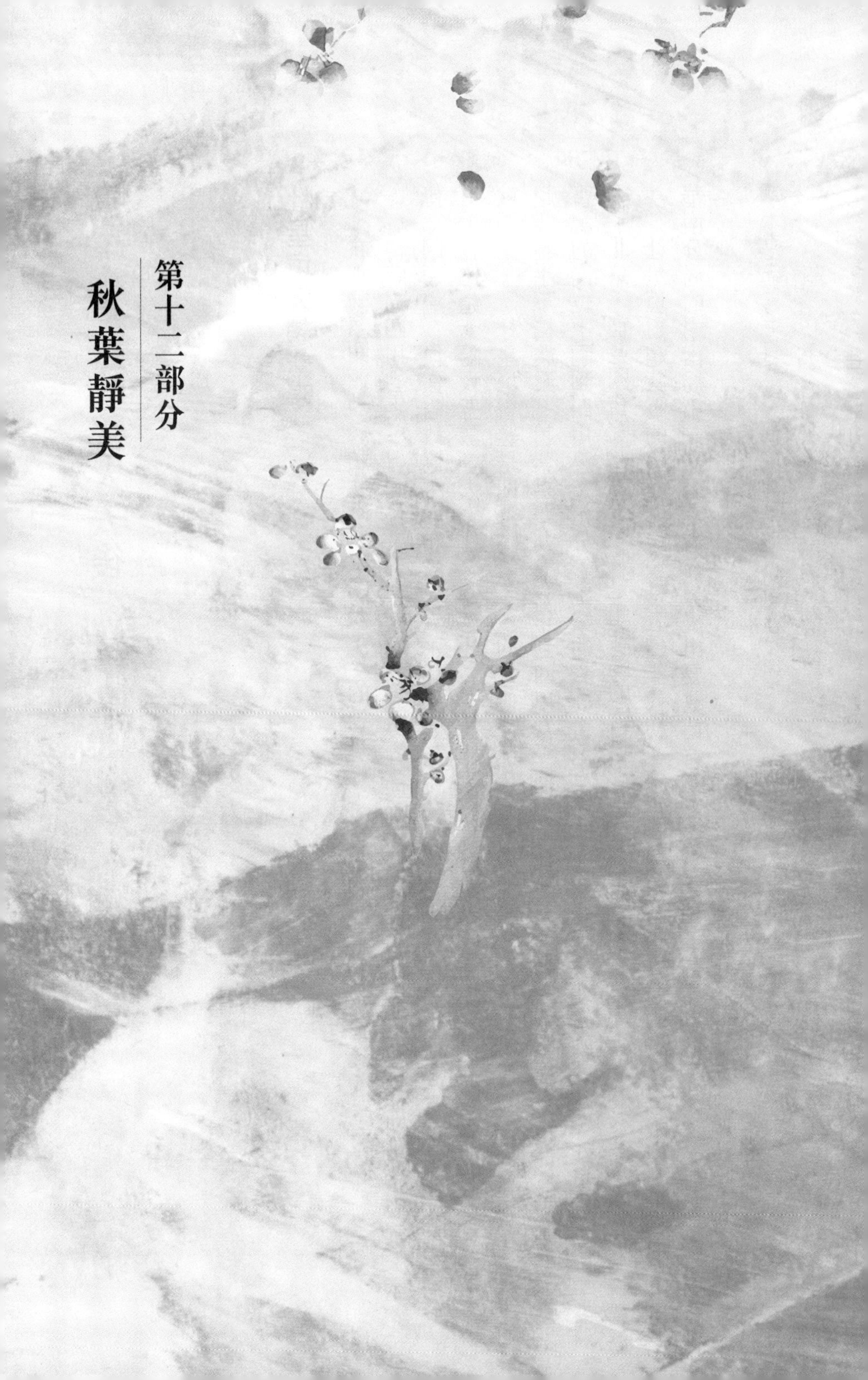

第三十四章　政聲人去後

杜星垣與趙紫陽[380]

在那緊要關頭，與趙紫陽共事了幾十年的杜星垣，一直和趙紫陽有聯繫。

當時的四川省委，有兩位音近字不同的領導幹部，一個叫杜心源，長期擔任四川省委宣傳部門領導，後任省政協主席和省人大主任，因為年齡大些，大家稱之為杜老；一個叫杜星垣，也比趙紫陽大五歲，大家稱之為老杜。老杜杜星垣和趙紫陽的關係，早在解放初的廣東就開始了：杜星垣曾經是四野陶鑄手下的宣傳部部長，到廣州後分管工業，他的夫人鐘錚在趙紫陽手下搞農業。趙紫陽一九七五年到四川當一把手，杜星垣一九七八年從水電部黨委副書記的崗位上調到四川，還是分管工業的省委書記；幾乎在趙紫陽去北京的同時，杜星垣也去了北京，官至國務院祕書長，又是趙紫陽的搭檔。

杜星垣對趙紫陽的第一印象，是五〇年代初在廣州召開的華南分局的一次會議上，主管華南分局的中南局第一書記李雪峰，提出要改造資本主義工業，可是杜星垣不同意。他認為

380 本章主要參考資料：李欲曉《九七老人的無盡思念》。

廣東的工業除了一個水泥廠之外基本都是私營的，改造私營企業是個大事情，得慢慢來，現在剛剛解放，當務之急是發展生產，只有發展私營經濟才能有財政收入。廣州市委書記、財委主任都反對杜星垣的意見。趙紫陽也參加了這次會議，可是他沒有表態，當時杜星垣就感到這個人有自己的思考，不是人云亦云。後來他常聽在趙紫陽手下工作的夫人鐘錚說，紫陽最基本的工作方法是深入基層調查研究，所以對許多問題都有自己獨立的看法。比如當初葉帥提出廣東土改要注意華僑的特殊性，保護華僑利益，趙也是贊成的，以至於最後中南局認為廣東土改「右傾」。一九五八年大躍進，廣東省長陳鬱提出要搞一百萬噸鋼，到北京要一千萬噸原材料，趙也沒表態，就是不支援。他是一個實事求是的人。

真正和趙紫陽共事，是一九七八年老杜調到四川擔任省革委會副主任以後。那時候四川的人均年收入只有八十六元，天府之國淪為乞丐之邦，吃起了國家的救濟糧。趙紫陽提出一靠政策二靠科學，很快農業就翻了身。接下來要發展經濟，要增加投入，但四川沒有錢。杜星垣和趙紫陽一起，讓工廠活起來，批准在部分國有大中型企業搞擴大自主權的試點，提出發展優勢，保護競爭，促進聯合。很快四川財政見效了，有錢了，最後連中央財政部長吳波都親自跑到四川來要錢。然後他們又一起做了一件大事：沒有經過中央，為取消已經成了空架子的人民公社做了很多工作，在廣漢縣和向陽公社開始籌畫改革公社體制的試點，到一九八〇年兩個人雖然進京了，但是廣漢向陽公社正式摘掉人民公社牌子，變成了向陽鄉，中國第一鄉，也是取得趙紫陽同意的。到了在國務院之後，杜星垣認為趙紫陽在經濟改革中最大膽的是取消統購統銷——當時李先念、陳雲都不同意。趙紫陽擔任總書記以後，在政治體制改革上也有許多想法，這些都得到了國務院祕書長杜星垣的理解和支持。

然後就到「六四」了。

一九八九年五月十七日在鄧小平家的政治局（擴大）會議上，趙紫陽反對把學生運動定性為反革命動亂，表示他無法執行軍事管制，後來他到天安門廣場去看望了學生，勸學生離開。五月十九日，他沒有出席宣布實行軍事戒嚴的大會，杜星垣知道這表明趙紫陽公開反對鄧小平的決策，按照中國的政壇慣例，他將離開領導集團，甚至會遭到嚴厲的處分。杜星垣給趙紫陽打了個電話勸他：《拿破崙傳》中有句話：歷史上偉人的最大悲劇就是不能收回成命。你能不能採取別的方式呢？你看「永不翻案」的人都翻了案嘛[381]！

他是希望趙紫陽能夠委婉一點，將就一點，不要把局面搞僵，先「留住青山」，以後的事情再說。但趙紫陽拒絕了。杜星垣清楚地記得趙紫陽當時的回答：如果是那樣，我今後必須不停地檢討。我無從檢討起。

趙紫陽後來多次談到這個問題。他說：這件事情不像別的，不像過去搞運動作檢討。過去搞運動我作過不少檢討。那時候認為毛主席是對的，自己可能有錯誤。包括「文革」，作檢討也是這樣。這一次我不這樣看。當然，這和「文革」後思想解放有關。我覺得自己沒有錯，何必檢討？一檢討就不能說明事實真相。[382]一九九一年七月，七十二歲趙紫陽對老朋友宗鳳鳴說：下台是我自我選擇，是全家開會同意的，我不願在歷史上留下一筆帳。[383]

381 「文革」中鄧小平曾經給毛澤東寫信，說對自己過去的錯誤「永不翻案」。可是一旦被毛澤東啟用就重新堅持自己的作法，拿毛澤東的話說就是「刮右傾翻案風」。
382 楊繼繩《中國當代名人政要訪談述評集——訪趙紫陽》。
383 宗鳳鳴《軟禁中的趙紫陽》。

多年來杜星垣對此感慨萬千：「他比我強，比我強啊！」

中國的形勢急轉直下，江澤民成了總書記。一天杜星垣在中南海遇到江，江澤民向曾經的老領導杜星垣承諾：對「六四」不會擴大打擊面，趙紫陽的問題可以解決。

再以後，趙紫陽被軟禁。不久杜星垣也正式離休。在對趙紫陽的審查結束後幾年間，杜星垣多次到富強胡同去看望過他，並且和杜導正等人一起商討趙紫陽寫回憶錄的事。後來因為趙紫陽在中共中央十五大召開之際給江澤民和政治局寫了那封著名的公開信，要求對「六四」重新評價，當局對他的管束加嚴，杜星垣不能去看望老朋友了，可是他仍通過各種方式表達對趙紫陽的關心和支持。二〇〇〇年杜星垣的夫人因病去世，在通知親友的名單上，杜家把趙紫陽的名字赫然列在第一位。辦事人員緊張地說：「這不合適吧？」杜星垣斬釘截鐵地說：「你們要是不准趙紫陽送花圈，喪事就不辦了！」

二〇〇四年十月十六日，生日前夕的趙紫陽已經病重，杜星垣不再向「上面」請示，徑直前往富強胡同給趙紫陽賀壽。到了富強胡同六號門口他下了汽車，警衛不讓他進，說是要打電話請示上級，九旬老人就站在門口等，一會兒警衛出來，告訴他「上面」不同意他進去。一堵院牆，咫尺天涯，把兩個生死相依的老朋友生生隔開。

年底，獲悉趙紫陽病重，杜星垣親自到上海、到廣東、又再返回上海去找江澤民。他終於在上海見到江澤民。江澤民直截了當地問：「你來找我，是不是為『六四』平反的事？十五大時趙寫了封信，我們一致認為不能接受。」杜星垣說：「我們先不說平反，你們天天說以人為本，趙紫陽是人，我也是人，為什麼我不能去看他？你不會忘了吧，當時對你有兩個安排：一個是去香港，一個是去上海。你希望去上海，給我打電話，後來是趙紫陽決定你到上海！」

下半句他沒說出來：你的發跡就是從這裡開始的！江澤民的臉紅了，結結巴巴地說：「我現在已經退下來了，你可以給胡錦濤打報告嘛！」

趙紫陽於一月十七日早晨七點一分去世，杜星垣聞訊一大早趕到富強胡同，成為第一個前去趙府悼念的人。舊物依然，卻是人去屋空，他只有在老友的書房嚎啕大哭。

後來杜星垣一直關注著趙紫陽喪事的進展。因為家屬堅持要「組織上」給趙紫陽寫個「生平」，「組織上」卻百般推脫，雙方僵持不下。一月二十二日下午，前《新華社》副社長李普的女兒李欲曉突然接到杜星垣的電話，讓到他家去。杜星垣對老朋友的女兒李欲曉說，他給所有的中央領導打電話，紅機子永遠說撥打的是空號。他找曾慶紅、找吳邦國、找黃菊、找吳官正……這些他的晚輩、他過去的部下，沒有一個人接聽他的電話！杜星垣說我昨晚想了一夜，你去告訴趙紫陽的子女，吞下這個苦果吧。他們幾個孩子是在和一個政權鬥爭，鬥不過的！那些人不會同意的。這等於是一個大大的讓步啊！

李欲曉反覆說：「子女們的要求合情合理、符合慣例而且並不過分，為什麼要退讓？」杜星垣說：「你還是不明白？誰和你講理呀？」老人說著老淚縱橫：「你們不懂，你們不懂……」老人喃喃地說：「他們還是要學他們的父親啊！」他站起來，跺著腳，雙手使勁捶打著自己的胸脯——那一刻，李欲曉第一次體會到什麼叫「捶胸頓足」，那是一個人在極度絕望、自責、力不從心時痛徹心扉的發洩啊！他心疼老友遲遲不能入殮，又無法給予家屬幫助，這對一個九旬老人是怎樣的折磨！欲曉站起來，摟著他削瘦的雙臂，摟著他顫抖的身體，任兩人的淚水無盡地流淌……

北京的這個一月，寒風怒號，把滾燙的心都吹得結了冰。

黎子流與趙紫陽[384]

「六四」以後，全國氛圍風聲鶴唳，黑雲壓境，可是廣東的幹部對於趙紫陽，從心底幾乎是一邊倒。時任江門市委書記的黎子流，是紫陽從基層提拔起來的幹部，雖然文化水準不高，但是在之前的順德和後來的江門都幹得很好，「六四」前夕打算要把他調到深圳去當市長，省委書記林若都已經和他談了話，說一共調了兩個人，還有一個是組織部長謝渠，馬上就發通知，可是「六四」發生了。作為省委委員，黎子流參加了省長林若和書記葉選平從北京回來召開的省委全會擴大會議，傳達中央關於趙紫陽問題的一系列「說法」。從頭到尾，他都沒有聽到鄧小平出來講話，只聽到那些「老一代革命家」一個個出來表態，講趙紫陽犯了什麼大錯誤，其中的兩句話記不得是薄一波還是李先念說的，印象非常深刻。一句是：趙紫陽同志一貫任用壞人打擊好人；第二句是：趙紫陽同志在國務院工作期間和當總書記期間，闖物價關，那是重大失誤，應該由他來負責。

黎子流忍不住了，在會上發言說：對趙紫陽同志的問題怎麼定性，由中央決定，我們作為共產黨員要服從，但是要我回去傳達這兩句話，我個人不同意。為什麼呢？「趙紫陽同志一貫任用壞人打擊好人」？這個結論是不是查過他趙紫陽的全部歷史，認定所有經過他和組織任用的幹部都是壞人？那是不是也包括我啊？他打擊了哪個好人呢？沒有名字；他又任用了哪些壞人啊？也沒有名字。他既然是「一貫」這樣做，怎麼又當上了國家總理和黨的總書記的呢？這個問題我自己都回答不了，也說服不了下面的黨員，如果傳達下去，很可能會起相反

384 本章主要參考資料：蔡文斌採訪黎子流。

的作用，所以這點我持保留意見。

至於第二句，「闖物價關」錯誤的事件我也講不清楚，就算有失誤，改革也是允許有失誤犯錯誤的，這是我的第一個觀點。第二個觀點，就算他當總理，他決策，可是他的周圍還有那麼多副總理，他們就不用負責嗎？再退一步講，即使那麼多副總理不用負責，可是他的背後還有鄧小平，鄧小平作為改革開放的總設計師，他也不用負責嗎？這個問題我也說不清楚，也很難傳達下去。

本來黎子流還有很多話要說，可是即使在省委內部會議上，也只能夠說到這個程度。他知道這些話都將記錄在案，而且會產生後果，可是他敢於負責，也很坦然——因為黨章上明文規定：全黨要服從中央，但是允許個人保留不同的意見。之所以自己要保留意見，是因為要遵循共產黨最根本的思想路線——實事求是，至於此番話會產生什麼樣的後果，以後要追究什麼責任，那就顧不上了。如果個個黨員都不敢直言，我們的黨哪能聽到真話呢？黨還有什麼真正的民主集中制呢？

中央果然派人來查省委的會議紀錄，黎子流去深圳的事情就此「泡湯」。江門市委一九八九年的年底開完黨代會，選舉了新的黨委，黎子流交班，變成了「待業青年」，兩三個月之後才把他調到廣東省特區辦，待了五個多月。可是黎子流他太有才了，是金子總是會發光，再說廣東的官場對於那個「事件」也都是心知肚明，不太當回事。到一九九〇年的五月，黎子流被陸續任命為廣州市副市長、代市長，市長，其時廣州的ＧＤＰ才三百七十五億元。到黎子流退休的一九九八年，這個數字已經增長到兩千六百億。

黎子流調到廣州當市長，就直接打電話到紫陽家，說我想來看看你。紫陽在電話那頭說，你現在還在位，不要來。一九九八年，黎子流正式辦理了退休手續，一九九九年就到北京去看他了。那次黎子流印象最深的，是紫陽心情還是很平靜，說了很多國際上的理論，比如權威主義等等。紫陽還說，能夠讓我去調查研究最好，可惜我不能來廣東，其他地方倒是可以走一走，但我也沒有權力去搞調查研究啊！黎子流問他，你在生活上有什麼需要，我們好幫到你。紫陽說哎呀，第一我最喜歡的是廣州的乳鴿；第二是西洋菜。黎子流聽了很難過，想不到一個當過總書記、當過總理的人，連這種生活上這點的小需求都不能解決，就說這樣吧，我們順德有人在北京開飯店，順豐飯店就是順德人開的嘛，我讓廣州辦事處每個禮拜定期給你送來。紫陽說不行，要算帳收錢。黎子流說錢可以收，你只要有需要，就打辦事處的電話。第二次去看他，聊到高爾夫球。黎子流問紫陽為什麼那麼喜歡高爾夫球？紫陽說第一，這項運動在野外能吸收大自然的空氣陽光，在所有運動當中這是種很好的運動，我特別喜歡。第二它是世界性的一種運動，也是高層間交往的一種形式。現在全世界的總統呀外交部長的聚會，肯定都要安排這個節目的。打球不但是交往，在球場中很多事情可以交談，會議上不能解決的問題可能在球場中能夠解決。我是國家領導人，打高爾夫球，代表了國家改革開放的形象。第三次去看紫陽，他身邊多了小狗「拉克」，這是女兒雁南為解寂寞之苦送給他的。那一次黎子流感覺他特別想來廣東，可惜來不了。

二〇〇五年一月十七日，趙紫陽因病在北京醫院逝世，享年八十五歲。當天五軍給黎子流通了個電話，說爸爸沒辦法了，肺纖維化。黎子流立即就找了珠海的梁廣大，說老梁，紫陽同志去世了，我們倆都退休了，是不是親自到他家去一趟呀！梁廣大也沒講其他，就說自己有事不能去。於是黎子流帶上祕書就去了北京，紫陽去世的第二天下午，黎子流就到他家門口，可是警衛不讓進，最後還是五軍出來，讓他晃了晃那張退休證進去的。靈堂設在紫陽的書房裡，黎子流去上了一炷香，哀悼，三鞠躬。五軍指著那邊兩個人，說香港的記者要採訪你，你可能不認識他們，他們可是認識你的。黎子流說我不能給你們家添麻煩。再說我也不知道要說什麼。我只是帶著悲傷的心情來送他最後一程。紫陽是我很敬重的領導幹部，我非常看重這份感情。[385]

楊析綜與趙紫陽[386]

一九七五年十月，趙紫陽入川沒幾天，就去了附近的郫縣農村了解情況，縣委書記楊析綜接到通知後，安排基層幹部和農村社員在田間地頭直接給趙書記彙報情況，讓趙紫陽第一次了解到「雙季稻」生產中的真實情況，以及農民群眾真正的意願。趙紫陽對於楊析綜的這次安排很滿意，也對這位一九四九年之前四川大學的大學生有了初步印象。一九七六年十月十八日晚，「四人幫」被抓捕的消息還未公開，趙紫陽按捺不住內心的激動打電話給楊析綜，請他立即召集郫縣縣委常委開會，趙紫陽在縣委常委會上親自通報了這一特大喜訊，由此可見趙紫陽對楊析綜的信任。一九七八年九月，中央黨校舉辦了「文革」後第一期中青年後備幹部培訓班，楊析綜被四川省委選派去學習，參加了中央黨校「真理標準」的大討論。一九七九年二月從中央黨校學習回來後，楊析綜調到溫江地委任分管農業的地委副書記，參與了趙紫陽在四川農村的全部改革過程。一九八二年以後他又任分管農業的四川省委副書記、省長。一九

385 蔡文彬採訪黎子流。
386 本章主要參考資料：郭曉黎《風雨故人情——記楊析綜與趙紫陽的改革開放情誼》。

八四年三月初，時任國務院總理的趙紫陽為了更好地完成黨的十二屆三中全會工作報告的準備工作，親率中央和國家機關有關經濟體制改革的主要負責人芮杏文、安志文、朱鎔基、遲海濱、鮑彤等人到四川和重慶、貴州、湖南進行考察和調研，歷時十五天。在四川的考察結束後，趙紫陽特別帶上省長楊析綜，讓他參加了之後考察工作的全過程，並列席了沿途的各種會議以及各項視察活動，此行中趙紫陽敏銳的目光和進退有度的智慧，給楊析綜留下了深刻的印象。

一九八五年十二月二十一日，時任河南省委書記的楊析綜正在天津學習，奉命登上了總理趙紫陽和副總理田紀雲的專列，到河南視察工作。趙紫陽在專列會議室召集隨行人員，就當時經濟體制改革中的許多重要問題展開了討論，楊析綜從中了解到他對中國經濟體制改革的確切思路。趙紫陽在視察中對楊析綜在河南的工作非常滿意，說「把河南建成小麥商品糧基地我很贊成」，還說「以你們為主，我們來幫忙」。一九八九年一月上旬，中共中央總書記趙紫陽又到河南，此時正值那場重大政治風暴即將到來前夕，針對當時社會上出現的一些亂像，趙紫陽認為其原因「除了改革本身出了一些問題，物價、分配不合理和廉政工作抓得不夠外，還有一個重要原因，即（群眾）對改革的思想準備不統一，準備不足，（其中）又主要是對改革的艱巨性、長期性認識不足，人們對改革實惠的期望值太高。」

作為執政者，趙紫陽在努力為民的同時，也看到了民眾中甚至知識分子中普遍的焦慮和短視，之前他說過的「端起碗吃肉，放下筷子罵娘」也是就此而言。三十多年過去了，回首看去，這些話不僅僅對於深度認識那場「風波」，甚至對於深度認識今天和今後的中國，依然還有意義。

也就是這次河南之行，楊析綜陪同趙紫陽去了鞏義縣一個叫竹林的村莊，對於那裡的多種經營和民風良善給予了表揚，還讓該村拖了很久的辦藥廠的手續得到了解決，為此竹林人大為感動，為總書記趙紫陽立了塊碑。「六四」以後河南省委書記楊析綜再到竹林村，支部書記趙明恩對他說：「有人要我們把記錄趙紫陽同志視察竹林村的石碑毀掉，怎麼辦？」楊析綜說：「那是記載的一段歷史和真情，碑你可以現在不用。趙紫陽同志還是一個共產黨員吧？」趙明恩記下了這段話，堅持不毀。以後江澤民和胡錦濤去河南時都視察了這個村子，他們都知道村子裡為趙紫陽立了碑，也沒有說什麼。趙明恩後來在竹林鎮南山上一塊新立的紀念碑上，仍然刻上了趙紫陽和楊析綜的名字，以示竹林村人民對他們的懷念和愛戴。

風波之後，河南有些人要楊析綜「說清楚」與趙紫陽的個人關係。楊析綜在一次黨的正式會議上，嚴肅地、認真地、明確地講到：「趙紫陽同志是黨中央的總書記，我是地方黨委的領導同志，我們之間只有黨的事業，為了人民的利益我們共同奮鬥，沒有任何個人的私利夾在其中。」其時有「中央領導」聽取楊析綜對於中央處理趙紫陽有什麼意見，楊析綜說：「趙紫陽同志在中央和地方工作是有能力的，希望中央領導同志再做一做紫陽同志的工作，讓他回到黨中央的立場上來。」

在如此嚴峻的形勢下，楊析綜沒有隨風變臉，而是用委婉地說出了自己對趙紫陽的尊重。

趙紫陽被幽禁之後，曾經三次回到四川休養。一九九四年他第一次回到成都，臨行前向「上面」提出一個要求，希望到成都後見兩個老同志，一個是過去和他搭班子的老省長魯大東，另一個就是楊析綜。剛剛從河南回到四川任人大常委會主任的楊析綜得知消息後，喜出望外，可見二人的情誼非同一般。以後趙紫陽每次回四川，楊析綜都要去他的住地看望。二〇〇五年一月初，趙紫陽病情加重，楊析綜通過各種管道向他的家人表示自己的擔憂和牽掛。一月十七日趙紫陽逝世。楊析綜從非官方管道得知這一噩耗之後，一直都在焦急等待黨組織能安排他進京參加弔唁活動，可是他失去了這最後的機會，成了終身的憾事。

二〇〇七年七月二十一日，楊析綜因病去世，趙紫陽的女兒王雁南代表全家，到成都參加了他的遺體告別儀式。

楊析綜對於趙紫陽的評價是：他是中國經濟改革中「摸著石頭過河」的那只重要的手。

楊汝岱與趙紫陽

同樣是趙紫陽在四川培養起來的幹部，同樣是在「六四」以後，有人對趙紫陽的態度，就有些不同。

比如楊汝岱。

趙紫陽入川之際，楊汝岱已經擔任四年多的仁壽縣委書記，因為常常穿著草鞋下基層，走遍了全縣每一個公社，被群眾稱為「草鞋書記」。他之所以引起了趙紫陽的注意，一是在全省強制栽種「雙季稻」的情況下，他根據仁壽的實際情況沒有推廣；二是在「文革」那樣的環境下，為了解決仁壽「十年九旱，水貴如油」的狀況，他決定修建了全省第一座大型引蓄灌溉工程——黑龍灘水庫。這個水庫蓄水三．六億立方，解決了仁壽和毗鄰的井研縣一萬多畝稻田的水利灌溉，上百萬人口的生活生產用水有了保障，這在全川的縣委書記中鳳毛麟角。趙紫陽在四川抓農業，需要樹立一個肯幹事，講實際的幹部，楊汝岱各方面的條件都不錯，弱點是文化水準不高，處理全面事務的能力不強。為此趙紫陽時常把他帶在身邊，包括出國考察，以便言傳身教。草鞋書記楊汝岱，跟著省委書記趙紫陽打開了多大的眼界，學到了多少東西。

趙紫陽入川不到兩年，楊汝岱被提為樂山地委書記，九個月後任四川省副省長，省委常委，主管農業。一九八二年下半年，四川省委書記譚啟龍和副書記魯大東聯名向中央寫了報告，提出自己年齡大了，希望退下來，讓更年輕的同志到第一線工作，並推薦了楊汝岱為省委第一書記。中央組織部徵求趙紫陽的意見，趙認為楊汝岱作為分管農業的書記是不錯的，但四川是個大省，做一把手不合適。後來胡耀邦告訴他，現在沒有更合適的人選，先讓楊汝岱同志做一段再說吧。趙紫陽尊重了這個意見。於是楊汝岱被提為四川省委書記，一把手。從縣委書記到省委書記，楊汝岱只經歷了短短四年多時間。四川幹部和群眾公認趙紫陽是一九四九年以來最好的省委書記，對於能力不足的楊汝岱坐上這把交椅自然是議論多多。

「六四」之後，批判趙紫陽的運動在全國開展，他工作過的四川是重點。楊汝岱去北京參加批判趙紫陽的會議回來，直接就去了都江堰，那裡正在召開胡耀邦提倡的一年一次的地市領導幹部會議。這個會議馬上被改成省委擴大會，就傳達在北京開會的內容。楊汝岱在傳達中，極力想撇清自己和趙紫陽的關係，很積極地批趙紫陽，說趙紫陽在四川沒有幹什麼好事，執行的是錯誤路線，還說趙紫陽根本就不懂農業云云。

楊汝岱的發言被整理成簡報，送到了趙紫陽的手裡。祕書李樹橋讀給趙紫陽聽，他聽了以後以後淡然一笑，說我們這個黨，就是這個樣子！意思是只要你下台，就是牆倒眾人推。

可是在都江堰參加會議的地委和市委的書記們生氣了。他們本來就對處理趙紫陽的事情想不通，聽了楊汝岱的「批判」更是氣不打一處來，怪話連篇，議論紛紛：

你楊汝岱說趙紫陽他不懂農業？依據是什麼？水溫、地溫、氣溫，你楊汝岱懂嗎？改造下濕田你楊汝岱懂嗎？這些都是紫陽書記來說了我們才知道的。紫陽書記講的農業一靠政策，二靠科技，特別重視農業技術，重視基礎設施，全中國的省委書記比趙紫陽還懂農業的真的不多，所以我們對他都很佩服。而你楊汝岱，是什麼文化水準？沒有紫陽書記的提攜幫助，你能有今天？你還看不起趙紫陽！

時任綿陽地委副書記的趙文定回去以後，對楊汝岱的講話就沒有傳達。有的縣委書記從別的地方聽到了，問他為什麼不傳達，他說我該傳達的我傳達，不該傳達的我就不傳達。那些連我的思想上都通不過，不符合實際的東西怎麼傳達？我怎麼能夠說那樣違背天良的話？後來楊汝岱到綿陽來，要請地委的同志們吃飯，趙文定當即就說我不去。問他為什麼不去，他說覺得楊汝岱這個人人品不好，不情願去。

直到現在，這批人湊在一起，還會說到紫陽書記，說他當初在四川帶領大家搞改革的事情。他們對這個四川最好的省委書記，一直都深懷敬佩之情。

批判趙紫陽的事情讓楊汝岱很尷尬，再說他的確在心底崇拜趙紫陽，感謝趙紫陽，於是在「批趙」問題上改變了態度，甚至在一些場合對趙紫陽在四川的工作做了肯定。據說四川省長張皓若就到中央去告了狀，說楊汝岱不但不發動群眾幹部批趙紫陽，還給趙紫陽「塗脂抹粉」。[387]

又過了些時候，風聲鬆動了一些，楊汝岱去北京開會，給趙紫陽打電話，說紫陽同志啊，什麼時候我來看下你。趙紫陽說：汝岱同志，你現在來看我不是時候。

都說紫陽真會說話。[388]

387 蔡文彬主編《趙紫陽在四川（一九七五～一九八〇）》，香港新世紀出版社二〇一一年版。

388 蔡文彬採訪趙文定，〈改田引水惠綿陽〉。

好多年以後，楊汝岱到北京任全國政協副主席。二〇一〇年，趙紫陽去世五年以後，楊汝岱在《炎黃春秋》上發表了一篇長文，如實地回憶趙紫陽在四川改革中所起的作用，算是對那次中高壓下「失言」的一種補救。[389]

古人云：君子不立於危牆之下。出於人性自身的弱點，這樣的「失言」在一九四九年以後的中國很常見，所以趙紫陽知道後不過一笑置之。他還讓祕書李樹橋給可能受到壓力的同志捎話：在必須批評他的時候，該應付也要應付一下，你們在台上比那些極左派在台上對老百姓要好一些。

趙紫陽的這個態度，和當年的鄧小平同出一轍。

可是趙紫陽也不是那種什麼事情都不放在心上的人。對於楊汝岱的那次發言簡報，他還是有點在意的。

趙紫陽被幽禁之後，不能回到工作多年的廣東，於是就回四川。一九九四年他第一次回成都，對於他的限制很嚴，即使是見到了老部下，他也基本上就談談身體啊鍛煉啊養生啊，除非是特別信得過的人才談點政治，比如小雷雷新乾[390]。小雷也是河南人，高中畢業後入選中共廣東省委當機要員，在趙紫陽前後主政的廣東省委機關整整工作了十年。一九七五年秋季中央決定派趙紫陽任四川省省委第一書記兼任成都軍區第一政委，廣東省委常委李子元作為助手一同入川任四川省委書記，給李子元作祕書的小雷也一起來到四川工作。一九九四年趙

389 楊汝岱〈中國改革初期四川的探索〉，載於《炎黃春秋》，二〇一〇年第七期。
390 雷新乾（一九四六～），原四川省對台工作辦公室副主任。時任中共四川省委書記李子元、常委張力行祕書。

紫陽回四川，小雷居然與老領導趙紫陽單獨處了一個晚上，期間談到四川幹部群眾對紫陽的看法，小雷說我接觸的幹部群眾都對您是敬佩的，非常崇敬您。

趙紫陽說：不是也有人批評嗎？不是說我在四川就犯有錯誤嗎？

小雷知道他說的是誰：他那是瞎扯淡，幹部群眾都不贊成他那個說法，不少人罵他沒名堂。

趙紫陽笑笑，沒說話。過了一會又談到這些年哪些人到北京趙紫陽的家裡去看望，趙紫陽說：「老同志、離退休的同志來看我的不少，在職的同志也來得有，不太多，大家都不方便。」

小雷問楊汝岱在北京，去看過您沒有？您來成都他來看了沒有？

趙紫陽笑著：「都沒有，他膽兒小。小雷，我問你一件事，我從四川走後，有沒有哪位老同志對我有些意見？」

「沒聽說，不知道。我不知道誰對您有意見，我聽說的都是讚揚您的。」

紫陽說：「謝謝你小雷。我的一生我自己是清楚的，相信大家對我也是清楚的。391」

趙紫陽說這話的時候，很坦然，有底氣。

二〇〇〇年四月。他最後一次入川，時年已經八十歲了。小雷雷新乾已經是省台辦的副主任，他們一起談到台灣的台獨問題。趙紫陽說中央提的台灣問題不可能無限期地拖下去，其實只是鬥爭策略，說說而已，誰也不可能定出具體的時間表。只有發展大陸的經濟，同時加強和台灣的各項交流，才能為以後解決台灣問題創造條件。

趙紫陽的話，給小雷留下很深的印象。

391　雷新乾〈趙紫陽的工作作風和人格魅力〉。

第三十五章　人緣

趙紫陽有好人緣。特別在他工作過的四川和廣東。

在他被幽禁的十六年裡，曾經三次來四川休養。他對於四川太熟悉了——在不到五年的時間裡，四川的二百二十個縣他跑了一百九十二個，他說這裡是他的第二故鄉。

一九九四年的二月，趙紫陽在貴州過完春節，然後來到四川。接待他的是四川省政府機關事務管理局接待處的處長許秉陽。許秉陽接到的通知是：紫陽同志要到四川休息，請你們按照一個老黨員老幹部的規格接待即可；要求絕對保密，不得外傳，接待人員愈少愈好；外出參觀活動時儘量不讓群眾發現。按照這個要求，趙紫陽只能住單套間，其規格與普通人差不多。許秉陽覺得很為難，立即向省委報告。其時的四川省委書記是謝世傑，趙紫陽在四川工作的時候，他還是雅安地委的一個中層幹部。謝世傑說：紫陽同志在四川工作了五年嘛，他的身分實在特殊，我們還是聯繫上一站接待他的貴州省委接待處，看看是怎麼安排的再做決定。許秉陽與貴州省委接待處聯繫，回答是安排紫陽同志住的花溪賓館總統房。於是許秉陽就安排紫陽住進了金牛賓館平房——即現在的銀杏莊，也是總統套房。這個地方毛澤東來成都的時候曾經住過。趙紫陽剛剛到四川工作的時候，也是住在這裡，他很熟悉。

一九九四年二月二十四日，趙紫陽與夫人梁伯琪一行七人由貴州乘火車到達成都。車站迎接相當低調，只有許秉陽和省公安廳保衛處的兩個人，可是省委那邊卻很熱烈。正是正月十五過大年，省委、省人大、省政府、省政協四大班底的一把手都到齊聚在會議室，給老領導趙紫陽接風。省委書記謝世傑主動向紫陽介紹了四川這些年的發展變化和工作情況，當年的老同事們爭相噓寒問暖，氣氛很是溫馨。

據說趙紫陽在廣西的公園參觀時，被香港遊客長焦距拍照，在香港某雜誌刊登後，盛傳他已經自由了，要出山了，以致牽動了中央神經，製造了很大的麻煩。為此接待和警衛人員對於外出的安排處處都得小心謹慎。他每天的活動範圍都在住處周圍約五十公尺左右的地方，不看《人民日報》，不看中央新聞，避談政治和國家大事，每天都和大家有說有笑，打太極拳、打高爾夫球，很放鬆很坦然。看到他的生活十分單調，省裡主動安排他每周兩三次外出打高爾夫球，他很高興，也去了，還看了熊貓基地，青城山等旅遊景點。當年的舊部知道紫陽同志來川了，都通過各種管道來看他，其中就有原省計委主任的辛文。辛文和他無話不談，也談到了發生在天安門的事，說我覺得你這次的原因不在於天安門。那麼多人到了天安門都沒問題，有些還升官了，怎麼你趙紫陽一去就倒台了？我分析就是紫陽你功高震主，歷史上有很多這樣的經驗教訓。[392]

令人意想不到是，原「文革」期間成都兩大造反派的頭頭蔡文彬和江海雲也來了，可是到了金牛賓館門口，警衛一查准許見面的名單裡沒有他們，硬是不放行。兩個人不死心，又打電話給趙紫陽，趙紫陽很生氣地說：他們還是公民嘛！我也是公民嘛，怎麼不讓見呢？總之

392 蔡文彬採訪辛文，〈趙紫陽在我心中是最高的〉。

一定要見。省委就研究，最後說既然紫陽同志一定要見，就讓他見吧！之後中央辦公廳打電話批評四川省委說：你們接待也太熱情了嘛，連造反頭頭都來看紫陽同志了。

天氣漸漸暖和了，趙紫陽在舊部雷新乾的陪同下，去了他曾經傾注了很多心血的廣漢。人間四月天，麥苗兒青菜花黃，田野在陽光下發出醉人的芬芳。這些油菜都是當年趙紫陽在全川大力提倡栽種的，因為它比小麥的經濟價值高很多。當年廣漢的縣委書記常書南就拿菜籽榨油，油枯做肥料，菜油去東北換玉米，回來再用玉米釀酒，再拿酒糟養豬……，對於四川農民的富裕，油菜的功莫大焉。這次趙紫陽沒有見到常書南，也不可能看到當初跟著他鞍前馬後搞改革的那些基層幹部。他感慨地對小雷說：廣漢這麼多年以後又有了很大的發展，面貌和以前大不一樣了。如果說貢獻的話，我的貢獻只不過在於以四川省最高領導人的政治地位，為農民自發性的在生產體制上的改革行為，擔當起政治責任，只不過扮演了「保護傘」的角色。「廣漢模式」的真正創始者應該是當時的廣漢縣的農民，並不是我的發明。實際上廣漢的作法，也是（被沒飯吃的）形勢逼的。393

住了三個多月之後，趙紫陽準備回北京，接待他的許秉陽說：紫陽同志，您能否給我們接待處的二十名同志親筆簽名首日封留個紀念？

紫陽說可以啊，你要是能買到中英談判香港回歸的首日封最好——一九八四年十二月，趙紫陽代表中國政府同英國首相瑪格麗特·柴契爾在北京簽署《中英聯合聲明》，決定「聯合王國政府於一九九七年七月一日將香港交還給中華人民共和國」並發行首日封。這個事件不

393 雷新乾，〈趙紫陽的工作作風和人格魅力〉。

僅僅對於中英雙方，對於趙紫陽本人也是一件大事。現在看來，他是不可能在香港正式回歸那一天去現場了。可是他對於這件事情還是很看重的。許秉陽跑遍成都的郵政局沒有賣的，最後到集郵市場見到了，但要四百元。那時候一個處長的月工資才幾百塊錢，這個價格實在是太貴了，結果只好買了二十個一般首日封，請紫陽簽了名。[394]

由趙紫陽與柴契爾夫人共同簽署的《中英聯合聲明》中提到的香港回歸，於一九九七年七月一日正式舉行了交接儀式，英方的檔簽署者柴契爾夫人已經在競選中下台，依然坐在現場英方貴賓席上，可是中方簽字人前國家總理趙紫陽卻沒有能夠出現在現場——哪怕是以一個普通人的身分。這些年柴契爾夫人一直都在惦念她的對手趙紫陽。二〇一八年十二月二十八日，香港《明鏡新聞網》根據英國國家檔案館最新解密的一批資料披露：一九九一年九月，已經卸任的柴契爾夫人到訪北京，與時任中共中央總書記江澤民與國務院總理李鵬見面，提到想見見前中共中央總書記趙紫陽，她得到的回答是：不可能。國家經委原副主任趙維臣在他的回憶錄中也提到：他在英國見到柴契爾夫人的時候，夫人請他問候趙紫陽。可見柴契爾夫人對趙紫陽的感覺不錯。可是直到兩人去世，都沒有能夠再見上一面。

一九九七年的二月十九日，在杭州的趙紫陽得到鄧小平在北京去世的消息，要求回北京參加鄧小平的追悼會被拒，只好從杭州入川，來到成都，卻逢四川的兩會正在舉行。趙紫陽離開四川已經十七年，當年的那些身強力壯的舊部都已經老了，退到了二線，不是進人大就是進政協，他們從全省各地到省會成都的金牛賓館來開會，見到了正在這裡休養的趙紫陽。

394 上文主要參考資料：許秉陽《接待軟禁中的趙紫陽—緬懷紫陽同志》。

在北京會客受到嚴格限制的趙紫陽，這次在四川卻受到了很寬懷的待遇，不斷接待客人。他與大家敘舊，問起這些年各自的情況。在老部下們看來，這個時候的趙紫陽，與思想啊政治啊一點關係也沒有。他就是一個頭髮完全白了、背也有點駝了、但是精神氣色都不錯的老人，這一點讓大家都感到欣慰：紫陽到底是紫陽，他坦然大度，光明磊落，不像耀邦那樣「遇事焦慮，那樣急躁，按捺不住自己的情緒，結果壞了自己的身體。

耀邦去世已經八年，在為他鳴不平的同時，關於他「遇事焦慮」的故事幹部們顯然也有所耳聞。胡耀邦下台之後，曾經與夫人李昭一起去看望鄧小平，因為鄧的態度很冷淡，夫妻倆隻坐了十五分鐘就離開了。這樣的冷遇與「生活會」上的激烈糾集在一起，不但令他、也令人周圍的人都心有餘悸，胡耀邦總覺得自己還是「待罪」之身，深怕連累了別人，不敢輕易去拜客。他怕引起猜疑，不敢寫回憶錄；他說「我也不會發難，有家庭妻兒子女，不能捨得一身剮了！」他與祕書談話也儘量回避提到鄧小平和陳雲，萬不得已時用摸右邊耳朵代表指小平，摸左邊耳朵代表指陳雲，可見其之噤若寒蟬。所以有人說，胡耀邦不但是被鄧小平「氣死」的，還是被鄧小平「嚇死」的。395

趙紫陽被軟禁了十六年，期間別的地方都可以去，唯獨不能回廣東——他在廣東的根基太深，怕他回去會攪起大浪。可是廣東人依然不遠萬里去北京看他。一個佛山的老太太讓兒子帶著飛到北京，來到富強胡同六號，對守衛在門口的警衛說：我是趙家當年在廣東的老保

395 劉崇文，〈胡耀邦很畏懼鄧小平〉。

姆，趙家的幾個孩子都是我帶大的，如今我已經老了，想在晚年能見上趙書記一面。不管老太太怎麼說，門衛就是不讓進，老太太也來火了，不管三七二十一，坐在趙家門口就不走。門衛趕快請示上頭，過了好一會兒才過來，親切地對老太太說：「經請示上級，現在您老人家可以進去了，但是有一條，您進去後就不能再出來了。」老太太一聽，差點沒氣昏過去：難道要把我也關進去嗎？

幹部們就更難了。一九九〇年的七月三十一號，韶關市鄉鎮企業局局長刁中亭幾個廣東的基層幹部到北京，決定去看他們的趙書記。幾個人跟著老首長——原廣東省高級法院的院長李學先，開著一輛大紅旗，車上掛著總政的軍牌，去找丁國鈺。丁國鈺原來是北京市委書記、駐巴基斯坦大使、外交部副部長，他知道趙紫陽家在哪裡，就叫祕書帶著這輛大紅旗軍車，去了富強胡同。李老敲敲門，值班的出來了，說你們找誰呀？李老都沒說看趙書記，只說我們去看一看梁大姐，過了五分鐘就同意進去了。趙紫陽坐在院裡看報紙，看見他們有點奇怪說：「你們來了？」刁中亭說我們來看一看老領導啊。趙書記說：「昨天是梁伯琪在台灣的哥哥來看了我。今天你們來，是國內的人第一次來看我。刁中亭你退休了沒有？」刁中亭說我才五十六歲，還沒退呢。「沒退你不要來嘛，你還是黨員嘛，對你們不好。」刁中亭說：「我們是基層幹部，你是我們老領導，我們來看一看你，這是情理之中的事嘛！」趙書記說也是啊。那時候他的身體還不錯，覺得和在廣東看到的時候沒什麼不同。因為怕有竊聽器，在屋裡大家就拉家常，廣東的老同志誰誰怎麼樣啦，你一句我一句的。李老忍不住要亂放炮了，就拉著紫陽到院子裡去說。

刁中亭他們回到廣東之後，事情就傳開了，很多人都去了，包括韶關的三任地委書記。

刁中亭他們和紫陽的祕書也熟悉了，每年都會去個一兩次，三四個四五個人，每次去都帶點廣東的土特產。荔枝一下來，早上摘下來就在珠海上飛機，中午趙書記他就吃到了。知道他喜歡吃狗肉，到他生日就整好速凍的狗肉給他送去，他可高興了。有些時候還給他買些營養品，他愛喝酒，就整點茅台、五糧液、冬蟲夏草酒。大家說趙書記你要保重身體啊，我們廣東的廣大幹部都想念你。[396]

那些上了級別的幹部，就得費點周折了。汪石在「文革」時就為趙紫陽保過「駕」，一直都在他的手下工作，自從紫陽一九八九年二月十號從廣東回了北京，之後就再也沒回過廣東，汪石很想見見他，始終都沒有機會。有一年省裡廳局級幹部去北京旅遊，原來的省委書記林若也跟著去，明擺著不是一個級別嘛，就猜他其實是想去北京看紫陽。果然一個晚上，林若告訴汪石，說是要去看看趙紫陽。汪石趕緊說唉呀，你能不能把辦公廳主任楚秀和我也帶上？林若有些為難：我去是先報告經過批准後才能去的，你沒有先報告恐怕是不行啊。紫陽聽說了，說林若你代我謝謝他們倆啊。現在來不了，將來會有機會的。結果再也沒機會。

杜瑞芝自紫陽下台之後，見過他至少三次。有一次去富強胡同，他病得很重，戴著氧氣罩，肺部已經纖維化，全靠二十四小時輸氧維持，吸氧管插在鼻子裡，一刻也不能拿下來。他老伴梁大姐已經是老年痴呆了，根本就顧不上他，家裡連一個護士也沒有（當時連一個離休的部級幹部生病都可以派護士），萬一管子掉下來，就很危險。杜瑞芝勸他到醫院，一旦有什麼事好辦一點，你在家裡來來回回看病很麻煩，紫陽搖了搖頭。老杜回廣州以後，就聽說

396 蔡文彬採訪刁中亭〈渡盡劫波兄弟在〉。

他去了協和醫院。李銳去看他的時候，費了很大的周折才進去，就告訴趙紫陽一件事，說楊繼繩剛出版了本書《中國改革年代的政治鬥爭》，其中有對他的那三次採訪，也算是給他一點安慰吧。

二〇〇四年，紫陽住了好幾次醫院，夏天他已經病得很重了，廣東的方苞和謝明仁很想去看他，但是沒有管道，後來找到杜瑞芝，才算是聯繫上了，因為怕動靜太大，四個人還分了兩批：方苞和杜瑞芝一批，謝明仁和林若一批。紫陽吸著氧氣，但是腦子很清楚，儘管好多年不見了，一下子就認出了方苞。趙紫陽去世之前三個月，即二〇〇四年十月十七號，是他的生日，林若、杜瑞芝父女倆和方苞等五個人，約在他生日前一天去給他過生日。紫陽邊吸氧邊和大家聊天，心裡很坦然，可是方苞心裡很難受：人都這樣了，應該早一點在政治上給他一個公正的待遇，要不然就來不及了啊。

廣東的老夥伴看望趙紫陽，不單單是為了去聊天。他的那本在香港出版的回憶錄《改革歷程》[397]，就是由四個廣東的老部下一起策畫操作的，他們是：前中共中央紀委副書記蕭洪達、前《光明日報》總編姚錫華、前國務院祕書長杜星垣，再加上前國家新聞出版署署長杜導正。而他一手提拔起來的林若，把自己那部最好的答錄機連同磁帶一起給了杜導正帶到北京，讓這項工作能夠更好地完成。可惜這本轟動了海內外的著作出版的時候，紫陽離世已經四年兩個月五天，他沒有見到他平生出版的唯一的口述回憶錄。

趙紫陽去世的前一天，杜導正和李銳到廣東告訴杜瑞芝，趙紫陽在北京醫院病危，你要

397 英文版書名為《國家的囚徒——趙紫陽回憶錄》。

做準備。第二天中央祕書局通知廣東省委辦公廳並通知杜瑞芝：趙紫陽去世。杜瑞芝馬上動手就把紫陽的照片掛起來，設了靈堂，消息一傳出，前前後後大概有二、三十個人過來，簽了個字、鞠了個躬就走了。到下午四點省委開會，全部高級幹部都到會，規定了八條，廣東的同志就不敢來了。第三天省委下命令要撤掉靈堂，杜瑞芝又把靈堂搬到家裡，還放了鮮花。又有人來了，還是簽了名、鞠了躬就走，是什麼人他也不知道，好像是軍區的。

撤了靈堂之後，張根生打來電話，讓杜瑞芝把簽到簿都燒掉，老杜他才不燒呢，讓老太太把簽到簿都保留起來。事後有人說你怎麼就不考慮風險？老杜說我心裡有數：上頭這樣講了這麼一句話，說趙紫陽他在廣東那麼多年，有好多老朋友，給他搞個小靈堂是可以理解，但是時間不能太長。

對於趙紫陽，好多人心裡都有數。

尾聲

趙紫陽離開政壇，一晃八個年頭過去了。一九九六年的九月十二日，軟禁中的趙紫陽向準備召開的中共第十五次代表大會寫了一封公開信，信的核心內容就是要求重新評價「六四」，否定當時的武裝鎮壓，為其平反。信的全文如下：

十五大主席團並轉交全體代表同志們：

這次召開的十五大，是我們黨在二十世紀最後的一次代表大會。再過兩年多時間，就將進入二十一世紀。值此承前啟後、繼往開來的關鍵時刻，我衷心祝願大會取得圓滿成功。請允許我向大會提出一個對「六四」事件重新評價的問題，請予以審議。令舉世震驚的「六四」事件已經過去了八個年頭，現在回過頭來看，有兩個問題應該採取實事求是的態度給予回答。

第一，那次學潮不管存在什麼偏激、錯誤和可指責之處，但把它定性為「反革命暴亂」是沒有根據的。既然不是反革命暴亂，就不應該採取武裝鎮壓的手段去解決。當時的武裝鎮壓雖然迅速地平息了事態，但不能不說人民也好，軍隊也好，黨和政府也好，我們的國家也好，都為當時的那種決策和行動付出了不小的代價。其消極影響直到今天依然在黨群關係、台海兩岸關係，以及我國的對外關係中繼續存在。由於這一事件的影響，還使十三大開始的政治改革中途夭折，政治體制改革嚴重滯後。以至在我國經濟上改革開放取得豐碩成果的同時，出現種種社會弊端迅速滋長蔓延，社會矛盾加劇，黨內外腐敗懲而不止、愈演愈烈的嚴重情況。

第二，對那次學潮當時是否可以找到一個更好的辦法，既可以避免流血又可以平息事態呢？我當時提出「在民主和法制的軌道上解決問題」，就是為了爭取這樣的結局。我現在仍然認為採取這種方式是可以不流血地平息事態的，至少可以避免嚴重的流血衝突。大家知道，當時學生中的多數是要求懲治腐敗和促進政治改革的，並不是要推翻共產黨，顛覆共和國。如果我們不把學生的行動視為「反黨反社會主義」，而接受他們的合理要求，採取耐心的協商、對話、疏導，事態是可以平息下去的。這樣就不僅能夠避免流血衝突所帶來的種種負面影響，而且能夠在執政黨、政府和人民之間建立起一種新型的溝通和互動模式，促進政治體制的改革，使我們的國家不但在經濟改革上取得豐碩成果，在政治體制改革上，也將會出現一種新的局面。

對於「六四」事件的重新評價問題，遲早是要解決的。即使時間拖得再久，人們也不會淡忘掉。早解決比遲解決好，主動解決比被動解決好，在形勢穩定的時候解決比出現某種麻煩的時候解決好。現在全國形勢尚屬穩定，思改怕亂成為多數人的共識，人們當年那種激動的情緒也逐漸趨於平靜。我們黨如果能在這樣的情況下主動提出重新評價「六四」事件的問題，主持這一工作，是可以排除來自不同方面的極端情緒的干擾，而把解決這一歷史難題的進程引上理性、寬容、和解，以及嚴格遵從解決歷史問題「宜粗不宜細」、「注重總結歷史教訓，不注重追究個人責任」的正確軌道上來。這樣既可以使歷史難題得到化解，保持國內局勢的穩定，同時也可以為我國的改革開放爭取一個更好的國際環境。希望我們黨審時度勢，早作決策。

以上建議提供大會審議。

趙紫陽

一九九六年九月十二日

今天細讀趙紫陽的這封信，應該注意信中「理性、寬容、和解」的提法。這令人想起在同時代發生的西班牙共產黨與當局和解的例子。曾經與西班牙獨裁者弗朗哥結下血海深仇並流亡三十八年的西班牙共產黨，在新任國王胡安．卡洛斯一世（King Juan Carlos）和首相蘇亞雷茲（Adolfo Suárez González）的調解之下，於一九七七年得以返回西班牙，以合作的反對黨身分，配合和推動了西班牙向君主立憲制民主制度的過渡進程，成全了二十世紀後期全世界最成功的政治改革。398

趙紫陽或許沒有注意到這段歷史，但是他認為「和解」的時機已經到來。八年過去了，陳雲和李先念都已經去世，李鵬雖然還是總理，實權已經旁落於身邊的「經濟沙皇」朱鎔基之手，其影響已經式微；鄧小平因為久不露面，民間甚至流傳「祕不發喪」的謠言；當局對於「六四」的定調一降再降，顯然是底氣不足……而經過八年的沉澱，那些年輕的流亡者痛定思痛，對於當年的激情有了新的思考。趙紫陽認為對「六四」的平反「遲早是要解決的」，而且「早

398 林達〈西班牙共產黨的「和解」與「改革」〉。

解決比遲解決好，主動解決比被動解決好，在形勢穩定的時候解決比出現某種麻煩的時候解決好。」因為此事在很大程度上與他本人有關，他願意成為中國的胡安・卡洛斯或者是蘇亞雷茲，從中促成調停。但是，趙紫陽並沒有採取西班牙和談「擱置爭議」的原則，他的主張更加接近南非圖圖主教提出的「沒有公正就沒有和解」，堅持要對舉世震驚的大事件澄清真相：「六四」不是「反革命暴亂」，不應該採取武裝鎮壓的手段，「我黨」要為此承擔責任，要平反。為了減少社會震盪，他連調停的路徑都已經設計了：嚴格遵從解決歷史問題「宜粗不宜細」、「注重總結歷史教訓，不注重追究個人責任」的正確軌道上來。調停的目的是：既可以使歷史難題得到化解，保持國內局勢的穩定，同時也可以為我國的改革開放爭取一個更好的國際環境。

這封信顯然是趙紫陽經過深思熟慮寫成的，他依然以前中國共產黨總書記的身分，在遭到貶謫之後依然為他的黨提出的真誠建議。信中沒有虛套，直接揭開歷史的創傷，分析了傷勢蔓延的嚴重後果並給出了治療方案，這個方案考慮顧及到多方面的因素，完整而且無懈可擊。趙紫陽在這封公開信中，一口一個「我們黨」——他依然是站在執政黨和大局的立場上，並沒有考慮要將黨的執政宗旨和理念「改弦更張」。他居然希望他的建議能夠交與大會討論，並且相信能夠在代表們中引起共鳴，這個細節表明，起碼到這個時候，趙紫陽雖然依然在為「六四」鳴冤叫屈，但是骨子裡和同樣被貶謫的胡耀邦一樣，是一個忠實的共產黨人。他當年沒有如陳一諮等人所期望的那樣去「舉旗」，首先是不走極端的性格所致，潛意識裡則是希望要留有「理性解決」的餘地。如今這個「餘地」應該發揮作用了。

但是他又天真了。此信直接戳到踩著「六四」槍聲上台的江澤民，按照江澤民日後對杜星垣說的話，結果是「我們（政治局）一致認為不能接受。」趙紫陽所有的希望都沒有發生，發生的只是對於他更加嚴厲的看管。此事令前任中共中央總書記趙紫陽大為光火，以至於一個月以後，他又給中共中央全體政治局委員寫了一封信，抗議對於他的監管從「半軟禁」升級為「全軟禁」：希望發生在中央身邊的這種有恃無恐的違法亂紀行為，能夠早日制止！

這樣的抗議軟禁要求恢復自由的信，他已經寫過很多次，可是所有的信加起來，都沒有過如此嚴厲的措辭。看得出來趙紫陽很生氣，非常地生氣。常言說自己是什麼人，看別人也會是什麼人，趙紫陽以為自己這樣殫精竭慮地為黨著想，設計了如此一局好棋，開出了如此精到的藥方，應該得到黨的理解。作為一個在體制內成長起來的政治家，雖然經歷了「六四」，雖然因此被軟禁，可是他依然懷絕望之心，做希望之事，而且做得有些天真：他以為台上那些人也會像自己一樣把個人恩怨放在一邊，首先考慮黨和國家的長遠利益和前途。

從此以後，趙紫陽再也沒有向「我們黨」寫過任何信件。至今因為「六四」流亡的人們已經在海外度過了三十多年，許多人已經作古，許多人已經老了，當初的青衿學子們也已經兩鬢飛霜。趙紫陽和他身邊的人們走了一批又一批，可是「平反」的事情再也沒有人提起。二〇〇五年趙紫陽去世，他的孩子們堅持要求官方要給父親一個「評價」，導致喪事久久不能辦理。當時的總書記是胡錦濤，趙紫陽說他雖然辦不成什麼大事，卻是個明白人；總理溫家寶，則是趙紫陽從胡耀邦班子保下來的中辦主任，當年趙紫陽到天安門廣場看望學生並發表流傳千古的謝幕演講，他就是隨從。想來從個人角度，他們倆對趙紫陽的評價不容置疑，可是一旦成為國家元首，就會身不由己。最後官方發布的訃告上，當年「支持動亂」、「分裂黨」這兩頂帽子沒有了，宣布趙紫陽只是「犯了嚴重錯誤」，這恐怕是他們倆所盡的最大努力。

退出政壇的趙紫陽，在漫長的寂寞中進行了廣袤的思考，這些思考讓他從政治家向著思想家轉型。

趙紫陽在寫給十五大的信之前，通過好友宗鳳鳴就內容方面的問題徵求過幾個人的意見，其中就有周舵。周舵認為以趙紫陽的身分和角度，應該公開打出「社會民主主義」這面大旗，可是趙紫陽最終在信中沒有提到。現在看來，趙紫陽沒有採用周舵建議，原因可能是多方面的。其一，「社會民主主義」是個大題目，牽涉到上上下下方方面面，不是三言兩語能夠說清楚的，而此時的趙紫陽只是想抓住這個機會，集中篇幅談為「六四」平反問題，不願意被其他問題分散主題；其二，雖然趙紫陽在給十五大寫信時沒有採納周舵的建議，但是之後他對於尤其是社會民主主義及其的核心「西方議會民主制」，進行了深度的思考。

大多數中國和西方學者，都在不同程度上認定趙紫陽是當代中國民主自由的一面旗幟，比如前美國總統尼克森。但是儘管趙紫陽自己堅決否認，也有理論家認為趙紫陽是「權威主義者」，例如加拿大布洛克大學教授查理斯·伯頓和美國著名的中國政治專家理查·鮑姆。他們的證據，顯然是趙紫陽在位期間，尤其是在他執政的最後兩年、也就是改革最為困難的兩年中，多次表現出強硬的權威主義姿態。比如他在一九八八年九月二十六日召開的中國共產黨十三屆三中全會上強調：治理環境，整頓秩序，深化改革，任務十分艱巨。全黨要統一思想，統一行動，黨的每一個基層組織都一個成為堅強的戰鬥堡壘，每一個共產黨員都必須在群眾中起到先鋒模範作用。全黨要有鐵的紀律，個人服從組織，少數服從多數，下級服從上級，全黨各級組織服從中央……[399]

399 趙紫陽〈在黨的十三屆三中全會上的講話〉，一九八八年九月二十六日。

他還在一九八六年十一月七日召開的第一次政治體制改革研討小組會上表示：對我國原來的政治體制的利弊要作全面的實事求是的分析，不要簡單化一概否定。不能說它只適用於戰爭年代，不適用於和平環境，只適用於抓階級鬥爭，不適用於和平建設。因為事實上這種制度雖然弊端很多，嚴重影響著社會進步，但它畢竟已存在了幾十年。現在我們搞改革，深感阻力很大，這也從反面說明現在的制度有一定的社會基礎。對它進行實事求是的分析還有一個好處，即存長去短。它的好處一是人民意志比較統一，宏觀決策快，二是分配比較平均，就業面廣。缺點是黨政不分，權力過分集中，官僚主義嚴重，不利發揚社會主義民主，不利於調動人的積極性，促進生產力的發展[400]……這些都是趙紫陽「新權威主義」的鐵證，而他下台之後對於政治體制改革的思考，也確實是這種思路的延長。

據此，加拿大布洛克大學的查理斯．伯頓教授認為，後來的中國領導人實際上繼承了趙紫陽的這種「新權威主義」的思路，從而阻礙了中國政治的健康發展；而美國的理查．鮑姆，則將趙紫陽的這種思路命名為「軟權威主義」，認為這是中國政治改革在當時乃至今天歷史背景下的必經之路[401]。比如趙紫陽認為：如果不切合實際，不根據經濟的發展，不考慮人民的素質，一下子就實行多黨制和議會民主，中國可能就會出現一千個政黨，是要亂的。人們素質不提高，亂了更可怕，會發生以暴易暴，出現獨裁統治。趙紫陽還認為：中國今後領導層的走向，既不會出現戈巴契夫那樣的強有力的人物敢於突破舊體制的框框，也不可能有其他政

400 田紀雲〈我所了解的趙紫陽〉。

401 袁金台《趙紫陽與中國政治的未來》，在英國出版。

治勢力出現能與共產黨抗衡，而人民又思穩怕亂，因此，還是依靠現有領導層中的積極力量來推動社會改革前進。[402]

綜上所述，看來德國前總理赫爾穆特・施密特[403]對於趙紫陽，以及他所進行的改革評價是十分中肯的。施密特在《偉人與大國》一書中記錄了一九八四年九月二十六日和三十日兩次與趙紫陽的談話，並且談了自己的看法。和許多外國首腦一樣，施密特對於趙紫陽也給予了高度評價。他認為趙紫陽有兩點非同小可：

一是如果考慮到他只是在指令性經濟的環境中生活，他的市場經濟才能是驚人的。顯然他的世界經濟知識都是在中國得到的，這使我感到驚訝。二是在我任部長和總理的全部歲月裡，除了瓦萊裡・吉斯卡爾・德斯坦[404]和雷蒙・巴爾[405]之外，沒有碰到一個政府首腦能夠像他那樣準確、詳細地闡明自己國家的國民經濟形勢並予以明確的評論。

但是接下來施密特話鋒一轉：

從一八四〇年鴉片戰爭算起的一個半世紀以來，中國好像不曾把重點放在發展和改革上，而是放在「造反」和革命上（如義和團運動、孫中山領導的和後來又出現的革命），最終是毛

402 宗鳳鳴《軟禁中的趙紫陽》，第九八頁，香港開放出版社。

403 於一九七四～一九八二年任聯邦德國總理。他在任和離任以後，曾經與世界大國領導人進行過多次會見，這些會見的情況和細節以及他對這些國家領導人的印象，都寫進了他所著的《偉人與大國》一書中，其中就有趙紫陽。

404 於一九七四～一九八一年間任法蘭西第五共和國總統，歐洲一體化的推動者，一九七九年與德國總理施密特共同倡議建立了歐洲貨幣聯盟，為歐元奠定了基礎。

405 於一九七六～一九八一年間任法國總理，曾任歐共體首席代表，歐共體委員會副主席，是世界主要貨幣專家之一。

澤東的革命統治勢力對改革的要求不作讓步，更多是堅決鎮壓。今天鄧小平和趙紫陽所做的倒真是改革。因為層層疊疊的阻力，他們會遇到很大的困難，（所以）這個改革（只能）是在共產主義範圍之內求革新，求效益，那種認為改革意味著取消共產主義的看法是極大的誤解。如果好心的西方政治家相信改革是朝著「西方觀念的自由」方向發展，我看這是熱心腸做蠢夢——因為所有制原則上毫無變化，更不準備放棄黨的最高統治。諸如多元化的民主、普遍的個人言論自由或個人政治自由，在改革家的頭腦裡沒有比這些更次要的了。當然，黨的獨裁不再有了，經過了過去幾十年的動亂之後，他們終於想要法制了……

最後一句，彷彿是指趙紫陽，而前面那句，簡直就是針對鄧小平。至於那些「熱心腸做蠢夢」者，明顯指向美國前總統尼克森等人了。尼克森在他的暢銷書《一九九九：不戰而勝》中準確地預測了美國將在與蘇聯的爭霸中輕易取勝，對於趙紫陽「制定新方針使共產黨不要插手政府的日常事務」等舉措表示了極大的興趣，還對於趙在中國政壇未來的發展寄予了厚望，顯然是把他當成了又一個戈巴契夫——當然滿懷著這樣期盼的，還有國內那些激進的知識分子。可是像中國這樣的國家因為其體制規定的發展邏輯，不是一兩個大人物就可以改變的，包括趙紫陽也包括鄧小平。這一點施密特算是看得最明白，而尼克森們的期盼不僅落空，還成了元老派攻擊趙紫陽的鋼鞭證據。

但是在趙紫陽下台之後，他對於中國的未來有了更深一層的思考。他在自己的回憶錄中表示：

第一，西方的議會民主制愈來愈顯示出它的生命力，是現在能夠找到的最好的政治體制、民主形式，在中國現有的條件下，首先必須確定它是政治體制改革的最終目

標。第二，根據中國的情況，我們需要一個較長的過渡期，為了能夠過渡得好，至少在一定時期內保持共產黨的執政地位，改變共產黨的執政方式，以便有領導、有準備、有秩序地在穩定狀態完成這種過渡。

這裡最重要的是：趙紫陽不再在舊體制上修修補補，而是明確把「西方的議會民主制」列為中國政治體制改革的最終目標。這標誌著趙紫陽已經由一個改良主義者朝民主主義者轉變。可是他在改變方式上，依然採取改良主義主張，希望由共產黨來完成。這是因為中國沒有反對黨，也就沒有能夠培育出成熟的政治家，而共產黨在長期的執政過程中已經有了一套完整的組織體系，只要像他先前設想的「改變共產黨的執政方式」，就有可能在「較長的過渡期」中「有秩序地在穩定狀態完成這種過渡」。說到底，他知道要完成這樣重大的改革，在中國的環境中是何等的困難，還是不想引起社會的動亂，不希望人民在這樣的動亂中吃苦。

這裡還要注意一個問題，即趙紫陽對於戰爭思維的看法。作為戰爭的勝利者，包括毛澤東在內的很多共產黨人在很長的時間裡，一直沉醉在戰爭的思維方式之中，沒有能力也沒有意願去完成從革命黨到執政黨的轉變，於是才有了「宜將剩勇追窮寇」的歷次政治運動，大兵團作戰的大躍進，運動戰的三線建設，人民戰爭的「文革」……這樣的狀況到改革開放之後都還在繼續，經過趙紫陽等人的努力才得以扭轉。和很多老幹部一樣，趙紫陽也是從戰爭的血火中闖過來的人，正是知道戰爭的殘酷，也知道這種思維方式的殘酷，他才大徹大悟，開始了對於戰爭思維的批判。可是當他坐上了總書記的位置，正式面對政治改革的時候，清楚地看到了原有體制的堅固，也看到了它之所以堅固的原因：戰爭雖然結束了，可是「戰爭思維」

卻是滯後的，不可能很快根除。所以他不得不冷靜地考慮修正之前「衝一衝」的戰術。他啟用了「庖丁解牛」的老辦法，企圖利用其有利的方面，來消解其不利的方面，以漸變的方式，達到政改的目的。在二〇〇三年，老朋友李普的女兒李欲曉上門採訪，趙紫陽冷靜的自信地對她說：「如果我搞民主政治，會緩慢推進的。[406]」作為已經用自己一生了解了中國而且洞察民眾心理的政治家，趙紫陽深深懂得「治大國如烹小鮮的道理」，為此他的政改主張，也被稱之為中國最實際的救國方略——他的這個「方略」不但有著廣泛的群眾基礎，而且在愈來愈多理性的知識分子中也有知音，比如著名歷史學家高華就反對激烈的社會變革，認為那種想在一夜之間改變一切的想法是不切實際的理想主義，其結果必然導致大量無辜生命的犧牲。這是中國百年來的弊病。

這就是鮑姆所說的「軟權威主義」。它與「後來的執政者」最大的不同是：趙紫陽在強調利用共產黨的體制來完成改革的同時，還強調要改變共產黨的執政方式，要開始向著議會民主制這個「最終目標」邁進。是要往前走。而他的繼任者卻是一心一意「保住紅色江山永不變色」，「一黨專制」的色彩愈來愈濃，絕不動搖。是要往後退。

比起當年書生意氣的周舵來，趙紫陽的主張確實要實際得多，周全得多，也老辣得多，有著很強的操作性。可是三十年過去了，這個「最實際的救國方略」至今看不到絲毫被啟動的希望，別說被趙紫陽稱為「終極目標」的議會民主主義了，就連最為基本的「民主化」這個詞都成為了大禁，以至於政治的社會的經濟的……問題積重難返。

406 李欲曉〈叩訪富強胡同六號〉。

儘管「革命萬歲」的年代已經很遙遠了，可是想起這些年「改革與革命賽跑」的說法，令人不寒而慄。

一九九八年九月，已經下台十年的趙紫陽對老朋友宗鳳鳴說：中國的改革，總算走上了市場經濟的軌道，值得慶倖。隨之而來的必須是政治上的改革開放。自己有這個使命感，也有此抱負，要把改革事業進行到底，但未能如願。每思至此，甚感遺憾與傷懷。[407]

趙紫陽的抱負不能如願，不僅僅是他個人的機遇問題。現在看來，無論是曾經轟轟烈烈的經濟改革還是剛剛起步的政治改革，鄧、胡、趙的很多希望不但都沒有實現，而且漸行漸遠，至今甚至名存實亡，而他們自己，都成了歷史的悲劇人物。其中特別是鄧小平：作為中共第一個成長於體制之中又企圖突破這個體制的最高領導人，他最終沒有能夠掙脫體制的束縛，在砍掉自己親手培植起來的左膀右臂之後，最終也毀掉了自己開創的改革大業，毀掉了自己的一世英名。

雖然掙脫體制這一點，趙紫陽辦到了，但是他也是失敗者。在付出了終身軟禁的代價之後，他晚年說出了問題的實質：我們說實行的是社會主義政治體制，實際上是帶有濃厚的封建色彩的集權體制。[408]在這樣的前提下，趙紫陽很清楚自己失敗的根源：經濟發展社會進步雖然是大趨勢，但在中國像腐敗這種阻礙發展的因素何時能剷除，在自己有生之年是沒希望的：

407 宗鳳鳴《軟禁中的趙紫陽》。
408 杜導正《趙紫陽還說了什麼？——杜導正日記》。

因為這個社會還不具備剷除腐敗的條件。一是執意於「逆淘汰」的體制，不允許銳意改革人物升為高層的領軍人物來領導改革；二是多數老百姓只注重眼前的生活還過得下去，並期望哪怕的緩慢提高，這就給官場腐敗留下了巨大的空間。還有一點很重要：一些對政改有明確想法的知識分子遭到當局的無情鎮壓，老百姓感到無能為力只能盼望清官，自己沒有改革的欲望。

趙紫陽顯然將自己列入了「陰差陽錯」出現在體制內高層的改革派領軍人物。這樣的人物是在幾十年尖銳複雜的「運動」中脫身而出，從基層的具體事務中一步步幹上來的。他們不但善於處理各種具體的社會矛盾，還具備高瞻遠矚的視野；他們既有國際眼光，又了解中國的現實；既敢於思考敢於突破，又能夠腳踏實地。

在中國這樣充滿惰性而且錯綜複雜的環境中，和那些坐而論道的學者不同：他們猶如那位善於解牛的庖丁，能夠避開堅硬的骨頭找準那些曲折蜿蜒的縫隙，並且在其中遊刃有餘，最後達到改革的目的。

回頭看去，迄今為止，中國最重要的「經濟奇蹟」，大都圍繞在趙紫陽以這樣的智慧開創出來的操作性經濟領域（而非意識形態領域），這個現象被人稱之為「紫陽紅利」[409]。三十多年來，趙紫陽身後的一眾繼任者，都無一例外地走在他所開拓的崎嶇道路上。這些人要麼是「紫陽紅利」的助推者，要麼是「紫陽紅利」的分肥者，要麼純粹就是「紫陽紅利」的葬送者，而只要終結了「紫陽紅利」，實際上也就大致終結了中華民族與現代文明的融合對接之路。

可是開創了這個局面的趙紫陽，自己卻失敗了，為此他有些悲觀。他說不要以為不公正

409 陽新英〈一失紫陽痛千秋〉。

的事物很快會消亡，清政府腐敗了大半個世紀才滅亡，有的朝代能腐敗一、兩百年。他希望能夠有新的領軍人物，能夠逃脫體制的「逆淘汰」而陰差陽錯地出現在高層，來領導中國新的、更為徹底的改革——當然這樣的人物一定得比他更強。

不過也不排除這樣的人物也會失敗：中國現在矛盾重重，特殊利益集團從上到下盤根錯節，已經成為反對全面開放和全面改革的權力階層；而底層的百姓滿懷著「寧為太平犬、不為亂世人」心態，到底對於改革有多大的期望，能夠在多大程度上予以支持，恐怕很難說。

趙紫陽的一生的際遇，令人想起蘇東坡流傳千古的《赤壁賦》。胸懷大志的蘇東坡屢遭貶斥，報國無路，來到驚濤拍岸的赤壁前，感慨萬千，寫下了這樣的詩句：

……

寄蜉蝣於天地
渺滄海之一粟
哀吾生之須臾
羨長江之無窮
挾飛仙以遨遊
抱明月而長終
知不可乎驟得
托遺響於悲風

「抱明月而長終」的趙紫陽，不得不將自己的理想和抱負託付於萬里悲風，其遺響如黃鐘大呂，在長空中鳴響，經久不絕。

後記

此書從二〇一四年寫到二〇二二年，耗時八年有餘。然後提行。

對於此書最初的規畫，是沒有趙紫陽入主中南海到「六四」的這段經歷的。之所以如此取捨，是關於這段歷史的著述浩如煙海，大多數作者都是親歷者，都曾旅居海外，在獲取資料方面佔有優勢，是我遠遠不可比擬的。相對而言，之前趙紫陽的成長史人們卻知之甚少，所以我把當時的重點，放在「趙紫陽是怎樣成為趙紫陽的」這一主題上。可是很快，我就聽從了朋友的意見，決定補上那一段。主要的原因，是要讓此書成為完整的趙紫陽傳記，「北京十年」不僅是他人生中不可或缺的高潮，也包含了他試圖改變中國所作出的巨大努力，以及他在國家關鍵時刻所持態度的心理狀態。沒有這一段，就缺失了中國當代史上最為重要的一大轉折，以及它對於世界政治格局的影響。沒有這一段，別說是趙紫陽了，就連胡耀邦和鄧小平的悲劇性都無從談起。

雖然關於這段歷史的著作豐富，可是由於年代久遠且我長期蝸居國內，收集起來非常困難。好在歷史是有縫隙的，感謝國內外朋友們幫忙，讓我能夠在縫隙中游刃。除了少數諸如傳高義的《鄧小平時代》，曾志的《一個革命的倖存者》之類在國內的公開出版物，大量資料都是能量超群的朋友們幫忙尋找，哪怕在網上發現隻言片語，也要傳給我作參考。更為幸運的是因為這本書，我與很多專著的作者也成為朋友，除了核實史料，我們還互相探討，有時候甚至覺得這哪裡是我在寫書啊，分明是在編輯他們提供的史料，綜合他們的論著，然後才能夠形成我自己的觀點。這些當年的精英人物，在之後三十多年的痛苦歲月中進行了深遠的思考，他們從皮肉裡熬出來的思想，遠比哲學家強。

我要感謝這部傳記的傳主趙紫陽先生，感謝他在冥冥中對我的信任，並且佑護我一路走來；要感謝他讓我結識了一大群英雄好漢，助我成就了書中史詩般的篇章。這些好漢當年與趙紫陽一起進行了中國歷史上最為偉大的社會變革，現在也與趙紫陽一起讓我站上了一個高度，在這樣的高度看世界，真是別樣風光。

我還要感謝在這部書稿的寫作過程中所有給予我幫助的人，以及關心和支援我的人。

謝謝！

林雪

二〇二二年六月

附錄

主要參考文獻：

書籍

趙紫陽《改革歷程》 香港天地圖書有限公司二〇〇九年版

宗鳳鳴《趙紫陽軟禁中的談話》 香港開放出版社二〇〇七年版

杜導正《趙紫陽還說過什麼？——杜導正日記》
香港天地圖書公司、台灣印刻文學生活雜誌出版有限公司二〇一〇年版

《杜潤生回憶錄》（《杜潤生自述》） 人民出版社二〇〇五年版

《趙紫陽在四川（一九七五～一九八〇）》 香港新世紀出版社二〇一一年版

許夢俠回憶錄《從齊魯大地到巴山蜀水》 四川人民出版社二〇〇二年版

《廖伯康回憶文集》 中共重慶市委黨史研究室編內刊二〇一六年版

周倫佐《文革造反派真相》 香港田園書屋二〇〇六年版

《當代四川大事輯要》

《二十世紀四川全紀錄》 四川人民出版社二〇〇四年三月版

《「文化大革命」時期資料選編（一九六六・五～一九七六・十）》

中共成都市委研究室成都市檔案局（館）合編內刊二〇〇八年版
《中國共產黨重慶歷史大事記》　重慶出版社二〇一二年版
顧洪章、胡夢洲《中國知識青年上山下鄉始末》　中國檢察出版社一九九六年版
余習廣《位卑未敢忘憂國——「文化大革命」上書集》　湖南人民出版社一九八九年版
《下食堂村史》　宜賓縣文史資料第二十六輯一九九八年八月
余習廣《位卑未敢忘憂國——「文化大革命」上書集》　湖南人民出版社一九八九年版
劉守森《年輕時的趙紫陽》　香港太平洋世紀出版社二〇〇六年版
趙蔚《趙紫陽傳》　中國新聞出版社一九八九年版
《毛澤東傳》　中央文獻出版社二〇〇三年十二月版
《建國以來毛澤東文稿》　中央文獻出版社一九九三年版
《建國以來毛澤東文稿》　中央文獻出版社一九九八年一月版
《周恩來年譜一八九八～一九七六》　中央文獻出版社
《鄧小平傳》　中央文獻出版社二〇一四年八月版
毛毛《我的父親鄧小平（文革歲月）》　中央文獻出版社二〇〇〇年六月版
傅高義《鄧小平時代》　香港中文大學出版社二〇一二年版
《鄧小平文選》　人民出版社一九八九～一九九三版
薄一波《若干重大決策與事件的回顧》　中共黨史出版社二〇〇八年版
《葉劍英傳》　當代中國出版社二〇〇六年版
《習仲勳主政廣東》　中共黨史出版社二〇〇七年版

楊立《帶刺的紅玫瑰·古大存沉冤錄》　中共廣東省委政策研究室《黨史叢刊》
顧保孜《中南海人物春秋——中共最短暫的政治局常委陶鑄》　中共黨史出版社
楊繼繩《墓碑——一九五八～一九六二年中國大饑荒紀實》
　香港天地圖書有限公司二〇一〇年四月版
楊繼繩《當代中國名人政要訪談述評集》　香港天地圖書有限公司二〇一三年十月版
《趙紫陽生平和思想研究第十五～三十期》　自印二〇一〇年版
黃中立《後文革時期趙紫陽之研究一九七八～一九八九》
　台灣國立中央大學圖書館碩博士論文電子文庫
《中共滑縣黨史資料選編·解放戰爭專輯》　中共滑縣縣委黨史辦公室
《中國共產黨廣東歷史大事記》　廣東人民出版社二〇〇五年七月版
當代廣東研究會編《嶺南紀事》　廣東人民出版社二〇〇五年版
《中共滑縣社會主義時期黨史專題資料選編》(一)　中共滑縣縣委黨史辦公室
《滑縣農村公共食堂始末》　河南人民出版社二〇〇四年十二月版
《中共滑縣黨史大事記》　河南人民出版社一九九四年四月版
董志凱《解放戰爭時期的土地改革》　北京大學出版社，一九八七年版
《嶺南紀事》　廣東人民出版社二〇〇四年八月版
蕭冬連《求索中國：文革前十年史》　中共黨史出版社二〇一一年十月版
陳秉安《大逃港》　廣東人民出版社二〇一〇年七月版
大衛·桑鮑《趙紫陽——從地方幹部到總理》　中國廣播電視出版社一九八八年九月版

潘鳴嘯（法）《失落的一代》　中國大百科全書出版社二〇一〇年版

克里斯・M・布拉莫爾（英）《毛時代經濟再評價—四川：一九三〇～一九八〇》
牛津大學出版社一九九五年版

丁望編《文化大革命資料彙編》一卷　香港《明報月刊》一九六七、一九七二

席宣、金春明著《文化大革命簡史》　中共黨史出版社一九九六年七月版

《丁盛將軍回憶錄》　香港星克爾出版公司二〇〇八年版

《王力反思錄》　香港北星出版社

《十二大以來重大文獻選編》　下冊中央文獻出版社一九八八年五月版

董瑞麒《大陸農村股份合作企業的發展趨勢》　台灣《中國大陸研究》一九九四年三七卷

陳永發《中國共產黨革命七十年》修訂版下冊　台北聯經出版事業公司一九九八年版

葉曙明《見證一九六七年——廣州地區文革實錄》　自印書

陳小雅《八九民運史》　亞馬遜網

盧躍剛《趙紫陽傳・一位失敗改革家的一生》
台灣INK印刻文學生活雜誌出版股份有限公司二〇一九年十月版

陳一諮《陳一諮回憶錄》　香港新世紀出版社二〇一三年五月版

吳稼祥《中南海日記》　香港明鏡出版社二〇〇二年版

吳偉《中國八〇年代政治改革的台前幕後》　新世紀出版及傳媒有限公司二〇一三年版

許家屯《許家屯香港回憶錄》　香港聯合報有限公司一九九三年版

戴晴《鄧小平在一九八九》　新世紀出版及傳媒有限公司二〇一九年五月

周舵《周舵自述——回憶與反思》 香港出版社
曾志《曾志回憶錄・一個革命的倖存者》 四川人民出版社二〇二〇年四月版
許夢俠《從齊魯大地到巴山蜀水》 四川人民出版社2002年版
米鶴都《對話陳小魯》 香港睿天文化出版社

報刊

孫成民《四川知青上山下鄉始末（下篇）》 《四川黨的建設》二〇一六年第六期
楊汝岱《中國改革初期四川的探索》《炎黃春秋》 二〇一〇年第七期
孫振《文革後期我與四川省委書記的交往》 《炎黃春秋》二〇〇八年第十期
張力《全國農業學大寨會議的籌備召開與對農業發展的不同認識》
《黨的文獻》一九九九年第六期
馮舉周振華《四川省五個國營工業企業自負盈虧試點的調查》
《中國社會科學調查報告》一九八一年第三期
陳東林《三線建設的重大價值》 《國家人文歷史》二〇一四・十八期
宋鳳英《華南分局重要領導人方方蒙冤始末》 《黨史文苑》二〇〇七第十七期
于汝信《趙紫陽與廣東文革》 《昨天》網刊
劉崇文《耀邦和我談下台前後》 《炎黃春秋》二〇一〇年第三期
吳南生《親歷經濟特區的決策過程》 《炎黃春秋》二〇一五年第五期

李湘魯《追憶一位站在改革前沿的長者》《炎黃春秋》二〇一六年第二期
程雲《關於土地改革的回憶》《武漢文史資料》二〇〇五年第四期
羅冰《陳雲抓住胡趙痛腳》香港《爭鳴》一九八六年一月第一期六～八頁
《安志文、劉鴻儒同志關於和台灣經濟學家座談的報告》《國家體改委重要資料彙編》（中）改革出版社一九九九年版
《婁底歷史上的今天》婁底市政協網站載文
清華大學《井岡山》報一九六七年一月十七日第十一版

文章

《葉劍英主政華南時利劍緣何難出鞘》
《陶鑄是如何靠邊站的》
《兩廣縱隊誤打塔山英雄團》
余英時《沒有一個政權能夠全恃暴力而傳之久遠》
趙蔚《「文化大革命」中的趙紫陽同志》
王巍《胡耀邦（一九一五～一九八九）》
林牧《習仲勳披露胡耀邦下台前後政治內幕》
慎思《紫陽往事之鄧胡趙關係回顧》
徐慶全《鄧力群為什麼敢叫板鄧小平》

黃春明與父親黃永勝的談話紀錄《父子問答》
徐慶全《海南經濟特區建立的高層決策》
徐慶全《關於田紀雲的一篇訪談錄》
蘇曉康《趙紫陽八九攤牌餘談》
蘇曉康《趙紫陽與河殤》
方苞《親歷趙紫陽處理「逃港潮」全過程》
石圭平《趙紫陽在內蒙古》
曲哲《我為趙紫陽召集的座談會做記錄》
謝小慶《趙紫陽在內蒙工作的一些情況》
楊應彬《在趙紫陽身邊工作十二年》
歐偉明《我與趙家半個世紀的交情》
武傳斌《風雨蒼黃三十年——我與趙紫陽的交往》
鄭慶和《趙紫陽徹查儋縣大屠殺案》
焦林義《對一九六六～一九七六的一些回憶》
鈕海津《家住農林上路》
吳國光《趙紫陽的風格、關懷與胸襟》
鮑彤《改革中人民與領袖的關係》
林達《當西班牙共產黨走向「和解」與「改革」》
戴晴《我的四個父親》

戴晴《我的一九八九》
阮銘《鄧小平帝國三十年》
李欲曉《九七老人的無盡思念》
李欲曉《叩訪富強胡同六號》
李大同《用新聞影響今天》
趙五軍《趙紫陽談話記錄》
孫明遠《南沙告訴我們》
網文《三．一四南海海戰》
《一項舉足輕重的南海工程》
趙紫陽《趙紫陽文件一～四卷》
羅小朋《黨天下的總理難題——給二〇一二和中共十八大》
湯豔文、林尚立《地方政府：改革與轉型的行動者——一九七八～一九八八年中國財政包乾制的政治學研究》
宗文《一九八八年改進財政包乾體制的點滴回顧》
王昭《民國時期地方自治運動述評》
王曙光《改革開放初期財政分級包乾制改革的利弊》

專訪：

蔡文彬採訪蔡肇發《祕書眼裡的趙紫陽》

蔡文彬採訪趙五軍《父親調任內蒙古的內幕》
蔡文彬採訪杜瑞芝《風雨蒼黃話紫陽》
蔡文彬《採訪黎子流》
田炳信採訪寇慶延《歷史是一種反芻動物》
林雪採訪周舵《公開信背後的建議》
林雪採訪流沙河《感謝趙紫陽為我平反》
林雪採訪盧子貴《杜心源傳達趙紫陽的指示：為流沙河平反》
林雪採訪廖伯康《趙紫陽的答覆：商品經濟可以說》
林雪採訪劉安聰《趙紫陽保護江海雲》
林雪採訪趙陽明《造反派抄我們家》
林雪採訪趙五軍《趙紫陽在「殺江青」問題上的態度》
《趙紫陽決策南沙海戰的經過》
《趙紫陽「巧批」華國鋒》
林雪採訪楊浪《南沙海戰中趙紫陽的作用》
林雪採訪趙五軍《關於轉彎子會議的小插曲》
第一財經日報專訪國家稅務總局原副局長許善達：《財稅改革三十年：從財政包乾到分稅制》

歷史與現場 335

尋道者趙紫陽（下）

作　者—林　雪
特約編輯—葉惟禎
主　編—謝翠鈺
企　劃—鄭家謙
封面設計—陳文德
封面提字—時　之
美術編輯—SHRTING WU、趙小芳

董事長—趙政岷
出版者—時報文化出版企業股份有限公司
108019 台北市和平西路三段二四〇號七樓
發行專線—（〇二）二三〇六六八四二
讀者服務專線—〇八〇〇二三一七〇五
（〇二）二三〇四七一〇三
讀者服務傳真—（〇二）二三〇四六八五八
郵撥—一九三四四七二四時報文化出版公司
信箱—一〇八九九　台北華江橋郵局第九九信箱
時報悅讀網—http://www.readingtimes.com.tw
法律顧問—理律法律事務所　陳長文律師、李念祖律師
印　刷—勁達印刷有限公司
一版一刷—二〇二三年一月六日
定　價—新台幣六二〇元

尋道者趙紫陽 / 林雪作 . -- 一版 . -- 臺北市 : 時報文化出版企業股份有限公司 , 2023.01
冊；　公分 . -- (歷史與現場 ; 335)

ISBN 978-626-353-335-6(下冊 : 平裝)

1.CST: 趙紫陽 2.CST: 傳記 3.CST: 中國

782.887　　111021020

ISBN 978-626-353-335-6
Printed in Taiwan